添富书库
CUAM COLLECTION

汇添富基金·世界资本经典译丛

华尔街黑暗天才

——杰伊·古尔德传

小爱德华·J. 瑞尼翰
(Edward J. Renehan,Jr.) 著

杨 敏 殷晟恺 译

上海财经大学出版社

图书在版编目(CIP)数据

华尔街黑暗天才:杰伊·古尔德传/(美)小爱德华·J. 瑞尼翰著;杨敏,殷晟恺译. —上海:上海财经大学出版社,2020.10
(汇添富基金·世界资本经典译丛)
书名原文:Dark Genius of Wall Street:The Misunderstood Life of Jay Gould,King of the Robber Barons
ISBN 978-7-5642-3580-2/F·3580

Ⅰ.①华… Ⅱ.①小… ②杨… ③殷… Ⅲ.①杰伊·古尔德-传记
Ⅳ.①K837.125.38

中国版本图书馆 CIP 数据核字(2020)第 111429 号

图字:09-2018-750 号

Dark Genius of Wall Street

The Misunderstood Life of Jay Gould, King of the Robber Barons

Edward J. Renehan, Jr.

□ 责任编辑 李成军
□ 封面设计 南房间

华尔街黑暗天才

——杰伊·古尔德传

小爱德华·J. 瑞尼翰
(Edward J. Renehan,Jr.) 著
杨 敏 殷晟恺 译

上海财经大学出版社出版发行
(上海市中山北一路 369 号 邮编 200083)
网 址:http://www.sufep.com
电子邮箱:webmaster @ sufep.com
全国新华书店经销
上海华业装璜印刷厂印刷装订
2020 年 10 月第 1 版 2020 年 10 月第 1 次印刷

787mm×1092mm 1/16 18.75 印张(插页:2) 306 千字
印数:0 001—3 000 定价:95.00 元

总序

书犹药也，善读之可以医愚。投资行业从不乏聪敏之人，但是增智开慧乃至明心见性才是成长为优秀投资人的不二法门，读书无疑是学习提升的最佳方式。

常有人说投资是终身职业，但我认为投资更需要终身学习。很多人投资入门多年，依然不得其道；终日逡巡于“牛拉车不动，是打车还是打牛”的困境，不得要领。从业多年，我接触过太多这样的投资人士，个中缘由不尽相同，但有一点却非常普遍：或是长期疏于学习，或是踏入“学而不思则罔”的陷阱。

我认为，学习大致有三个层次，亦是三重境界：

第一重是增加知识，拓展基础的能力圈。着眼点是扩大个人对于客观世界的认知积累，这是大多数人的学习常态，这一重固然重要却不是学习的本质。

第二重是提高逻辑，改进个人的认知框架。达到这一境界，已经可以将刻板知识灵活运用，但仍然仅可解释过去却无法指向未来。

第三重是强化洞见，思考从个人出发，无视繁复的信息噪声干扰，穿透过去、现在和未来，最终开始正确地指导现实世界。在这一境界，学习已不只是追求知识，更是追求“知识的知识”。这是无数积累之后的茅塞顿开，更是质量互变之际的醍醐灌顶，不断思考感悟尤为重要。

书籍浩如烟海，书中智慧灿若繁星，而若能由自己抽丝剥茧得到“知识的知识”，将会终身受益。二十多年前，我还是一名上海财经大学的普通学生，对投资有着浓厚的兴趣，可惜国内的投资业刚刚起步，相关资料远没有今天互联网时代这样发达，此时财大的图书馆像是一个巨大的宝库，收藏着大量有关投资的英文原版书籍。我一头扎进了书丛，如饥似渴地阅读了许多经典，通过这一扇扇大门，我对西方资本市场发展窥斑见豹，其中提炼出的有关投资理念、流程、方法的内容潜移默化地影响并塑造了日后的我。时至今日，常有关心汇添富的朋友问起，为什么根植于国内市场的汇添富，投资原则和方法与外资机构如此类似？我想多少应该与我当年的这段经历有关。

今天，我依然非常感恩这段时光，也深深地明白：那些看过的书、走过的路对一个人的人生轨迹会产生多大的影响，特别是在以人才为核心的基金投资行业。今年恰逢中国基金行业二十周年，二十年斗转星移，正是各路英杰风雨兼程、夙兴夜寐才有了今天的局面，汇添富基金是见证者，也有幸参与其中。这些年，我总试图在汇添富重现当年我学生时的氛围，鼓励同事们有空多读书、读好书、好读书。在此，奉上“汇添富基金·世界资本经典译丛”以飨读者，希望大家能够如当年懵懂的我一般幸运：无论外界如何变化，我们都可以不断提升进化自己。

是以为序。

张　晖

汇添富基金管理股份有限公司总经理

2018 年 12 月

前言

1892年12月中旬，银行家杰西·塞利格曼(Jesse Seligman)接受了《纽约先驱论坛报》(*New York Tribune*)记者的采访。塞利格曼的朋友杰伊·古尔德(Jay Gould)的葬礼是在一周前举办的。他把这个过世的大亨描绘成“一个被误解最多的本世纪最重要的、最复杂的企业家”，其商业帝国包括西联电报公司(Western Union Telegraph Company)、密苏里太平洋铁路(Missouri Pacific)、联合太平洋铁路(Union Pacific)和曼哈顿高架铁路(Manhattan Elevated Railroad)等著名企业。塞利格曼说，他觉得在所有谈及该国最近金融史的报道中古尔德总是被说成一个大恶魔，实在太具有“讽刺”意味了。塞利格曼反问道：如果古尔德是一个罪人的话，那谁是圣人呢？

塞利格曼开始罗列古尔德的竞争对手，他先提到的是科内利乌斯·范德比尔特(Cornelius Vanderbilt)。这名口出粗言而又蛮横无理的船长无时无刻不在为提高自己的地位而大肆宣扬。他真的应该受到尊敬吗？(在一次重要的场合，当有人要求范德比尔特为穷人提供帮助时，他指着一排等候面包的人，并未流露出一丝讽刺意味，而是以惯用的谦卑的口吻说：“让他们做我曾经做过的事吧。”)接下来塞利格曼回忆起德鲁神学院(Drew Theological Seminary)的虔诚的创始人丹尼尔·德鲁(Daniel Drew)，古尔德和小詹姆斯·菲斯克(James Fisk，Jr.)就是与其一起联手才击败了范德比尔特，获得了伊利铁路(Erie Railroad)的控制权。到处宣讲圣经的德鲁是靠19世纪20年代末在阿利根尼山脉(Alleghenies)

贩卖牛群起家的，之后他把当牲畜贩子的习惯做法也带到了华尔街，他给股票注水，就像他一贯给他的牛肉注水一样。“德鲁先生真的比古尔德先生好吗？”塞利格曼问道。约翰·D. 洛克菲勒(John D. Rockefeller)又是怎样的人呢？作为一个热衷竞争的垄断者，洛克菲勒的独家货运合同在古尔德控制的伊利铁路公司中又发挥了什么重要的作用呢？[1]（古尔德巧妙地和洛克菲勒秘密合作，共同控制着一个利润丰厚的伊利铁路子公司。）塞利格曼又问道：“为什么洛克菲勒在公众眼中比古尔德更受尊重呢？”

塞利格曼特别提到，曾有一段时间，古尔德当然是因为那个被称为“伊利铁路争夺战”(Erie Wars)的操纵股票的一段历史声名狼藉。塞利格曼也承认古尔德在 1869 年与菲斯克联手垄断黄金市场的做法臭名昭著：这也是一场引发了黑色星期五恐慌的越轨行为，并且让许多投资者倾家荡产。正是这件事牢牢地给杰伊冠以“金融吸血鬼”的名声。此后这个形象不断在新闻报道中被提及，一旦有人意识到是与杰伊·古尔德相关的指控罪行的报道，无论是否真实，都会在大街小巷畅销。但塞利格曼并不认为古尔德比他同时代大多数商人的罪过大到哪里去，塞利格曼说：“我不能说古尔德先生的道德本质是更好些或者更坏些，或者与他同时代的其他任何精明的、犀利的玩家是截然不同的。我都了解他们，我也知道杰伊·古尔德比他们中的大多数人做得更好些。而且我可以告诉你们，他不应该落得这么声名狼藉，不应该比他的对手或和他一起合作的人还要声名狼藉。如果他可以是个例外，那就可以说他是一个战略家。他是有一定的天赋的。他曾一次又一次地出现在华尔街，但现在再也见不到他来了。”[2]

三代传记作者都无视了塞利格曼的辩解，都采纳了有关古尔德一生几乎一致的负面报道，都把他写成了瓦格纳式(Wagnerian)的邪恶天才：黑暗无情、无人能敌。古斯塔夫斯·迈尔斯(Gustavus Myers)在其《美国豪门巨富史》(*History of the Great American Fortunes*，1909)一书中，如法炮制了自 19 世纪 90 年代起

〔1〕古尔德和洛克菲勒对彼此非常敬重。古尔德曾褒奖洛克菲勒是美国“打造公司组织的绝对天才”，洛克菲勒也认为古尔德是自己见过的最伟大的商人之一。此外，他们两人的生活风格也很类似——两人都极其看重家庭。可是洛克菲勒不该对古尔德的长子、主要继承人乔治·杰伊·古尔德那么看重，他对事物一知半解却固执己见，水平拙劣，20 世纪初，洛克菲勒在他的影响下做出了糟糕的投资，损失了将近 4 000 万美元。

〔2〕*New York Tribune*. 14 December 1892.

出现的有关古尔德的粗制滥造的传记，把他描写成了："一个人类食肉动物，他吸满了无数受害者的血液；一个赌徒，一个不遵守规则、又缺乏平常赌徒的公平守则概念的赌徒；他是一个自我谋划的马基亚维利（Machiavelli）的恶魔化身，他有企图、有埋伏、有阴谋和对策。"[1]马修·约瑟夫森（Matthew Josephson）曾把他在大萧条时期的书汇编成册，命名为《敛财大亨》（*The Robber Barons*，1934），他在书中完全把古尔德的形象恶魔化，把他写成一个无情的小偷和骗子。约瑟夫森写道："人类本能的正义感、爱国心、同情心都不能使古尔德行善积德，或者丝毫动摇他坚定不移地追求战略力量和流动资产的思想。"[2]28 年之后，理查德·奥康纳（Richard O'Connor）在其《纽约时报》畅销书《古尔德的百万财富》（*Gould's Millions*，1962）里和鹦鹉学舌的约瑟夫森论调一致。事实上，自从 1892 年杰伊去世以来的这些年里，只有两个不太著名的商业史学家的学术传记对古尔德杰出的从商历史进行了相对平衡的、有价值的且合情合理的叙述，即朱利叶斯·格罗丁斯基（Julius Grodinsky）的《杰伊·古尔德：他的商业生涯》（*Jay Gould：His Business Career*，1957）和莫里·克莱因（Maury Klein）的《杰伊·古尔德的人生与传奇》（*The Life and Legend of Jay Gould*）。[3] 因此，多年以来，古尔德已经在大众的脑海中最终一致地被塑造成了美国金融生活中的一个恶棍：一个天才的、投机取巧的华尔街"蚂蟥"，专门从别人创造的商业机会中受益。[罗伯特·里格尔（Robert Riegel）在其《西部铁路故事》（*The Story of the Western Railroads*，1926）一书中写道："古尔德的所有利润来自他对于各种公司股票的操纵。铁路公司的发展对他而言完全是很小的利润来源。总的来说，这些财产只是用来帮助他进行金融交易的。"[4]]

但是，古尔德也是一个成功的、长期胜任的首席执行官的教科书般的范例。

---

〔1〕 Gustavus Meyers. *History of the Great American Fortunes*. London：Stationer's Hall. 1909. 115.

〔2〕 Matthew Josephson. *The Robber Barons*. New York：Harvest/Harcourt Brace. 1995. 126.

〔3〕 尽管不完全是传记，但还有两本值得一读的书，它们关注的是杰伊·古尔德的主要故事：Kenneth Ackerman，*The Gold Ring. Jim Fisk，Jay Gould，and Black Friday*，1869.（Dodd-Mead，1988）；John Steele Gordon. *The Scarlet Woman of Wall Street：Jay Gould，Jim Fisk，Cornelius Vanderbilt，the Erie Railway Wars，and the Birth of Wall Street*（Grove Press，1988）.

〔4〕 Robert Riegel. *The Story of the Western Railroads*. New York：Macmillan. 1926.

他具有丰富的想象力、冷面无情、易遭诋毁的镀金年代的证券市场的操纵者，同时也是注重细节的公司的所有者：一个煞费苦心地把垂死挣扎的铁路公司合并，继而将其变成高利润的公司巨头，然后同样让西联电报公司的盈利最大化，在19世纪80年代熟练地驾驭所有的企业顺利航行，通过波涛汹涌的经济海洋。

有关古尔德黑暗传奇的其他方面也同样经不住细查。例如，常常有人谈论起古尔德的财产赠予的事情：总是说他没有捐出一分钱给任何慈善机构。但很少有人注意到古尔德一生中对慈善业所做出的突出贡献：他很善于隐姓埋名地做一些善事，因为他意识到当媒体曝光他的高尚行为时，他总得到惩罚。古尔德极少的几次署名捐助都遭到了《纽约时报》《纽约先驱论坛报》和其他一些报纸的嘲弄和苛责。每一次记者对古尔德的慈善之举有所耳闻时，都是把其行为描写成是为了减轻内心的严重罪恶感而摆出的分量不足、虚张声势、以保全颜面的假动作而已。所以有过几次这样的经历以后，古尔德不再公开他的捐赠了。尽管如此，他还是继续捐赠，通常明确地要求不让他的名字和任何他帮助的慈善事业联系在一起。这样，新闻界反过来批评他缺乏慷慨之心。1891年10月《纽约世界报》(*New York World*)评论道："这个男人所做的好事一定比平时不那么显眼地逃避过报道的要多点"；"他的生活缺少了做慈善的部分是不可思议的。但在数量和种类上都可能不足以引起人们的敬慕或激励人们效仿。"[1]

然而，我们也应将与古尔德当成一个坐在桌子对面或在街角遇见过的普通人。他被约瑟夫森和其同伴们说成：粗暴、不宽容、冷酷和残忍，鄙视下属，吹毛求疵，自满自傲；除了他自己，他对任何人都不忠实。正如罗伯特·I. 沃肖(Robert I. Warshow)在其《杰伊·古尔德：财富的故事》(*Jay Gould：The Story of a Fortune*，1928)中所说的那样，古尔德的"盟友很多，但都不是他的朋友，在生活中他曾经几乎和每一个共事者的关系都破裂了。"[2]但是事实上，古尔德在过去几十年的长期同事，也包括罗素·塞奇(Russell Sage)在内，波士顿的埃姆斯(Ames)家族、西德尼·迪龙(Sidney Dillon)等，还有其他一些曾经把他们所获得的财富与他联系起来的人，他都从未被背叛过。在个人生活中，他的家庭佣

---

〔1〕 *New York World*. 4 October 1891.

〔2〕 Robert I. Warshow. *Jay Gould*, *or The Story of a Fortune*. New York: Greenberg. 1928. 47.

人包括几个他曾提供过大学奖学金的学生都在他去世之后的几十年还十分怀念他。同时，被报道说成“冷漠、难以接近”的杰伊·古尔德在人生最后一年里与大多数他在贫穷的卡茨基尔（Catskills）少年时代所交的朋友保持密切关系，其中大部分人是谦卑的农场主和商人。

古尔德在有生之年被媒体错误、残酷地讽刺挖苦，甚至在死后仍然遭受同样的命运。虽然古尔德也和他同时代的美国资本家一样进行过非法交易，但他的罪过也不比那些与他竞争的金融家和工业家更阴险邪恶：在过去的一个世纪里，那些人的声誉却远远在他之上。最后，古尔德主要的公众关系的错误似乎归咎于他所获得的全面成功。他生意上的对手在被他击败之后，为饥饿的报界的磨坊提供了碾压的粮食，报界称他为“华尔街的靡菲斯特（Mephistopheles）*”。对于那些自尊心受伤的失败者而言，把他说成是和撒旦的同谋承认杰伊事实上是“华尔街的米开朗琪罗（Michelangelo）”要更容易接受，也更能得以抚慰。杰伊是创造了金融手段和策略的天才，他也是以惊人的原始方式利用了现有法律的天才。

鉴于古尔德对于美国和他那个时代的影响，他的故事太重要了，且不容有错。按照财富所占国民生产总值的百分比排名，古尔德在最近公布的经通货膨胀调整后“美国史上大富豪”排行榜名单中被排在第 8 位。尽管在他之前还有约翰·D. 洛克菲勒（排名第 1）、科尼利乌斯·范德比尔特（排名第 2）以及约翰·雅各布·阿斯特（John Jacob Astor，排名第 3），古尔德的排名却在亨利·福特（Henry Ford，排名第 11）、安德鲁·梅隆（Andrew Mellon，排名第 12）、山姆·沃尔顿（Sam Walton，排名第 14）、J. P. 摩根（J. P. Morgan，排名第 23）和比尔·盖茨（Bill Gates，排名第 31）等之前。他的成功是巨大的，他的创造力是惊人的，他的动机和战术也是扑朔迷离的。[1]

在尝试写这一本全新且全面的杰伊·古尔德的传记时，我的目的就是塑造一个既是金融家又是普通人的真实、公正的古尔德的形象。至于有关古尔德的事业方面，我既不打算当一个检察官也不打算成为他的辩护律师，而是按照我们

---

* 歌德所著《浮士德》中的魔鬼。——译者注

〔1〕 Michael Klepper and Richard Gunther. *The Wealthy* 100: *A Ranking of the Richest Americans Past and Present*. New York: Carol. 1999.

所掌握的材料来陈述事实。至于有关古尔德的个人生活，我的目的是弥补之前的传记作者留下的空白。总而言之，我想呈现一个见多识广、客观真实的古尔德，这也是有人第一次这么做，我想描绘出古尔德所有复杂的（有时甚至是相互矛盾的）形象：难以捉摸的华尔街海盗、沉稳冷静的公司经理和商业帝国的家长。

小爱德华·J. 瑞尼翰

目 录

前3天杰伊尸体的胸部周围就堆满了冰块。这就解释了他的脸颊健康红润的原因。铁路大亨亨利·维拉德(Henry Villard)仔细看了周围的许多鲜花,其中包括摆放在棺材上的兰花,拼出了“爷爷”的字样,他说杰伊如果知道,会非常喜欢这些花的。维拉德说“杰伊喜欢鲜花”时没有对着具体的听众,这也是暗示着古尔德有人情味的几个方面之一。维拉德一边说话,一边从靠近棺材前端的用华丽的鲜花组成的艺术品中拿起了一朵纪念的花。鲜花组成了一艘船的形状,船上还装备了帆,还刻着“航行结束,安全入港”的字样。[1]

航程确实结束了。全国的报纸都争先恐后地报道杰伊艰苦的人生和商业的环球旅行告一段落了。从波士顿到旧金山的编辑们都争相想出最多的贬义词来报道,甚至在其家乡也几乎没有人站出来捍卫他。古尔德长期的克星——《纽约先驱论坛报》的出版商小詹姆斯·戈登·贝内特(James Gordon Bennett, Jr.)写道:“他对许多有商业抱负的人都产生了很大的影响,但那种影响却是降低商业交易的道德水准的。他是一个很危险的榜样,他所采取的方法也应该是人们需要避免使用的。他的财务成功只是通过获得的利润来衡量的,所以不该令人羡慕。他为其巨额财富付出了巨大的代价。他一直在玩保命的游戏,漠不关心是否会毁掉成千上万人的生命。”[2]

贝内特的竞争对手《纽约时报》利用古尔德去世的时机大肆歌颂阿斯特(Astor,德裔美国皮毛商和资本家)和A. T.斯图尔特(A. T. Stewart),说他们“为自己工作也是为公共服务,而古尔德在国家发展中起到的是负面作用”[3]。在《纽约世界报》这一份古尔德曾经短期拥有过、之后出售给约瑟夫·普利策(Joseph Pulitzer)的报纸上,编辑发表了这样的观点:“上万个被毁掉前程的人都会诅咒死者的纪念日。一些罪犯会想知道是什么精神缺陷剥夺了他们和古尔德所从事的一样的职业。公众对杰伊·古尔德的死亡毫无兴趣,因为杰伊·古尔德也从来没有对公众的生活表现出任何兴趣……公众对其去世的消息没有任何伤感。”[4]

不止一名牧师主张死于12月2日周五的古尔德可以于星期天在永恒的地

[1] Giovanni P. Morosini. “Memoir of Jay Gould.” Helen Gould Shepard Papers, New-York Historical Society. (Hereafter *HGS*.)

[2] *New York Herald*. 3 December 1892.

[3] *New York Times*. 3 December 1892.

[4] *New York World*. 3 December 1892.

狱之火中烧成可怕的灰烬。麦迪逊大道上圣公会教会的圣保罗牧师公开说:“他是贪婪的人类化身,一个在夜间跟踪同胞伺机偷窃的小偷。”[1]他的教徒们也几乎都是有钱的贵族,他们对古尔德贸然脱贫致富以及他在商业交易中手段黑暗狡猾一样痛恨。他们认为尽管他有 7.2 亿美元资产,但对于做人来说,他们都比他好。《纽约世界报》的一篇社论指出:“如今美国社会生活、知识领域和精神生活的祸根都是对金钱的盲目崇拜。众所周知,杰伊·古尔德的成功比任何事情对形成这种恶劣的情况的影响都要大。我们在现代社会中必须拒绝尝试和宣传他这种很突出的恶劣典范。”[2]关于这一点,人们至少听过一名牧师补充说过:不要指望从古尔德的血统的人那里得到任何好处。据说这还是一个流传很久的说法。

古尔德如果知道也会觉得好笑的。这位金融家一出生就是一个缺乏热情的长老会成员,由于婚姻而成了一个敷衍的圣公会教徒,他早已被自己完全不同的观点而左右了。在一个盛行反犹太主义的时代,他被报界定性为自我膨胀的犹太人、一个夏洛克式的杰伊·古尔德,而他一贯对此是保持沉默的。很久以前,约瑟夫·普利策曾试图摆脱自己的犹太血统,他曾抱怨说“神秘的、留着胡须的古尔德”就是“曾经飞越过美国人民的视野的蝙蝠般的、非常邪恶的人物之一”。[3] 同时,亨利·亚当斯(Henry Adams)描述了他的哥哥查尔斯·弗朗西斯·亚当斯(Charles Francis Adams)的铁路公司的主要对手是一个“复杂的犹太人……他身材瘦小、面色暗黄、寡言少语、神秘鬼祟”。[4] 古尔德本人对这样的描述自嘲着表示欢迎,并告诉同事他“被推测为希伯来血统”的说法只会是提高他名声的推动力,与这种力量对抗的结果将会是致命的。[5]

◇ ◇ ◇

关于古尔德唯一亲密的犹太朋友杰西·塞利格曼不得不说出他的冷静的理性分析:公众的偏执(但是应受谴责)有可能被人利用了。但这一点并无人记录。

---

[1] *New York Times*. 5 December 1892.

[2] *New York World*. 4 December 1892.

[3] Ibid., 3 December 1892.

[4] Henry Adams and Charles Francis Adams, Jr. *Chapters of Erie and Other Essays*. Boston: James Osgood. 1871. 31.

[5] Giovanni P. Morosini. "Memoir of Jay Gould." HGS.

塞利格曼也坐在绉纱装点的客厅里，静静地注视着这非常罕见的场景：杰伊·古尔德安息了，杰伊·古尔德再没有会议日程了。古尔德静静地躺在黑胡桃木棺材里，他的家人和同事围在四周，全世界所有的那些胡编乱造的记者加在一起也没有这些人了解他。

虽然如此，但是记者们仍然继续胡编乱造。《纽约世界报》的一位作家似乎胸有成竹地公开宣称："那些聚集在那里的人……从来没有爱过死者，死者也从来没有爱过他们。他从来没有爱过他的同类，或救过和他血脉相通的人，所以围在他的棺材旁的人也并不悲伤，这也是残酷的现实。那些人只是报以表面上的尊重罢了，没有更多的情感。"[1]然而，对于在场的人来说，那些大人物所表现出的悲伤似乎很真实。有人看到了塞利格曼哭了。《纽约先驱论坛报》的出版商怀特洛·里德(Whitelaw Reid)拥抱着古尔德的大女儿，23 岁的海伦[熟悉她的人都叫她内莉(Nellie)]，足足哭泣了 30 多分钟之久。这家报纸一直明显地对生前的古尔德很友好。洛克菲勒、塞奇和维拉德也都大声地唱了圣歌。

28 岁的乔治·杰伊·古尔德(George Jay Gould)在下午的大部分时间里都跪在尸体旁边祷告。他不仅缺乏父亲的苗条身材，而且缺乏敏捷的思维和个人的自律。不知道他是在为他父亲的灵魂不朽而祈祷，还是为了自己要作为继承人管理这个复杂的商业帝国所需的聪明智慧而祈祷。然而，大多数人都希望乔治至少应该想到为后者而祈祷。坐在哭泣的内莉旁边的还有古尔德的其他几个孩子：埃德温(25 岁)、霍华德(Howard，21 岁)、安娜(Anna，16 岁)和弗兰克(Frank，他在父亲去世后的 2 天刚到 15 岁)，他们似乎都很悲伤。他们爱那个对于大多数人来说很神秘的人。撇开金钱不说，他们都不知道他们从这里要走向何方。

在第六天早上，准确地说是 10 点的时候(古尔德总是很守时)，由 8 辆黑色汽车组成的送殡队伍起程开往位于布朗克斯的伍德劳恩墓地。1 个小时之后，送殡队伍在一座豪华的、爱奥尼亚式的由花岗岩和大理石砌成的陵墓前停了下来，陵墓的位置就在可观赏到湖边风景的大片土地上。古尔德曾经来过这个环境幽雅的墓地，这块墓地建于 1889 年 1 月，耗资 12.5 万美元。那天上午的天气也与此时相似：护柩者抬着与杰伊结婚 26 年的妻子海伦的瘦小残缺的尸体送往

---

[1] *New York World*. 4 December 1892.

这个光秃空旷的新墓地，寒风凛冽、冰冷刺骨，脚下已有结冰。所有认识他的人都能感受到杰伊当时悲痛欲绝。事实上，那种悲痛一直挥之不去。一名《纽约世界报》的记者曾为此写道："这种情感折磨让他改变了很多，他的肩膀不再平直，看上去有些驼背了；他的脸色憔悴苍白，神情忧心忡忡。古尔德先生本人的身体也不大好……妻子的死对他来说是一个沉重的打击。"[1]现在，差不多四年之后，杰伊又回到了他的妻子海伦身边，他总是称海伦为艾莉(Ellie)，现在他再也不会离开她了。

一到宽敞的墓地，纽约城市大学[University of the City of New York，预定 4 年后更名为纽约大学]的校长亨利·米切尔·麦克拉肯(Mitchell MacCracken)就开始宣读悼词，在他身后两个工人正在做庄严肃穆的下葬准备。他们带着厚厚的绝缘手套，拿着阴燃的铅桶，按照麦克拉肯所给的信号向前移动，一勺一勺地在古尔德棺材四周的裂缝处浇铸铅液，浇铸完后拧紧了棺盖。古尔德的外甥女爱丽丝·诺思罗普(Alice Northrop)很多年以后回忆说："那个动作别提有多恐怖了，太慢了！那种慢太无情了！"[2]最后，那些人把杰伊·古尔德的棺材放入墓穴，就放在他妻子的旁边，然后把大理石的棺盖封上了。

古尔德华丽的陵墓不仅仅代表着镀金时代想得到类似法老般的不朽；它也代表着最后的反复——逻辑上的结束——古尔德很多年已经习以为常的时刻有人守护的奢侈的生活方式告一段落了。《纽约时报》在报道古尔德葬礼的时候还不忘提及在公墓的郊区出现了许多戴着红色围巾的"留着又脏又乱的长发"的男士。[3] 这些不满现状者(无政府主义者)咕哝着、咒骂着，似乎要宣布使用暴力了。尽管如此，他们仍然没有靠近，只是偷偷摸摸地看着和古尔德的送葬人群一起抵达的魁梧的私人侦探，当古尔德的家属离开时，他一直在警惕地守护着。私人侦探在未来的 10 年里将会出现在没人注意的伍德劳恩墓地，雇用私人侦探和棺材的密封不仅仅是防范那些牢骚满腹的人，而且是防范那些盗墓者，几年前就发生过盗墓者盗窃 A. T. 斯图尔特的尸体并要求家人拿赎金赎回的事情。但是，当然，在纽约的金融区有几个对其厌倦了的人则有不同的说法。贝内特在

---

〔1〕 *New York World*. 14 January 1889.

〔2〕 Alice Northrop Snow and Henry Nicholas Snow. *The Story of Helen Gould*. New York: Fleming H. Revell. 1943. 196.

〔3〕 *New York Times*. 7 December 1892.

《纽约先驱论坛报》上发文说，他推测这些守护者和密封的棺材意味着让古尔德找不到出去的路，无法返回华尔街再一次偷袭掠夺。

◇ ◇ ◇

在伍德劳恩墓地西北方向约 130 英里的地方是卡茨基尔山脉的罗克斯伯里(Roxbury)小镇，愤世嫉俗的人较少。在这里，身份贫贱的质朴的村民们一听到古尔德去世的消息，就聚集在山坡上的一个小教堂里为他唱圣歌并祷告。那些聚集在一起的人群中许多都是古尔德的亲戚，是他母亲家的亲属，他的母亲在杰伊刚刚 4 岁时就去世了。其他人是很久以前和年少的古尔德一起参加过友好摔跤比赛的老伙计，之后在 1856 年，他们又对这名雄心勃勃的 20 岁的年轻人自己出版的一书《特拉华县和纽约州边境之战的历史》(*History of Delaware Country and the Border War of New York*)表示过恭贺。

这些善良的基督教徒没有人最后出人头地。他们过着微不足道的小人物的生活。之后他们没有看到过太多杰伊后来的成就，因为杰伊早在年轻的时候就决定离开偏僻的故乡去追求更大的发展。(不像大多数其他的白手起家的人一样，古尔德从来没有把自己卑微的出身当作卖点。他曾经对一名对他穷追不舍的记者说："我父辈贫穷的事实对我来说一文不值。"[1])古尔德只是在生命的最后几年回到故乡罗克斯伯里生活了很长一段时间，那时他很渴望重温一下青春岁月的美好。在 1887 年和 1888 年之间的夏天他回到故乡、做了短暂停留。虽然他在那次最近的停留期间并没有说到他生病的事，但其实他已经患上了致命的结核病。在 1888 年的旅程中，古尔德在几个孩子和一个外甥女的陪同下，漫步在故乡罗克斯伯里土路上，遇到了不少久违的老朋友，他也去当地的墓地里溜达过。他也在阿克维尔(Arkville)附近的弗洛湖(Furlow Lake)里钓过鳟鱼。最近还有传言说古尔德备受关注的长子、继承人乔治・杰伊・古尔德正在买地，并计划在弗洛湖岸边建一座房子。此时，在追悼会上，杰伊的朋友和表兄弟姐妹们都摇着头说：他的去世真是太遗憾了，他们还一直期待那个聪明的少年再次荣归故里。

然而，并不是所有的古尔德的老卡茨基尔的伙伴们都是那么怀旧感伤。古

---

〔1〕 *New York Tribune*. 13 June 1874.

尔德第一个事业上的大恩人——扎多克·普拉特(Zadock Pratt) ——的女儿朱莉娅·英格索尔(Julia Ingersoll)在日记中写道:"明天就是杰伊·古尔德去世一周的日子了……他留下7.2亿美元的财富,到现在还欠我父亲几千美元呢。他现在不会后悔在这个世界上他还欠着别人什么东西吗?为什么每次当有人提到古尔德这样可怕的名字时,我亲爱的父亲就说'嘘!不要大声说出来'?因为他对杰伊的忘恩负义毫无怨言,我对此感到奇怪,所以好像我从来没说过他好话,这就是原因吗?他把什么放在他的宝库里了呢?他又去哪里了呢?"[1]

---

[1] Julia Pratt Ingersoll. Diary Note. 9 December 1892. Ralph Ingersoll Papers, Mugar Library, Boston University. (Hereafter *Ingersoll*.)

第二章 祖 辈

从纽约州罗克斯伯里出发,沿西部居住区向西前行约 2 英里左右,有一个叫卡茨基尔的村子,这个村子最早被称作比弗达姆(Beaverdam),之后又被称为西部居住区(West Settlement)。在那里,你会看到一所建在一片多岩石土地上的很结实的框架房屋。那所房子坐落在山下,可以俯瞰到一条又长又窄的山谷。1836 年 5 月 27 日,杰伊·古尔德就出生在这里。这个有着 200 多年历史的牧场并无明显标记,也不被人所知,却为古尔德的童年提供了舞台。1880 年,《纽约太阳报》(*New York Sun*)的一名记者被控告调查过古尔德的家世渊源,将这 150 英亩的土地描述为"房子背后远远是山,房子前面有条高速公路,公路另一边很远处也是绵延的山……最近的邻居也在四分之一英里远的地方。石头栅栏绵延很长,在一丛丛的山毛榉和枫树中时隐时现。在小山的底部有一个苹果园,还有一条小溪蜿蜒曲折地流过植被丰富的山谷。"[1]

在杰伊出生之前,古尔德家族已经有两代人在这片土地上生活了,但居住在北美的古尔德家族可以追溯到更远。杰伊的曾祖父亚伯拉罕·古德(Abraham Gold,生于 1732 年康涅狄格州的费尔菲尔德县,那是位于长岛峡湾的一个沿海城市)曾在费尔菲尔德县国民卫队第五团当中校,1777 年 4 月 27 日在里奇菲尔

---

〔1〕 *New York Sun*. 28 November 1880.

德战役(Battle of Ridgefield)中牺牲。[1] 这个亚伯拉罕又是美国古德/古尔德姓氏祖先——梅杰·内森·古德(Major Nathan Gold)[2]——的曾孙。内森是1674年从英国圣埃德蒙兹伯里(St. Edmundsbury)移民到美国的一个清教徒，也是一个充满活力的贪婪的企业家。随后内森积累了很多财富，在17世纪60年代当时的记录中被称为费尔菲尔德最富有的居民。在1674年，古德还和18位其他移民向国王查尔斯二世请愿，请求授予康涅狄格州特许状。古德是基于土地和商船发财的，这些钱让他可以悠然自得地在国民卫队中担任重要公职，还担任治安法官和殖民地高级法院法官。[3]

他唯一的儿子小内森·古德(Nathan Gold, Jr.)，出生于1663年，他在费尔菲尔德的乡镇当干事的22年间，也一直坚持为公共事业服务这一传统。小内森还担任了两任康涅狄格州最高法院首席法官，随后还担任副州长的职务，他于1723年就职，但在同年去世。[4] 小内森·古德先和汉娜·塔尔科特(Hannah Talcott)结婚，后者是费尔菲尔德许多塔尔科特姓氏的一个家族，后来他又娶了镇上的萨拉·伯尔(Sarah Burr)，伯尔也同样是那里比较普遍的姓。[萨拉是老阿伦·伯尔(Aaron Burr, Sr.)的姑姑，阿伦·伯尔后来曾想建立普林斯顿大学，阿伦·伯尔注定还是声名狼藉了。]在他整个人生中，小内森一直是一名坚定的公理会/长老会的清教徒，总是表现出一种对圣公会教徒激烈的、不可容忍的情绪。小内森·古德副州长一度请求高级法院通过法律来限制斯特拉特福的圣公会牧师只能待在那个社区，从而让他远离费尔菲尔德。[5] 小内森和第一任妻子汉娜育有几个孩子，其中塞缪尔(Samuel)于1692年12月27日出生在费尔菲

---

〔1〕 Daughters of the American Revolution lineage records. Vol. 28, p. 297, #27811.

〔2〕 内森·古德少校1625年生于英格兰赫特福德县的兰里，他是约翰和朱迪斯·古尔德(Judith Gould)的儿子。

〔3〕 内森·古德的第一任妻子是马尔莎·哈维(Martha Harvey)，她在1658年无疾而终。1660年，内森娶了一位英格兰多塞特的当地姑娘萨拉·菲朋(Sarah Phippen)。他们生了六个孩子，只有一个男孩，取名为小内森·古德。内森·古德本人于1693年或1694年在费尔菲尔德去世。

〔4〕 小内森·古尔德生于1663年12月2日，他于1723年10月3日在费尔菲尔德去世。

〔5〕 小内森和汉娜的孩子中，海泽齐亚(Hezekiah)后来成为一位部长。他1719年毕业于哈佛大学，1761年去世。他娶了托马斯·拉格斯(Thomas Ruggles)的女儿玛丽·拉格斯(Mary Ruggles)，成年后的时光都在吉尔福德度过。海泽齐亚有一个儿子，和他同名，1752年毕业于耶鲁大学，随后进入政府部门工作。小海泽齐亚一生的大部分时光都在科恩的康沃尔度过，于1790年去世。小内森和汉娜还有一个女儿阿比盖尔(Abigail)，1712年，她在费尔菲尔德嫁给了托马斯·霍利(Thomas Hawley)。

尔德。塞缪尔是当地一位富裕的商人，与埃丝特·布拉德利(Esther Bradley)于1716年12月7日结婚。[1] 这对夫妇有6个孩子，最年轻的是亚伯拉罕，这个人就是杰伊·古尔德的曾祖父，他最后在里奇菲尔德战役中阵亡。[2]

1754年9月，亚伯拉罕娶了费尔菲尔德约翰·伯尔(John Burr)的女儿伊丽莎白(Elizabeth)。[3] 当亚伯拉罕在1777年与英国人对战牺牲时，留下伊丽莎白只身带着9个孩子。两年后，英国人按计划焚烧了费尔菲尔德镇，伊丽莎白和她的家人无家可归了。伊丽莎白重建了家园，继续抚养她所有的孩子：四个女孩[阿比盖尔、伊丽莎白、黛博拉(Deborah)和安娜]和五个男孩[希西家(Hezekiah)、约翰·伯尔、小亚伯拉罕、杰森(Jason)和丹尼尔(Daniel)]。[4] 正是亚伯拉罕和伊丽莎白的孩子们开始把"Gold"这个姓拼写成"Gould"。据安娜的后代所说，他们改变拼写的原因就是简化姓氏。虽然他们的姓写出来是"Gold"，但是人们一直称他们的这个姓为古尔德"Gould"。

其中有三个儿子——希西家、约翰·伯尔和丹尼尔——都选择了海上工作，结果最后都葬身鱼腹。[5] 杰森在费尔菲尔德结婚了，并且忙忙碌碌地在那里

---

[1] 塞缪尔·古德于1769年10月11日在费尔菲尔德去世。

[2] 塞缪尔和埃斯特·古德(Esther Gold)的孩子们有：丹尼尔，1717年7月11日生于费尔菲尔德，1775年死于费尔菲尔德；埃斯特，1719年10月13日生于费尔菲尔德，1770年8月1日死于费尔菲尔德；阿比盖尔，1724年4月27日生于费尔菲尔德，死亡年份地点不详；阿贝尔(Abel)，1727年9月14日生于费尔菲尔德，1789年11月11日死于费尔菲尔德；亚拉伯罕，1730年10月12日生于费尔菲尔德，六周后就于同年11月26日在费尔菲尔德去世；另一个亚拉伯罕，日后杰伊·古尔德的曾祖父，于1732年5月10日生于费尔菲尔德，1777年4月25日在里奇菲尔德战役中阵亡。

[3] 伊丽莎白·伯尔(Elizabeth Burr)于1732年4月7日生于费尔菲尔德。她于1815年9月5日在费尔菲尔德去世。和她的丈夫以及大部分子女一样，伊丽莎白长眠于费尔菲尔德的老墓场。古德或古尔德宗系在这一代和伯尔家族产生了很多联系。亚拉伯罕的长兄丹尼尔娶了伊丽莎白的表亲格蕾丝·伯尔(Grace Burr)，另一个兄弟阿贝尔则娶了费尔菲尔德伯尔家族的另一个姑娘，塞缪尔·伯尔(Samuel Burr)的女儿艾伦。

[4] 阿比盖尔·古尔德于1755年10月在费尔菲尔德出生，1795年11月2日去世。伊丽莎白·古尔德于1759年2月5日在费尔菲尔德出生，1812年6月19日在费尔菲尔德去世。黛博拉·古尔德于1763年7月25日在费尔菲尔德出生，于1785年7月28日在费尔菲尔德去世。安娜·古尔德于1768年12月5日在费尔菲尔德出生，于1821年10月2日在纽约州特拉华县德霍巴特去世。

[5] 这个希西家·古尔德于1756年12月9日生于费尔菲尔德，30岁时溺亡在纽约码头，那天是1785年10月30日。约翰·伯尔·古尔德于1761年4月7日生于费尔菲尔德，1781年1月2日死在海上。丹尼尔·古尔德于1776年7月16日生于费尔菲尔德，1796年12月28日在靠近法国海岸的一次风暴中死去。

住了一辈子。[1] 然而杰伊·古尔德的祖父小亚伯拉罕·古尔德则选择了创新的、前辈从未尝试过的道路。当他在1788年与安娜·奥斯本(Anna Osborne)结婚时才22岁。婚后不久,当亚伯拉罕告诉他的新娘他想出海的想法时,她那一刻也许想起了他死去的兄弟,就提出了另一种建议:开办农场,并搬迁到纽约州靠近卡茨基尔山的新开发地区。[2] 就这样,亚伯拉罕和安娜就移民了,同时随他们移民的还有来自康涅狄格州的几个家庭,其中包括亚伯拉罕表哥塔尔科特·古德(Talcott Gold)一家。

根据W. H.孟塞尔(W. H. Munsell)所著的《特拉华县历史(1757～1880)》(*History of Delaware Country*, *1775－1880*):在1789年,由20多个家庭组成的一群"土地勘察者"队伍从费尔菲尔德进入了特拉华县。这些人从哈德逊镇南边的奥克希尔高地乘轮渡穿过了哈德逊河,来到了格林县的卡茨基尔村。然后,他们走过崎岖的小径,蹚过没有桥梁的溪流,一路上只凭借着到处在树上刻痕引路。在早春的时候,这些移民到达了斯坦福德镇,在离罗斯河道的河口下方不远的地方驻扎了下来(罗斯河是特拉华河东部的一条支流)。他们的一些马匹沿河而行迷失在树林中。亚伯拉罕·古尔德和另外两个人[乔治·斯奎尔斯(George Squires)和约西亚·帕钦(Josiah Patchin)]一起去追赶他们的马匹。他们一行三人沿着罗斯河寻找马匹,最后发现他们的马在当地的一名猎人以色雷·英曼(Isreal Inman)手里,他也是最早在那里定居的人之一。英曼带领古尔德及其同伴来到附近山谷他那座简陋的房子里,"并且以先驱者的身份热情招待了他们,还给他们吃了美味的烤鹿肉排"。后来,当英曼知道了这些人的来意之后,就帮助他们选择附近的地点安置了新家。[3]

---

[1] 杰森·古尔德于1774年生于费尔菲尔德,他于1810年6月17日在费尔菲尔德去世。1840年,他的儿子约翰·古尔德拥有一支不定期前往中国从事贸易的帆船队,他将伊丽莎白·伯尔·古尔德重建的具有时代意义的房子拆毁,取而代之盖了一座大别墅。他将别墅留给了他的两个女儿,也是费尔菲尔德最后的两个古尔德,两人都在1908年无疾而终。从1908到1977年间,杰森·古尔德别墅,也叫古尔德庄园,根据两位女儿的遗愿作为费尔菲尔德县工作女性的免费度假别墅。更多关于费尔菲尔德的古尔德家族历史,参见费尔菲尔德历史学会的古尔德家族文件。伊丽莎白·伯尔·古尔德的表亲直德斯·伯尔(Thaddews Burr)精心修缮的房子今天还在费尔菲尔德,归市政府所有,由费尔菲尔德历史学会管理。

[2] 小亚拉伯罕·古尔德于1766年1月28日生于科恩的费尔菲尔德,于1823年12月23日在纽约罗克斯伯里去世。

[3] W. W. Munsell. *History of Delaware County*, 1757－1880. *New York*: W. W. *Munsell*. 1880. 72.

年轻的杰伊·古尔德在他的《特拉华县和纽约州边境之战的历史》中写道:“他们仔细考察了山谷的土地,决定在那里建一个永久性的居所之后,他们带着失踪的马匹再次回到了队伍。他们说服了其他人,但最后队伍只有两家人加入,即尼希米·海因斯(Nehemiah Hayes)和戴维·斯奎尔斯(David Squires)的家人,共5人。”[1]因此,5个家庭和1个贵族庄园的继承人哈登伯格·派藤特(Hardenbergh Patent)签下了租约,承诺付租金,这样那里就成了西部居住区,后来人们称之为罗克斯伯里。来自康涅狄格的人有一半在邻近的小村庄盖了房屋,大部分都在霍巴特(Hobart)和斯坦福德(Stamford)附近,他们也都是哈登伯格家族的租户。[2]

100年后,当杰伊·古尔德来看他童年生活过的地方时惊讶地问道:是什么驱使他的祖先在这样“荒芜而又希望渺茫”的地带定居下来了呢?[3] 文学上颇有造诣的自然主义者约翰·伯勒斯(John Burroughs)是杰伊·古尔德的发小,他最终还是愿意把那里的景色加上了浪漫色彩。伯勒斯在19世纪70年代写了一篇文章,其中描述了特拉华州的东支流是如何流入了“一个高山牧区,那个地区是卡茨基尔山脉比较平缓的延伸部分,与之相映衬的是长而圆的山丘,山上崎岖不平但树木繁茂”。伯勒斯把这里誉为“理想的牧场”,实际上这里不适合开垦和居住。[4] 这里的表土是一层薄薄的红土,下面就是坚硬的泥盆纪岩石和页岩。山坡上长满了很多橡树、枫树、山核桃、樱桃、松树、山毛榉、榆树、云杉和栗子树,以及大片大片的铁杉。少量的空地也无法耕耘,除了长些杂草之外,基本上没有其他用途。出于这样的原因,“亚伯拉罕·古尔德队长”(他的孙子在讲述他的历史中是这样称呼他的)和邻居们才开始着手开办牛奶场,他们自产的牛奶除了自己享用之外,还制成奶酪和黄油运往奥尔巴尼和曼哈顿销售。

在这里生活是很艰难的,与亚伯拉罕曾经生活过的相当富裕的费尔菲尔德的社区大不相同。多年来,亚伯拉罕凭借着耐心和决心坚持了下来。他经过努力,有了属于他自己的牛群(数量从来没有超过20头牛),也有了150英亩地。

---

〔1〕 Jay Gould. *History of Delaware County and the Border Wars of New York*. Roxbury: Keeny & Gould. 1856. 102.

〔2〕 Abraham Gould, Jr. 's sister Anna Gould, together with her husband, Eben Silliman, followed Abraham to West Settlement in 1810.

〔3〕 *New York Times*. 15 August 1888.

〔4〕 John Burroughs. *Pepacton and Other Sketches*. Boston: Houghton Mifflin. 1881. iv.

但想发财还是很难的,食不果腹倒是常有的事。1792 年 10 月 16 日,亚伯拉罕和安娜迎来了他们的儿子约翰·伯尔·古尔德(John Burr Gould,第一个在西部居住区出生的白人男孩,也是后来杰伊·古尔德的父亲)。两年前他们还生了女儿伊丽莎白。之后他们又生了八个孩子。[1] 亚伯拉罕队长于 1823 年去世,约翰继承了租来的贫瘠的土地和家园,不过在他看来这是一个机会而不是陷阱。他心中充满着希望,开始想娶妻生子的事了。[2]

◇ ◇ ◇

莫尔斯威尔(Moresville)的莫尔家族就是卡茨基尔荒地一带最接近贵族阶级的家族了(莫尔斯威尔就是现在的大峡谷,就在罗克斯伯里过去的山那边)。约翰·莫尔(John More)是苏格兰斯特拉斯佩(Strathspey)的居民,他与妻子贝蒂·泰勒·莫尔(Betty Taylor More)以及 2 个年幼的孩子在 1772 年就移民了。抵达纽约后不久,莫尔在霍巴特建了一所房子,从而成为在特拉华县定居的第一个白。他后来搬到哈德逊河流域的卡茨基尔镇,并于 1786 年在莫尔斯威尔镇被称为“广场”的地方建造了最后住的小屋。由于他所居住的地方正好位于几条旅行路线的交界处,莫尔便开了一家小酒馆,也因此而变得相当富裕了。他在成为六个孩子的父亲的过程中,曾尝试过很多职业,如纺织工、裁判官、邮政局局长、长老会的领袖等。到 19 世纪 20 年代,莫尔斯威尔已从一个偏僻的边远村落转变成了一个热闹、繁荣的村庄。贝蒂在 1823 年去世,享年 85 岁。健康热心的约翰一直活到 1840 年。他去世时已是 95 岁的高龄。他留下了不下于 88 个子孙,而且还有不少曾孙子也来悼念他。

尽管莫尔的大部分后代都在西部居住区定居,但还是有一个儿子亚历山

---

〔1〕 除此之外,小亚拉伯罕·古尔德和安娜·奥斯本的孩子们是:伊丽莎白·古尔德,生于 1709 年 5 月 17 日,死于 1867 年 7 月 11 日;约翰·伯尔·古尔德,生于 1792 年 10 月 16 日,死于 1866 年 3 月 16 日;安娜·古尔德,生于 1794 年 8 月 20 日,死于 1828 年 3 月 9 日;阿比盖尔·古尔德,生于 1796 年 6 月 20 日,死亡信息不详;波利·古尔德,生于 1798 年 4 月 27 日,死于 1811 年 4 月 3 日;凯瑟琳·古尔德,生于 1800 年 3 月 20 日,死于 1837 年 1 月 25 日;杰森·古尔德,生于 1802 年 11 月 23 日,死于 1864 年 1 月 3 日;小小亚拉伯罕·古尔德,生于 1803 年 11 月 3 日,死于 1812 年 5 月 9 日;丹尼尔·古尔德,生于 1801 年 10 月 4 日,死于 1949 年 1 月 3 日。丹尼尔似乎将姓氏的写法改回了过去的“Gold”,作为纽约州议会的副议员,他的职业生涯小有成就,去世时他已经成为美国众议院的副议员。杰森·古尔德移民到加拿大,今天他的后代很多仍然在那里居住。

〔2〕 Robert Irving Warshow. *Jay Gould, or The Story of a Fortune*. New York: Greenberg. 1928. 18.

大·泰勒·莫尔(Alexander Taylor More)留在了莫尔斯威尔。他和妻子南希·哈雷(Nancy Harley)共生了14个子女。他们家的老二玛丽生于1798年6月20日。[1] 正是这个玛丽在19世纪20年代中期吸引住了约翰·伯尔·古尔德的眼睛。我们对她知之甚少,除了知道她是大家公认的美人胚子,并且孝顺、虔诚,这与约翰·古尔德的祖先信奉的清教主义相辅相成。他们的恋爱很可能是按圣约书来的,发展很慢。当他们1827年结婚时,他已经是35岁了,而她也已经29岁了。约翰家里有5间大卧室,玛丽还把她的织机搬到了其中一个卧室里,她还搬来了一些零星的家具——都是陪伴她长大成人的一些标记性、纪念性的物件,放在进门门厅左边的大客厅里,这个客厅还有一个非常显眼的大壁炉。在玛丽来到古尔德身边的第一个春天里,她花了很多天在房子周围的花园里修整挖掘,最终在房子周围种满了玫瑰和风信子。

约翰·古尔德需要几个身强力壮的儿子来帮助他经营几乎没有利润的农场。这里不仅牛群、奶酪和黄油制品需要人手,而且在收获季,还需要人手从小果园里采摘苹果,用压榨机制作苹果酒和糖枫汁。如果有几个强健的小伙子帮忙会比较得心应手。然而,玛丽却连续给他生了5个女孩:萨拉(Sarah,1828)、安娜(1829)、南希(1831)、玛丽(1832)和伊丽莎白(1834)。直到1836年,这对夫妇才如愿以偿地生了一个男孩,不过他们几乎要失去这个男孩了:一个很小的早产儿。杰森·"杰伊"·古尔德活了下来,他和其他同龄人相比身材娇小,如果不在其他方面有比较,在他56岁的生涯中他都比不过为数不多的同龄人。

---

〔1〕 杰伊·古尔德的外公亚历山大·泰勒·莫尔生于1775年1月5日,死于1854年3月11日。他和莫尔家族的其他许多人一样,被安葬在卫理公会教堂附近格兰德·乔治(Grand George)的老墓地。

第三章　夜幕降临之前的十二行诗

杰伊·古尔德的父亲约翰·伯尔·古尔德是一个复杂并且带有悲剧性的人物。约翰·伯尔·古尔德有关家族的记忆都是父母告诉他的,他被告知自己来自殷实富足的家族。在康涅狄格州的历史上,那些富裕的古尔德家族、伯尔家族和塔尔科特家族好几代人都曾占有重要位置。然而像他父亲一样,约翰本人的生活却是起伏不定的,与其令人敬畏的祖先相比确实显得相形见绌多了。

诚然,比起他的那些位卑人微的邻居,约翰还算是成功的。换句话说,他活得并不比大多数人差。除了牲畜、牧场、糖枫和果园,他还拥有全镇唯一一个苹果榨汁机。尽管如此,他很清楚自己命里并不会大福大贵。约翰从他父母那里接受了全面的教育,也让他对贫穷有了足够深刻的了解。他很早就形成了恃才傲物的性格,也被人认为是一种势利的表现。一部分原因是在他的乡邻中很少能找到能与他聪明才智相媲美的人。总之,他似乎一直被公认为是当地优秀的知识分子,并且他也坚信自己是苦于生活在一个狭小的乡村空间,无以施展自己的才华,他本应该拥有更美好的生活,为此他还常常愤世嫉俗,对外面的世界嗤之以鼻。约翰·伯勒斯在回忆起"古尔德先生"的时候说,他是一个相当"顽固的人”，总是想过“一种比其他农场主更好的生活方式”。[1]

虽然约翰·伯尔·古尔德有些自负，但古尔德一家人像大多数生活在罗克斯伯里镇的人一样过着很朴素的生活。所有人的衣服都是玛丽亲手做的，他们吃的大部分食物都是自家园子产的；甚至家具也都是自己动手做的。[2] 在家里仅有几件东西是从商店买来的，其中虽说有一件是进口的，但并不贵，是一套茶具而已。为了这套茶具，玛丽还特意让她丈夫做了一个精致的带有玻璃门的橱柜。这套茶具他们珍藏了多年，长期只是在橱柜里摆放展示罢了，极少使用，唯恐不小心会磕碰或摔碎。杰伊·古尔德的姐姐安娜回忆说，这套茶具在当时那个农村地区是很罕见的，尽管古尔德一家在其他方面仍然很普通平凡，但这套茶具却成了他们家与众不同的生活品位的证明，也成了他们家在当地地位的无言的象征。

事实上，我们所知道的有关杰伊早年在古尔德家中的生活趣事都是来自杰伊姐姐们所写的回忆录。这些回忆录是在杰伊大女儿的请求下，由杰伊还健在的姐姐们在杰伊去世后不久所写的。安娜写道：“当你的父亲降临到我们家时，我们家已经有 5 个女孩了。一天早上，我们的祖母告诉我们，我们家添了一个小弟弟，当我们亲眼看到他时，简直高兴极了。没过多久，我们就争相抱着他，逗他笑，他也能伸出小手回应我们了。”[3]杰伊的大姐萨拉回忆说：杰伊小时候简直就是“家里的宠物和明星”，所有的姐姐都让着他、宠着他，既把他当小弟弟，又把他当洋娃娃。

杰伊姐姐们的回忆也给了我们有关杰伊母亲的一些印象。杰伊的母亲玛丽于 1841 年 1 月去世，当时的杰伊还差几个月才到 5 岁。萨拉写道：“就像他（杰伊）在生命的最后几年告诉我的那样，他对妈妈唯一的记忆就是她差人把我们从学校召唤回来，以便她能把临终的祝福传递给我们。他说，他永远不会忘记，当她给他最后一个爱的吻时，她的嘴唇有多冰冷。”正如我们所了解到的那样，萨拉更愿意回忆起母亲，而不是父亲——她认为“杰伊有远大的抱负和平和的脾气都是得到了母亲玛丽的真传，这使得他即使还是个孩子的时候就有很好的自控能

---

〔1〕 Clara Barrus. *John Burroughs: Boy and Man.* Garden City: Doubleday. Page. 1920. 97.

〔2〕 Sarah Gould Northrop. “Reminiscences.” HGS.

〔3〕 Anna Gould Howe. “Mrs. Howe's Reminiscences.” HGS.

力,长大成人之后便做得更好。他还遗传了母亲能够把一切为己所用、创造效益的能力”。[1]

约翰把玛丽安葬在靠近斯特拉顿瀑布(Stratton Falls)、位于罗克斯伯里和凯利角(Kelly Corner)之间的老牌浸信会教堂的墓地,这里也是最靠近玛丽生前经常去做礼拜的“黄色礼拜堂”。(这里,也是 39 年之后杰伊·古尔德想立一座方尖碑,纪念他的父母和两个妹妹的地方。)当母亲去世的时候,安娜·古尔德才 11 岁。她回忆起母亲出殡时,地上下了一层雪,约翰·古尔德和其他几个人一起抬着装有玛丽尸体的棺材走向墓地。她还依稀记得有人铲起泥土、用土掩埋手工打造的棺材时发出的声音,以及回荡在冷风吹拂的荒凉墓地里那肃穆庄严的圣歌。小杰伊拉着她的手,走在她身边,一脸茫然好奇,似乎又不太明白所发生的这一切。[2]

在接下来的几年里,死亡之神不断光顾古尔德家族。这一大家子也是需要一个女主人的,于是约翰·古尔德在 1841 年的夏天再婚了。但他的新婚妻子伊丽莎(Eliza)在同年的 10 月 19 日就去世了。[3] 约翰把伊丽莎也葬在黄色礼拜堂的墓地,离他的前妻玛丽不远。5 个月之后,50 岁的古尔德又一次结婚了,这次娶的是比他小十多岁的邻居玛丽·安·科尔宾(Mary Ann Corbin)。愉快的婚礼过后,这个家庭似乎准备好过一段安稳的日子了。但天不遂人愿,1842 年末,仅有 11 岁大的南希突然染病而亡。几十年后,萨拉·古尔德在回忆录里还写了这一次安葬南希的那天还是一个下雪的日子,她的继母玛丽·安还挺着大肚子步履艰难地爬坡,朝墓地走去。1843 年 3 月 3 日,玛丽·安为约翰生了一个儿子,起名亚伯拉罕,被他的兄弟姐妹称为亚伯兰(Abram)和阿比(Abie)。有一段时间,这个家又充满了快乐。但 2 年后,玛丽·安又去世了。约翰认为也许是自己受到了诅咒,所以他不再愿意娶妻了。他把照顾两个男孩(一个 9 岁,一个 2 岁)的任务留给了 4 个幸存的女儿。

---

[1] Sarah Gould Northrop. “Reminiscences.” HGS.

[2] Anna Gould Howe. “Mrs. Howe's Reminiscences.” HGS.

[3] 伊莉莎的娘家姓不详。古尔德家族在老学校浸信会教堂墓地给她立的墓碑上记载着她于 1841 年 12 月 19 日去世,享年 29 岁。

◇ ◇ ◇

年长的萨拉·古尔德说杰伊在10岁之前已经历经了很多"磨难"。[1]萨拉明确地说这些磨难不仅仅是指家中有几个人去世,还包括其他一些事情,至少还包括约翰·古尔德严格遵守非正统的、独立的政治信仰对给他突出的性格形成有很大的影响。

古尔德和大多数邻居的政治观点不同,他是民主党人,拒绝参加19世纪40年代在卡茨基尔和毗邻哈德逊河谷一带普遍的叛乱。当时,那个地区的农场主正在携手武装对抗各种拥有受赠土地的所有者,其中就包括受赠的哈登伯格家族的广袤土地的所有者。这片地差不多有200万英亩,横跨阿尔斯特(Ulster)、奥林奇(Orange)、格林(Green)、沙利文(Sullivan)和特拉华(Delaware)几个县。这片土地是1708年安妮(Anne)女王封给约翰尼斯·哈登伯格(Johannes Hardenbergh)和他的家人的。(这位未来的垄断者杰伊·古尔德在他的《特拉华县和纽约州的边境之战的历史》一书里这样写道:"哈登伯格家族专属的这个'大罗盘'实际上就是一种垄断,当这一地盘的边界被调查出来后,封地超过200万英亩给一个人就被禁止了,就算有贵族观念的英国政府都不能再享有这种特权了,所以后来出台了一条法令,杜绝再封地给一个独立个人超过1 000英亩的土地,如果是相关联的家庭成员,每个成员平均封地也不得超过1 000英亩)。"[2]在反对租地的热潮中,一群全副武装的"地位低下的佃户"身穿印花棉麻外套,把自己装扮成"印第安人",用涂焦油和沾羽毛的方式来威胁收租金的人,他们也用同样的伎俩逼迫更多的佃户加入他们反叛的队伍。罗克斯伯里当地反对租地的"印第安人"经常用吹响传统的晚餐号角来相互召集。他们甚至为了这个目的通过立法来阻止别人在这一时间使用同样的号角声,以免有人会把有些农场主宣布晚餐的号角和反租地召集号角警报混淆。杰伊这样写道:

在1844年的夏天,有人看到这群人经常乔装集会,有一些心态平和的碰巧和他们的观点不一样,就被归属于支持出租或者法律和秩序的一类人,就会遭受到他们的骚扰、甚至严重的威胁……第一次公开的敌对行为发生在7月6日,在

[1] Sarah Gould Northrop. "Reminiscences." HGS.
[2] Jay Gould. *History of Delaware County and the Border Wars of New York*. 115.

约翰·古尔德先生的家里，古尔德先生不顾那个组织的威胁和及时的警告，坚持吹了号角，以作为晚餐信号……在出问题的那天，他和平常一样在中午吹起了号角，有5个全副武装的"印第安人"就出现在他家门口了，要求他对他们组织权威的冒犯给予补偿。当约翰要求他们离开自己私人住宅时，继而引发了激烈、愤怒的争辩，后来他们不得不撤退……

接下来一周的周二，又一伙"印第安人"带着没收号角的命令前去古尔德家，还说如果有必要，就给古尔德先生身上涂一层焦油、插上羽毛。刚刚到了正午时分，一个有利的时机出现了，当他们听到了一声喊叫的信号，那一大群野人从藏身处一跃而出，同时发出魔鬼般的大叫声，一窝蜂地冲上去，包围了站在屋前的古尔德和他的小儿子。想象一下，如果我们是那个小儿子，看到父亲被15个手握枪支的恶魔包围着，并且距离自己的头不到几英尺远，领头的人凶神恶煞、拔剑欲刺的情形，这样的画面将会是多么深刻清晰、让人难忘啊！哎呀，这无疑是对我幼小的心灵的折磨啊，我认为我父亲每一分每一秒都可能被击毙在地……但他仍然坚定地站在那里，丝毫都没屈服。

约翰·古尔德大声向他的雇工叫喊，让他把步枪从屋子里拿出来。"他认为自己是对的，所以一点也不恐惧、退缩。最后，当几个邻居赶过来时，这些穿印花布的'印第安人'再一次被赶出约翰的家，没有达到目的。"[1]佃户们没有再来骚扰古尔德的宅子了。1845年，在纽约州州长宣布特拉华县陷入叛乱状态后，约翰·古尔德与当地的民兵组织一起努力恢复了当地秩序。

这场租地战争的紧张氛围几乎渗透到生活的每个阶段。在一个困难时刻，一个大个子男孩，是一个佃户的儿子，威胁约翰说要让他的孩子淹死在"石壶"里，这个"石壶"是位于米克山谷附近的一所小学校。此后，约翰·古尔德就宣布他的孩子们再也不会去上那个小学了。他和另外两个承租土地的连襟菲尔图斯(Philtus)和蒂莫西·科尔宾(Timothy Corbin)在他们农场边上建起了一所自己的学校。他们把这个地方命名为比奇伍德学校(Beechwood Seminary)。

◇ ◇ ◇

约翰·伯勒斯和杰伊·古尔德同窗十载(各自都有不堪的声名狼藉的经

〔1〕 Jay Gould. *History of Delaware County and the Border Wars of New York*. 120.

历)，他们先是在石壶小学，后来又一起在比奇伍德学校上学。四十多年后，杰伊的姐姐伊丽莎白(也被称为贝蒂)告诉她的女儿说："你的舅舅和约翰·伯勒斯叔叔之间还总是惺惺相惜呢。"[1]伯勒斯在八十几岁的时候所写的一本回忆录里，他是这样回忆起他的老朋友杰伊的："你可能看到了杰伊·古尔德的犹太人的一面，还有出众的学识，以及他杰出的事业成就带给他的那份自豪感。"[2]这两个人曾在罗斯小溪、弗洛湖和米克山谷(Meeker's Hollow)中捕鱼抓虾，伯勒斯还常常在古尔德的家里过夜。[3] 关于最受欢迎的校园体育运动——摔跤，伯勒斯回忆说，在一场比赛中，看似个子不高、又没有运动细胞的小杰伊表现得"有勇有谋、连连获胜、令人惊讶不已……他刚柔并济，似乎是用钢铁和橡胶做成的"[4]。

和其他儿时的朋友一样，古尔德和伯勒斯常常互相帮助对方摆脱困境。一个特别生动的例子发生在 1848 年的某一天，那年古尔德 12 岁，伯勒斯 11 岁。伯勒斯在最后一刻才想起自己有一篇作文作业没写，他匆忙从一本历书中抄了一篇，试图想蒙混过关。老师发现了伯勒斯的诡计之后，严肃地告诉他：作为惩罚，他必须在那天结束之前写出 12 行诗，否则就要在放学之后留下来。不久，在老师不注意的时候，杰伊在他的写字板上胡乱写了一首打油诗，轻轻推了一下约翰，从桌子下面把写字板传给约翰让他抄。约翰·伯勒斯迅速(厚着脸皮地)抄完了，就这样他就避免放学后被留下来了。

杰伊的诗蒙混过关了：

时光在飞逝，
夜色正降临。
两行才编完，
思路戛然止。
夜晚降临前，
须交十二行。
是写还是留，

[1] Elizabeth Gould Palen to Anna Palen. 25 March 1893. HGS.
[2] John Burroughs. *My Boyhood*. Garden City: Doubleday, Page. 1922. 40.
[3] Clara Barrus. *John Burroughs: Boy and Man*. 211.
[4] John Burroughs. *My Boyhood*. 37.

现在八行凑，

但是还不够，

还有两行无，

再多凑个数，

完美结任务。

在帮助伯勒斯写诗时，杰伊表现出了他很实在又简练的经济头脑，这也是他后来解决很多问题所表现出的特点。他有效地组织语言就是为了尽可能以一种很直接的方式完成具体工作。杰伊按照字数要求、只写了短短十二行就帮助约翰完成了作业：不多不少正好符合老师的要求，但又没有一个音节是多余的。

第四章　深谋远虑的学生

杰伊·古尔德是一个争强好胜且态度认真的孩子,平素看似纤弱,遇事却勇于接受挑战、从不退缩,表现出一种与其年龄不符的冷静的成熟。他做事非常专注。萨拉回忆道:"据我所知,他曾经有一次竟然花了一连三周的时间解决一个关于对数的难题。并且他从不求助他人,再困难的题都坚持自己解决。"[1]

杰伊在学习上的执着并非出自他很早就意识到自己不喜欢农活。作为古尔德家唯有的两个儿子之一的长子,农活自然常常落在他的肩上,他也帮着家里干里里外外的繁重琐碎的家务。每天他都要把牛从外面牵回来挤牛奶,之后又要把它们赶回牧场。他平常还要搅拌黄油,制作奶酪。在不同的季节他还要制作苹果汁、采摘果实、熬枫糖浆等。当他父亲割草时,还指望他骑着马拉搂草机呢。这一个接一个简单重复的苦差事没完没了的,杰伊和朋友抱怨说这一切就是"折磨"。[2] 他父亲常常前院后院到处寻他去做事,杰伊总是躲藏到无人的角落去研究他的算术题、背单词或者学拉丁文。他告诉萨拉说:"你知道的,这种日子对我来说太难了。我必须学习。"[3]

---

[1] Sarah Gould Northrop. "Reminiscences." HGS.

[2] Hamilton Burhans. "Early Days of Jay Gould." HGS.

[3] Sarah Gould Northrop. "Reminiscences." HGS.

1849 年的春天,13 岁的杰伊很坚定地告诉父亲,他已经学完了所有比奇伍德学校能教他的课程,他请求父亲把他送到汉福德(Hanford)先生在霍巴特开办的私立学校,那个学校距离古尔德农场有足足 9 英里。起初约翰·古尔德拒绝了这个请求,但他开始清晰地意识到杰伊是不会罢休的,他最终改变了想法。在杰伊·古尔德一连数周吵闹、争辩之后,约翰终于开口同意了,他说:"好吧。既然你确定不当农场主了,你不妨一试吧。但我不知道你今后会怎么样。"[1]在霍巴特,杰伊寄宿在一个铁匠家里,他每天白天上学。他还为铁匠保存了那些书。他这样只坚持了 5 个月,因为杰伊每个周末都走很远的路回家去看望他的姐姐和弟弟,确认他们一切安好。所以在接下来的秋天里,他搬回了家。恰好那时比奇伍德学校刚雇用了一名精力充沛的、刚刚从奥尔巴尼的师范学校毕业的新老师。

约翰·伯勒斯回忆说:正是在詹姆斯·奥利弗(James Oliver,被人称为"人上人")的指导下,他和其他几个在罗克斯伯里的男孩们才有了他们"真正的开始"。[2] 古尔德也很敬佩这位良师,曾写下奥利弗老师"思想开明、品德高尚"。[3] 1893 年,这位退休的老先生在回忆起 14 岁的杰伊时还夸赞他是一个"深谋远虑"的学生,这个已经声名显赫的学生还一直称他为"奥利弗先生"。"他不是一个贪玩的男孩,他从不粗鲁、喧闹;大声喧哗、上蹿下跳这类事情他也从来不干。"但他也绝不像一些传记作者提到过的爱打小报告或者爱拍马屁之类的。像萨拉一样,奥利弗先生也提到过杰伊突出的独立个性和他很爱拒绝别人帮助的特点。奥利弗先生说:"他的精神境界和道德品质都不可能让他做出为了讨好老师而来说自己同学的坏话的事情。他一贯自立自强、自尊自爱,如此谄媚奉承的行为也绝非与他相关。如果叫他去黑板前演算一道题,他一定是情愿一整节习题课都待在那里做题,也不会向谁求得答案。"[4]

1850 年 4 月 9 日,奥利弗要求年龄稍大一点的学生以"诚实是最好的政策"为题写一篇文章。杰伊按要求写了。不过后来看到这篇文章的报社编辑,有好几个会把文章扔到他的脸上。

---

〔1〕 Anna Gould Howe. "Mrs. Howe's Reminiscences." HGS.

〔2〕 John Burroughs. *My Boyhood*. 114.

〔3〕 Jay Gould. *History of Delaware County and the Borders Wars of New York*. 320.

〔4〕 Frank Allaben. "Was Jay Gould Misjudged?" *National Magazine* (May—June 1893). 84—85.

诚实是最好的政策

对于这个命题,我们的理解是诚实做人、诚实思考、诚实做事是最好的方法,也是最合情合理的。诚实是要克己忘我的,要做到诚实就需要自我克制、远离坏人;要做到诚实就需要我们洁身自好、超凡脱俗;要做到诚实还需要我们恪守良知、问心无愧。

如果我们欲做不诚实的事,我们的良心会及时提醒,阻止我们犯错,我们就该悬崖勒马,及时收手。一旦我们做了不该做的事情,就会受到良心的谴责。这种良心的谴责不似雷声震耳,而是娓娓道来、刻骨铭心。它也不会强迫我们遵从,而是以理服人,以助我们认清对错、辨别真伪。

没有论据不足以服人,那么我们就举一个再合适不过的例子吧,这个人赫赫有名、早已名垂青史,他就是乔治·华盛顿,这个伟人一生从不说谎。他在年轻时就不散漫懒惰,他追求真理、一心为善、"从不说谎"。他在孩提时砍苹果树的轶事妇孺皆知,也足以证明他诚实的品质。亚历山大·蒲柏(Alexander Pope)* 在他的《论人》(*Essay on Man*)中写道:"诚实的人是上帝最高尚的作品。"

再进一步,我们发现《圣经》中也有很多写了有关诚实的经文。概而言之,我们不得不说:"诚实才是最好的政策。"

——杰伊·古尔德[1]

当杰伊花时间写这些习文时,他父亲正忙着应对残酷的现实。1850 年秋天,22 岁的萨拉和 16 岁的贝蒂被聘为学校老师。家里只剩下 21 岁的安娜和 18 岁的玛丽(也是大家称呼的波莉)帮忙操持了,但是她们每个人都有心上人了,很可能很快就会离开父母嫁人了(波莉当时实际上已经和詹姆斯·奥利弗订婚了)。杰伊,这个家族的长子继承人,已经明确表示他不会继承这个费时耗力、回

---

* 蒲柏是英国启蒙时期最伟大的诗人之一,他的双韵体长诗《论人》如今被视为 18 世纪文学传统的重要组成部分。——译者注

〔1〕 Robert Irving Warshow. *Jay Gould, or The Story of a Fortune*. 22—24. 这篇文章也被发表在《安吉尔对古尔德》(*Angell V. Gould*)一书中,纽约私人印刷,1897 年。这本书包含了几个 19 世纪 90 年代后期古尔德家族资助撰写的深入研究,古尔德家族提供资助调查是为了打一场涉及杰伊·古尔德的生父确认官司。为了调查,古尔德的律师和侦探们来到卡茨基尔采访杰伊·古尔德的老朋友、熟人和亲戚,从中收集到了书面证言和历史文档。

报甚少的农场。至于只有7岁的次子亚伯兰,也帮不上忙。因此,在短期内约翰·古尔德只好雇用了勤劳可靠的年轻人彼得·范·安博格(Peter Van Amburgh)。但约翰·古尔德毕竟快60岁了,这个他一出生就没离开过的家对他来说操持起来已经力不从心了。所以不久他找到了一个彻底解决问题的方案。

1851年7月,约翰·伯尔·古尔德与罗克斯伯里当地的居民汉密尔顿·博汉斯(Hamilton Burhans)签订了协议,他用自家的农场交换了博汉斯的一间位于村里主要街道上的店铺和他坐落在埃尔姆街(Elm,就是现在的维加山路)拐角的房子。博汉斯的哥哥爱德华是镇上最富的商人,他最近在做锡、铁皮和炉子的生意。对于做生意这一行,约翰·古尔德一无所知,然而,他希望自己聪明的儿子杰伊能助他一臂之力、一举成功。他曾对萨拉说:"既然无法把杰伊留在农场,我也不会再劝他了。但我想如果我做出这样的改变,他或许就会愿意尝试了。"[1]换句话说,约翰·古尔德希望那个不愿意在农场干活的倔强孩子能够接受锡铺的生意。古尔德所签的协议中要求实际交换的时间是在1852年4月进行。在执行日前的7个月,即1851年9月,15岁的杰伊就被送去博汉斯家,在锡店学做生意。[2]

杰伊在比奇伍德学习的日子结束了,但他还是一有空就坚持学习应用数学——尤其是研究工程和测量学。那年秋天的某一天,他从爱德华·博汉斯那里借来了测量工具,开始自学如何使用。很显然对于在罗克斯伯里做锡铺生意并不是杰伊很感兴趣的事,他和萨拉说:学习测量就是他走出小镇的"车票"。萨拉曾在2月写给一个表兄的信里说:"杰伊并不想待在这儿。我也不知道他想去哪里。"[3]但是杰伊自己是清楚的。比奇伍德的朋友阿贝尔·克罗斯比(Abel Crosby)最近介绍他认识了测量员斯奈德(Snyder)。[4] 斯奈德打算去绘制附近阿尔斯特县的地图,他给杰伊每个月20美元,让他帮助完成这个项目。

那年3月,有了斯奈德给的这份工作,杰伊在和父亲谈话之前先向他的姐姐们说明了他的想法,想抓住这个机会。萨拉回忆说:"我们三番五次地求他不要

---

[1] Sarah Gould Northrop. "Reminiscences." HGS.

[2] 曾是锡铺的房子今天仍然在罗克斯伯里的大街上,现在成为恩德林画廊。街道转角和维加山路相接的地方,曾参与交换的房子现在还在。

[3] Sarah Gould to Edmund More. 29 February 1852. HGS.

[4] Abel Crosby to Helen Gould. 20 May 1897. HGS.

去,我们都认为他还太年轻,一旦走出这一步,我想我就不可能再见他回头了。"[1]最后,尽管所有人都大失所望,父亲约翰·古尔德还是同意了杰伊接受那份工作。4 月初,杰伊口袋里只揣着 5 美元就离开家去了阿尔斯特,当时离他 16 岁生日还差 1 个月的时间,并且也就是在同一周他们一家从农场搬到了镇里。

◇ ◇ ◇

杰伊不是那种将自己早年的奋斗描述成霍雷肖·阿尔杰(Horatio Alger)小说一样充满传奇色彩的人。事实上,他只讲述过一次,那是在 19 世纪 80 年代,他被一个美国参议院委员召见时,他道出了自己的奋斗史。这样说来,青年杰伊第一次涉足商界的故事直接来自《议会记录》(*Congressional Record*)。

地图绘制员斯奈德为杰伊提供了测量工具,并分配他测量绘制阿尔斯特县特定一角的地图。他还给了杰伊一本小账本,并对他说:"无论你走到哪里,你都用这个账本记账消费,你要吃什么或花钱买什么都记下账,之后回来我会按账目结算的。"杰伊带好工具和行李出发了,他开始画草图、测量、标绘大量原始数据,为最终斯奈德的总地图搜集资料。在出发后的第 3 天,他停下来留宿在一家农场,当他开始把食宿费一一记在自己的小账本上的时候,农场主拦住了他:"为什么记账?你难道不认识这个人吗!他已经三次食言了。他欠这个县每一个人钱。我知道你是有钱的,你现在就要付清。"听到这些话,杰伊把自己的口袋全都翻出来给农场主看,他对农场主说:"你看看我说的都是实话吧?我真没有钱。"农夫点了点头:"我相信你,但我不相信那个人。"

杰伊自己说,他接下来大半天都没吃什么东西,就是害怕他再拿出账本还会出现那样的情形。那天傍晚,他疲惫不堪,独自一人在树林里伤心流泪。"这对我来说好像是世界末日。我内心焦灼,反复问自己是否应该就此放弃回家,或是否应该继续。"他最终还是鼓足勇气、继续前行。他来到下一户人家,大胆开口说要食物吃,这家农户的妻子热情地招待了他。当杰伊解释说,他需要先把饭钱记账,之后再结清,这位夫人竟然同意了。然而,几分钟之后,当杰伊沿路急匆匆离开时,听到农场主在他身后叫他。杰伊转过身来,做好了最坏的打算,当得知农

〔1〕 Sarah Gould Northrop. "Reminiscences." HGS.

场主只是想让他再回到他家里,为他画一个正午的标记,他这才松了一口气。(这个标记就是一条南北线,是太阳在正午时分穿过窗户会精确射到的线,可以以此为准设定时钟。)杰伊帮忙画好之后,农场主给了他1美元,杰伊让农场主扣除1先令,作为晚饭钱。杰伊曾回忆说:“这算是我做生意赚的第一笔钱了。这件事也为我打开了一个生财之道,从那时起,我继续测量绘图。整个夏天,我通过在不同的地方为别人画正午的记号,应付了我所有的开支。”[1]

到了9月,斯奈德终于向杰伊以及另一个为他测绘阿尔斯特地图的年轻人彼得·布林克(Peter Brink)承认他又一次破产了,不能付给他们应得的钱了。斯奈德付不起他们薪水,只能把绘制地图的权利给了古尔德和布林克,后来又加了另一个年轻人奥利弗·J. 蒂尔森(Oliver J. Tillson)的名字,作为第三个绘制人。杰伊和其他两个同伴不同,他没有什么现金,所以他让其他两个合伙雇用他,每月付给他30美元,并包吃包住。他同时答应减少自己在制作地图上的收益。(布林克和蒂尔森会平分80%的利润,留下的20%给杰伊。)这件事过去40年后,当蒂尔森回忆起来时,还说:“杰伊·古尔德那个时候就满腹生意经了,和他现在一样。哎,甚至在吃饭的时间,他也总是滔滔不绝地谈地图的事。他只是个工作人员而已,我父亲常说:‘看看古尔德,难道他不是带头人吗?’”[2]3个月后,地图绘制完成了,合伙人的账也算清了,杰伊竟然带走了500美元的酬金。

1852年,杰伊和家人一起在他们罗克斯伯里镇中心的新家度过了圣诞假期之后,就动身去了奥尔巴尼。在那里他筹建了一个小组,为一条自奥尔巴尼到尚克斯维尔(Shakersville)之间即将修建的栈道做勘测。在奥尔巴尼,他住在莫尔舅舅家里,和他的一个表哥合住。他表哥伊拉姆·莫尔(Iram More)被奥尔巴尼学院录取了,是大学预科生。杰伊在写给姐姐的信中说:“学校早上9:00开始上课,下午2:00结束。每节课后有5分钟的休息时间。一天吃2顿饭。”[3]当他们不在学校上课的时候,伊拉姆就帮助杰伊做修栈道的测量工作。(在做这一项目的过程中,杰伊自学了使用经纬仪,这是一种准确测量水平角的复杂仪器。)有一段时间,这两个表兄弟一起吃饭、一起学习,还一起工作。这时游说者正想叩

---

[1] *Report of the Committee of the Senate upon the Relations Between Labor and Capital, Senate Hearings*. 41st Congress, Vol. 28. 1063—1064.

[2] *Angell v. Gould*. 163—167.

[3] Ibid. 177.

开纽约州议会大厦的门,他们所支持的议案是资助对纽约州进行完整勘查。由曼哈顿议员代表提出的、注定要失败的这一议案是要求对每一个县绘制单独的地图,这也是要由独立的投标的过程完成的。”杰伊在写给詹姆斯·奥利弗的信中说:“如果这个议案通过了,我想会足以让我上耶鲁大学了,这就是我最大的愿望。”[1]

杰伊在他所写的家书中书写认真、思路冷静。然而,他的姐姐们却坦言她们担心他与表哥伊拉姆关系太密切,这个表哥最近在里士满维尔(Richmondville)的卡茨基尔镇的一所学校上学时因醉酒而被开除过。古尔德家的女孩对于喝酒的话题非常敏感。她们很清楚地记得母亲玛丽在临终前把父亲亚历山大·泰勒(Alexander Taylor)叫到她的病床前,请求他放弃酗酒。(波莉·古尔德曾写道:“可怜的老人,当母亲看到他醉醺醺地来到她面前时,她即刻就泪流满面了。”)约翰·古尔德现在正逐渐失去他的农场乳业业务,不得不转向经营生意惨淡的锡店,这一切显然离他贵族的自命清高越来越不现实了,他也开始借酒消愁了。波莉在给詹姆斯·奥利弗的一段留言中写道:“父亲有一个缺点,你和我一样清楚那是什么。”她也在别处写过:“异常痛苦的尝试和挫折使他变了一个人,已经不再是从前的他了。他采取了一个排除烦恼的坏方法。我只能希望他会重新振作起来,尽管我知道他这个年龄的人很难改变自己的习惯,因为他们已经习以为常、无法改变了……我真希望杰森可以接受这个教训,我相信他会的。”[2]波莉没必要为杰伊担心,就在她写了这些抱怨约翰·古尔德的话后不久,杰伊就对一位朋友坦言了他的态度:他坚信幸福不在于放纵自己,而在于自我克制。

虽然杰伊思想成熟,但有时出于礼貌,也会喝一点红葡萄酒或香槟,不过大多数时间他都会尽量避开喝酒、抽烟、游戏和骂人的习惯。我们也不知道,他是不是认为这些行为都是恶习或者没什么用,但人们一般倾向于后者。杰伊不像他的父亲完全避开教会,他去参加教堂的礼拜仪式,开始是为了迎合他的姐妹们,后来是为了迎合他虔诚的妻子和女儿。但他永远也不会像他的母亲、姐妹、妻子和女儿那样公开直白地表达他的信仰,宣称自己“在耶稣里重生”。一味热衷于教义从来都不是古尔德的风格。他似乎形成了最基本的宗教信仰:可以接受在名义上或者在社会层面上对上帝这一抽象的概念的信奉,但不会太迷信。

---

[1] *Angell v. Gould*. 185—189.
[2] Ibid. 642—645.

真正对我们重要的是此时和此刻。他有一次对一位朋友说:“至于未来的世界,除了《圣经》上所告知的,我无法看透它的奥秘;但对现在而言,我决心竭尽全力,实现这一生最大的成就。”[1]

---

〔1〕 J. W. McLaury. “Reminiscences Composed for Miss Helen Gould.” HGS.

第五章 捕鼠器和地图

1853 年 3 月初，杰伊完成了铺设栈道的勘查工作，他便离开了奥尔巴尼学院，开始参观 4 所他很感兴趣的大学（即耶鲁大学、罗格斯大学、布朗大学和哈佛大学）。同时，他还打算去曼哈顿观光，他的车票都是外公莫尔先生很早就帮他买的，是为了让他帮一个忙。在这段旅程中，陪同前去的还有他的表哥伊拉姆。杰伊随身还带着一个雕刻精致的桃花心木盒子，那是他和伊拉姆喝醉酒的、高龄的外公放到他包里的，他的外公认为这是一个很不可思议的发明：是他自己发明的一个着色鲜艳的捕鼠器。杰伊负责随身带着这个外公发明的小装置，把它展示给制造商们看，并在之后参加在纽约水晶宫举办的世界博览会。

这个捕鼠器还让杰伊第一次上了纽约报纸的新闻报道，题目是：《一个令小偷小摸胆怯的故事》。当杰伊和伊拉姆正在第四十大街、第五大道朝着水晶宫走去的时候，突然一个人冲向杰伊，抢了盒子就逃跑了。追了一个街区后，表兄弟俩最终抓住了抢劫者。据后来杰伊回忆：这个小偷是一个“很壮的家伙”。这个小偷确实块头很大、还很结实，他甚至说他“很后悔”抓住了小偷，并且“还试着想放他走，但是我的一个手指头卡入他大衣上的一个纽扣洞里了，在我还没来得及挣脱开呢，一下子就被一群人和一个警察围住了”。当时，这个小偷反咬一口说这个盒子实际上是他的，杰伊和伊拉姆是想偷走它的人，警官为了弄清事实真相,就把他们三个人都带到警察局了。一到警局,杰伊就大声反问抢劫者:为了证明盒子是你的,那你说说盒子里到底有什么。当然那个抢劫者说不出来了。然后杰伊自己就对警察说出盒子里有什么东西,并要求警察打开盖子证实。之后古尔德很喜欢讲述这段故事,尤其是他讲到当那个小偷看到自己因为抢劫那个荒唐的玩意儿而逮捕时,“一想到他那脸上呈现出来的厌恶神情,我就情不自禁地笑了起来”。(之后,一个听证的法官在写法庭笔录时讽刺说,这个犯罪嫌疑人一定是捕鼠器所捉到的最大的老鼠了。)《纽约先驱论坛报》用了半个专栏报道了这两名“勇敢的游客”来到纽约的穷街陋巷的冒险之旅,这也算是有关杰伊·古尔德为数不多的几次正面报纸报道的其中一次了。[1]《纽约先驱论坛报》的宣传甚至让人们对捕鼠器产生了足够的兴趣,杰伊也因此为外公莫尔谈下了一小笔的授权买卖。

这件事办完之后,伊拉姆·莫尔回了山区,杰伊在接下来的两周里继续游玩了 4 所他永远也不可能被录取的名校。没有记录表明他在去的路上或从附近纽黑文走的时候在费尔菲尔德停留过。也没有迹象说明他在那个小镇停留去看过祖宅或拜访过他伯父约翰·古尔德(John Gould)船长,他是老船长亚拉伯罕的弟弟杰森的儿子,也是拥有一支双桅纵帆船队的富人,定期来往中国做贸易。约翰·古尔德船长最近将伊丽莎白·伯尔·古尔德在大革命时代的房子换成了一栋大别墅,但似乎这一切杰伊都一无所知,因为这个家族的两个家庭多年前就失去了联系,另外,他卑微的家庭背景和财产也可能是阻碍杰伊贸然拜访的原因。

杰伊在 4 月初回到了罗克斯伯里,遇到了很棘手的事情。波莉暂时身体不适,一直反复发烧并伴有不祥的咳嗽。此外,比杰伊大 7 岁的朋友奥林·赖斯·布顿(Orrin Rice Bouton)暂停了他在斯克内克塔迪联合学院(Schenectady's Union College)的神学研究[2],熟人都叫他的中间名赖斯。赖斯在罗克斯伯里父母家的床上躺着,与威胁他生命的病魔伤寒做斗争。同时,杰伊表姨玛丽·莫尔·博汉斯(Mary More Burhans)也在发高烧,她是爱德华(Edward)的妻子。[3] 杰伊和姐姐贝蒂不顾被传染的危险,勇敢地帮助照顾赖斯和玛丽。实际上,杰伊在博汉斯家停留的时间太久了,所以关于他和博汉斯女儿玛丽亚(Mari-

---

[1] *Angell v. Gould*. 767.

[2] 在联合学院,赖斯是著名学者伊利法莱特·诺德(Eliphalet Nott,1773～1866)的学生。

[3] *Angell v. Gould*. 769.

a)之间谈恋爱的流言传遍了整个小镇。之后每逢星期天，杰伊陪同他的姐姐安娜前往年轻的亚撒黑·霍夫(Asahel Hough)牧师的温德姆(Windham)教堂，霍夫牧师是安娜的未婚夫。(多年以后，安娜还记得弟弟用一辆三座的马车带她去温德姆教堂，这辆马车是由"一队八面威风、气宇轩昂的灰驹"拉的[1]。)晚上时，杰伊会看他父亲的一些账本，这些账本里透露了古尔德家族以前日渐衰败的财务状况。使杰伊更为担忧的是来自奥尔巴尼的消息，即纽约州的勘查议案没通过，他所要得到的赞助也成了泡影。

尽管如此，杰伊对他自身的长久发展仍保持积极乐观的态度。一天晚上，他坐在锡铺里的火炉旁和阿贝尔·克罗斯比聊天，在说了很多插科打诨的话之后，杰伊突然大声道："克罗斯比，我将来一定会成为富人的。我的阅历已经足以让我走上富庶之路，我要告诉你：我就要成为富人了。"当克罗斯比问及他将采取何种方式实现致富之梦时，杰伊回答："我此刻还没想好计划。我只看到了目标。计划须在过程中成形。"[2]

当他致富的梦逐渐滋生时，他上大学的梦却相反地消逝了。他在给表哥泰勒·莫尔(Taylor More)的信中写道："我一直都深信我会有运气接受更好的教育，但那个愿望似乎距离我越来越远了。除非我愿意继续牺牲更多时间，否则我担心我可能永远实现不了。我想等我一有钱就去读大学，但我的父亲需要我抽出时间帮他，如果现在按兵不动、不作为，似乎就是大错特错了。"[3]不久，他明显感觉到大学教育对他而言变得遥不可及，他就开始轻视，并视之为不必要，他转而认为在现实世界里所学到的真知灼见才是无可替代的。他曾对一个朋友说："我或许掌握了有关几何、化学、代数、哲学的知识以及具备了一切要学习的完整的学业知识体系，两个肩膀上都堆积着很高的学识，但恐怕所有这些都无法阻碍我一次又一次梦回那个有捕鼠器和地图的世界里。"[4]

杰伊眼下的计划是着手自己调查并绘制奥尔巴尼县的地图。他刚满 17 岁时，就向该县的名人写信，请求他们征订地图，并提供给他们各个小镇和住宅的视图，"房屋的所有人提供适当的报酬"。[5] 接着他雇用了两个助手——一个是

---

[1] Anna Gould Howe. "Mrs. Howe's Reminiscences." HGS.
[2] Abel Crosby to Helen Gould. 20 May 1897. HGS.
[3] Robert Irving Warshow. *Jay Gould, or The Story of a Fortune*. 34.
[4] Jay Gould to John D. Champlin. 6 December 1853. HGS.
[5] Robert Irving Warshow. *Jay Gould, or The Story of a Fortune*. 31.

表哥伊拉姆,另一个是他曾教过勘查基本知识的年轻人。接下来的几周里,杰伊一边指导他的助手,一边亲自做些测量绘图工作。杰伊就在他舅舅居住的奥尔巴尼的家的外面工作。他挨家挨户地拜访小镇的每一户,提前预售他即将完成的地图。他也在当地报纸上刊登广告,以便售出更多。

在这项工作进行的同时,杰伊又开始计划为特拉华县绘制地图了。他 8 月份将样张邮寄给潜在的承销商,也就在那个时候他们奥尔巴尼地图的实地勘测工作完成了。他再一次坚持不懈地做宣传。在雇用了他在罗克斯伯里的校友约翰·钱普林(John Champlin)帮助完成特拉华县地图项目的时候,他又请了另一个同龄人西蒙·D. 钱普林(Simon D. Champion)——当地的《布洛姆维尔镜报》(*Bloomville Mirror*)的发行人和编辑——帮助修改地图。几个月以前,正当钱普林寻求拓展其报纸的订阅基数之法时,杰伊寄了 5 美元给他,算是为此事出一点力了。杰伊承认:"这确实太少了,但我承诺未来我会给更多。顺便建议一下,我认为我们的报界朋友在不增加价格的基础上应该做些什么以维持和扩大订量;你可以记下来我每年且在政治宣传期间都出 5 美元。我会给你一张穷人家庭的清单,以便你给他们寄《布洛姆维尔镜报》。"[1]现在杰伊找到了交换条件。他写给钱普林的信中说:"在特拉华县,管理者应该为每个学区购买地图来鼓励[在学校里使用地图]。我想请你为此写一篇社论……你也必须写得符合你的身份,但必须有很强的说服力,也是直抒胸臆的。"[2]

为了更严密地监督测绘特拉华县的地图,杰伊在第二年夏天搬回了罗克斯伯里,正好赶上约翰·伯尔·古尔德喝醉了,摔了一跤,不得不一连几个月拄拐杖。波莉写道:"父亲老得太快了,我眼看着他的精力和体力一天不如一天好了。"[3]这样一来,杰伊不得不兼顾家里不赚钱的锡店生意。与此同时,一个接一个的问题接踵而至,其中,最难处理的是员工聘用的问题。最后,杰伊不得不因为伊拉姆在测绘奥尔巴尼和特拉华地图期间粗心大意、不断酗酒而解雇了他。其他的勘查者也是进进出出的。一心想当律师的钱普林最终离开,回到了学校。就在钱普林离开后,杰伊的工作量增加了很多,他签订了一份合同,协助铺设先前他参与过测量的在奥尔巴尼和尚克斯维尔之间的栈道。

---

〔1〕 *Angell v. Gould*. 702.

〔2〕 Ibid. 480.

〔3〕 Ibid. 226—227.

多年后，奥尔巴尼的律师兼政客汉密尔顿·哈里斯(Hamilton Harris)在写到关于第一次见到杰伊·古尔德的情形，哈里斯在之后的40年在法庭辩论和游说活动中一直是杰伊的代理人。1853年8月，哈里斯在办公室里接待了来自尚克斯维尔道路公司(Shakersville Road Corporation)的领导们，陪同他们一起来的有一个"在我看来身材瘦小的、黑眼睛、黑头发的小伙子"。哈里斯当时还认为这个小伙子是其中一个领导的儿子呢。他们眼前遇到的问题是有人对他们正在铺设的路的某一段持反对意见，并且他们正在想方设法得到停止施工的禁令。还没等哈里斯开始说出他详细的法律辩护的想法时，杰伊就向他提出了一个问题。杰伊问他在反对他们的人们得到禁令之前有没有什么人可以阻止他们继续施工呢？当哈里斯回答说"没有"时，这个"小家伙"坐了下来并"在桌边掐指盘算起来"。在他盘算了一会之后，古尔德抬起头又问哈里斯：如果反对者还没拿到禁令、他们继续施工的话，他是否可以确保他们就不会受到反对者的合法起诉呢？"当我告诉他我确定可以，我保证在反对者没拿到禁令之前他们继续施工在法律上是不会受到起诉的。"[1]

正如杰伊之后一生中有很多次都是利用法律条款保护自己一样，那一次杰伊也是完全将法律为己所用、获取利益。就在当天，他找来所有能雇用的劳工和运货马车。第二天早晨，他以尚克斯维尔道路公司的良好信誉为担保购买并运来了大量的木材。接着他把人员分成3组，开始连续8个小时日夜轮班工作，晚上工作的人员靠点燃火炬照明。在反对那段路施工的人拿到禁令的那一天早晨，那段有争议的路段已经竣工了。

◇ ◇ ◇

古尔德的工作从1854年的冬天到春天不断在增加。当杰伊还在为出版特拉华县的地图项目而努力的同时，负责纽伯格(Newburgh)到锡拉丘兹(Syracuse)的铁路建造的人委任他勘查这条线路穿过特拉华县的一段。接着杰伊自己的特拉华地图项目也带来了另外的收获，纽约州农业协会(New York State Agricultural Society)派给了他一个小任务，即基于主要资料来源以及对当地年长居民的采访，为他的家乡书写一段完整的历史。顺便说一下，纽约州农业协会

---

[1] *Angell v. Gould*. 776—784.

始建于 1832 年,是致力于培养、促进和提升纽约食品和农业产品的组织。

对一个刚满 18 岁的年轻人而言,这些相关项目加起来的工作量确实是一个很大的负担。钱普林很多年后回忆起这段时光,还说:“他那个时候把自己逼得太紧了,他肩上扛的担子太重了。”最后,他在 6 月份花了几周时间完成对铁路地图异常艰苦的实地勘测后累垮了。杰伊在罗克斯伯里染上了伤寒,病倒了,躺了差不多有 3 周。鉴于波莉描述的症状,人们猜测杰伊同时是不是也患上了神经衰弱。波莉在给詹姆斯·奥利弗的信中写道:“他的精神和身体一样虚弱了,现在他看上去似乎更像一个孩子,而不是那个能干的杰伊了。他精神一直非常紧张,所以我们做任何事或说任何话都要格外小心,以免刺激到他。医生有时突然进来看他,他也会全身发抖。”[1]

也因为杰伊的病,他姐姐萨拉的婚礼也被推迟了。他姐姐要嫁的人是住在阿尔斯特县的拉卡维克(Lackawack),还是一个带着 5 个孩子的鳏夫。这场婚礼原定于 6 月 28 日,后来推迟到两周以后的 7 月 13 日才举行。杰伊在生病期间只能喝白脱牛奶和鳟鱼汤,几乎不喝咖啡。多年后,他的亲友们回忆起他参加姐姐婚礼时憔悴苍白,看起来瘦骨嶙峋的,身上穿的西服的尺寸足足大了两个号。他体力耗尽,财力也耗尽了。为了筹集资金,他不久就卖掉了自己在特拉华县地图的所有权,但他还是得把制图的任务完成。波莉那个时候写道:“他把特拉华县的地图卖给了镌版工史密斯,就是为了抵消 1 000 美元的费用。我们认为这比他自己去销售地图更好些……如果他通过这件事学会了如何正确地花钱就好了! 懂得如何花钱就像懂得如何挣钱一样重要。”[2]

在萨拉的婚礼过后,杰伊很快投入工作了。也许是太快投入工作,尽管有两个助手相助,他还是再次累垮了。7 月 31 日他因肠道严重感染病倒了。他只能靠服用大剂量的吗啡减轻一点儿那极度的疼痛。住在家里的姐姐安娜和波莉日夜照顾着他。那时萨拉出嫁了,住在拉卡维克;另外一个姐姐贝蒂在玛格瑞特维尔(Margaretville)教书。在杰伊卧病在床时,他们家以前的农场雇用的彼得·范·安博格来帮忙打理锡铺。一连三天,那个看上去已经骨瘦如柴的杰伊都完

---

[1] *Angell v. Gould*. 660—669.

[2] Polly Gould to Sarah Gould Northrop. 22 July,1854. HGS. 杰伊·古尔德的特拉华县地图仅存的几份抄本之一现在被收进了展览,在纽约罗克斯伯里杰伊·古尔德纪念教堂通往地下室的楼梯一侧。

全无法进食或消化食物了,可能要奄奄一息了。“你知道得这种病的人可能活下来或很快死去的。”波莉给萨拉写信,让她做好最坏的打算[1],但最坏的情况并未发生。杰伊度过了危机,10天后,他开始尝试着在店里走动了,又开始说起他眼前的琐事了。“特拉华县的地图完成了,我很高兴,”萨拉写道,“这样杰伊就不会再多想这些事,要不然,我就不知道他是否可以彻底康复了。”[2]杰伊的医生建议他暂时放下这些项目的重负,但正如波莉回复萨拉所说的“放弃一切工作上的想法似乎会让他的身体变得比之前更糟”。[3]

尽管杰伊身体仍很虚弱,但还是能够在9月以罗克斯伯里代表的身份参加特拉华县民主党大会。西蒙·钱普林以同样的身份参加了这次大会,两人都充分利用这次机会结识了当地有权有势的人。尽管杰伊顺利参加完了大会,他的姐姐们仍非常担心他的身体。他的体重还未恢复到从前,不断地咳嗽也让姐姐们忧心忡忡。波莉推迟了去拉卡维克的行程,她在写给萨拉的信中说:“如果他将时日无多,我一定会陪他一起度过,因为他是我在这个世上最好的朋友了。”[4]

杰伊整个10月和11月都在家里待着,打理锡铺的生意,也继续写特拉华县的历史。12月初,他不顾安娜和波莉的劝说,也不顾冬季的寒冷,为了确定一下特拉华州地图的最后细节还是出差了,本打算只待几天的。杰伊在一个寒冷的日子里骑马上了山,中途他在穆尔斯维尔的一个给他治过病的医生家住了下来,在那里他染上了肺炎。他需要花2周时间治疗,才能踏上回家的旅途。因此安娜赶到了穆尔斯维尔,在3个月前过世的莫尔外公住过的空房子里照顾杰伊。直到杰伊最后恢复到可以在圣诞节期前回到罗克斯伯里,他仍需要卧床静养。尽管如此,他还是愉快地写了封短笺寄给西蒙·钱普林:

亲爱的朋友钱普林:

我该怎么开头给你写这封信呢?你能明白我说的是我不知道是该以“某某先生”“尊敬的先生”之类开头写一封普通的商业信函呢,或是坐下来想象一下我们真实的、面对面交流呢?噢,你看我在信的开始用的是那个冷冰冰、正式的开

---

[1] Polly Gould to Sarah Gould Northrop. 2 August 1854. HGS.

[2] *Angell v. Gould*. 669—671.

[3] Ibid. 456.

[4] Ibid. 672—676.

头了，但就在那时我想起了关于我们共度的快乐时光，我希望我们不仅是有过去在一起的美好时光，而且能共度更多的将来时光，想到这些时，一切阴霾一扫而光了。我几乎能想象出我自己此刻正在你《布洛姆维尔镜报》的办公室里与你谈心。除了那周彼得斯(Peters)先生带过来的一封信，我已经很久未收到你的来信了。然而在《布洛姆维尔镜报》一周一次的邀请下，我上周开始着手写东西了，然而我的手不住地颤抖，我又不得不放弃了。现在，钱普林，你已经是报界和广告业的名人，也是《布洛姆维尔镜报》的负责人了。我现在只想在我想做的事上下点功夫，但医生站在一旁监督着，并把我任何动作都当成危险征兆批评一番，他的要求就是目前"要继续走出阴影的困境活下来"。说起"地图"一事我还需要一部分的润色。现在做任何生意的想法都等于在冬天里跳进一个磨坊池那么不容易。我谢绝了他们的安慰同情，调整了我自己的饮食，结果我就恢复了健康和体力。我有刀具和挽具，只要你愿意提供雪橇，我将为你效劳。现在，钱普林，如果你有时间回复此信，告诉我一个有趣的故事吧。我已经快 5 个星期没笑过了。

杰伊敬上

1854 年 12 月 28 日写于罗克斯伯里〔1〕

〔1〕"The Railroad King Dead."*Stamford* (*New York*) *Mirror*. 5 December 1892. 西蒙·钱普林是《斯坦福德镜报》(*Stamford Mirror*)的出版人和编辑，此前曾在《布洛姆维尔镜报》担任同一职务，大部分引自他给杰伊讣告中所引的他们早期的通信。

第六章 隐藏的生死之谜

杰伊染上肺炎之后的整整 18 个月里,他都在罗克斯伯里或其附近待着。1954 年 2 月时,他恢复得很好了,便去了爱德华·博汉斯的杂货店里去做兼职,把打理锡店的一点活交给了彼得·范·安博格。在有空时,他就会集中精力写特拉华的地方历史,煞费苦心。1855 年 3 月他才勉强行动自如,但他和古尔德家其他人又一次受到了打击:波莉因为肺结核突然去世了。约翰·伯尔·古尔德告诉自己的孩子们说古尔德家族中好几代人中都有人得过这种病了。波莉的去世让她的未婚夫詹姆斯·奥利弗悲痛不已。杰伊也一样感同身受,他觉得好像"一块黑暗的棺罩"把"所有的东西,甚至是阳光明媚的天"都遮住了。[1] 似乎没有什么事情能让杰伊振作起来了,甚至是萨拉 4 月诞下儿子霍华德·古尔德·诺斯洛普(Howard Gould Northrop)的喜事,都无法让他提起精神。

杰伊情绪低落、身体虚弱,难怪他现在无所事事,消磨时光。他在银行里大概有 2 000 美元的存款,他也从几个测绘地图的项目和分包的项目中有些收益。但他还有更大的计划,他觉得还需要更多的资金,因此,他仍然留在博汉斯店里打工。同时,他偶尔也做点小买卖。他还总是把不需要的东西拿去兑现。古尔德买过 2 本旧书给约翰·伯勒斯:一本是德文语法书,另外一本是地理方面的著

〔1〕 Jay Gould to Simon D. Champion. 29 March 1855. HGS.

作。当时，伯勒斯是一个偏远小村的年轻校长。他买书时付给古尔德 80 美分，多年后他回忆说："杰伊当时拿到钱很高兴。"[1]

杰伊在博汉斯的杂货店里工作的时候偶遇了在达特茅斯受过教育的约翰·威廉·迈克劳里(John William Mclaury)。注定他成为古尔德在罗克斯伯里的最后一位挚友。[2] 迈克劳里和古尔德的年纪相仿，最近他来到罗克斯伯里小镇，担任罗克斯伯里学校的新校长。这是一所由爱德华·博汉斯资助的寄宿学校。迈克劳里来到小镇不久，就到博汉斯店里来订购教材了。"我一进店里，一名年轻帅气的先生迎上来和我打招呼，他非常友善地帮我选要用的教材。"迈克劳里回忆说，"我边说，他边拿笔记。偶尔他还会提建议，把他认为对于某方面的学习最好的书推荐给我。"杰伊对书的评论和批评准确中肯，给迈克劳里留下了深刻的印象。"不久后我才知道他从书中获取的知识不仅仅局限于数学和自然学科……他还很喜爱文学和科学，他一定用了很多的时间来阅读书籍，因为他太博学多才了。"他们两个人相处得非常好。没过多久，迈克劳里了解到杰伊在勘测方面的能力，于是聘请他到学校教授这门学科，并付给他固定的薪水。

古尔德也积极参加罗克斯伯里学校的文学俱乐部的活动。虽然俱乐部的主要成员都是学生，但是这一关系紧密的组织里也有几位圈内的专业人士。在迈克劳里的邀请下，杰伊也开始参与每周的辩论会，在辩论会上"他不仅展示了自己博学的一面，而且展示了作为一名雄辩家所具备的超强的辩证和推理的能力。这在这样年轻人的身上是很少见的。"在迈克劳里的记忆中，杰伊"有一种能够用简练有力的语言表达观点的令人愉悦的能力。他言之有理，令人信服"。他记得有一天晚上，俱乐部的辩题是有关对来生的思考，杰伊的情绪变得特别激昂。古尔德坚定地认为人类的存在一定会到达一个"庄严神圣的顶点"；但这一个顶点只有在人们上升到"下一个水平，第二个水平，即人们所称为的天堂的更好的意识水平"之后才能彻悟。在那场辩论过去几天之后，杰伊和迈克劳里"碰巧在一位遭遇了不幸的女士家中遇见了。她正在为自己刚刚痛失的孩子哀悼。有人……一个曾经和她说过未来世界的婴儿状况的人……残忍地强调她的孩子将永远地失去了。她问我们的建议"。杰伊想尽办法来安慰这一位女士，大声地说出许多信条和信仰——不是所有的信条都出自基督教，有的甚至出自犹太基督

[1] John Burroughs to Helen Gould Shepard. 7 July 1914. HGS.
[2] 杰伊·古尔德之前的几本传记都将这位绅士的名字记载为马克拉尼(Mclany)。

教,这一件事迈克劳里惊奇地发现自己和杰伊很相像。“随后,当我们聚在一起的时候,就很喜欢谈论神学上的话题。”

5月时,迈克劳里和古尔德着手一项完全以死亡为主题的研究,他们对死亡的思考一直持续着。两人一起来到了郊区的一间小木屋,冷静地注视着一个弥留之际的乡村年轻人阿莫司·格雷(Amos Gray)。据迈克劳里回忆:格雷“近乎整晚都气若游丝,慢慢远离他的灵魂,他那可怜的老母亲紧握着他的双手,悲痛不已。尽管我们对她的悲伤深表同情,但我们还是不能让自己也跟着她一起沉溺于这种悲伤的情绪之中。也许我们已经到了真正成年的年龄,如果轻易‘感时花溅泪,恨别鸟惊心”般的多愁善感的话,就会被认为毫无男子气概。然而可能的确是出于这样的原因,我记得我们目睹了一个生命从身体和灵魂的角度走向死亡的全过程;我们渴望去揭开一个我们明知不可能的秘密,隐藏的生和死之谜。

因为格雷得的病和波莉是一样的,杰伊很容易让自己身陷其中或他也愿意进入那个情境联想中,但他的确还是那样做了,也就让人十分奇怪了。然而,杰伊却没有找到什么启示,在可怜的格雷去了那个等着他的地方以后,杰伊离开了这个充满着死亡气息的房子。杰伊伤心地告诉迈克劳里:他认为他们所有在哲学上的思考只是起到“精神食粮”的作用,是供我们的大脑反复思量的,“在物质世界中却是毫无意义的”[1]。

想到孩提时期遭受的挫折,自己与死亡的擦肩而过以及姐姐波莉的突然病逝,杰伊会经常敏锐地意识到一个人在这个世界上生存的时间是非常短暂的。他在帮助同班同学约翰·伯勒斯时曾写下“时间在飞逝”这句话。但是古尔德怪诞的诗句并非,或许不完全只是荒唐的废话。正如一个很了解他的外甥女有一次在谈话中透露,这几个字“似乎表达了杰伊从童年开始就经常萦绕他脑海中的一种感觉,这种感觉显然、也可能是下意识地一直在激励和鞭策着他……很少给他片刻的闲暇或放松。他一遍又一遍地重复说‘生命短暂’,有必要趁着还有时间就抓紧行动”。[2]

◇ ◇ ◇

从1855年的下半年到1856年开始的几个月,杰伊一直在罗克斯伯里学校

[1] J. W. McLaury. “Reminiscences Composed for Miss Helen Gould.” HGS.

[2] Alice Northrop Snow and Henry Nicholas Snow. *The Story of Helen Gould*. 61.

教勘测的艺术和科学，同时也在继续写未完成的地方历史。古尔德在埋头苦干的时候，当地的流言蜚语传得沸沸扬扬，大家绘声绘色地说他和玛利亚·博汉斯的浪漫情史，后来这段故事还被多个传记作者重复叙述过。这种谣言在罗克斯伯里流传得太久了，以至于 40 多年过去了，汉密尔顿·博汉斯（Hamilton Burhans）仍然感到不得不揭开真相。博汉斯在 1896 年写道："曾流传出谣言：他打算和她结婚的，但是其实从没有过这样的事；杰伊·古尔德那个时候太害羞了，他从来不和任何人谈论结婚的事情，甚至他从没有过这样的想法。"[1]

他可能是出于害羞，但他也可能有过好奇。在彼得·范·安博格结婚后，杰伊曾在一封信中询问过范·安博格："婚姻幸福的篇章，是人类生活中奇怪而又不平静的海面，我从没想过自己会乘船驶入。所以，彼得，我真诚的老朋友，请你也告诉我们一些秘密，并分享你的快乐。我也祝福你生活长久、美满富有，一直到老。你的勤劳和精明也一定能让你如愿。如果有一天你陷入困境，我愿意竭尽全力为你分忧解难。"[2]可见，在那个时候，婚姻对于杰伊来说似乎是件毫不可能的事情。西蒙·钱普林记得杰伊"在我和他一起共事的时候，他很少或者说从来都不和女孩子一起出去玩……那个时候我也是单身，我们从来都没讨论过婚姻的问题"[3]。

然而，杰伊至少在恋爱方面还是有些纸上谈兵的经历的。据他的姐姐贝蒂回忆，爱德华·博汉斯的店里还雇用过一个全职店员，他是个爱尔兰人，他有个心上人在异地，他不会写信，所以杰伊就常常代替他写情书给他的心上人——每次都写满一大张，充满了浓情蜜意的词语。贝蒂记得杰伊"绞尽脑汁地搜罗大串的形容词和副词来夸赞那个女孩的甜美……这个爱尔兰人每次在寄信之前还会欣喜若狂地到处炫耀一番。他要求杰伊信中尽可能多用赞美之词，用得越夸张，他就越高兴"[4]。

至于杰伊和玛利亚·博汉斯相爱的传言，如果说他们之间真有点相互爱慕的话，那爱德华·博汉斯和杰伊·古尔德之间的商业分歧无疑就是导致这场恋情无疾而终的原因了。这件事也透露了古尔德后来变得声名狼藉的很明显的线

---

〔1〕 Hamilton Burhans. "Early Days of Jay Gould." HGS.

〔2〕 *Angell v. Gould*. 300.

〔3〕 Ibid. 295.

〔4〕 Elizabeth Gould Palen to Anna Palen. 25 March 1893. HGS.

索。早在 1856 年,有几个小块地的继承人来到店里找爱德华·博汉斯,想把地卖给他,当时他也在做房产的业余经纪人。但是博汉斯没同意,而杰伊意识到当时的要价还算是很便宜,所以他就迅速行动,用自己的积蓄和父亲给的几百美元抢先一步把土地购买了下来。

汉密尔顿·博汉斯不仅是杰伊的挚友,还是嫉妒哥哥爱德华的商业竞争对手。据汉密尔顿·博汉斯说,古尔德在买了土地之后,又转手卖给了附近的农场主,"所获利润很可观"。[1] 事实上,杰伊还清了他父亲的钱以后,还剩下 5 000 美元,这对于一个二十来岁的年轻人来说应该算很大一笔钱了。这些所获利润也确实让杰伊付出了代价——爱德华·博尔汉解雇了他,但这似乎也是超值的。尽管这是合法的,但杰伊的举动排挤了曾付给他薪水的老板却是不合乎道德的。最后,因为古尔德在其他方面名声也越来越糟,所以就有不友好的媒体引用这桩土地交易来证明年轻时的古尔德就已经是为了利益而不择手段的商人了。

在做这些买卖期间,杰伊最终写完了他的那本地方历史书。那本内容翔实的书于 1856 年 4 月完稿。虽然这本书部分是由纽约州农业协会承诺包销的,但出版还是由杰伊本人负责。这个年轻人自己就卖出了几百本。接着,他委托费城的一家印刷装订公司负责印刷出版。一切都已准备就绪,杰伊的手稿也已经到了费城的出版商手中了,却突然传来了坏消息:印刷厂发生了一场非常严重的火灾,所有的手稿都被烧光了。杰伊在给詹姆斯·奥利弗的信中写道:"我不得不告诉你这个令我难过的消息:我完成的《特拉华县地方史》(*History of Delaware Country*)的手稿被一场大火烧了个精光。"事实上,不仅书稿被完全焚毁了,印刷的底板都被付之一炬了。"我要在清晨动身去费城,以便弄清事情的真实情况。如果无法补救,我就要竭尽全力重写它。你是了解我的,我从不会放弃我要做的事情,我会日夜不停地写,直到完成。"[2]

在费城印刷厂的废墟中,杰伊和印刷人员只抢救出几张校样,杰伊把这几张校样带回了罗克斯伯里。现已 20 岁的古尔德在整个 5 月和 6 月花了很多时间重新编写他的作品。古尔德在完成重新写作的过程中主要凭借着他抢救下来的那少得可怜的一堆废旧原稿,还有他写原稿时留下的笔记,以及之前由钱普林负责在《布洛姆维尔镜报》发表的一些零碎的摘选片段。这本书最终于 1856 年

---

〔1〕 Hamilton Burhans. "Early Days of Jay Gould." 6. HGS.
〔2〕 *Angell v. Gould*. 641.

9 月在杰伊的家乡罗克斯伯里出版了。但是他当时不在那里，没有看到。那个时候他已经离开家乡去寻找发财的机会了，他再也不会把罗克斯伯里当作“家”了。

◇ ◇ ◇

在杰伊的老朋友中，只有约翰·伯勒斯和约翰·钱普林被有关古尔德的负面媒体报告所吓住，以至于他们后来再也没和他保持联系。钱普林去世时是密歇根州最高法院的首席大法官。(在他暮年的时候，伯勒斯和古尔德的大女儿交往密切，直到那时，他才知道杰伊常常提到对他的书是那么用心和喜爱。)在1919 年伯勒斯曾说过：“自从杰伊离开罗克斯伯里后，我再也没有见过他，更不用说和他交谈过了。我们选择了不同的人生道路。我也从来没对他的职业生涯密切关注过。”在 19 世纪 60 年代末，在华盛顿特区的财政部，这位副监察官从纽约的一家银行请来了一些官员，并要求这位未来的作家伯勒斯——当时是在财政部的一个小职员——带那些绅士们参观他们的金库。古尔德就在那一群人中，“他当时并没认出我，但是我立刻就认出了他。我领他们参观了金库，但并没向杰伊介绍自己”。[1]

20 年后，已经成了名作家的伯勒斯最后和古尔德不期而遇了，那也是他们的最后一次见面。“我当时正沿着第五大道走着的时候，看到街对面有一个人，就在一个街区之外，正向我走来，他走路的姿势引起了我的注意，像是很久以前似曾相识的人。那会是谁呢？我思索着，开始绞尽脑汁在记忆中寻找线索。我确定以前看到过这样的步态。当这个人走到我对面的时候，我认出了他，他就是古尔德。他的走路方式与我所认识的任何一个人都有着微妙的不同。这是一个很奇怪的心理事实，我在梦里，除了我的家人以外，梦到最多的两个人：一个是爱默生，一个就是杰伊·古尔德。一个我欠他很多，另一个我什么也不欠。一个名字令我敬佩，另一个名字让我联想到投机金融的黑暗的一面，世人也都会这样联想。”[2]

罗克斯伯里的其他人都与杰伊保持着联系。每隔几年，古尔德都会去拜访他们，给他们短暂的惊喜。这位金融家常常在一群助理人员的陪同下，在经过一两

---

〔1〕 Clara Barrus. *John Burroughs: Boy and Man*. 210.
〔2〕 John Burroughs. *My Boyhood*. 39.

个他老朋友的家前往更重要的目的地的路上，人们常常会友好地簇拥着他，他像是一场突如其来的、受欢迎的暴风雨一样。詹姆斯·奥利弗已经移民到堪萨斯州了，古尔德在后来去考察西部铁路时还多次拜访了詹姆斯·奥利弗。当古尔德每次来到距离罗克斯伯里很近的地方的时候，他总会去拜访汉密尔顿·博汉斯(博汉斯把古尔德农场卖给了赖斯·布顿的表弟后，拥有并经营了许多零售商店)和仍然经营农场的彼得·范·安博格。古尔德也去拜访西蒙·钱普林，他一生都在当各种不知名的卡茨基尔的报纸的编辑，还有艾贝尔·克罗斯比，他在纽约让德阿尔特的卡茨基尔南部做生意，批发五金器具、钢铁和磨坊用品，做得很成功。

同样，杰伊也密切关注着赖斯·布顿。在担任密苏里查普尔·希尔学院(Chapel Hill College)院长的两年任期(1858～1860 年)后，赖斯又开始在同一州的梅肯学院(Macon College)担任 3 年校长(1860～1863 年)。在那之后，他回到罗克斯伯里，取代迈克劳里成为罗克斯伯里学校的校长，直到 1869 年学校关闭。此后，在接下来的 15 年里，赖斯负责监督卡茨基尔地区的博维纳、温德姆、斯坦福德、富兰克林镇和科伊曼的哈罗镇的卫理公会。古尔德和布顿在这段时间里偶尔也会见面，但在 1884 年，他们注定要重新建立更牢固的关系。赖斯在那个时候搬到了曼哈顿，被要求接管当时纽约贫民窟中最著名的 5 项任务(Five Point Missions)。1884 年之后，直到 9 月赖斯去世前，杰伊偶尔自发地以检查任务之名去看他，偶尔还会邀请他到第五大道的自己家中吃饭。

在 1875 年中，在离开罗克斯伯里后与古尔德失去联系的约翰·迈克劳里来到杰伊位于曼哈顿城中心的家里拜访。这两个人至少 15 年没见面了。[在此期间，他与哈布斯菲尔德(Harpersfield)的一个女孩在卡茨基尔结了婚，并搬到了北卡罗来纳州。在那里，他曾担任夏洛特学院(Charlotte College)的数学系主任，夏洛特学院即位于夏洛特的现在的北卡罗来纳州大学。]“杰伊非常热情地招待了我，” 迈克劳里回忆道，“他的外表已经有所改变，但变化并没有我想象的那么大。”这位大人物邀请他的老朋友留下来吃饭，并与他的家人见面。之后，当他准备离开时，古尔德低声地询问他是否一切都“安好”。迈克劳里记得他回答：“的确一切都很好，我很高兴地说，我不需要杰伊给我任何东西，只需要一个真诚的握手和美好的回忆。”[1]

---

〔1〕 J. W. McLaury. “Reminiscences Composed for Miss Helen Gould.” HGS.

第七章　古尔德兹伯勒

7 年前，乔治·诺思罗普(George Northrop)与萨拉·古尔德(Sarah Gould)结婚了，他和另外两个来自卡茨基尔的生意人合作，在宾夕法尼亚投资开办了制革厂。另外两位就是吉尔伯特·帕伦(Gillbert Palen)和爱德华·帕伦(Edward Palen)，他们都来自卡茨基尔地区的帕伦维尔(Palenville)村，他们的祖先乔纳森·帕伦(Jonathan Palen)早在 1817 年就在那里创办过一个大规模的制革厂。[1] 吉尔伯特和爱德华都是诺斯罗普第一任妻子卡洛琳·帕伦(Caroline Palen)的哥哥。直到 1856 年的年中，历经了 9 年认真不懈的努力后，诺斯罗普—帕伦这个位于波克诺山的、距离罗克斯伯里西南方向 160 英里的投资项目才初见成效。接着，三个合作伙伴宣布要举家迁往离他们投资的工厂更近的地方。

诺斯罗普—帕伦企业的周围地区，即在宾夕法尼亚门罗县的布罗德黑德小溪东边的地区，起初是因“雾镇”(Frogtown)为人所知的。但是现在吉尔伯特·帕伦给这个地方重新起了一个时髦的名字：卡纳登西斯(Canadensis)，这个名字取自铁杉树的拉丁文名“铁杉属卡纳登西斯”，它的枝干包含多种多样的鞣草酸，

---

〔1〕 有关帕伦家族及其制革史详情，参见 D. S. Rotenstein. “Tanbark Tycoons: Palen Family Sullivan County, New York Tanneries, 1832—1871.” *The Hudson Valley Regional Review*. 15(2). 1—42。

尤其适合把毛皮转变成鞋底皮。[1] 当诺斯罗普和帕伦家族都抱强烈的希望和期待,准备通过开办制革厂来彻底改变他们的生活、拥抱未来的时候,杰伊·古尔德也一定听过,并看到过皮革生产能够挣大钱的潜在商机了。

这在卡茨基尔山区不再只是一个发光的承诺了。在18世纪末和19世纪初,卡茨基尔是以“蓝色山脉”的名字为人所知的。这个名字源于遍布在这个山区的北部和东部山坡上一排排密集的铁杉树。事实上,在19世纪之初,卡茨基尔山区有大量的森林荫蔽着这些铁杉树,这些树一般都是100英尺高、4英尺粗,树龄有200多岁。随着纽约和波士顿的皮革市场逐渐兴起,一心赚钱的“剥树皮者”破坏了越来越多的古树,这些森林仅过了50年就被毁掉了。1835年,纽约州的制革厂中大约40%都开在卡茨基尔地区的县里,如特拉华、格林、奥林奇、斯科哈里、沙利文和奥尔斯特。直到诺斯罗普和帕伦家族在卡纳登西斯开办制革厂时,卡茨基尔山区的铁杉树森林以及依赖它们而生的制革厂都成了回忆。[亨利·大卫·索罗(Henry David Thoreau)在1844年参观卡茨基尔山区的时候,看着光秃秃的山腰,引用了他的朋友拉尔夫·瓦尔多·爱默生(Ralph Waldo Emerson)的说法,把它比作“被吸干的橙子”]。[2] 因此,像诺斯罗普和帕伦家族那样的生意人虽然不得不屈就于使用低档的桤木或者橡树的皮,他们也会毫不犹豫地像蝗虫般搬迁,不断向北进入阿迪朗达克山脉,或向南进入阿利根尼山脉和波克诺山(Poconos)去寻找越来越远的供应链。

还有一个人也加入了这个经济迁徙,那就是扎多克·普拉特。在他那个年代,他可是远近闻名的“格林县的制革人”。普拉特的家乡普拉特维尔(Prattsville)[之前叫斯科哈里·克尔(Schohaire Kill)]距离罗克斯伯里约12英里。1856年,普拉特66岁的时候已经以制革发家,拥有一大笔财富了。[3] 他的爸爸,老扎多克·普莱特,是卡茨基尔一带最早的制革人之一,他曾于1802年在格林县的朱厄特(Jewett)镇开店铺。10年后,在1812年,小扎多克做了他平生第

---

[1] 虽然众多不同树种的树皮中含有丹宁酸,但人们对铁杉树皮的内层中发现的丹宁酸种类青睐有加,因为它们会给毛发留下与众不同、被大为追捧的红色调。

[2] Henry David Thoreau. Manuscript journal, 1844. Thoreau Papers. J. Pierpont Morgan Library.

[3] 扎多克·普拉特及其生涯的最好概括,参见 Patricia E. Millen. (*Bare Trees: Zadock Pratt, Master Tanner and the Story of What Happened to the Catskill Mountain Forests* (Hensonville, N. Y.: Black Dome Press, 1995); *Chronological Biography of the Hon. Zadock Pratt of Prattsville, NY* (New York: Shoe and Leather Press, 1868)。

一笔大交易,他出售给美国海军10万个灰木船桨,所用树木就是从遍布他家所在的南部和西部的山坡的森林砍伐的,那些树不砍伐也没什么用。12年之后,在1824年,他把自己在家族企业中的份额以14 000美元的价格卖给了他的两个哥哥。34岁的扎多克在斯科哈里河岸开办了自己的制革厂。

普拉特的制革厂最终发展成了同行中规模最大的几个厂之一。在其最辉煌的时期,产量多达6万个皮鞋面,参与制作过程的有近百名员工。(根据普拉特的精确记录,他的制革厂在过去的20年里总共生产了150多万个皮鞋面。在19世纪50年代初,在他与杰伊·古尔德合作之前几年,普拉特曾算过:在那个时候之前他在普拉茨维尔和其他参与过的制革中心,他所用掉的森林有将近1万亩,用掉的铁杉树皮有25万捆,雇用过的工人有4万名,并和30多个厂建立过合作关系,所有这些他都"平静地收官了……"。[1] 他在普拉茨维尔的制革经营一直兴旺到1845年,那一年普拉特最终关闭了他的店,城镇周围方圆10平方英里的地方的铁杉树皮都被彻底剥光了,在方圆40到50英里内的森林同样也被砍伐一空了。

和所有的制革人一样,普拉特也不断寻找新的铁杉树多的地方来投资。但不同于其他制革人在用尽铁杉皮之后就放弃他们曾经的居住地,使之变成为一处鬼城;普拉特则试图恢复和重新利用那些土地。(据报道,当他第一次在斯科哈里地区投资时,普拉特向那些已经生活在那儿的人们保证:他是想"和他们和谐共存的,而非想靠他们谋生"的。以此他是作为一个公民对一个地方做出长期承诺的。[2])在普拉特砍伐了位于斯科哈里谷的森林后,他把肥沃的土地变成了良田。在预期自己要关闭制革厂的时候,他就资助工人们去种田。普拉特还鼓励和资助工人尝试其他行业(如铁匠铺、做椅子和橱柜工作坊、制帽子的工作坊、机械商店、铸造厂和小型工厂),以此来支持和服务于他所设想的未来制革厂关闭之后的社区。

同时,普拉特还建造了100多个房屋(每个房屋都装饰着壁柱和透光性很好的山墙窗户),向普拉特维尔学校提供捐赠,他还负责了3所教堂(荷兰革新会、卫理公会和圣公会)的建造,种植了1 000棵遮阴树(山核桃树、枫树和榆树),在

---

〔1〕 Zadock Pratt. "Autobiographical Outline." Zadock Pratt Papers, New-York Historical Society. (Hereafter *ZPP*.)

〔2〕 Patricia E. Millen. *Bare Trees*. 15.

村中心挖了观赏性池塘，并铺设了青石人行道。普拉特本人整天忙碌不停，他还在斯科哈里河岸拥有 365 亩乳牛场。普拉特对自己的雇员福利关心备至，是一个有着社会远见的人，他创办的社区是纽约州第一批大计划社区（即风景如画、快乐祥和的田园般的地方）之一。他被当时的媒体称赞为“卡茨基尔的珍宝”。[1]

有一天，普拉特关闭了他的制革厂，在那里他曾是活跃的一线经理，每周 6 天、兢兢业业地连续工作了 20 年。之后，普拉特腾出很多时间参与政治。他在当了一段时间的治安法官和镇长之后，又进入国会工作了两个任期，并在 1848 年被民主党派提名为纽约州州长候选人，但他拒绝了这个荣誉。普拉特在担当公职的同时，还继续与当地的民兵组织保持长期的联系，最终他被晋升为上校。[1825 年，在法国将军拉斐特（LaFayette）赴美庆祝胜利之旅期间，是他指挥一队人马将其特护到卡茨基尔镇的。]由于普拉特着迷于军事历史，听说他常和手下在星期天的下午模拟著名的战役：普拉特总是当指挥官，扮演拿破仑或其他将军。

虽然普拉特在职业生涯中赢得了很多财富，但他的私人生活很不幸。在仅仅 18 年的时间里，他安葬了 3 任妻子：贝达·迪克曼（Beda Dickeyrman）和埃丝特·迪克曼（Esther Dickerman）姐妹，之后是阿比盖尔·沃森（Abigail Watson）。阿比盖尔生前为上校生了 3 个孩子，其中有一个幼年夭折了。阿比盖尔的妹妹玛丽与上校在 1838 年结婚了，代为抚养阿比盖尔生下的儿子和女儿，很自然她的角色就从小姨变成了后妈。在玛丽于 1868 年去世后，已是暮年的普拉特又要结婚了。1869 年，也是在他去世的前 2 年，这位 79 岁的老人娶了 28 岁的曼哈顿贸易日报《鞋和革通讯》（*Shoe and Leather Reporter*）办公室秘书苏西·格林姆（Suzi Grimm）。

和许多成就卓著的人一样，普拉特也有点古怪，且非常自我。当他在 1843 年投资了 5 万美元开办了自己的银行之后，所有的纸钞上都印上了他的肖像。同年，一个流动的石匠路过小镇，普拉特就雇用他把自己的头像刻在一块巨石上，那块有 500 英尺高的巨石就矗立在斯科哈里富饶的山谷里。当这个石匠刻好了石像之后，普拉特又继续让他在上面刻出一些他生命中最重要的标志：如他

---

[1] Carolyn Bennett to Edward J. Renehan, Jr. 19 March 2004.

最爱的马、铁杉树、制革厂、普拉特的盾形纹章等。普拉特甚至还让他雕刻帝王般豪华的坟墓，可是后因墓穴内进水未能完工。[在最初的雕刻完工很多年后，他又请来雕工来到旧址，出钱让他们给他的儿子刻像，以此来悼念他的儿子乔治・沃森・普拉特(George Watson Pratt)。乔治是一名联邦军队军官，在马纳萨斯的第二场战役(也称为布尔朗战役)中受重伤，之后1周死去。]“普拉特的岩石雕刻”至今可见，就高高矗立在23号公路东面途径普拉特最喜爱的小镇的路边。

◇ ◇ ◇

杰伊・古尔德第一次偶遇比他大46岁的普拉特是在1852年的夏天，那个时候古尔德正好在测绘阿尔斯特县的地图，而普拉特和他其中的一个合作伙伴正好在那个县的萨姆森维尔有一个制革厂。1853年1月，在古尔德完成了阿尔斯特县地图绘制的工程后，就给普拉特写了一封信——很明显他想和普拉特结交——提出上校也应该委托他为格林县测绘一张类似的地图。当时普拉特拒绝了，但他表示古尔德给了他很深的印象，他承诺会记住这件事，将来找他做。

J. W. 迈克劳里曾在19世纪90年代的写作中，回想起了那个寒冷的1856年春天的早晨，天空中飘着细雨，一个头发灰白的老人来到罗克斯伯里。他个高身直，穿着到膝的靴子，泥浆从头到脚溅得满身都是。他大声喊着要见古尔德。“他介绍自己是普拉特上校，然后说他想要古尔德先生帮他测量农场。”[1]接下来的几周里，古尔德不仅测量了普拉特在普拉特维尔的农场英亩数，而且努力在其他方面帮助普拉特。他还提出要为普拉特写开办制革厂的传记。普拉特对这个提议的看法并没有记录可查，不过这本书没有出现过。

然而，普拉特看起来确实雇用古尔德写过一些别的东西，比如演讲稿和一些重要信函。古尔德的姐姐贝蒂在杰伊死后曾这样告诉过自己的女儿：“普拉特上校在农业协会(Agriculture Society)大会上发表的演讲——如果我没记错的话——是在金斯顿城，出自你舅舅杰伊之手。上校付给了他一些钱。当时所有人都对普拉特能否写出这样的演讲稿表示怀疑。当时所有的报纸报道的时候都引用演讲稿中的话语，并对作者的智慧大加赞赏。”贝蒂记得杰伊还在锡铺里对

---

[1] J. W. McLaury. “Reminiscences Composed for Miss Helen Gould.” HGS.

着她和父亲大声朗读过演讲稿——是关于马作为为人所用的动物这个话题的。父亲约翰·伯尔·古尔德又另外补充了一些建议。“杰伊把那些建议插写在底稿中,然后又重新抄写了一遍。你的舅舅还为普拉特上校写过一些别的方面的东西,写得还挺多的。”[1]据杰伊的朋友彼得·范·安博格透露,仅是金斯顿的演讲稿,普拉特就付给了古尔德100美元,而当时一天8小时的平均工资才只有1美元。[2]

但杰伊的目标不是做普拉特高薪聘请的幕后写手或秘书。他是被乔治·诺斯洛普所说的制革厂的传奇故事所激励了。他也知道普拉特自己早在1849年时就投资了宾夕法尼亚州的埃尔登维尔地区。古尔德想在此合作的基础上吸引普拉特开始投资经营另一家制革厂。据传言说有一片至今尚未被砍伐的铁杉树区位于宾夕法尼亚州鲁森县(Luzerne Country)的利哈伊(Lehigh)和特拉华河之间,杰伊说他认为在那里投资是很有希望的,他还告诉普拉特不仅那些森林里的铁杉树听起来是理想的投资,而且最近在建的特拉华—拉克万纳铁路(Delaware & Lackawanna Railroad)也提供了非常有利的运输线路,之前还从来没有可以从波科诺荒野地区运送原生的树皮和加工好的鞋底革的通道。(普拉特并非对特拉华—拉克万纳铁路的重要性视而不见。他在1847年就个人出资1万美元资助哈德逊河沿岸铁路的建设项目了,随后他也借此铁路,加快将自己制革厂所制的鞋皮销到曼哈顿。)

8月初,普拉特委托古尔德来到波克诺山区调查开办制革厂的可能性。古尔德带着指南针和勘测工具徒步在森林里走了好几天,一直到他欣喜若狂地找到了他想要的东西才停下脚步。一星期后,古尔德带着普拉特来到了他勘测好的地方,让这位老者看到了满眼的铁杉和桤木构成的壮观景象。普拉特信服了,当场和这位有伟大梦想、进取的年轻人建立了对半分成的合作关系。

他们成了搭档令人觉得奇怪。普拉特个子高、很富有。杰伊个子矮,很年轻,渴望发财。他们之间的合同没有留存下来,也没人知道确切的合作期限。但是有人做了这样的合理的推测:普拉特对公司的主要贡献是他的知识和资本,而古尔德对公司的主要贡献是他的年轻活力。在信中,普拉特明确了公司日常运行的责任是由杰伊全权独自负责的——他为公司最终投入了12万美元资金。

---

〔1〕 Elizabeth Gould Palen to Anne Palen. 25 March 1893. HGS.
〔2〕 Peter Van Amburgh to Helen Gould. 19 December 1892. HGS.

普拉特负责咨询和提出建议。他会有问必答,不遗余力。诸如,如何建厂和如何管理,如何获得原生树皮以及如何推销加工好的皮革。杰伊是雷厉风行做实事的人。

当月古尔德就在利哈伊河岸边买下建皮革厂的地皮了。他也和当地的土地所有人达成从他们的树上剥皮的交易。9 月初他雇用了大约 50 名工人开始清理场地。根据古尔德自己的叙述,为了他年长的合伙人,他亲自砍下了第一棵树,然后监督工人将它切割成木板,以筹建皮革厂的第一间厂房:铁匠铺。古尔德在林子里度过了第一个晚上,就睡在摆在新建的铁匠铺里由铁杉树干做成的床上。4 天后,杰伊和员工们就建成了一间简陋但很宽敞的宿舍:足以让所有人舒舒服服入住的宿舍。古尔德通过自己全心全意的努力,赢得了那一帮粗野的工人们为他们身材矮小却又很受欢迎的老板热烈的欢呼。之后他们一致欢呼,通过了把这个地方命名为古尔德兹伯勒(Gouldsboro)的提议。杰伊在把这件事汇报给普拉特的时候慌忙补充道:"那个时候还有人提议为尊敬的扎多克·普拉特先生报以三声热烈的欢呼。普拉特先生是世界著名的美国大农场主,我坚信他得到了这个山谷从没见证过的最热烈的欢呼。"[1]

杰伊那时还没到 21 岁,他私下里一定非常高兴。有了曾外公莫尔,就有了莫尔维尔村;有了帕伦斯就有了帕伦维尔村;现在有了普拉特,也就有了普拉特维尔村。将一个地方命名为古尔德兹伯勒对于一个一直努力工作的男孩(现在已经是男子汉了),即一个在这个世界上拼命进取的人而言,怎么可能不心满意足呢?

---

〔1〕 Jay Gould to Zadock Pratt. 5 September 1856. Ingersoll. 制革厂最早的场地并不在今天的戈尔兹伯勒,而是在往西 9.5 英里的村子里,今天被叫作索尔赫斯特。

第八章　我们最好的朋友才会指出我们的错误

创业之初,普拉特和古尔德之间的关系就像是一位贤明的圣人在谆谆教导和悉心培养一个知恩图报、惹人喜爱的学生。杰伊一开始似乎心悦诚服地接纳来自普拉茨维尔的源源不断的建议、指导和敦促。杰伊曾在平安夜对普拉特真诚道谢:"非常感谢您给我的所有建议,那些建议都是我行动的宝典。"[1]

当普拉特告诉他:所有制革的生皮以及所有普拉特—古尔德工厂所加工好的成品皮革都将通过其儿子乔治拥有一半股权的曼哈顿的考斯—普拉特(Corse & Pratt)经纪公司购买和处理。古尔德也毫无意见地答应了。古尔德还随即默许了普拉特的另一个新想法:普拉特决定让古尔德兹伯勒工厂在全国第一个完善一种他最近在行业杂志上了解到的制革新技术。处理湿废的制革树皮工艺需要把大量在传统工艺中丢弃的湿的废弃树皮作为燃料焚烧。普拉特喜欢尝试新鲜事物,常常心血来潮,探索使用新工具和新方法。鉴于这种资源,古尔德兹伯勒制革厂理论上可以靠蒸汽而不是靠水力发电了,从而避免了因河水在冬季冰封所带来的季节性的困扰和延误了。但是,首先必须找到一种有效的焚烧方法。

杰伊和工人们整个冬天都在辛勤工作。他们又搭建起了第二间员工宿舍和

---

〔1〕 Jay Gould to Zadock Pratt. 24 December 1856. Ingersoll.

一间粮仓、一间货车库、一个邮局和四个家庭用住房。建家庭用住房是考虑将要聘请有经验的高级制革师傅——他们身怀绝技,但杰伊完全不知晓普拉特会招募他们,一开春就会让他们过来工作。1857 年 2 月,大部分实际的制革设施已经准备就绪了,那个时候第一批生皮也从考斯—普拉特公司运过来了。3 月到来之前,几个制革工匠就已经开始忙着监督工人们干活了,起初这些工人只是被招来当木匠的,现在古尔兹伯勒的工人都成了制革机器上的齿轮,每个人也都学会了收割铁杉皮、浸泡兽皮以及做一些其他技术活了。

古尔德对这些细节不大感兴趣。他更愿意忙于物流的事情。在他给普拉特写的内容详细的信件中,他罗列并解释了制革厂库存系统和现金账户的来龙去脉。有趣的是,杰伊确实汇报了几次非直接的制革业务领域的商业尝试,这些尝试都模仿了很多普拉特在普拉茨维尔的家长式风险投资。几个月来,随着古尔德兹伯勒的不断扩大,越来越多的工人的妻子和孩子也搬了过来,杰伊带头开展了一次为教堂和墓地筹款的活动。他还建了一所学校,自己出钱聘请了一名老师,要求所有学龄儿童入校学习。他在给普拉特的信里写道:“以社区为豪的心态会激励我们的工人以工作为豪,做出一番成绩。”[1]

然而,问题也出现了。运营的启动阶段,包括所有的基础建设,自然耗费了大量的资金。杰伊经常要普拉特追加投资。在制革厂完全运营起来之前,不可能有任何收入——更不用说有利润了。而且制革厂的生产运营能力在好几个月内都无法正常,因为在古尔德兹伯勒制革大师们还在努力试验去改进湿废的制革树皮的处理工艺。(除了设计实施方面的延迟之外,为古尔德兹伯勒制革厂购买的蒸汽机在货到后不久就坏了,在更换的发动机到达之前,它的制造商也遇到了困境。)古尔德 10 月曾给普拉特写了一封信,所用的敬语中也多少带着讽刺的意味:“虽然您对这些事情比全国任何一个人都清楚,我还是倾向于认为我最初的建议——建造一个水车作为更现代的计划的备份,也许能省掉我们很多时间、费用,甚至是懊恼。”[2]

当杰伊的员工处理在古尔德兹伯勒的问题时,他却经常到曼哈顿的皮革交易区去。城市的那个部分——顺着东边的斯布如斯(Spruce)和费里街(Ferry Streets)往下走,就在今天的市政厅南边——就是曾经的沼泽区:那也是蚊子丛

〔1〕 Jay Gould to Zadock Pratt. 15 August 1857. Ingersoll.
〔2〕 Ibid. 12 October 1857. Ingersoll.

生的泥潭，当市民们抱怨制革店里所散发出的气味太臭时，17 世纪初制革工人就撤走了。在 18 世纪和 19 世纪初，纽约发展成一个城市了，皮革业便迁移到北部的林地，沼泽区也变了样，店面和仓库林立，做生皮原料和兽皮生意的买家、卖家和投机商都聚集在这里。扎多克·普拉特在 1853 年写道："沼泽区对于制革业人士来说就相当于华尔街对于金融家那么重要。"[1]像考斯—普拉特这样的皮革经营商都在这里设有办事处，兽皮的进口商和皮革的出口商也都有自己的门店。像乔治·普拉特这样的经纪人经常光顾这边的船运公司，主要是为他们的客户以最低的价格买到最好的兽皮。同时，作为经纪人，他们也会通过谈判把制革厂的成品皮革以最高的价格卖出去，他们的买卖都是可以拿到提成的。通常这些经纪人也给制革厂提供短期资金周转，即赊账供给后者生皮，然后在销售加工好的成皮的过程中扣除那些生皮的加工成本和利息，再扣除他们买卖的佣金。

古尔德非常善于观察，他在 1857 年夏天给父亲的信中写道："我已经意识到商人才是这个行业里掌握实权的人。制革人似乎拥有最大份额的资金，但他仅仅是拥有这些资金，(此外)他还要承担巨大的开支、真正的风险和繁重的劳动。托运人拥有的资金仅次于制革人，但还是有大量的开支，也要做大量烦琐的工作。与此同时，经纪人所占的资金份额似乎最小，但实际上是最大的。他们紧跟着托运人和制革人之后赚取的几乎是纯利润，他们从来也没弄脏自己的手去劳动过。"[2]9 月，杰伊在写给汉密尔顿·博汉斯的信里就透露过，他"和乔治·普拉特一起去跑市场的时候，就对学习皮革交易市场里的经营之道非常感兴趣。我不知道普拉特先生是否喜欢我跟着他，但我觉得很有必要了解这些过程。我想掌握做交易的技巧，以满足交易双方的需求。我已经学到了很多购买兽皮的知识——太多了——而且希望有朝一日如果那个该死的蒸汽机能正常工作的话，我也能拿一些加工好的皮革去出售"。[3]

对于刚刚开始做生意的这个年轻人来说，这一年是很艰难的。在 1857 年夏季和秋季间，金融恐慌席卷了全国，结束了美国和墨西哥战后 10 年的繁荣时期。引发金融恐慌的直接事件是俄亥俄人寿保险和信托公司(Ohio Life Insurance

---

〔1〕 Zadock Pratt. "Autobiographical Outline." ZPP.
〔2〕 Jay Gould to John Burr Gould. 7 August 1857. HGS.
〔3〕 Jay Gould to Hamilton Burhans. 26 September 1857. HGS.

and Trust Company)的纽约分公司在 8 月倒闭,这个重要的金融支柱在资金被大量挪用的信息公开后倒闭了。祸不单行,在这场灾难之后,无数英国投资者从美国银行中提取了大笔资金(这次资金流失引发了人们对银行业整体稳定健康的质疑)。同时,粮食价格下跌伤害了农村经济,仓库中堆积如山的成品货物滞销导致工厂大规模裁员。随着运输收入的下降,几条铁路都停运了,与铁路基础设施相关的西部土地的投机买卖也都失败了。成千上万的投资者面临破产。9 月,从旧金山造币厂运往美国东部银行的 3 万磅黄金随着"中央美国号"(Central America)汽船沉没海底,美国大众的信心再度动摇,导致一些投机者质疑政府是否有能力用铸币支持纸币。到了 10 月,形势变得如此糟糕,以致当局宣布让整个新英格兰地区和纽约州银行放假。将近 1 000 名曼哈顿商人在 12 月末宣布破产,仅此一个城市就损失了 1.2 亿美元。

经济复苏不可能在一年半载内到来,金融恐慌的全面影响直到南北战争爆发才消除。与此同时,一些精明的商人却在废墟中获得了利润。城市银行(City Bank)总裁摩丝·泰勒(Moses Taylor)疯狂地买入铁路股票,同时利用汽油价格低迷的机会购买了纽约最大的天然气公司的控股权。伦纳德·杰罗姆(Leonard Jerome),温斯顿·丘吉尔的外公,几乎一夜之间就成了百万富翁,他只是在灾难中卖空了十几只股票。"船长"科内利乌斯·范德比尔特以很惊人的速度投资几个财务上受困的铁路线[包括纽约—哈林(New York & Harlem)线路]建设,他在 10 年内通过这样的投资过程,一跃成为美国铁路建设的主导力量。

当华尔街的一些贪婪之人在享受盛宴的时候,金融恐慌在 10 月已经蔓延开了,也给了古尔德重重一击。在 10 月的第二个星期,就有人传言说普拉特—古尔德的工厂已经停止运转了。古尔德在写给普拉特的信中描述了几个供应商如何逼他立即支付所有欠款的事情:"每个人似乎都被吓死了,如果不是这事情已经传开,我本可以处理好的。我们有一笔账是 27 日到期的。昨天晚上我一夜没有合眼,因为害怕我们不能做到了。"[1]更有讽刺意味的是,正是在这个危机四伏的环境中,所有东西(包括像皮革类的商品)的价格都在稳步下跌时,第一批皮革最终从古尔德兹伯勒的工厂中加工出来了。两个月后,在 12 月里,杰伊和他的制革工人终于解决了湿废的制革树皮处理工艺中的故障。此后,普拉特—古

---

[1] Jay Gould to Zadock Pratt. 22 October 1857. Ingersoll.

尔德的制革厂完全运转起来了,即使还没有盈利可言。皮革低迷的价格意味着,普拉特还需要比原来计划更久的时间才能扭亏为盈。

1858 年初,各种压力合力导致杰伊·古尔德和扎多克·普拉特之间的关系破裂。虽然不能指责古尔德拖延了湿废的制革树皮处理工艺的启动或是归咎于 1857 年的金融恐慌,但普拉特却开始重新考量他年轻的合作伙伴了。同时,随着古尔德对做生意方面越来越了解,他对自己的直觉越来越有自信了,他开始不那么频繁地向普拉特请教了,更是开始不情愿事事都听从他安排了。他们的关系变得紧张了。

普拉特以前鼓励的信件如今也呈现出独裁的风格,普拉特严厉批评古尔德在管理和记账方面的疏漏。然而,古尔德对普拉特的判断也已经不再深信不疑了,普拉特情绪变化无常、越来越难以取悦,仍然支配财务大权。古尔德对这位长者的批评做出了相应的回应,他在 1857 年圣诞节前不久写道:"我觉得应该接受您提出的好的建议和有用的建议。在我的剪贴簿里有句格言就是,'我们最好的朋友才会指出我们的错误。'我经常在下雨的时候读您的来信,而且我总是认为我从其中的劝说中学到了一些新的东西。"[1]但古尔德还是成了自己的主宰。1858 年初春,在一次他明知道普拉特不喜欢的活动中,22 岁的古尔德打破了考斯—普拉特公司合作的关系,他和沼泽区最大、最具影响力的经纪公司之一——查尔斯·M. 卢普公司(Charles M. Leupp & Company)——建立了新商业伙伴关系,这家公司为他采购兽皮、销售加工好的皮革,所提供的条件比考斯—普拉特公司更优惠。

在这一紧要关头,他们给查尔斯·M. 卢普公司做的业务量不少,而考斯—普拉特公司损失不小。普拉特尽管对此不满,继续指责古尔德管理混乱,但在 1858 年,古尔德兹伯勒制革厂还是生产出了不少于 6 万张皮革,这一产量可以与普拉特的旧普拉特兹维尔的工厂在最好的年份产量相媲美了。杰伊在 9 月写给普拉特的信中改了称谓,他开头直呼"亲爱的先生",而不是以前古尔德经常写的"亲爱的朋友"了。[2] 这个年轻的合伙人很高兴地(也许还有点沾沾自喜地)告诉他的上司:皮革厂每天加工兽皮都有 300 张了。在这些有力的数据面前,严格的普拉特对工厂的产量是满意的,但对每一张兽皮的回报并不满意,对他日渐

---

〔1〕 Jay Gould to Zadock Pratt. 11 December 1857. ZPP.
〔2〕 Ibid. 15 September 1858. Ingersoll.

独立的年轻合伙人并不满意。普拉特继续在需要时提供资金,同时也会衡量他的抉择。

◇ ◇ ◇

在扎多克·普拉特晚年的时候几乎对他与杰伊·古尔德的合作关系避而不谈。在1868年出版的一本传记中(这本书更像自传而不是传记),扎多克·普拉特将与他合作过的几十家合作伙伴和制革企业一页接一页地罗列出了,但他并没有提到古尔德、古尔德兹伯勒或普拉特—古尔德公司。(杰伊本人在多年后的参议院证言中对普拉特—古尔德公司的解体发表过评论,当时他用简单的一句话概括了这件事:“我们曾一起做过一段时间的生意,之后我就买下了普拉特先生的那部分股份。”[1])普拉特是因感觉被利用才离开了他的合伙人的,这一点在他事后写给他女儿茱莉亚·普拉特·英格索尔(Julia Pratt Ingersoll)的信中以及他女儿的痛苦回忆中得以证实。许多以前的传记作者都在书中暗示过:古尔德欺骗了诚实无辜的、轻易上当的普拉特,并掠夺了其财产。但这样的推测都无凭无据,综合所有的事实来看,这些推测都是不成立的。[2] 就在古尔德去世几周后,有一本粗制滥造的传记出版了,其中又提到了人们对普拉特—古尔德公司解体的普遍的民间传言。之后又有很多书跟风赘述。最近出版的查尔斯·R. 盖斯特(Charles R. Geisst,1997)所写的《华尔街历史》(*Wall Street*:*A History*)一书中,盖斯特断然写道:“在经营制革厂期间,古尔德被查出有编造账目之举……并在他年长的合伙人不知情的情况下挪用资金为己所用。”[3]

盖斯特和其他许多作家所编造出的故事都与历史事实不符,令人疑惑。根据他们的说法,古尔德在1858年不断地从普拉特—古尔德公司账户上挪用资金。在他们编造的故事里,古尔德挪用了普拉特的一部分资金投资了利哈伊谷的土地,并在斯特劳兹堡(Stroudsburg)开办了自己的银行,随后他陆续把普拉

---

〔1〕 *Report of the Committee of the Senate upon the Relations Between Labor and Capital*, Senate Hearings. 41st Congress, Vol. 28. 1065.

〔2〕 莫里·克莱因在其《杰伊·古尔德的人生与传奇》中第一次详细记载。

〔3〕 Charles R. Geisst. *Wall Street*: *A History*. New York: Oxford University Press. 1997. 58. 查尔斯·R. 盖斯特的这本书以及其他与杰伊·古尔德相关的故事都很离谱,而莫里·克莱因作为第一个得到古尔德制革企业历史的人,在1986年出版了《杰伊·古尔德的人生和传奇》,比盖斯特的书早了整整11年。我对普拉特和古尔德组合的分崩离析的讨论,尽管和克莱因所写的有些细节上的差别,但很大部分是来自克莱因20世纪80年代的调查结果。

特—古尔德公司的资金存入这家银行。罗伯特·I.沃肖(Robert I. Warshow)这样写道:“制革厂生意很忙,他们也总是开足马力地干,然而利润收益却很少。普拉特很少去工厂看,有一次他就去了,他检查了所有账目,[他发现了包括]原始的账簿。”后来沃肖又补充说:“古尔德在斯特劳兹堡开办了一家私人银行,并且……普拉特现场抓住了他挪用公司的资金、支持银行运作的证据。”[1]据理查德·奥康纳说(他显然和死者有某种心灵感应):“普拉特意识到,他生平第一次遇到了一个完全不道德的人类典范,冷酷如兽,就像黄鼠狼给鸡拜年——没安好心。”[2]由于这些原因,根据人们认可的说法,普拉特怒不可遏,在1858年的圣诞节期间宣布他想要结束与古尔德合作关系。

从斯特劳兹堡镇的记录和宾夕法尼亚州银行记录里并未查到有古尔德所成立的银行记录,也没有在1857～1858年间存在的有古尔德入股董事会的银行。在斯特劳兹堡地区,当地的土地记录里确实有以古尔德的名字购买土地的记录,但是交易的总金额不超过4 000～5 000美元的投资价值,这一金额大致和人们已知的古尔德在罗克斯伯里土地投机后所拥有的价值一致。另一处传说和现实之间的差距是有关普拉特的形象,传说中普拉特是一个天真无知的老人,被一个年轻人骗得一贫如洗。普拉特并不可能因为蠢笨而致富的;并且他有时也表现得非常精明。事实上,有很多迹象表明普拉特—古尔德公司解体的真正原因是普拉特第一次没能更好地让他年轻的合伙人发挥他的才能。

在沃肖写作的时候,他犯了一个习惯性错误,误认为这样的陈述是真实的:“制革厂生意很忙,他们也总是开足马力地干,然而利润收益却很少。”[3]但利润收益很少的原因——实际上,也不是利润少——并不是古尔德有盗用资金的行为。在1857年金融恐慌之后,皮革价格一直非常低迷,利润自然很少。在这种背景下,制革厂的运行有些偏颇,但普拉特的投资在低迷的经济形势下回本很慢。普拉特显然想以便宜的价格把合伙人撵走,以提高自己的利润。关于这件事,约翰·加德纳(John Gardner)应该最有发言权。他曾在古尔德兹伯勒担任杰伊的助理,他回忆说:“在古尔德兹伯勒,普拉特持有的股份最多,他对古尔德说,要么出售你的股份,要么购买我的股份。想想看古尔德是不可能有钱购买更

---

〔1〕 Robert I. Warshow. *Jay Gould, or The Story of a Fortune*. 46—47.

〔2〕 Richard O'Connor. *Gould's Millions*. 28.

〔3〕 Robert I. Warshow. *Jay Gould, or The Story of a Fortune*. 46.

多的股份的呀。所以普拉特暗中希望迫使古尔德出售自己的股份，从而牺牲古尔德的利益而让自己利益更大化。”[1]更确切地说，普拉特制定的条款是这样的：普拉特可以出1万美元买下古尔德的股份；不然，古尔德就必须拿出6万美元购买普拉特的股份。在毫无准备的情况下，普拉特补充说，这个看似不可能赚到大钱的杰伊可以有10天的时间考虑，以做出最后决定。[2]

这一原因表明普拉特出价以6万美元可以出售他的股份纯粹是一条假消息。普拉特其实已经在这个制革厂项目中投入12万美元了。所以，他只有确信古尔德根本不可能凑齐他的资金数目时，才会提出以成本一半的价格出售自己的股份。普拉特真正想做的是逼迫古尔德以1万美元的价格出售给他所有的股份。这项交易如果成功达成，普拉特购买的将是古尔德两年半全身心投入的经营和付出，更不用说古尔德在企业中所享有的权利了，所以还是非常便宜的。但是普拉特应该对他年轻的合伙人了解更多一些，他这次完全低估了他这位年轻的合伙人了。

在普拉特给予古尔德考虑的时间内，古尔德去了纽约的沼泽区，在那里他和查尔斯·M.卢普及其合伙人即他的小舅子大卫·W.李(David W. Lee)快速签订协议，卢普和李同意以6万美元收购普拉特—古尔德公司2/3的股份(3人各占1/3)。古尔德回到普拉兹维尔后，向普拉特提出：他已经做出了购买整个公司的最后选择，并出示他新的合伙人信函作为担保。这时，普拉特着实大吃一惊、目瞪口呆了。这笔买卖于1859年1月27日最终成交了，普拉特损失了6万美元。同时，古尔德保住了1/3的股份，从此，一家蒸蒸日上的制革厂和沼泽区最有声望的经纪公司结盟了。

总之，许多以前的作家所描述的古尔德的第一次大骗局实际上是他的第一次大妙招。考虑到事实情况，普拉特在后来的几十年里，当谈到关于他和古尔德的合作关系时一直保持沉默，是有一定道理的。毕竟他建立的企业最后被一个乳臭未干的年轻人收购了，不是一件他愿意提及的事情。

---

[1] Statement of John Gardner. HGS.

[2] 这些数字来自汉密尔顿·博尔汉的手写回忆录，纽约历史学会的海伦·古尔德卷《杰伊·古尔德的早年岁月》。博尔汉一定是在事情发生当时从古尔德本人那里得到了这些数字。

第九章　狡黠的精神失常

查尔斯·M. 卢普来自纽约一个很有名望的家族，他在15岁那年就已经为曼哈顿最成功的皮革商人吉迪恩·李(Gideon Lee)工作了，李也是纽约州的立法者、纽约市市长和民主党的国会议员。最后，卢普和李的女儿结婚了。[1] 在1841年李去世后，卢普把公司的名字改为查尔斯·M. 卢普公司，同时维持和李的儿子大卫的合伙人关系，大卫担任公司的律师。在卢普与杰伊·古尔德成为合伙人之前，他已经是"沼泽区"很知名的皮革商人了。[2]

与他在19世纪二三十年代有很多生意来往的土里土气的普拉特不同，卢普自恃为温文尔雅的绅士，喜欢精致美好的事物，并且也很喜欢为艺术花钱。他有一座价值15万美元的豪宅，位于麦迪逊大道和第二十五街拐角处，是纽约最漂亮的豪宅之一。1843年，卢普的妻子不幸去世后，他辛勤工作，抚养着三个女儿。卢普结交了一批作家，包括记者和散文家，如纳撒尼尔·帕克·威利斯(Nathaniel Parker Willis)，也有像哈德逊·里弗(Hudson River)这样的艺术家，还有哈斯佩尔·弗朗西斯·克罗波西(Jasper Francis Cropsey)这样的画家，他们都成了他的朋友。他是世纪俱乐部(Century Club)和许多艺术社团的会员，

---

〔1〕 吉迪恩·李的文章被收录在密歇根大学克莱门茨图书馆。

〔2〕 查尔斯·M. 卢普的文章参见卢普家族收藏，亚历山大图书馆，罗格斯大学，新不伦瑞克，新泽西州。

并且还是在几个慈善机构的主要负责人,最著名的就是美国新教圣公会(为之他投入了很多精力)和纽约社会图书馆(他还是受托人)。总之,卢普在纽约社会、金融和艺术贵族中是个中心人物。他是一个德高望重、人脉广泛、富甲一方的人。如果卢普今天还活着,我们都会称他为呼风唤雨的"大佬"。

在商界,卢普一直被认为是保守人士。他做事很可靠,投资前总是仔细核算风险,且他只投自己认为最安全的项目。因此,人们一开始对卢普收购古尔德兹伯勒制革厂控股权的行为感到很困惑。通常沼泽区的皮革商不直接投资制革厂,以避免一些明显的利益冲突,这些利益冲突有可能会使他们的购买、销售和交易的过程复杂化。卢普和李两位先生入股古尔德的制革厂冒了与很多其他为他们提供过交易货源的制革商疏远的风险,因为他们会质疑卢普公司在交易中的公正性。

为什么一贯保守的卢普会让自己和他的小舅子入股古尔德兹伯勒制革厂呢?当时很少有人理解他的行为:卢普一定是精神错乱了。大卫·李后来告诉朋友们,早在1853年他就注意到卢普的举止出现了很大的变化。当时,这位皮革商人的情绪很不稳定,甚至可以说是疯癫,从上一刻的兴高采烈可以急转为下一刻的极度沮丧:尽管这种情绪上的大起大落只是偶尔出现,但也很糟糕。到1856年年中,情况变得更糟糕了,他的情绪波动十分频繁,因此李接手管理公司一段时间,让卢普抽身去旅行,以恢复身体。然而,这个恢复期并未持续多久就被中断了。1857年,严峻的市场条件出现了,金融风暴的来袭让李措手不及、难以应对。卢普诚惶诚恐、毫不情愿地回到了沼泽区,到了1858年10月,他再次经历了情绪不稳定的折磨。因此,这个狂躁的乐观的投资人几乎立刻就同意出资买下普拉特的股份、入股古尔德的制革厂了,然而不久他的情绪就陷入了紧张、猜忌和质疑。李后来说他应该猜到他的搭档当时签订合同是完全神志不清的。"我看出来查尔斯精神不健全已经有一段时间了,但是我们并不知道有多严重(我们几个朋友和医生也都意识到他的精神有问题,一直在仔细观察他),我们是被他狡黠的精神失常欺骗了。"[1]

由于卢普的精神状态,古尔德、卢普和李之间的业务从一开始就注定了很复杂,之后更是如此。出于可行性和维护公开关系的原因考虑,卢普、李和古尔德

---

[1] David W. Lee to Thomas G. Clemson. 11 October 1859. Thomas G. Clem-son Papers, Clemson University Library.

在 1859 年 2 月 1 日签订了工作协议，协议中规定古尔德是古尔德兹伯勒制革厂“对外公开的唯一的合伙人”，这样他们就不插手制革厂的日常管理了。尽管查尔斯 · M. 卢普公司将负担所有古尔德兹伯勒制革厂的外欠贷款(因此就允许杰伊代为二人签订“代名文件”，杰伊本人、卢普和李都将同等地承担责任)，按照最初的提议，该计划要求杰伊一个人对有关古尔德兹伯勒制革厂的运行做所有的决定。正如古尔德后来解释的一样，卢普和李希望他们尽可能对其入股制革厂的事只字不提，因为他们担心人们若知道了他们涉足制造业的利益，“会影响他们在市场中所签订的交易合同的信誉”。[1]

可想而知，管理协议要求卢普公司像之前一年多一样继续作为经销商为古尔德兹伯勒制革厂提供购销服务。卢普公司的提成标准维持不变，即购买兽皮抽成 5%，销售加工好的成皮抽成 6%。然而有趣的是，合同只要求卢普每月最少提供兽皮 1 800 张，这个量还达不到制革厂每月生产量的一半。他在 1858 年全年为高效多产的古尔德兹伯勒制革厂提供的兽皮每个月都有 5 000 张了。也许已经手握对杰伊经营的制革厂初始投资 6 万美元的合同，卢普和李是想通过这种方法来限制他们在古尔兹伯勒制革厂的投资身份完全暴露。也许，这样更符合卢普公司的目的(他们也代其他制革厂购销)，即削减自命不凡的古尔德制革厂的生产力，从而提升整体上对加工皮革的需求(以及定价)。这些商业因素还很不确定；卢普的精神状态越来越差；卢普和李开始与古尔德的合作关系变得不太稳定。以上这三个因素，加之杰伊有不断追求利益最大化、钻法律空子的想法，很快(他们之间)互相起了冲突。

古尔德把生产加工 1 800 张兽皮理解成最低生产量，他执行到 1859 年，但他并没想限制古尔德兹伯勒制革厂的生产量(虽然这项政策可能符合卢普和李两位先生的目的，但也可能对杰伊的商业地位带来伤害)。古尔德生性好斗，又一心想扩张，开始和卢普、李据理力争了，开始是言辞委婉地争论，然而历经了几个月的低产量，他已经忍无可忍了。他本可以并且应该在 1859 年的 7 月、8 月、9 月完成运送 21 120 张加工好的皮革的，并可以将生产量在 6 月增加到 8 000 张成品皮革。“如果你认为这样做是安全和明智的，你们就那样要求；如果你们认为不是就不是。”古尔德为了让产量达到最大化，他把静态成本用最简单

[1] “Local Accounts of the Gouldsboro War.” HGS.

的数学表达得很清楚，仿佛在教一个笨蛋儿子。“我们按比例来计算一下：如果用同样的制革和同样的机器，也雇用同样的工人来监管，我们加工 9 万张皮革当然是比加工 6 万张皮革更便宜了，我们的监管成本也不会增加。”[1]当卢普和李表示不能接受这个逻辑，古尔德提出了反驳意见，并提醒他们，在过去 6 个月里他替卢普和李签署了有关古尔德制革厂业务费用达 10 万美元的票据，并且他这么做就是为了保证他总是能从商人那里源源不断地拿到足够的兽皮支付这笔债务。此外，古尔德还生气地补充说，他还要自己签署票据给卢普公司购买兽皮，这笔钱也是要包括在内的。

到 1859 年夏天，杰伊几乎完全只和大卫·李打交道了。从 7 月开始，卢普陷入了一种幻觉（如有一只大象在他的起居室里；一个吸血鬼蝙蝠在他的肩膀上等），也开始出现了妄想症的症状。他认为（可能是事出有因的）他的朋友们一直在监视他。他也开始相信他去到哪里，纽约市警察局的侦探一直跟到哪里。他断定自己患有心脏病，其实是没得到医生诊断的。同时，李需要分散精力，他坐在那里，一边要口述给古尔德写信，一边要一手搭在他的合伙人的手腕上，检查他的脉搏跳动的次数。卢普每隔 10 分钟就坚持让李这样做一次，“并以这种方式确认我可怜的、病魔缠身的姐夫确实还活着”。[2]

李做皮革商人并非很情愿，他是律师，似乎也一直非常关注卢普公司在古尔德兹伯勒制革厂业务中太过卑微的地位。在整个 6 月和 7 月，李对古尔德坚持让这家工厂以最大的能力运转一事感到很不安。他因此提出以 2 万美元购买杰伊的股份，但杰伊断然拒绝了这个出价，之后反而要出价购买卢普和李的股份。由于不愿接受古尔德的票据，也无法说服古尔德离开，李只好通过安排另一个人[波士顿的约翰·B. 阿利(John B. Alley)]来代替卢普公司作为古尔德兹伯勒皮革厂的供应商，以此来扭转他以及卢普与古尔德的主要冲突。通过这种方式，古尔德可以在不过度增加卢普和李信用风险的情况下让制革厂开足马力生产，而卢普和李仍然是运作古尔德兹伯勒制革厂的合伙人，因此和杰伊一起对其债务仍有义务承担。此外，卢普公司还将继续销售古尔德兹伯勒制革厂生产的皮革。但在不久的将来，他们将不再会有增加给古尔德兹伯勒制革厂购买生皮的赊账以及同时分担这些相同的项目的债务的双重风险了。

---

〔1〕 Jay Gould to Leupp & Company. 13 June 1859. LFP.

〔2〕 David W. Lee to Thomas G. Clemson. 11 October 1859. Clemson.

到了初秋,在古尔德和他的两个来自沼泽区的合伙人之间只有一处分歧了。李坚持认为在约翰·阿利接手提供兽皮之前公司大量购买兽皮的利润应该受到保护。杰伊反过来告诉他的合伙人,他认为在过去的9月里,他代卢普和李所签订的所有文件都以兽皮做了抵押品。对于这一僵局,古尔德和李仍在协商(他们来来回回写信给对方,语气礼貌、措辞谨慎)。当年10月,突然接下来的一幕、也许是不可避免的一幕上演了。

◇ ◇ ◇

10月5日是星期三,查尔斯·卢普在他费里街的办公室度过了快一整天,偶尔处理一下业务上的事,但大部分时间在对李和几名秘书发牢骚,他抱怨自己的身体不好、同事不忠以及有许多叫不上名字的对手。下班后,卢普步行回到他在第二十五街的家。在家里,他和女儿麦琪(Maggie)、劳拉(Laura)一起吃了一顿晚餐,饭桌上也没有说话。近来,卢普的十几个商业伙伴(也是他的朋友)轮流过来陪这个精神状态不太稳定的老同事。那晚饭后不久,威廉·F.库克(William F. Cook)就来到了他家,卢普还邀请库克一起喝了一杯啤酒。当库克举起酒杯、想为卢普的健康干杯时,卢普叹了一口气,低下头双手掩面,然后抬起头用一种"很反常的表情"可怜巴巴地看着库克。[1]

当情绪有点激动的卢普要库克留下来过夜时,库克顺从地答应了。几个小时后,当库克在楼上的起居室里和卢普的女儿们聊天时,突然卢普"怒目圆睁"地冲了进来。那个时候卢普的女儿们对父亲突然爆发的举动已经相当习惯了。当卢普满眼含泪、过来拥抱和亲吻每一个人的时候,她们也没说什么话。接着,他就匆匆转身离开了,大步走出了房间的门。过了不久,从卢普的卧室传来了枪声。库克和两个女孩子顺着枪声跑了过去,她们发现卢普躺在床上,鲜血从他胸口的伤口涌出,一支双发手枪掉落在地板上。"可怜的父亲自杀了……"劳拉在第二天早上写道:"这不是他的错。他那时已经神志不清了,他已经有一段时间精神失常了……他早已经打算这样结束自己的生命了,别责怪他了。"[2]大卫·李在10月6日下午警方调查前就证实了这一点。李详细谈了有关他的姐夫长期的"精神失常逐渐恶化",他还直截了当地说:"就我所知,卢普的个人、家

---

〔1〕 *New York Herald*. 7 October 1859.

〔2〕 Laura Leupp to Mrs. Thomas B. Clemson. 6 October 1859. Clemson.

庭、社会、财产或商业状况事实上都没有出现任何问题,他的忧虑或苦恼都是他自身的原因。”[1]

◇ ◇ ◇

几代自传作家都把卢普的自杀写入杰伊人生的一个篇章——他们一心要把杰伊的形象妖魔化——其实他们完全错了。有个普遍的虚假的故事版本就是把卢普的自杀全归咎于古尔德,甚至编故事的人为了让故事情节和当时的经济情况相符合,还将卢普的死亡日期从 1859 年改为 1857 年[2],而并不在意卢普和古尔德成为合伙人的时间是 1858 年年底;并不在意卢普公司和普拉特—古尔德两家公司都是从 1857 年的经济混乱中开始有偿债能力的;并不在意卢普死的时候绝对没有破产。按照故事的剧情发展,古尔德因为被授权可以代替卢普和李签订“双名文件”,所以早在 1857 年的经济混乱之前就开始疯狂投机生皮了,试图垄断那个市场。之后,在 1857 年的年中出现的经济崩盘,杰伊本想离开卢普,毁掉他的人生,留给卢普的是价值数十万美元的大幅贬值的兽皮和皮革。这才导致了卢普的自杀。

根据理查德·奥康纳提供的版本:“随后 1857 年出现了经济恐慌,那时古尔德也没钱投资皮革的前景……与此同时,查尔斯·卢普意识到他不仅投资了古尔兹伯勒制革厂,而且古尔德还借他的名字和信用资助皮革市场的困境。”[3]在沃肖、约瑟夫森、奥康纳以及埃德温·霍伊特、查尔斯·卢普及其会计员所叙述的故事中,提到了古尔德兹伯勒皮革厂在经济恐慌中期也出现了业务下滑。在那里,卢普也像在之前的普拉特一样,不仅发现了他对古尔德失败的投机行为要担负的总负债,而且发现了账目中的巨大差异。查尔斯·盖斯特在他 1997 年出版的《华尔街历史》一书中写道:“1857 年的经济恐慌发生时,生皮市场崩溃了,古尔德几乎失去了一切。市场崩溃的消息很快传到了卢普那里,卢普急忙去找古尔德对质。而那个年轻人对那些损失只是耸耸肩说是运气不好而已,那可

---

〔1〕 *New York Herald*. 7 October 1859.

〔2〕 和古尔德商业历史的很多其他方面一样,第一个获得杰伊和卢普公司的重要事实并将之正确地写下来的作家是莫里·克莱因在 1986 出版的《杰伊·古尔德的人生和传奇》。我对于卢普—古尔德事件的分析和我对普拉特和古尔德的分裂的分析一样,尽管有细节出入,但还是很大程度来自克莱因版本的故事。

〔3〕 Richard O'Connor. *Gould's Millions*. 30—31.

是让他和李两人都破产的损失啊。"[1]霍伊特描绘得很细致,他对细节描绘不是来自验尸官的调查,而是不知从哪里道听途说的:"查理斯·卢普在见了古尔德之后,一下火车就打了一部出租车,回到了他在麦迪逊大道的府邸。走进了门,又大步走进了他的大书房,随后锁上了门。他从书桌抽屉里拿出一把左轮手枪,把枪管放进嘴里,然后扣下了扳机,子弹射穿了他的大脑。所有这一切都发生在 1857 年夏天,当时查尔斯·卢普让自己成为史上第一个著名的……选择用自己的双手结束自己的生命而不是公开受辱的破产的人。"[2]

在卢普 1859 年自杀 30 年后,古尔德早已厌倦了一些不知情的、爱说长道短的人因这位皮革商人悲惨的命运而无端指责他,在面对一名记者采访时,他简明扼要、有点不耐烦地厉声说道:卢普是"他自己心中恶魔的牺牲品,和别人无关。"[3]

---

[1] Charles R. Geisst. *Wall Street: A History*. 59.

[2] Edwin Hoyt. *The Goulds*. New York: Weybright & Talley. 1969. 23.

[3] *New York Tribune*. 16 September 1889.

第十章　古尔德兹伯勒之战

卢普和大卫·李共有财产分割案自始至终都是由威廉·M. 埃瓦茨(William M. Evarts)负责的。他是哈佛大学培养出来的杰出律师，曾机缘巧合在1868年安德鲁·约翰逊(Andrew Johnson)总统的弹劾审判中担任过辩护律师，之后担任过美国司法部部长、国务卿和纽约州共和党议员等不同的职务。当财产分割案在履行漫长的法律程序时，杰伊正尽他最大的努力维持着古尔德制革厂的运转。[1] 以卢普个人担保或其参与担保签订的合同文件现在突然都陷入了担保危机，都无法延期了。信用额度也只是按照杰伊的经营状况维持。事实上，短时间来看，古尔德的抵押品仅限于其在制革厂仓库里所储备的生皮和成品皮革的市场价值了。

古尔德煎熬了将近两个月，在此期间，卢普的财产分割事宜还没有完全解决，卢普合伙公司的业务尚未重新开展。古尔德提出了通过从卢普的财产中购买他在古尔德兹伯勒制革厂的三分之一的股份以及购买李在制革厂的三分之一的股份，以使古尔德制革厂脱离困境。在写给李的信中，古尔德提出了详细的建议，他认为在那样一个特殊的时间中断合作对所有人都是有益的，也把一个很复杂的因素从卢普和李这两位先生纠缠不清的财务清除掉了，同时也解决了由杰

---

〔1〕 不知为何，讽刺的是，尽管埃瓦茨在1868年的弹劾过程中代表了安德鲁·约翰逊，埃瓦茨的曾孙埃尔奇伯德·考克斯，在一百多年后成为“水门事件”中的第一特别检举人。

伊代替卢普所签署的借款合同的复杂问题。其实在卢普和李投资6万美元加盟古尔德制革厂后的一年，杰伊就提出过他们可以拿到同样多的资金离开。不过，杰伊说，每年只能支付1万美元，资金用于杰伊计划组织筹建的[古尔德兹伯勒制造公司(Gouldsboro Manufacturing Company)]合股新企业。通过成立古尔德兹伯勒制造公司，杰伊不仅打算占有制革厂的所有权，而且还将掌握价值1万美元的生皮和皮革。李在1859年12月19日签署的一份正式文件中接受了这些条款，但特别标注了他的承诺必须得到律师埃瓦茨的同意。9天之后，埃瓦茨拒绝了让古尔德掌控制革厂存货的条款。随后，双方签订了修订协议，协议规定古尔德偿还李和卢普所拥有的在古尔德兹伯勒制革厂三分之二的价值的生皮和皮革之后才能履行新条款。[1]

双方最终达成了一致意见，不过埃瓦茨说这次交易还需要等到卢普的财产分割案子最终完全解决好之后才能落实，杰伊听后很懊恼，因为这意味着还需要等几个月时间。他在写给姐姐萨拉的信中抱怨道："众神之轮转得慢，就像遗嘱认证法院的轮子转得一样慢。"[2]为了继续在貌似有所有权、有借贷权的炼狱中做生意，现在关于在完成股份购买之前谁将管理控制公司运行一事，杰伊发现自己不得不与李据理力争。当李称由于他与三分之二的公司所有权有关系，因此他应有古尔德公司的所有权时，杰伊则紧紧抓住他最初同卢普和李签订的管理协议，力争古尔德兹伯勒公司的财产是属于他同卢普合伙公司一起拥有的一种特殊的合作关系的财产，并且这种合作关系是在杰伊·古尔德名下形成的，那份协议中也指定了杰伊在卢普的财产分割案最终得以处理好之前一直将是"唯一公开的合作人"和法律上认可的经理人。在讨论这些事的同时，杰伊很可能是出于不让自己和卢普合伙公司之间的借贷关系有过多的曝光的动机，他突然将从古尔德兹伯勒皮革厂支付皮革的费用的手续减缓了下来，杰伊以皮革商人的身份出现在曼哈顿的云杉街上，并且开始自己在市场上销售古尔德兹伯勒皮革厂加工的皮革。[在那个时候，古尔德已是皮革商人公司——威尔逊—普莱斯公司(Wilson, Price & Company)——的暗中合伙人了。]当他这样做时，他同时要求李清算卢普合伙公司的账款，并付清到期的古尔德兹伯勒皮革厂应付的皮革运送费用，从而彻底清算他们之间的债务。

---

[1] Jay Gould to Leupp & Company. 27 December 1859. LFP.

[2] Jay Gould to Sarah Gould Northrop. 11 January 1860. HGS.

对于李而言,他还有其他的顾虑。埃瓦茨正在进行的有关查尔斯·卢普的资产和债务的调查揭开了一个残酷的事实。在卢普逐渐变得神志不清的时候,他的个人资产方面也变得一团糟。尽管在他去世的时候,按照他那个时代的财富标准来算,他还算是相当富有的。在 1895 年秋天,这个曾经的百万富翁的总资产仅仅剩下其曾经拥有的一小部分了。埃瓦茨委托独立的金融报告公司 R. G. 邓恩公司(R. G. Dun & Company)所出具的信用报告中写道:"可以断定卢普的资产不超过 10 万美元。这个数目比人们认为他所拥有的财富要少得多。"[1]在此账目揭示之后,希望尽可能地为卢普的三个女儿着想,埃瓦茨和李似乎已经决定在解决卢普合伙公司事务上要采取强硬措施了——早在 1860 年初的几个月在他们与古尔德签订了修订协议的时候应该就决定了。

当古尔德一连几个星期都纠缠着李要求卢普合伙公司清算账目时,李最终勉强同意了,约定在 2 月 25 日周六的时间见面。古尔德和他的工厂主管 J. A. 杜布瓦(J. A. DuBois)如期赶到曼哈顿赴约,但他们直到 28 日周二才最后得到许可进入李的办公室,但那天他们被告知关于清算账目的事情李临时改变了主意,说需要三思,第二天上午才能见他们。当古尔德和杜布瓦第二天(周三)再回到李的办公场所的时候,秘书告诉他们李生病了,很遗憾地取消了他们的会面。

事实上,李想方设法诱引古尔德离开宾夕法尼亚制革厂,而他却亲自前往,目的就是彻底控制财权。之后的几周,在李提供的证词中,李说他的这一举动完全是基于古尔德的不可信赖以及在制革方面的缺乏经验,也是基于制革厂工人萎靡不振的反抗情绪的谣传而发生的。但是关于古尔德的不可信赖的观点与他之前稳定的表现是不相符的,与李之前代表卢普合伙公司在 12 月 29 日写给他的信中的说法也是不相符的——那天正是他们签署修订协议的日子,信中李对古尔德管理的皮革工厂进行了表扬,说道:"自从你为我们公司负责制革厂以来,你管理的制革厂一直就是我们在册记录中效率最高的,这从兽皮加工到成皮之前,你就已经有了不同寻常的销售业绩的事实可见一斑。"[2]

至于有关古尔德手下的工人们躁动情绪的传言,接下来发生的事情可以证实这种传言都是空穴来风。到了古尔德兹伯勒制革厂,李慷慨激昂地发表了演

[1] R. G. Dun & Company. Collection, Baker Library, Harvard Graduate School of Business Administration. New York City branch files. 193:655.

[2] Leupp & Company to Jay Gould. 29 December 1859. HGS.

讲,内容就是指出古尔德的种种缺点,并指控古尔德侵占了大约 2.5 万美元,这笔钱是从卢普合伙公司转出来用于偿还制革厂的债务的。(这件事未经证实,且在之后的法庭诉讼程序中李再也没提及过。)在李演讲完之后,他发现只有 15 个工人愿意站在他的一方争夺制革厂。鉴于这样一个不容乐观的开头,李就派人去斯克兰顿(Scranton)尽可能雇用更多的保安。被派的人只带回了 10 个人,李带着这总共 25 人的队伍在古尔德兹伯勒皮革厂设障蹲守,想决一死战。

对于杰伊来说,他首先想到的是与他的律师安德鲁 · H. 里德(Andrew H. Reeder)商量。里德曾经在堪萨斯州担任过支持奴隶制度的州长,那时的堪萨斯州还被戏称为"流血不止的堪萨斯"。里德敦促古尔德立刻用武力夺回他的财产。3 月 5 日,古尔德回到了制革厂,在厂门口就被李和他的一帮人给拦住了,他们还扬言说:如果他不离开,他的性命就难保。第二天一早,古尔德面向 200 多名员工以及镇上的人发表了讲话,劝说上百名员工支持他、与他并肩作战,一起把李和他的人赶走。之后,古尔德劝李投降,以避免流血牺牲。在遭到李的拒绝之后,杰伊就开始行动起来。

几天后,他对一名记者说:"我悄悄地挑选了 50 个人,并命令其他人冷静待命。我把他们分成两支队伍,我派其中一支登上大楼的顶部,指挥他们把墙上的盖板取下;同时,我指挥另一支队伍把前门打开。"当杰伊的人马突然冲进来时,一阵枪林弹雨袭来,迫使他暂时撤退了,接着他发起第二次、第三次进攻,最后全部都进去了。"这时,在皮革厂楼顶的另外一支队伍也成功地进入了,现在,四面开火,子弹呼啸。双方经过激战之后,我们成为胜利者,对手从制革厂逃走了,其中还有些人惊慌失措地从厂房的二层跳了下去。"[1]有 3 个人受伤了。被杰伊从古尔德兹伯勒制革厂赶走的大卫 · 李的一根手指也中弹了。

古尔德和李最终还是对簿公堂了。诉讼和反诉讼一直持续了 7 年,而古尔德兹伯勒制革厂日渐衰落,由于其在诉讼过程中无法正常交易,最后变得一文不值。李最终赢得大约 3 500 美元的赔偿,部分还要偿付在 1859 年后期李和卢普在古尔德兹伯勒皮革厂欠下的兽皮和皮革的费用。1868 年,古尔德把他在古尔德兹伯勒的财产的利益以总价 1 美元的价格卖给了李,为此,他还很高兴,这总算是完成了他自己事业生涯中的一个篇章,虽然过程艰辛复杂,却是他进入下一

---

〔1〕 *New York Herald*. 16 March 1860.

个人生阶段所不可避免的经历。

“古尔德兹伯勒之战”之后，无论是从经济上或是事业上来说，古尔德不得不重新开始。在1859年初，当卢普和李第一次随着他一起来到古尔德兹伯勒时，估计他的个人净资产约为8万美元——他的主要资产是他在制革厂的股份，他拥有的宾夕法尼亚森林面积9 000英亩，另外30 000英亩的土地他还掌控着剥树皮的权利。在1860年2月的时候，也就是在“古尔德兹伯勒之战”发生的前几周，R. G. 邓恩合伙公司把古尔德说成是“一个聪明的、有进取心的年轻人，性格好、习惯好，说话也很可靠”。[1] 但是，“古尔德兹伯勒之战”的宣传以及李对其渎职的指控，无论这些多么无理和不可证实，很快就破坏了杰伊的声誉和信誉。在1860年4月的一份备忘录中，同一家信用报告公司对“关于古尔德的负面报道”感到担忧，那样的负面报道如果说还没完全让其名誉扫地，也已令他在同一行业无法再立足了。[2]

古尔德最终关闭了他在布鲁斯街的企业。之后，他对威尔逊—普莱斯公司的投资随着其在1860年初夏倒闭也蒸发了很多，损失了6万美元。随后不久，他不得不以微薄的收益卖掉了宾夕法尼亚的树皮使用权和土地。自此之后，他在曼哈顿度过了一个闷闷不乐的秋天，整天思索着他的未来，一心想找到一个立足点去开展新的事业。

◇ ◇ ◇

事实上，古尔德在那段时间住在埃弗里特酒店(Everett House Hotel)的房间里，酒店对面是位于第十七街第四大道的联合广场(Union Square)的东北角。这一点也说明了尽管遭受了损失，但他并没有穷困潦倒。他甚至还是很有钱的，足以给他17岁的弟弟亚伯兰支付在波基普西(Poughkeepsie)上商业课程的费用。在那里，他的弟弟和新婚的安娜以及亚撒黑·霍夫住在一起，他们是从纽约的塔克雷的一座教堂搬到了那个小镇的。

当杰伊9月去宾夕法尼亚州卡纳登西斯时，他和亚伯兰、安娜以及其他家庭成员有过一次短暂的相聚。他们在卡纳登西斯相聚，而不是在古尔德兹伯勒，是因为贝蒂·古尔德和乔治·诺斯罗普的合伙人吉尔伯特·帕伦在卡纳登西斯举

〔1〕 Dun. New York City branch files. 193:660.
〔2〕 Ibid. 347:737.

办婚礼。作为婚礼承办人的约翰·伯尔·古尔德也参加了。这位老人并不需要走多少路,因为他最近开始和萨拉、乔治·诺斯罗普住在一起了,房子是大,但也很拥挤,就在离卡纳登西斯皮革厂不远。[除了诺斯罗普带了他在前一段婚姻中所生育的5个孩子参加婚礼,乔治和萨拉也带了他们的孩子:5岁的霍华德、4岁的艾达(Ida)、2岁的弗兰克以及刚出生的婴儿里德(Reid)。[1]]

萨拉不仅要照顾父亲,还要照顾她的孩子,忙得不可开交。年长的古尔德在1858年就卖掉了他的锡铺,在1860年卖掉了他位于罗克斯伯里的埃尔姆街的房子。他现已步履蹒跚,在这样的年纪一切都无法预测,也像孩子一样。一会他像一个善良的爷爷,一会又变成了可恶的酒鬼。他呼出的鼻息很快透露了他喝了他四处偷藏在萨拉房子里的酒。他直接无视萨拉和乔治夫妇直言不讳让他戒酒的想法。(萨拉甚至不允许他的孩子喝苹果汁或根汁汽水,以免之后会养成多喝的习惯。[2])萨拉在帕伦婚礼后写信给她的表妹说:“杰伊看着父亲感觉很伤心。我不知道他在这个可怜的人身上看到了什么。”[3]杰伊很可能看到了一个有着无用的骄傲和破碎的梦想的灵魂,他将那样很快度过余生。几个星期之后,杰伊在给詹姆斯·奥立佛的信中写道:“我将尝试在充满无烟战火的股票和债券世界中开始重塑一个崭新的自我。华尔街是个充满魔幻的地方,我是想说我想去学习那种魔法技能。”[4]

---

[1] 与炮制《杰伊·古尔德:华尔街天才》(*Jay Gould, The Wizard of Wall Street*, Philadelphia: National Publishing, 1892)的亨利·达文波特·诺思罗普(Henry Davenport Northrop)没有亲属关系。

[2] 1. *Angell v. Gould*. 145.

[3] Sarah Gould Northrop to Taylor More. 6 October 1860. HGS.

[4] Jay Gould to James Oliver. 5 November 1860. HGS.

第十一章 特别的前程

银行家亨利·克卢斯(Henry Clews),一个当代的古尔德,在写1908年回忆录《华尔街50年》(*Fifty Years on Wall Street*)时,对纽约金融区的地理位置大加挖苦。他指出:曼哈顿肮脏的街道充斥着玩世不恭的交易和纸醉金迷的贪婪,从一座教堂开始(人称“三一教堂”,离下百老汇大街很近),沿街而下,一直到东河入海口的一个地狱般的街区,在那里不仅进行着海上贸易,还存在着淫欲、酗酒和暴力等不法行径。当24岁的杰伊·古尔德踏上去华尔街探索之路的时候,1860年的华尔街就是那样。一名《纽约先驱论坛报》的匿名评论员也曾对其有类似的描绘:“与大众散布的谣言相反,通往地狱的道路并非铺满了美好愿景。取而代之的是,那条路上铺满了鹅卵石、啤酒和不能兑现的承诺。那就是华尔街,朴素又简单,那是背信弃义之人的聚集地,那是梦想粉碎之地,也是财富轻得易失之地。”[1]

200多年前,荷兰移民就已经建造了一条东西走向的、贯穿曼哈顿下城区的围墙,他们把它作为抵抗印第安人、海盗和其他威胁的屏障。最后,那条沿围墙的小道变成了熙熙攘攘的商业大道。早期的商人建造了仓库、商店、市政厅,还建了一座教堂(即上文提到的三一教堂)。当纽约市成为美国的首都时,这条路

〔1〕 *New York Tribune*. 17 October 1860.

的最中心就是联邦大厅了。1789 年,乔治·华盛顿当选美国第一届总统,他就是站在那个联邦大厅前面的台阶上举行就职典礼的。

一年后,美国最早的证券交易所成立了,但不是在纽约而是在费城成立的,也就是当华盛顿的财政部部长亚历山大·汉密尔顿(Alexander Hamilton)发行第一次用于偿还大革命时期债务的联邦债券的时候。纽约非正式的交易不久也开始了,交易信息是通过快递员送达费城交易所的。那时,纽约的股票经纪人会在华尔街 68 号室外的一棵梧桐树下交易。在这之后不久,1792 年,其中有 24 个股票经纪人在纽约成立了一个正式的股票交易市场。签订《梧桐树协议》(Buttonwood Agreement)的人才有权在相互之间买卖证券,并经双方协调一致后确定交易费,他们不参与其他证券交易竞价。签订《梧桐树协议》的组织逐渐发展成了纽约证券交易所的董事会(成立于 1817 年),并于 1863 年最终成立了纽约证券交易所。

从一开始,这个交易所只对内开展交易。内部规章规定新成员必须经投票才能被吸纳,而且如果候选人得到 3 张否定投票就不得入会。在 1817 年,交易所一个席位的平均价格为 25 美元,然而到了 1827 年,价格上涨到了 100 美元,到了 1848 年,价格上涨到了 400 美元。在 1837 年美国经济“大恐慌”期间,在宾夕法尼亚州因拖欠票据,几十个费城的证券经纪人都关闭了交易。这时,纽约的交易所成员戴着高高的礼帽,理所当然地夸耀起他们的交易所才是美国最具主导地位的金融市场。不管纽约证券交易所是否具备统治地位,尽管成员们也是根据规定管理交易所,但在 1860 年古尔德来到华尔街的时候,这里并不是精英们常来的地方。实际上,在沉闷的交易所的围墙之外,即在街道上,任何一个“路边经纪人”都可以买卖证券。这些交易者就在路边谈生意,有时也出现在第五大道酒店的大厅里、戴尔莫尼科餐厅(Delmonicos,华尔街上一家奢华的专供德国高档菜的餐厅)里,抑或是加拉格尔(Gallagher)的晚间交易所里,他们在 1864 年之后,就通过百老汇街道的证券经纪人“公会”(Open Board)的“长屋”(Long Room)里的代表交易,事实上他们的交易量是交易所的所谓的正常证券交易部的 10 倍。(特别是在 19 世纪 60 年代初期,正常证券交易部可能每天只有 700 万美元的交易量,而在“公会”却有 7 000 万美元的交易量。)

1860 年末至 1861 年初,当美国南北出现裂痕的时候,杰伊·古尔德正混迹在华尔街数百名路边交易员之中,他在寻找机会。随之而来的美国南北战争意味着战争的双方都将承受几十万人流血牺牲与心碎悲痛，然而，对于华尔街来说，这可能意味着一次赚钱的机会。比古尔德大 30 岁的丹尼尔·德鲁在 1860 年之前已经久享盛名，同时也被认为是最阴险、最自私的行家，他曾回忆道："随着该发生的事情如期而至，我们这些在华尔街混事的人发了战争财，我们四处投机，在股票交易中大赚了一笔，这叫'浑水摸鱼'。"[1]

据人们所说，德鲁乍一看会让人大吃一惊：他骨瘦如柴、身影佝偻，且日复一日地穿着一套破旧的西装，手握一个用旧伞柄做的手杖。他的头发和衣服一样总是乱糟糟的。虽然他住在第十七街上的一幢豪华的房子里，离联合广场和埃弗雷特酒店都很近，但他的举止行为带着天生的一种粗野。他 1797 年出生在纽约卡梅尔(Carmel)乡村的一个农场。他的职业生涯是从当一个马戏团的杂工开始的，之后在 1812 年、他仅有 14 岁的时候就参加了美国军队，他口袋里藏有一张 100 美元的奖励现钞，但并没有看到他任何与英国对抗的行动。在战争后，他成为畜牧商贩，他从温彻斯特和普特南郡当地的农场主手中购买牲畜，然后把它们带到曼哈顿转手卖掉。德鲁一路上给他的牲畜群吃盐，以此来让牲畜们感到十分口渴，然后他就在哈林村停下来，让牲畜喝水、增加奶牛的体重，就是为了之后按重量高价把它们卖给市中心的批发商。

在 19 世纪 20 年代，德鲁在第三大道和第二十六街的拐角处买下了公牛头旅馆(Bull's Head Inn)，之后他就成了旅馆老板，同时也兼为牲畜商贩提供资金借贷。在 19 世纪 30 年代——几乎是与他开始在华尔街投资的同一时间，他介入了在哈德逊河的轮船生意，他开始接手"人民航线"(People Line)轮船，并结识了商业巨头科尼利厄斯·范德比尔特。(德鲁后来拓展了汽船的航线，向南延至新泽西海岸，向北直达长岛。)也就是同一时期，德鲁名誉扫地，被说成是彻头彻尾的说谎者和骗子。当涉及一次有很坏影响力的交易时，德鲁有好几次的反应都是"蹲下"——对"不尊重合同"的街头俚语的说法——并且不顾涉及因伪造合同提起的诉讼而进行交易。

在古尔德来到华尔街之前，德鲁已经被冠以各种头衔，如"丹尼尔叔叔""大熊""执事""棕熊大佬"，他已是一个华尔街的传奇：一个完全不择手段的大师级的金融玩家。除了给一些其掌握控制权的公司股票"注水"，即利用特权，通过过

[1] Bouck White. *The Book of Daniel Drew*. New York: Doubleday. 1910. 160.

度发行股票来操纵股价，使其价值远远超过实际价值，他还使出“疯狂抛售”的独门绝招。在这些交易中，德鲁联手其他人一起通过借入股票并以市场价卖出的方式做空某一只股票。德鲁和他的同伙所做的投机买卖就是让有价值问题的股票价格迅速下降，好让他们有机会以低价回购更多的股份，再归还给股票持有人，与此同时，他们会索取两个价格之间的差额利润。在这样一个典型的疯狂抛售的过程中，一旦他们确定做空一只股票，德鲁将会散布谣言，将选中的股票价格拉低，在这样的情况下，他不冒任何风险就能坐收渔利。他有一次告诉古尔德：不掌握内部消息就贸然去华尔街投资，这样做无异于在一片黑暗里驱赶着一群黑猪。

这位表面上受人尊敬、也常被引经据典的德鲁实际上是受人鄙视和嫉妒的。他为精明的下一代年轻人提供了一个投机成功的经典范例。尽管华尔街那些初来乍到的年轻人还可能心存疑虑，但他们很快就意识到了：伦理道德和雄心壮志是不可能和谐共存的，至少在华盛顿广场的南边这个地方是难以共存的。当那个年代之后的作家指责古尔德的厚颜无耻和奸诈狡猾的时候，他们忘记了不仅只有他一个人那样做了，实际上他只是那个群体中的一个——尽管是天赋出众的那一个，并且相比许多人而言，他并非那般厚颜无耻、玩世不恭。

◇ ◇ ◇

杰伊来到华尔街的第一个月只是小打小闹地做了一些小交易，有赚有赔，他从失误中吸取教训。这个年轻的股票交易热衷者始终像僧侣般执着地不惜花很长时间研究市场的龙头股票，他也研究最精明的“玩家”的举动，并且去了解可以利用什么样的杠杆手段来为自己所需要的下一步操作提供现金或贷款。在埃尔弗雷特酒店，他每天总是起得很早，匆匆吃完早饭，就一目十行地浏览纽约各大报纸上的财经新闻。之后，他都会去交易街，在经纪人的办公室进进出出，一整天都忙于买进和卖出各类股票，一直工作到晚上五六点。之后他会再回到埃尔弗雷特酒店或是去饭店吃晚饭。再之后他会去加拉格尔的晚间交易所，那里正是像杰伊这样渴望通过白手起家发迹的年轻人常常光顾的地方。

这一切忙碌只有在周末的时候才能告一段落。1861 年 4 月 20 日的早上，那天正好是星期六，是萨姆特堡(Fort Sumter，美国查尔斯顿港口要塞)战役的两个星期之后，杰伊·古尔德走出了埃弗雷特酒店，他当时应该看到了十多万支持北方联邦政府的狂热分子聚集在联合广场上。从埃弗雷特酒店穿过联合广场,就在第十四街与百老汇的交会处有一座砖砌的房子,那就是当时还在蹒跚学步的西奥多・罗斯福的爷爷、百万富翁科尼利乌斯・范・沙克・罗斯福(Cornelius Van Schaack Roosevelt)的家。罗斯福家的屋顶以及附近联合广场宾馆的屋顶上都飘扬着很多美国国旗。在广场上有一座新落成的乔治・华盛顿的铜像,铜像被一面在萨姆特堡战役中被烧坏了的国旗包裹着。正如银行家约翰・奥斯丁・史蒂文斯(John Austin Stevens)后来所回忆的那样:4 月 20 日当天的聚会主要是为了提供一个公开场所,在那里普通的纽约民众可以"让这座城市的商人们指引他们的行动,这些商人也是这座城市财富及影响力的主要代表"[1]。不知道,当时的古尔德是否站在那里,听到了那 20 个演讲者——萨姆特堡战役的一名英雄罗伯特・埃德森(Robert Anderson)少校也是演讲者之一——呼吁全城民众武装起来支持北方联邦政府。

杰伊・古尔德本人对美国内战的看法并没有记录,在他的私人信件中并未提及其政治倾向以及对当时社会热点问题的态度——没有对废除黑奴制度、种族隔离或其他社会问题发表自己的看法。如果他曾经像许多人一样接到过征兵令,他很有可能花钱找人替他服役了,因为据我们所知,古尔德从来没有穿过军服。古尔德专注于个人的事业和财富,似乎对外部世界以及发生在他之前的历史一点也不在乎。然而,如果说古尔德是一个完全不关心政治的人,也是错误的。按家族传统,他是个民主党人,他大部分商业伙伴——比如他的律师安德鲁・里德(曾经帮助他处理在古尔德兹伯勒事务的人)——都是热衷于支持鼓吹奴隶制度的民主党人。古尔德在纽约的住宅,埃弗雷特酒店,就是纽约民主党的总部。在之后的许多年古尔德所迎合的诸多政客都是和民主党坦慕尼协会有千丝万缕联系的权利经纪人——威廉姆・马西・特威德(William Marcy Tweed)就是其中一人。在其晚年,古尔德还与一些共和党成员交往,众所周知的是尤利西斯・S. 格兰特(Ulysses S. Grant)。然而古尔德与格兰特之间的纠葛持续了很长时间。

---

〔1〕 Edwin G. Burrows and Mike Wallace. *Gotham*: *A History of New York to* 1895. New York: Oxford University Press. 1999. 869.

◇ ◇ ◇

严谨认真的古尔德一直不停地奔波忙碌、买卖股票、寻找立足之地，然而他还总是想方设法抽时间参加社交活动。不过，就算他带着目的参加一些社交活动，也毫无幽默感。他似乎对任何事情都有所涉猎，就算徒劳，他也会尝试。古尔德就像机器一般高速运转，很多人都望尘莫及。亨利·克卢斯讲述了古尔德受其渴望相交的韦斯切斯特县一个很有名望的克鲁格(Cruger)家族之邀，在1861年夏季前往哈德逊河畔一同畅游时发生的故事。豪华游才刚刚开始——游轮刚驶出在哈德逊河上克罗顿附近的克鲁格家族的港湾，杰伊·古尔德就开始担心、絮叨：游轮是否可以按时返回，他要赶火车回曼哈顿。他这样的表现让自己很不受人欢迎。整个下午，古尔德忧心忡忡，絮絮叨叨，不停地向主人们建议缩短航程、返回港湾。据克卢斯说(他是直接从参加同游的人那里听说的)，最后，克鲁格家一位长者非常反感，就想给这个可恶的客人古尔德一个教训，在古尔德所要乘坐的火车到达哈德逊河车站的前几分钟才让游船靠近了岸边，这位克鲁格家的长者故意将稳向活动船板放下，让游船搁浅了。然后他告诉古尔德他不得不游到岸上才能赶上火车。古尔德竟然没有丝毫犹豫，迅速脱下衣服，露出了他那大红色的内裤：克鲁格家的年轻女孩子都害羞地"用阳伞遮住了羞红的面颊"。古尔德真的用一只手把干衣服高举过头顶，只用另一只手臂以蛙泳的姿势游到岸上了。[1]

发生这样的事情也透露出了像他这样的年轻人虽然胸怀大志，但还是涉世未深、行为鲁莽，必须努力摆脱自身那些粗鲁的做法。鉴于古尔德在古尔德兹伯勒之战后名声受损，且不提他来华尔街开辟新事业只是从一个卑微的在路边伺机获利的交易员做起，像他这样的身份能够与默里·希尔(Murray Hill)社区的一位名门贵族的千金扯上关系那也真算是很了不起了。海伦·戴·米勒(Helen Day Miller)小姐出生在第十七大道的一个富有的家庭，离古尔德在埃弗雷特酒店的住所不远。海伦的母亲安是纽约最古老的两个家族——科普斯(Kips)和贝利(Bailey)——的后代。海伦的父亲丹尼尔·S. 米勒(Daniel S. Miller)是一个富商的后代，他自己也是从1853年就在华尔街专注于做各种投资了。米勒先生

〔1〕 Henry Clews. *Fifty Years on Wall Street*. 176.

在达特公司(Dater & Company)工作,他是这家公司的合伙人。1860 年,在邓恩公司的信用报告中曾提道:米勒是一个为人可靠、有"超乎常人的投资眼光的执着的"商人。[1]

我们没有关于杰伊和海伦第一次见面的确切记录,海伦比杰伊小两岁半。一些传记作者说,他们两家住得很近,杰伊可能是在街上碰到了这位年轻的女士就开始攀谈认识了,但是对于非常害羞的古尔德而言这是不太可能的。更有可能的是,杰伊和海伦的父亲有过生意上的交往,在交往中可能海伦的父亲觉得他是一个有前途的年轻人,就邀请他回家吃饭。尽管杰伊不是完美的人,但他身上独具的品质可能会吸引米勒先生和他的女儿,比如他的谦逊礼貌、雄心勃勃和精明。而且,杰伊是一个头脑清醒且很自律的人。因此,米勒先生肯定知道,杰伊代表着一种商品,这种商品在华尔街上潜在的百万富翁中是永远供不应求的。

杰伊和海伦也并非没有共同点。他们的共同点就是他们俩都是长相普通的人。杰伊个子矮小,肌肉也不发达。海伦——杰伊很快就开始叫她艾莉——同样个子不高、很瘦、长相平平,只是鼻子很高。两人都很喜欢安静,喜欢亲密的家庭聚会和阅读有趣的书籍,而不喜欢节日聚会的狂欢和演奏表演之类。从她为数不多的书面遗存来看,艾莉似乎是默里·希尔社区里典型的"金丝鸟",一个完全满足于她的镀金笼子的女士,她是一个非常传统的基督教信徒,热衷于所有适当的慈善活动,盲从所有普遍存在的偏执。她和父母一样,在她心中排序的是:耶稣基督、默里·希尔社区和美国革命的女儿会。同样,她也和父母一样,不信任天主教徒和犹太人,她认为信奉新教的美国在过分包容方面也是失误。因此猜测杰伊的清教徒背景——事实上,他的曾祖父是里奇菲尔德战役的英雄——并没有妨碍他的恋情,因为在 1861 年的大部分时间里他都坐在米勒的客厅里,真诚地向艾莉献殷勤。

杰伊是在 1862 年求婚的。一些自传作家,包括埃德温·霍伊特所著的《古尔德家族》中却说艾莉的父亲强烈反对古尔德和艾莉的婚事,所以这对恋人不得不私奔。但在纽约历史协会(New York Historical Society)找到的有关杰伊和艾莉的长女的资料里有张打印的他们结婚的邀请函,这也使人质疑这种说法。根

[1] Dun. New York City branch files, 201:420. David Murray's *Centennial History of Delaware County*: 1797—1897. 戴维·默里的书错误地将杰伊·古尔德的岳父记载为 19 世纪中后期住在格林维尔卡茨吉尔山脉小镇的大卫·S. 米勒。这是错的。

据邀请函上的信息，杰伊和艾莉于 1863 年 1 月 22 日的下午在米勒的家里结婚。在 1987 年的采访记录里，杰伊的姐姐贝蒂·帕伦(Battie Palen)回忆说，她和丈夫，以及吉尔伯特(Gilbert)、艾布拉姆·古尔德(Abram Gould)、安娜(Anna)和亚撒黑·霍夫都参加了那天的婚礼。只有萨拉和布拉姆·古尔德因为忙着照顾同样没有出席的约翰·伯尔·古尔德而缺席了。

婚礼过后，杰伊从埃弗雷特酒店搬了出来，和艾莉一起搬进了她父母亲的家。他和妻子在那里住了整整 6 年，他们的前 3 个孩子都是在那里出生的。

结婚礼后将近 1 年时间，杰伊一直不断地学习经验最丰富的投资者所实践的“华尔街的艺术”。最后，他也对股票注水、卖空、联合坐庄、疯狂抛售、空头陷阱(卖空者被迫以不断上涨的价格卖空股票)和其他一些华尔街普遍使用的伎俩操作娴熟，这些做法在现在是不能为人接受的，但在古尔德那个时代实属普遍。他也成了一名会赚钱的高手，也是众多华尔街的奇才之一了。他可以在交易大厅(也是可转换债券、委托代理和杠杆资金构筑的魔幻屋)利用几美元来凭空创造出资本，也可以轻易掌控公司。最后，古尔德在资金利用方面的熟练技巧是无人堪比的。但古尔德与享有盛誉的丹尼尔·德鲁不同的是，他把在华尔街的投机赚钱的技巧在很大程度上作为获得更大的、更复杂的成果的一种手段。从长远来看，他追求的是掌控公司，对其进行管理、改进和并购。因此，他迟早会把注意力集中在市场里，不仅能给他提供可以最大范围和最灵活地利用金融工具的一个领域，而且还能给他提供更长远、更广阔的发展前程的领域——铁路。这也只是时间问题而已。

1863 年的秋天，D. M. 威尔逊(D. M. Wilson)找到了 27 岁的杰伊，他提出要出售一份价值 5 万美元的拉特兰—华盛顿铁路(Rutland & Washington Railroad)第一抵押权债券。古尔德早些年和威尔逊经营威尔逊—普莱斯公司的皮革生意时就和他短暂合作过。据古尔德所知，1850 年的《纽约通用铁路法案》(New York General Railroad Act)允许铁路公司的董事授权发行债券以扩大融资，同时也允许将这些相同的债券转换为普通股，然后再将普通股转换成债券。当杰伊在心里盘算的时候，一定很快就意识到了：只要购买一小部分威尔逊的债券、在转换成普通股后，就可以在拉特兰—华盛顿铁路公司得到控股权益。

拉特兰—华盛顿铁路公司成立于 19 世纪 40 年代，为了把纽约州的拉特兰县(Rutland)、佛蒙特州的大理石采石场和纽约州特洛伊市的哈德逊河港口连接起来,规模不大的拉特兰—华盛顿铁路公司仅在拉特兰县到纽约的华盛顿县塞勒姆(Salem)和鹰桥(Eagle Bridge)之间建了只有 62 英里的铁路。从鹰桥开始,就是伦斯勒—萨拉托加铁路公司(Rensselaer & Saratoga Railroad)的铁路了,这家公司拥有通往特洛伊甚至更远的铁路。[1] 到 19 世纪 60 年代早期,拉特兰—华盛顿铁路并没得以充分利用,甚至已无利可图了。铁轨和车辆维修频繁,员工士气低落,威尔逊急于摆脱他在铁路上的巨大投资的风险,就想把他所拥有的债券以 1/10 的价格出售。

古尔德在 1863 年的圣诞节之后不久就正式购买了威尔逊的债券。购买资金一部分是他自己的钱,一部分是他岳父的钱,另外他还卖了一小部分投机股票。新年伊始,他就身兼数职,成了董事长、秘书、财务主管,以及这条铁路的总负责人。从那以后,至少有整整一年半的时间,杰伊每周要花四到五天在拉特兰,主要是改进基础建设、交通建设以及提高拉特兰—华盛顿铁路公司的盈利能力。古尔德的办公室坐落在拉特兰商人区的巴德韦尔酒店式公寓(Bardwell House Hotel)。他必须去学习他不了解但极其重要的有关铁路方面的生意。他在几年后回忆说:"那时,我将其他的事都抛在脑后,一心沉浸在学习有关铁路运营的工作中。因为我既是董事长,又是财务主管,同时又是铁路的总负责人……渐渐地我让这条铁路运营正常了,我还是在努力坚持着。"[2]在雇用有经验的经理及完成必要的修缮后,他接下来需要提高货运量和客运量,因为采石场还处于停止状态:他的劳工还在罢工,而在那段时期,他们在建的大项目都停滞了下来。

在接下来的 18 个月中,杰伊发行了必要的新债券,一方面是为了进一步改善沿线的基础设施建设,一方面也是为了解决短期内支付薪酬的压力。在 1864 年,塞勒姆当地人查尔斯·弗洛斯特(Charles Frost)开始在古尔德办公室打杂,之后很长时间他都是做铁路上的行李员和售票员[最终他工作的那段铁路成了特拉华—哈德逊铁路(Delaware & Hudson Railroad)的一段分支]。塞勒姆的历

---

[1] 1847 年,佛蒙特州立法机构授予拉特兰—华盛顿铁路公司执照,建设一条从拉特兰到纽约州的铁路线。两年后,特洛伊—拉特兰铁路公司获得纽约州立法机构的准许,建设一条从特洛伊到佛蒙特州波尔特尼的铁路,并将它和拉特兰—华盛顿铁路连接。于是不久之后,两条铁路线合并了。

[2] *Report of the Committee of the Senate upon the Relations Between Labor and Capital*, *Senate Hearings*. 41st Congress, Vol. 28. 1063—1064.

史学家威廉·A. 科米尔(William A. Cormier)后来写道:“分派给查尔斯的任务并不多,也并不艰苦。他每天打扫办公室、跑跑腿,有时还会和他的上司一起去铁路上。他每天可以得到 55 美分的薪酬。”弗洛斯特对古尔德的印象是:“身材矮小、不苟言笑,留着茂密的胡子,修剪得一丝不苟,显得他有种威严震慑的气质。在拉特兰的大部分时间里,他喜欢待在自己的私人办公室里……他是一个很果断的人,说话言简意赅,雷厉风行,只要是他想做到的事情,他总是坚持不懈,一定要做到成功为止。”

曾经有一次弗洛斯特要求加薪,被古尔德一口拒绝了,他给出的理由是:“对于一个男人来说,每天能挣到 55 美分是一份很不错的报酬了。”还有一次,为了估量机车燃料所需要的木材,弗洛斯特陪古尔德去了佛蒙特州的西鲁伯特镇(West Rupert)附近。当古尔德中途提出要停下来吃午餐时,这个饥肠辘辘的男孩开始欣喜雀跃起来。然而,不久,失望就接踵而至了。古尔德并没有带着他的助手去附近的酒馆坐下来用餐休息,而是拿出了他的皮背包(他平时也常背着这样的背包),他从包里拿出了不同口味的饼干和李子干,和蔼可亲地分给弗洛斯特吃。[1]

另一个老本地人伊丽莎白·休斯(Elisabeth Hughes)在 1937 年被采访时回忆说:在古尔德接管拉特兰—华盛顿铁路公司后不久,他还在对本地发展迅速的石板业进行了小规模的投资(也许他是希望可以刺激货物运输)。“本·威廉姆斯(Ben Williams)是为杰伊·古尔德工作的采石场负责人,”休斯太太说,那个时候她还是个小孩子,“每次杰伊·古尔德来到(佛蒙特州)格兰维尔中部(Middle Granville)时,孩子们都会跑出来和他打招呼,当他看到我们时,他总会说:‘兜好你们的围裙哟’,然后将一些铜币抛向我们兜起的围裙。现在他的模样还历历在目。他是我所见过的长得最好看的人之一。他总是精力充沛,且着装得体。”正如休斯太太叙述中所说的那样,也和休斯太太本人对他的评价一样,“古尔德始终很爱孩子们”。[2]

早在古尔德刚开始接手拉特兰—华盛顿铁路公司的时候,他就表现出他这一生是不愿意与家人分离的。他每周都会坐着自己公司的火车,从佛蒙特州到

〔1〕 William A. Cormier. *The Back Shop and Other Tales: Railroading in Salem, New York*, 1852—1995. Salem, N. Y.: Privately published. 1995. 8—9.

〔2〕 Ibid. 10.

鹰桥，然后继续乘坐伦斯勒—萨拉托加线(Rensselaer & Saratoga line)穿过哈德逊河，回到妻子艾莉身边。他常常愿意和各种各样的工作人员一起站在前面的火车车厢，他和他们都很熟悉，甚至可以叫出他们的名字。有点讽刺意味的是，鉴于即将发生的事情，古尔德在奥尔巴尼和曼哈顿之间的哈德逊河上的大部分旅程似乎都是在丹尼尔·德鲁汽船上度过的。在从奥尔巴尼之后的哈德逊河西岸的小镇经过时，古尔德总是可以眺望到他远在卡茨基尔的家乡。但是，如今对于杰伊而言，家和家乡的感觉与他身处山区的体会完全不同了。

“我非常想念我的爱妻，”古尔德在 1 月底的时候写信给他快要临产的妻子艾莉，那是他监管拉特兰—华盛顿铁路公司的第 1 个月，“我希望她不会觉得身体太虚弱或者不舒服。我知道她很勇敢，也很美丽；我也知道她将送给我一个很棒的礼物。”[1]当杰伊 2 月初在家度完周末回到拉特兰工作时，消息传来说艾莉生下了一个男孩：乔治·杰伊·古尔德。杰伊在曼哈顿待了好几天，享受儿子降生给他带来的喜悦。两周后杰伊又从拉特兰写信回来问道：“小皇帝怎么样了呢？告诉乔治，他的爸爸很想念他和他的妈妈，并且很快就会回来，我这个铁路公司的好男人厌倦了只听到别人说他英俊的样子。还有人说罗伯特·林肯(Robert Lincoln)是‘铁路王子’(Prince of Rails)，但是乔治的妈妈和我更清楚谁才是铁路王子。”[2]在一封来自宾夕法尼亚州的长信中，约翰·伯尔·古尔德向他的儿媳表示祝贺，在他孙子出生时，他还没见过他的儿媳妇。他很困惑“乔治”这个名字的由来。约翰·古尔德说，他不记得是塔尔科特、伯斯、古尔德家族中谁曾用过这个名字了[他可能已经猜到了，这个名字来源于艾莉家族，特别可能是来自她的科普斯血统。]那年 5 月，杰伊在给他姐姐萨拉的信中写道：“这个孩子总是像只鸟一样叽叽喳喳说个不停，我们总是把他放在推车里，推着他在联合广场绕一圈，然后又到麦迪逊广场绕一圈才回家。”[3]

虽然古尔德大部分时间都不能和兄弟姐妹们相见，但他经常写信给他们，一直和他们保持着密切的联系。在乔治出生的几个月后，当亚撒黑·霍夫牧师得知他被任命为蒙大拿地区卫理公会派(Methodist)负责人时，杰伊为亚伯兰安排

---

〔1〕 Jay Gould to Helen Miller Gould. 27 January 1864. Jay Gould Papers, Library of Congress.

〔2〕 Jay Gould to Helen Miller Gould. 20 February 1864. JGP.

〔3〕 Jay Gould to Sarah Northrop. 13 May 1864. HGS.

了新住处,以便他能在波基普西完成他的商业研究。与此同时,在安娜准备前往蒙大拿荒原时,古尔德竭尽全力去帮助她。许多年过后,当安娜回忆起这件事时,她说:“1864 年,在我们去蒙大拿旅行的前一天,我收到了古尔德的一封长信,信中他向我‘告别’,他担心我们带的钱不够这么长的旅程上用,还附上了 100 美元的钞票。我亲爱的弟弟心地善良,在他忙忙碌碌的一生中,他确实花了很多时间时常给我写信,说上几句暖心的话,提醒我他一直挂念着我,也时常随信送给我贵重的礼物。”〔1〕

在 1865 年 4 月时,乔治·杰伊·古尔德已经 14 个月大了。那天阳光明媚,父母牵着他的手出门学步,他跌跌绊绊地走了一个街区。之后,杰伊把乔治抱起来继续走。那天是 25 日,如果不是这个刚学步的孩子在他们身边,给他们带来了无限的快乐,他们也会感到特别忧伤。他们从家出来,向南走了 3 个街区,来见证一个历史时刻。他们站在第十四街和百老汇大街交界的拐角处,就在 C. V. S. 罗斯福富丽堂皇的府邸外面,他们一家人目送着亚伯拉罕·林肯的葬礼队伍沿着百老汇大街向前,然后在第十四街转向西行进了。“乔治骑在我的肩膀上一直在咯咯地笑”,后来杰伊告诉他的姐姐贝蒂。那时候贝蒂的第一个孩子是女儿安娜,只比杰伊的儿子大三个星期,“他对着他看到的街上的所有的马和那些面无表情的鼓手喃喃自语着,显然他还不知道这个场合需要庄严肃穆。愿上帝保佑他。当然,当时那整个场景对每个已经有记性的人来说都印象深刻、让人难以忘怀。报纸上称林肯先生是美国内战最后的受害者,事实上,报纸说得一点也没错,这其中也隐含了一条好消息:不论我们是南方人或是北方人,我们都脱离了这场徒劳的战争的煎熬。现在该到了我们将仇恨和亡者一起埋葬的时候了,也该到了我们重整旗鼓、重建家园的时候了。为了这场无意义的战争,我们耗时费力,该到了我们重新创业的时候了。”〔2〕

杰伊的这封信就是写给他即将开始创业的一个姐姐贝蒂的,她和她的丈夫吉尔伯特·帕伦一起离开卡纳登西斯,去往离这里大约 57 公里的位于宾夕法尼亚州的塔克汉诺克(Tuckhannock)。在那里,帕伦兄弟正打算再建一座制革厂。乔治·诺斯罗普当时没和他们一起干,他仍然在管理卡纳登西斯的工厂。从家族信件来往中可知,古尔德也可能在这个新项目中投入了少量资金。这笔投资

〔1〕 Anna Gould Hough. “Mrs. Howe's Reminiscences.” HGS.
〔2〕 Jay Gould to Sarah Northrop. 26 April 1865. JGP.

应该是得到帕伦兄弟同意的情况下投入的,因为他们也都很清楚古尔德在皮革经营方面的名声不好,所以他的参与对外仍然是严格保密的。[1] 与诺斯罗普在卡纳登西斯的制革厂不同的是,帕伦兄弟在塔克汉诺克的制革厂持续经营了好几十年,直到 1931 年才关闭。

古尔德一直不在帕伦兄弟的制革厂公开露面,他主要为拉特兰—华盛顿铁路公司忙碌着。1865 年 5 月间,他把铁路公司的控制权卖给了威廉 · T. 哈特(William T. Hart)。威廉是在哈德逊河上经营蒸汽船的企业家。像德鲁和范德比尔特这些经营蒸汽船的老板一样,他也看好铁路的发展前景,也开始对铁路投资感兴趣了。(实际上,那时哈特已经控制了连接着拉特兰—华盛顿铁路与哈德逊河伦斯勒—萨拉托加的铁路)。杰伊意识到这笔交易他将获利超过 10 万美元——他第一次真正赚到这么一大笔钱。但他没仅仅止步于此。一个星期后,按照之前达成的协议,他和哈特联手合并特洛伊—塞勒姆—拉特兰铁路(Troy, Salem & Rutland Railroad),这也代表了拉特兰—华盛顿铁路,以及伦斯勒—萨拉托加铁路全线合并了。这样一来,一个崭新的、充满活力的铁路线就准备就绪了,市场前景看好。

这位未来的铁路垄断者给哈特的信中曾写道:“我坚信,未来的 10 年将证明进行几十个或更多的铁路合并是必不可少的,也是不可避免的。比单纯的合作更好的模式就是尽最大可能地紧密协作、纵向合并管理、不掺水的规模经济,以及稳固的市场支配地位。当然,特别重要的就是连接主要城市之间的路线,与之同样重要的还有将采石场、森林和其他资源与关键港口连接起来的路线,或者可以连接到关键港口的水路。”[2]

从少年时代起,他就一直对地图很着迷。现在,这位曾经的测绘员用他那双精神饱满的眼睛全神贯注地观察地图。他注意到一些商业中心和沿线有重要资源和工厂的终点站,他研究着这些点缀在一些风景中的小铁路,就像在研究一个复杂的拼图游戏的碎片一样;他考虑在众多可能的组合中,哪种才能产生出最大的收益和利润。

他写信给他曾经的老师詹姆斯 · 奥利佛咨询意见说:“我们正处在一个非常特别的时候,无法回避的未来等待着我们去创造。我很清楚地看到了未来的轮

---

[1] Elizabeth Gould Palen to Anna Palen. 25 March 1893. HGS.

[2] Jay Gould to William T. Hart. 27 June 1865. JGP.

廓,就如艺术家被赋予了灵感。是神赐的灵感吗?我不敢说'是',但是在我面前出现的是一条最清晰的可行之路。"对此,他又补充说,他感觉好像是他生命中的"所有的车轮"都终于被安装好了。他不仅有了事业的聚焦点,"还有家庭的重心:他要为妻儿的幸福而战,为妻儿的安全筑巢。既然我现在走到了这个地步,我对以前走过怎样的迂回之路感到困惑。之前经历的一切似乎都是在黑暗中练习拳击。现在我找到了自己的路,也找到了走这条路的理由。现在,复杂的拼图逐一复原,那曾经的雄心抱负不再是盲目的了,而变得很神圣了。眼前出现的就是一条真实的、宽广的、必走的道路了。"[1]

工作和家庭也一直是他一生为之奋斗和铭记于心的。

〔1〕 Jay Gould to James Oliver. 2 September 1865. Kansas State Historical Society.

第十二章　大有可为

至1866年间,杰伊日复一日地监管着特洛伊—塞勒姆—拉特兰铁路的合并工作,与此同时,他杰出的组织创新能力给威廉·哈特留下了深刻印象。有好几次在古尔德需要奥尔巴尼的立法援助的时候,他便回去联系代理律师兼政客汉密尔顿·哈里斯了。哈里斯比他年长16岁。12年前当古尔德在尚克斯维尔栈道上打工时遇到过哈里斯,就对他印象非常深刻。

哈里斯在奥尔巴尼是很有影响力的人物。他的哥哥伊拉(Ira),作为33位遴选的法官之一,在纽约所谓的最高法院(实际上在纽约州内只算初审法院)工作过14年(1846～1860年)。之后在1861年,伊拉·哈里斯被纽约人民作为共和党代表推选为参议员。[哈里斯的竞争对手有一位叫威廉·M. 埃瓦茨,古尔德时不时会为古尔德兹伯勒皮革厂的清算偿还问题与其打交道,他还找了新闻记者(报人)霍勒斯·格里利(Hoarce Greeley)。]过去在华盛顿,参议员哈里斯与亚伯拉罕·林肯志同道合,推心置腹。哈里斯的女儿克莱拉(Clara)与其未婚夫梅杰·亨利·R. 拉斯伯恩(Major Henry R. Rathbone),在林肯遇刺当晚与林肯和玛丽·林肯(Mary Lincoln)坐在福特剧场的包厢里,拉斯伯恩在全力阻止凶手布斯(Booth)逃窜过程中身受一刀。而当1965年杰伊·古尔德再次走进汉密尔顿·哈里斯的视野时,他已经是奥尔巴尼县一位杰出的地方检察官了,主持着州内共和党委员会的工作。

哈里斯1865年再次和杰伊相遇，他发现眼前的这个29岁年轻人与自己之前在1853年时见到的那个乳臭未干的小伙子相比真是大不相同了。虽然古尔德依然身材不高，勉强有5英尺，但他现在看上去老成不少。或许是为了要和他（掩盖一下自己）后移的发际线相映衬，古尔德还蓄了满脸的络腮胡子，显得格外成熟。他的双眼凹陷无神，眼袋松弛，但每当谈及生意上的事，便目光炯炯、精神焕发。他平日里不太抱怨，最多是因为太累了嘟囔几句，他这种易累易乏的体质或许是因为十几年前遭受伤寒症所留下来的后遗症。这位代理律师汉密尔顿·哈里斯曾说过他朋友古尔德的手很小巧，像是女士的双手，每当他对一个问题深思熟虑抑或是有条不紊地阐述一个方法时，他便会紧张地来回搓手。

"这个小动作，"哈里斯说道，"看上去是唯一可以展现他虚弱外表下内心活力亢奋一面的表现，当然，他很少抱怨他的健康和疲态，杰伊不会把时间浪费在谈论健康这种小事上……杰伊似乎在刻意养精蓄锐，以便做好在市场中百战百胜的准备。他不会浪费时间与愚蠢的人闲谈，也从不浪费时间寒暄。当然他也会因为笑话好笑而咯咯笑出声来，但他不能容忍无休止又毫无意义地谈论天气。他常常借故礼貌地避开所有的寒暄客套，不论是遇到了清洁工，还是与舰队指挥官，他都能迅速抽身离开。大家都感觉他是个不会浪费时间的人，他的时间永远都不够用，他永远都有做不完的事。"〔1〕

杰伊的亲朋好友、一起共事的同事们都注意到他的行动作风：他把时间和精力集中在重要事情上的方式就像对待金钱一样。"我们没有时间去关注细枝末节的事情，"他会这样和一位助理讲，"我们要技高一筹，以成大事。"在他早期的工作中，有一次几位下属在会议中激怒了他，他们觉得公司的一步棋子下得太大了，对此喋喋不休，杰伊强调要保持警觉。"方法，同志们！方法！我们不要拘泥于局部。"〔2〕正如他要求自己才思敏捷一样（一种要求直切要害，不容拐弯抹角的行事方式），他对那些不论身份高低，也具有相同品质的人抱有敬意，赞赏有加。"年轻的默里是拉特兰至鹰桥镇的助理道路经理，他大胆地提议在玉米上市的季节提供给玉米批发商一点点板车运货费优惠，这点让我叹为观止。"古尔德在1865年的9月写道，"这样一来，我们立即在货物运输业中占得先机，原先生产能力过剩的问题就得到了解决，每一分让利的美元都是实实在在的利润，对于

〔1〕 *Angell v. Gould*. 272.

〔2〕 Richard O'Connor. *Gould's Millions*. 47.

默里先生来说,这个圣诞节将会有些特别,我们会尽力记得他所做的其他事情。”

古尔德是一位极具天赋的企业家“星探”,他能从芸芸大众之中挑选出天生的领导者,从游手好闲者中寻觅出标新立异的人,这样的能力让他在创造财富的路上越走越远。时不时他就会被各种各样的人才包围起来,这些人各个聪明能干,勇于进取,别具匠心却又虚怀若谷。“名校很少能培养出最优秀的人才来,”他写道,“社会这所学校似乎才是教那些好学者本领的地方。”[1]汉密尔顿·哈里斯出生在纽约州的科特兰县,距西罗克斯伯里几百英里远的一个农场里,在此之后,古尔德的莫逆好友还有一个佛蒙特州的小贩(一个意大利移民,他仅仅做过横帆船的普通水手),还有一个来自纽约州北部的昔日杂货店店员。古尔德的那些心腹朋友和亲信都是白手起家,自给自足,而与他敌对的都是一些历代对金钱已经麻木的人:那些继承财富,依靠祖荫和社会特权的人。

◇ ◇ ◇

在古尔德不用过分操心特洛伊、塞勒姆及拉特兰铁路的时候,他就会玩一些华尔街游戏,赢一些钱,存一些资本作为未来项目的资金储备。在达特公司(Dater & Company)之外经营业务的时候,他就像一个现代版日间交易员,只不过没有互联网,也没有证券交易委员会的监管。杰伊与其他看多或看空的人协同——不论当时对机遇是如何称呼的——并会加入像他这样的几十个投机商组成的大军,与他们一起(正如亨利·克鲁所说的)“吮吸整条金融街每一个赚钱奶头”,[2]这个比喻来形容像古尔德那样从前的“挤奶工”再合适不过了。与此同时,老约翰·伯尔·古尔德在 1866 年的圣·帕特里克节前夕去世了,要是杰伊愿意的话,他本可以用现金购买 20 多个与老家规模相当的农场,有人也会怀疑,这样自私的想法会不会是古尔德所想,但当他同家人一起返回罗克斯伯里,将约翰·伯尔·古尔德埋葬在黄色礼拜堂旁的黄土之中的时候,大概也不会有人这么想了。

约翰·伯尔·古尔德在卡纳登西斯的萨拉家中因肺结核而与世长辞,这是“古尔德家族的老毛病”。萨拉、乔治一家手捧老古尔德的遗体来到卡茨基尔,同来自塔克汉诺克的帕伦一家见面,安娜和亚撒黑·霍夫远在西部,没能赶上此

[1] Jay Gould to William T. Hart. 15 September 1865. JGP.

[2] Henry Clews. *Fifty Years on Wall Street*. 243.

行,与此同时,22 岁的亚伯兰从纽约的塞勒姆赶来参加葬礼,他被杰伊任命为特洛伊、塞勒姆及拉特兰铁路的“计时员”,一大家子的众多亲戚足足包下了罗克斯伯里一栋旅馆。除了霍华德、艾达、弗兰克和里德,热闹的诺斯罗普家里又增添了两个女儿:四岁的玛丽和一岁半的爱丽丝,杰伊和姐姐贝蒂抱着刚刚出生的宝宝。就在一个月不到之前的 2 月 25 日,艾莉 · 古尔德生了一个男孩:埃德温,贝蒂 · 帕伦也在 3 月 6 日诞下一个儿子鲁弗斯(Rufus),杰伊的朋友彼得 · 范 · 安博格尤记得杰伊的长子乔治和安娜 · 帕伦,这两个学语的孩子在葬礼期间兴高采烈地穿梭在墓碑之间。

总计共有 10 个约翰的孙辈参加了葬礼,年纪最大的是 11 岁的霍华德 · 诺斯罗普,他同舅舅杰伊和亚伯兰,以及范 · 安博格、阿贝尔 · 克罗斯比、汉密尔顿 · 博汉斯和西蒙 · 钱普林一起步行到镇郊,在那里,他们停下来和目前居住在古尔德家宅中的乔治 · 布顿(George Bouton)一家闲聊,之后,杰伊拜访了爱德华 · 博汉斯,就多年前罗克斯伯里土地投机的事情与他握手言和。自他们上一次见面,博汉斯作为民主党成员代表第十四区,在纽约州参议院担任了一个任期(1957~1959 年)的职务,他和杰伊漫不经心地谈论着奥尔巴尼的熟人,杰伊也啰里啰唆地说着爱德华的女儿玛利亚,现在嫁给了彼得 · 劳伦斯,他接替了她父亲的店铺,在那里做着收银工作。

这场葬礼是杰伊的妻子唯一一次看到自己公公:僵硬、冰冷,直直地躺在狭窄的棺材里,他那憔悴的脸上清楚地刻下了多年的失望和放纵。令人高兴的是,这也是艾莉第一次见到杰伊的姐姐萨拉,这两个人注定会成为好闺蜜。贝蒂 · 帕伦回忆道,在葬礼结束后,亚伯兰整晚都在啜泣,与其说是为失去父亲而难受,倒不如说是因为这个散落的大家庭再也不会像今天这样在同一时间聚在同一个地方了,他也把这个想法和大家说了。

毫无疑问,这是这一生活章节的结尾:夹杂着复杂情绪又满满回忆的一章结尾。毫无疑问,杰伊和兄弟姐妹对失去父亲的悲痛因为解脱而有所缓和。多年以后,萨拉用心地试图刻画自己父亲积极的一面,她写道,杰伊正是从约翰那里继承了这些,即使没有继承到他的商业技巧,至少也有“他不屈不挠的意志”。[1]但事实上,杰伊和约翰 · 伯尔 · 古尔德大相径庭,在杰伊自己及其最亲密的朋友

---

[1] Sarah Gould Northrop. “Reminiscences.” HGS.

们看来，约翰·古尔德在生活的方方面面是一败涂地，无论是经济上还是情感上都让他的孩子们失望透顶，而他随后的酗酒问题也给他画上了一个过于苦涩的句号。“我的父亲遇到了很多无法克服的挑战，”杰伊在约翰·伯尔·古尔德入土很久后这样善意地评价道，“他走了一条艰难的道路，这个世界不像对待其他人那样给他很多机会，他被未实现的抱负、破碎的梦想和空虚的希望所困扰，他一生经历坎坷，饱经沧桑，我一直想要在事业上有所突破，取得一些他没能取得的成就，或许只有这样，我才能用我的行动来向父亲致敬，这是我的生活理念，这是我的心之所向，我们都要拿出，或者应该拿出自己最好的一面，但他的内心不够强大，无福享受成功。”〔1〕

◇ ◇ ◇

在杰伊·古尔德埋葬父亲的时候，他已经是富裕有余，但还没到家财万贯的地步。在当时看来，对一个即将步入而立之年的人来说，这已经算得上相当富有了：拥有几十万美元。但他算不上一名百万富翁，除了商业圈内的一些行业人外，他几乎也不为人所熟知，但这一切将会很快改变，舞台已经为杰伊·古尔德的高光事业——伊利铁路——搭建完毕。

〔1〕 *Report of the Committee of the Senate upon the Relations Between Labor and Capital*, *Senate Hearings*. 41st Congress, Vol. 28. 1064—1065.

第十三章　戴着镣铐的伊利

早在1867年，当时古尔德的岳父米勒从华尔街金盆洗手，变卖了在达特公司的股份，杰伊·古尔德成立了一家新的交易公司：史密斯—古尔德—马丁(Smith，Gould & Martin)，他的合伙人是资深经纪人亨利·N. 史密斯(Henry N. Smith)以及来自布法罗的银行家亨利·马丁(Henry Martin)。在日常的投机交易中，马丁常常盘坐在办公室，而史密斯和古尔德则在华尔街到处游说，进行着大大小小的交易，也赢得了一批又一批客户，其中不乏有着巨额存款的英国投资者。也正是杰伊与史密斯—古尔德—马丁公司的联系，才让他步入伊利铁路鱼龙混杂的董事会中。

伊利铁路的建造始于1832年的宏大愿景：一条贯穿纽约港和五大湖区的重要铁路，建造这条铁路需要各个自治市和当地代表齐心协力共同完成，足足花费了19年才竣工。即便如此，"建成"的伊利铁路不是按照原先计划的那样从曼哈顿通往布法罗，而是从泽西市(从曼哈顿直接穿过哈德逊河)和皮尔蒙特(位于哈德逊河西岸，距离曼哈顿20多英里处)到一个敦刻尔克的小村子，位于伊利湖畔。更糟糕的是，出于纽约州的政治局势牵连到了政府财政拨款，导致伊利铁轨被迫铺设在纽约州南部绵延数英里的崎岖不平的土地上，这样的铁轨设施直接导致维护成本的飙升，同时被误用于从宾夕法尼亚北部出发的高利润货运中，除此之外，伊利铁路也破损不堪，仅在1852年，就有超过30起大型事故发生。

1853年丹尼尔·德鲁被选入伊利铁路公司董事会，并于1854年成为公司的财务主管，给困难重重的伊利筹集贷款150万美元，这笔钱用该公司的破旧发动机和铁道车辆作抵押。为了以某种形式的卖空收回他在伊利的投资，德鲁很快就变得驾轻就熟起来，根据1850年的《通用铁路法案》，他利用伊利债券的可兑换性来操纵伊利普通股的数量，从而操纵股票的价格。德鲁（很快被人戏称是伊利的"投机主管"）在华尔街的好几个场所进行着交易，有证券交易所、开放券商交易所、加拉格尔等其他地方。他养成了抛售伊利股票的习惯，在一个市场压低价格，同时在另一个交易所做空同一只股票，此后，他会以较低的价格买回部分伊利股票，德鲁对伊利的兴趣仅仅停留在操纵股票上。他的野心是吞噬自己的公司，在减少公司股本的同时榨取现金，让生产线本身继续处于混乱状态。金融专家们很快就开始称伊利股票是"华尔街上的'猩红女人'"*，一个为德鲁服务的妓女。

1859年，该公司股价为8美元，较33美元的历史高点下跌了25美元，这样的贬值在很大程度上是由于1857年的大恐慌和投机董事玩的把戏。此外，这家几乎破产的公司已进入清算程序。债主们成群结队地站在门口，而那个反复无常、唯利是图的德鲁在这些人中又排在第一位。考虑到当时的状况，伊利公司聘请了正经十足的内森尼尔·马什(Nathaniel Marsh)担任总裁，直到1861年，伊利的股东们才算松了一口气。马什制止了德鲁的投机，并于1862年1月重组了公司。在马什任职初期，他将伊利的大量无担保债券，连同这些债券上累积的未付利息转换为优先股。近2 000万美元的长期债务、超过1 100万美元的普通股和总计853.6万美元的新发行的优先股，不禁让人忧心忡忡。马什为了应对短期的财务状况，开始增加他的业务：开辟了一条直通布法罗的新短线，在皮尔蒙特建成了一个重要的"长码头"(Long Dock)，以方便货物运输，并确保能进入宾夕法尼亚州丰富的煤田市场。

更为重要的是，马什还安排伊利对宾夕法尼亚西部地区进行支援，在1859年，那里刚刚发现了油田。尽管伊利没有直接抵达该区域，但它与新的大西洋—大西部铁路公司(Atlantic & Great Western Railway, A&GW)关系紧密，这条铁路靠近石油储备地区，似乎会在不久的将来对伊利的业务和市值带来深远的影

---

* 华尔街上的"猩红女人"喻指伊利铁路。猩红女人，指淫荡及操皮肉生涯的女性。——译者注

响。早在 1864 年,马什就与大西洋—大西部铁路签订了合同,为所有向东运行的列车支付一笔额外的费用。此外,作为协议的一部分,他承诺为大西洋—大西部铁路提供价值约 500 万美元的列车,旨在提高大西洋—大西部铁路的整体运力,从而增加该公司通过伊利驶往东部的运能。

天道酬勤,马什得到了回报,正如古尔德的拉特兰—华盛顿公司 18 个月的复苏一样,通货膨胀和战时经济影响增加了铁路总运量,并扭转了 1857～1860 年间全国干线运费被大幅削减的局面。到 1864 年春,救世主马什猝然离世,他将伊利的客流量翻了 3 倍,并让公司稳步具备长期偿债能力。但随着马什的撒手人寰,以及内战所带来的繁荣不再,导致伊利最终(在 1866 年)不得不贷款 200 万美元,以履行其对大西洋—大西部铁路的机车供应的承诺。贷款人正是丹尼尔·德鲁,他要求用 2.8 万股公司股票和 300 万美元面值的债券作为抵押,这部分债券可以转换成 3 万股股票。

伊利的流动债务目前高达 362.4 万美元,有传闻言之凿凿:伊利的财务主管将再次渎职。据说早在 1865 年,伊利在海外支付了数百万美元的神秘款项,用以偿还所欠的一位不知名的董事(很可能是德鲁)的债务,同时,华尔街精明老练的分析师和评论家也怀疑德鲁有其他偷窃行为。《美国铁路杂志》(*American Railroad Journal*)的编辑评论说:“这条铁路与大西洋—大西部铁路公司的合作使它的价值翻了一番,尽管它的收入巨大,但它仍然步履蹒跚,这实在是太不可思议了。”[1]

编辑虽然对伊利的账目表示怀疑且名正言顺,但还是高估了伊利和大西洋—大西部铁路公司联姻的价值。这两条铁路在 1866 年切断了彼此的友好联系,早在大西洋—大西部铁路公司依靠允诺的外国投资建立自己的海上竞争航线时,公司各自的董事就预言,他们之间所有的商业关系和交通往来最终都会中断。然而,让人猝不及防的是当年的伦敦金融危机导致大西洋—大西部铁路公司的计划流产,并使其濒临破产。两条线路的处境都颇为糟糕,宾夕法尼亚铁路(Pennsylvania Railroad)控制了一条连接费城石油城和东海岸的线路——宾夕法尼亚—伊利,这使得大西洋—大西部铁路公司对石油运输的垄断很快就被打破了。这条直接从石油产地到纽约市的路线比大西洋—大西部铁路公司—伊利

---

[1] *American Railroad Journal*. 30 September 1865. 942.

路线要短得多,也更划算。

为了维持石油业务,大西洋—大西部铁路公司连同伊利被迫削减石油运输费用,并与宾夕法尼亚铁路公司展开了价格战。大西洋—大西部铁路公司每吨石油的平均运费从1865年的3.70美元下降到1866年的2.87美元。尽管运费的下跌导致通过大西洋—大西部铁路公司—伊利运输的石油数量增加了近50%,但两家公司的利润都遭到了重创。到1867年,尽管业务量再次增加,运费和收益却每况愈下,伊利的股东和债券持有者更是心急如焚,他们的铁路——目前拥有大约600万美元的流动债务——正面临着灭顶之灾。"这是无法掩饰的,"一位业内观察人士写道,"相关的圈内人对这条线路的状况普遍都惴惴不安。"〔1〕

考虑到伊利目前的财务状况和市场地位尚不明朗,公司的执行委员会一开始对波士顿银行家约翰·S. 埃尔德里奇(John S. Eldridge)急于要去修建一条从波士顿到哈德逊的直达铁路都心生质疑,这倒也无可厚非。他提议伊利为刚刚起步的波士顿—哈特福德—伊利铁路(Boston, Hartford and Erie, BH&E)提供600万美元债券的利息担保。埃尔德里奇始终给大家一种机遇满满的感觉,他强调这条新的路线将非常高效,几乎没有短弯道,而且整体成绩优异,伊利将每年从中获取200万美元的毛收入。埃尔德里奇指出,他的路线至少会穿过11条其他铁路,这为伊利货运提供了巨大潜力,尤其可以将宾夕法尼亚的煤炭和石油运往新英格兰中部。他补充道,这条铁路将足以证明是一条将货物向东送往波士顿港口的高效线路。埃尔德里奇没有挑明的是——伊利的董事们肯定也都心照不宣——这条新提议的铁路线面临着来自现有波士顿—奥尔巴尼铁路(Boston & Albany Railroad, B&A)既成事实、资金充足的竞争。波士顿—奥尔巴尼铁路与埃尔德里奇提出的线路平行,向北延伸,连接到科尼利厄斯·范德比尔特的纽约中央铁路(New York Central)——美国经济实力最为雄厚的铁路公司之一。因高效而备受推崇的波士顿—奥尔巴尼铁路和纽约中央铁路总计投资额约为1 700万美元,而埃尔德里奇为波士顿—哈特福德和伊利铁路提出的资本负债总额却高达4 000万美元。

伊利董事会对是否要支持所提议的波士顿—哈特福德和伊利铁路举棋不

---

〔1〕 *American Railroad Journal*. 9 June 1867. 555.

定。1867 年 6 月,在埃尔德里奇进行了大量游说之后,他们最终投票决定,在 1867 年和 1868 年间,为波士顿—哈特福德—伊利铁路的 400 万美元债券每年支付 14 万美元的利息。伊利要求波士顿—哈特福德—伊利铁路必须自己出售足够的债券建成到哈德逊河的线路,并自行安排支付多少利息才能让债权人满意。波士顿—哈特福德和伊利铁路必须拨出足够的毛收入与伊利的担保相匹配,也就是说保证伊利的担保,而且它必须允许伊利在东向线路业务上制定费率和票价。

埃尔德里奇对这样的限制感到十分不满,他开始购入伊利的股票从而能控制公司,这一策略反让各大巨头之间的竞争越发扑朔迷离。

◇ ◇ ◇

早在 1857 年,科内利乌斯·范德比尔就开始大量买进四面楚歌的伊利公司低迷的股票。他的目的便是最终掌控该条线路的大部分股权,不过他一点也不着急。到 1859 年,范德比尔特被选为伊利董事会成员,并任职至 1866 年。在那一年之后,他安插任命了侄子弗兰克·沃克(Frank Work),他不太聪明,但尽职尽责,是勤奋和忠诚的典范,后来也小有名气,他是威尔士王妃戴安娜在美国的高祖。

到 1867 年中,当范德比尔特最终决定要绝对控制伊利时,他很有意思地把目光转向了伊利铁路。哈林铁路公司(Harlem Railroad,范德比尔特以操纵股票的方式从德鲁手中抢得)把曼哈顿的终点站给了船长(即范德比尔特)。哈德逊河铁路公司(Hudson River Railroad,也是范德比尔特经过与德鲁一番龙争虎斗才得到)将范德比尔特的铁路帝国沿着河的东岸一路延伸到了奥尔巴尼。同时,从奥尔巴尼出发,范德比尔特的纽约中央铁路从莫霍克山谷(Mohawk Valley)一路直通布法罗,与湖岸铁路(Lake Shore Railroad)相连(范德比尔特掌控这条铁路的绝大部分股权),最远可达托莱多(Toledo)。通过这种方式,范德比尔特资金充足、管理良好、维护有佳的综合资产为托运人和乘客提供了伊利无法提供的东西:一条从曼哈顿到五大湖的可靠、经济的路线。在 1867 年的大部分时间里,范德比尔特集中于继续扩张他的下一版图:获得对密歇根南部铁路(Michigan Southern Railroad)及其芝加哥终点站的控制权。

范德比尔特和伊利的同行德鲁年龄仅仅只差 3 岁,两人都没有装腔作势假绅士，纽约社会都把他们看作庸俗的代名词，两者也都贪得无厌。范德比尔特曾经厚颜无耻地告诉一名记者："我一生都在为发财致富而癫狂。"[1]但他们两人的相似之处也就到此为止，一谈到商业，德鲁伪装成了一个表面虔诚的盗贼，他确实待人和蔼可亲，幽默风趣，故事连连，而范德比尔特虽然享有信誉，但却为人刻薄，爱慕虚荣而且公然反对宗教。随着财富量的一次次激增，他变得越来越痛苦不堪，这一点也解释不通。他喜欢把生活中受到的折磨带给身边的每一个人：不仅是他的员工，还有他的家人。讽刺的是，范德比尔特最亲近的朋友是那些操盘老手——比如狡诈的德鲁，几十年来，他与这些人交替作战，结成同盟，最后对他们产生了一种扭曲的、相当荒谬的依赖。范德比尔特长期以来一直在惩罚像德鲁这样的聪明玩家，前一天鞭笞他们，第二天又帮助他们恢复，给予他们宽恕，并与他们达成新的交易。

范德比尔特于 1794 年出生于纽约斯坦顿岛上的里士满港口，家境清贫，11 岁便辍学回家协助父亲一起工作，他的父亲是一个农夫和渡船人。在他 16 岁的时候，科尼利厄斯问母亲借了 100 美元买了一艘帆驳船，他用这艘船运送旅客和货物往返于纽约和斯坦顿岛。他第一次尝试便大获成功，在 1 年内不但还给母亲 100 美元，还多给了她 1 000 美元。1812 年的战争让范德比尔特与政府签下了一份合同，向纽约港的要塞运送物资。他利用这次生意中获得的巨额利润建造了一艘纵帆船和两艘用于沿海贸易的船只。他在哈德逊河上掌舵着最大的纵帆船，因此获得了"船长"的称号。

到 1817 年，范德比尔特已经拥有了 9 000 美元，同时他还拥有数目可观的一支帆船运输队。但很快他便在蒸汽船中看到了新的商机。1818 年期间，他卖掉了帆船，开始为托马斯・吉本斯(Thomas Gibbons)工作，驾驶一艘蒸汽船航行于新布朗斯维克、新泽西和纽约三个港口之间，这是一条连接纽约和费城，运输货物、邮件和乘客的重要路线。范德比尔特向来往的乘客收取 1 美元的通行费，而同样的线路，他的竞争对手——罗伯特・富尔顿(Robert Fulton)及其资助人罗伯特・利文斯顿(Robert Livingston)——对过往的乘客收取 4 美元。

富尔顿和利文斯顿很快便对吉本斯和范德比尔特提出起诉，声称他们对哈德逊河水域交通有着合法的垄断地位。这个案子现如今已经成为一个经典案

---

[1] *New York Tribune*. 23 March 1878.

例，一路打到了美国最高法院。1824 年，“吉本斯诉奥格登案”(Gibbons v. Ogden)对自由市场产生了深远影响，最高法院判定纽约州给予利文斯顿的垄断权违宪，并声明只有联邦政府才对跨州商事有裁决权。随即，范德比尔特控制了大部分哈德逊河的航运业务，在之后 11 年内，船长为自己和吉本斯赚得了一大笔财富。范德比尔特的妻子还在新布朗斯维克的中途建了住所从中谋利，所有乘坐吉本斯线路的旅客都要住在这里。

到 1829 年底，范德比尔特打算自立门户，与丹尼尔·德鲁的穿越纽约和皮克斯基尔的人民航线相互竞争。范德比尔特与德鲁展开了一场价格战，最终迫使他退出了纽约—皮克斯基尔市场。接下来范德比尔特在奥尔巴尼交易中挑战了哈德逊河协会(Hudson River Association)。他又一次削减运费，但这一次他的竞争对手们花钱让他去其他地方开展业务，于是他在长岛海峡开通了通往普罗维登斯、波士顿和康涅狄格的航线，再次与德鲁展开直接竞争。船长的船队常常给旅客提供舒适且奢华的服务，到 19 世纪 40 年代，范德比尔特运营着超过 100 艘蒸汽船只，雇用了全美最多的员工，范德比尔特将蒸汽船升级打造成“水上皇宫”，宽敞、舒适又尊贵无比。

范德比尔特不满足于现状，一直在寻求新的机遇，真的让他找到了。在 1849 年加利福尼亚州“淘金热”期间，人们坐船前往巴拿马，然后从陆地穿过巴拿马地峡，再登上开往加利福尼亚海岸的蒸汽船。范德比尔特向太平洋蒸汽轮船公司(Pacific Steamship Company)发起挑战，通过尼加拉瓜的陆路航线提供类似的服务。这条航线减少了 600 英里，而且运费比现价降低了一半。此举使他每年净赚 100 多万美元。在此过程中，他修缮了圣胡安河的航道，在尼加拉瓜的东西海岸和尼加拉瓜湖的维珍湾建造了码头，并修建了一条 12 英里长的碎石路通往他的西海岸港口。他还开始建造一支由 8 艘新汽船组成的船队。范德比尔特的路线不仅便宜划算，而且比途经巴拿马的路线短 2 天。他很快就坐拥了那个市场。

整个 19 世纪 50 年代，范德比尔特还涉足北大西洋的业务，为了争夺纽约至勒阿弗尔之间的客运量，他试图与丘纳德公司(Cunard)和柯林斯公司(Collins)的线路竞争。当这次尝试被证明无利可图时，他以 300 万美元的价格卖掉了他的大西洋航线，就在此时，内战的第一枪已然打响。同时，他扩大了自己的铁路股份，一心要建立一个通往芝加哥和更远地方的铁路帝国。正如莫里·克莱因所写，范德比尔特在铁路领域的策略“简单有效：买下一条线路精细管理，改善运营，将其与其他线路整合在一起且很经济地运行，给股票注水，同时还能发放股息。”[1]

考虑到这种严格的方法和他相当合乎正道(虽然残酷)的商业行为，范德比尔特居然能在德鲁面前按捺住不动，真是令人惊讶。事实上，随着 1867 年伊利董事会选举的临近，范德比尔特一度决定将德鲁赶出伊利，他忙着组织投票驱逐这位老同僚。与此同时，约翰·埃尔德里奇为了自己的目的，一心要夺取伊利董事会的控制权，不惜一切要投出相同的一票。

◇ ◇ ◇

当时伊利的大部分股票都在英国投资者手中，按照惯例，他们把自己的股票以“街道名称”的方式登记在纽约经纪商处，这是经纪商代表客户快速买卖股票最有效的方式，没有繁缛的文书工作。华尔街的大多数经纪人基本上都是自由的，除非有明确指示，不然他们可以按照自己认为合适的方式投票、完全不投票，或者在需求高峰时期(比如那些涉及争夺公司董事会控制权的危险时期)通过拍卖出售其代理股票。

31 岁的杰伊·古尔德和史密斯—古尔德—马丁公司没有足够的代理股票来实际控制伊利铁路。然而，古尔德争取到了大量选票，吸引了约翰·埃尔德里奇的注意并承诺在 1867 年 8 月期间支持古尔德。与此同时，埃尔德里奇与范德比尔特相互结成同盟(范德比尔特是高级合伙人)，目的是将德鲁斩于马下。最终在 10 月 8 日，德鲁在伊利董事会选举中落选，同时也被夺去财务主管一职。

一时间，各种有关此次大洗牌以及安插埃德里奇成为伊利主席的谣言四起，财经媒体对次日所发生的事情更是瞠目结舌，甚至埃德里奇也感到大吃一惊。在 9 日早些时候，充满诚意的德鲁向范德比尔特深深道歉，并得到了和解，范德比尔特原谅了他，并安排名存实亡的新董事辞职，德鲁被重新选举成为董事，还担任伊利铁路的财务主管。这件事后，《纽约先驱论坛报》的一名记者猜测范德比尔特(伊利董事会成员)、德鲁和新当选的主席埃尔德里奇这三巨头之间未来可能会有更多的阴谋诡计，《纽约先驱论坛报》称，只有这三个人值得一看。董事

[1] Maury Klein. *The Life and Legend of Jay Gould*. 78.

会的其余成员不过是“一群无名小卒”。[1]

其中，新的董事会成员中有一位便是古尔德，另一位也是个无名玩家，即不起眼的经纪人小詹姆斯·菲斯克。没有人，甚至连他们自己都万万没有想到，这两个寂寂无闻的小卒很快便会赫赫有名，联手将华尔街击溃倒地。

〔1〕 *New York Herald*. 9 October 1867.

第十四章　蓝色火焰

人生如戏。小詹姆斯·菲斯克是土生土长的佛蒙特州人，出生于1835年4月1日(愚人节)，大部分评论家都觉得这真是天造地设。不是因为菲斯克愚蠢，而恰恰是因为他是一个笑容可掬、人见人爱的骗子大师：一个最有亲和力的骗子，一个高高在上但又和蔼可亲的坏男孩，那些女人和银行家都希望他从良，但都徒劳无功。记者罗伯特·H. 富勒(Robert H. Fuller)毕业于哈佛大学，同时也是菲斯克童年时的玩伴，后来也成为那些吵吵闹闹的记者团一员，报道了菲斯克和古尔德引人注目的一系列商业活动，他这样描述菲斯克："他慷慨大方、和蔼可亲、为人和善，这和他有能力行骗一样，大家都有目共睹，菲斯克只要看到股票便会注水，看到愚蠢股民便会洗劫一空，看到一个饥肠辘辘的流浪汉便会上前喂食。在他那个年代，都是一些财迷心窍，为了共同利益而互相不择手段的人，他身上的部分特质与这些人别无两样，而他身上另外的特质——为人慷慨、与人和善——却是他在这个羽翼未丰、贪得无厌的年纪里少有的。至于他的许多风流韵事、恣情纵欲，你老实告诉我，在纽约，那些无数的投机分子根本不在乎，就和菲斯克一样。”[1]

另一名记者指出，菲斯克思想并不深刻，也不信教，他将生命、事业和爱情仅仅看成是一场董事会和卧室中精心设计的荒诞讽刺游戏。“他这样奇特的现身，”在菲斯克突然消失后不久，《纽约太阳报》的一名记者指出，“一点也没有让他感到困扰，他只是把它当作一个笑不停的笑话来逗乐自己。”[2]

由于母亲早逝，菲斯克同比他小一岁的古尔德一样，对母亲记忆模糊，他的父亲老詹姆斯和老约翰·伯尔·古尔德一样，是一个小商贩，在菲斯克年幼时，便又娶了一个叫小吉姆(Jim)的女人，菲斯克一直把她当作自己的母亲来看待。在他们婚后不久，菲斯克一家便从老家佛蒙特州的伯纳尔(Pownal)搬到了附近的本宁顿(Bennington)，他们在那里一直住到菲斯克 15 岁，在那里他与富勒成了好朋友，“所有人都很喜欢他，”富勒回忆道，“他在村里是个孩子王，虽然他父亲是个不怎么富裕的锡贩子，还欠着所有信任他的人的债。(菲斯克)皮肤细腻，两颊红润，随着慢慢地长大，卷卷的栗色头发也慢慢变成了棕色，他的眼睛是灰绿色的，微微凸出，目光炯炯。他极其自信——我们过去常常叫他‘厚脸皮’，他在学校成绩优异，尤其擅长算术。”[3]

同古尔德一样，菲斯克的童年也身在田园风光中，菲斯克会带领富勒和一群其他男孩在枝条摇曳的秃山(Bald Mountain)中探险，在花岗岩壁上鸟瞰他们自己的小镇。菲斯克还会集结自己的弟兄去到深不可测的瓦鲁木萨克河(Walloomsac River)游玩。富勒回忆道，他和菲斯克对瓦鲁木萨克乃至其方圆几英里内的红点鲑鱼都了如指掌，这就像古尔德对罗克斯伯里的小镇熟悉那样。“我们在池子里游泳，还造了一些木筏漂流，”富勒写道，“我们生了火，把捕得的鱼用叉枝烤着吃，我们尽情地沐浴在太阳底下，晒得皮肤黝黑。”[4]这条河与这片树林在冬天同样也是世外桃源，秃山宽阔的两侧平地似乎是用来滑行的，结了冰的瓦

[1] Robert H. Fuller. *Jubilee Jim*: *The Life of Colonel James Fisk Jr*. New York: Macmillan. 1928. 127. 作为一本有关菲斯克的无价之宝，富勒这本书绝对值得一读，但从中提取一些事实时仍需非常谨慎。这本书的叙述方式更像是一本传记性小说，而非传统意义上的传记，富勒自己再创造了很多情景和对话，因为他并不见得能够亲身参与到这些场景中去。另一方面，他也重述了菲斯克的许多生活场景，尤其是菲斯克的童年生活和伊利铁路争夺战时的冒险故事，当然他在这些故事中的确是一名亲身见证人。因此，富勒的版本基本上总是同类故事中最翔实、最有说服力的。

[2] *New York Sun*. 8 January 1872.

[3] Robert H. Fuller. *Jubilee Jim*. 4.

[4] Ibid. 14.

鲁木萨克更是滑冰派对的好去处，男孩们嬉戏过后又聚集到河岸野炊。天气晴朗时，往南看，可以看到安东尼山，再往南越过马萨诸塞州的界线，可以看到伯克希尔县的格雷洛克山及其他山脉。

在菲斯克15岁的时候，父亲举家(当时还包括菲斯克的姐姐米娜)从佛蒙特州西南处本宁顿迁往了布拉特尔伯勒，地处该州东南角方向康涅狄格河的沿岸。老菲斯克在这里还清了债务，靠做买卖攒下几年积蓄，造了一座富丽堂皇的里维尔酒店式公寓(Revere House Hotel)，这是一座三层半高的希腊复兴建筑，俯瞰着布拉特尔伯勒市中心，直到1877年的一场大火将其付之一炬。小菲斯克继承了父亲的传统，不去餐厅帮忙的时候只要有空就会沿街兜售各类物品。这两份工作都充分发掘了他花言巧语的天赋。大家都说他是一个爱讲故事和笑话的人，他滔滔不绝的故事总是带着些嘲讽，保证会让人捧腹大笑。

菲斯克第一次涉足小贩行业后，随范·安伯格马戏团(Van Amberg's Circus)在美国东北部巡回演出，他的工作内容多种多样，既当过动物饲养员，也卖过票。在此之后他又回到了小贩的生活。1854年，19岁的菲斯克迎娶了比他小4岁的露西·摩尔(Lucy Moore)，她是马萨诸塞州斯普林菲尔德人。这对夫妻以自己的方式共同相处陪伴，情真意切，他们的婚姻持续了17年。但他们很少在同一屋檐下共度时光。事实上，在他们婚姻的最后6年里，两人彻底分居，彼此住在两个不同的城市：露西住在波士顿，而菲斯克住在纽约。“我的露西不是一个秀发飘逸的美女，”菲斯克和女演员克拉拉·莫里斯(Clara Morris)这样讲道，她也是菲斯克众多女性朋友中的一员。“她只是一个体态丰盈、心胸宽广、健康普通的女人，每个男人这辈子都会遇到一个这样的女人，把她迎娶到自己步入的第一个教堂，让她对自己不离不弃。你看，这些平平淡淡的女人，就像常识一样，随着时间的推移，往往会变得很有价值。”与此同时，菲斯克称赞妻子做事谨慎。“露西从来没有来我这边纠缠过，从来没有让我感到唐突意外，上帝保佑她！”[1][事实上，露西没有什么嫉妒的念头，就像她没有什么理由抱怨丈夫到处拈花惹草一样。他们婚后不久就暴露出一个不可避免的事实：菲斯克不是露西喜欢的类型。在她“独自一人”的漫长岁月里，露西都与她童年的朋友范妮·哈罗德(Fanny Harrod)生活在一起，形影不离。]

---

[1] Clara Morris. *Life on the Stage*. New York: McClure, Phillips. 1901. 308.

在菲斯克和露西结婚前后，他开始利用在马戏团短暂任职期间学到的宣传方式和销售技巧，扩大他父亲的生意。他称自己是"喜庆"詹姆斯·菲斯克，他穿着和马戏团指挥员一样的条纹裤子和高帽，然后把马车画成一个有红色车架和黄色轮子的马戏团马车。（他总是喜欢成为舞台的中心，他那欢快喧闹的个性是所有人关注的焦点。）戴着他的绶带，说着一大堆令人捧腹的段子，英俊而轻浮的菲斯克很快就发展了一门生意兴隆、利润丰厚的生意，销售披肩、器皿和其他小衣饰，而他的客户是那些闲来无事、一夸就得意的家庭主妇。（他的足迹遍布佛蒙特州南部、新罕布什尔州、马萨诸塞州北部和纽约东部的所有地区。）一名早期为他写传记的作家认为："在他足迹的每一条路线上，从太太到女佣，每个人都承认詹姆斯·菲斯克是个魅力十足的小贩，一个前卫时髦的司机，一个会裁剪丝绸、打磨皮鞭或是清算旅店账单的高贵游侠。"[1]终其短暂的一生，菲斯克的次次风流调情都会有意想不到的结局。

他的小贩生涯亦是如此。菲斯克的供应商是德高望重的伊本·D. 乔丹(Eben D. Jordan)，他掌管着波士顿的乔丹—马什(Jordan, Marsh)纺织品公司。菲斯克在公司中卓越出色的推销谈判能力引起了乔丹极大的关注。1860 年，乔丹派菲斯克代表公司到波士顿处理批发业务。起初，在卖掉了自己的店铺之后，菲斯克与露西一起搬到了城市，但他在新的岗位上却输得体无完肤，他的个人魅力在那些大量从乔丹—马什公司购买货物却又冷酷无情的商人面前大打折扣，他们不会因为恭维几句就多买多花。直到内战的发生，菲斯克才开始累积财富，因为直到那时，他才发现对批发商恭维几句就能让他们多买多花。

菲斯克把目标瞄准了陆军物资供应官员——负责大笔开销而不是自己开支的工作人员。他于 1861 年夏天搬到了华盛顿特区，在首都最豪华的酒店威拉德(Willard's)开了一间"酒店套房"。在这里，菲斯克再次成为舞台的中心，他很高兴把露西留在波士顿，自己逍遥自在、花天酒地。富勒回忆道："在一些马萨诸塞州国会议员以及那个来自布拉特尔伯勒地区的议员的帮助下，菲斯克招兵买马、拉拢关系，给他们最优的待遇，让他们尽情享乐……菲斯克是这个领域第一个提供舒适的避难所的人，在那里，薪水微薄的政府官员总能找到心爱的东西、上好的雪茄，以及他们喜欢的那种麻痹自己的酒精。"此外，在必要时，菲斯克会赤裸

〔1〕 R. W. McAlpine. *The Life and Times of Col. James Fisk Jr.* New York: New York Book Company. 1872. 24.

裸地贿赂官员以换取合同。"菲斯克深谙如何给这些政府官员们小惠小利,并让他们守口如瓶,他自己对这些事情总是亲力亲为。"[1]

尽管受到贿赂、价格飙升等影响,乔丹—马什公司与其他疲于行贿、漫天要价的供应商不同,它迅速建立起了及时交付高质量产品的声誉:这些事实在很大程度上帮助军队买家决定接受谁的贿赂。火车把毛毯、衣服、鞋子和其他必需品从乔丹的仓库纷纷运送到战场上的北方联邦军部队里。作为回报,伊本·乔丹并没有因为菲斯克在威拉德的巨额开销(有时每天高达 1 000 美元)而喋喋不休,而是和受到菲斯克特别照顾的官员合作。此后,菲斯克又设法想出一计,绕开南方邦联对于北方的封锁以及邦联禁止贩卖棉花给北方联邦的内部法律,进一步赢得了乔丹以及大批饥肠辘辘的南方种植者的好感。菲斯克因为把南方的棉花走私到了北方工厂,从而赚了一笔小钱,同时也为联邦军队的毛毯和衬衫提供了更多的原材料。(与此同时,为走私棉花做出最大牺牲的人是菲斯克的父亲,他在代表儿子参加一场秘密的棉花采购时精神崩溃了,在那之后,他不得不亲自投入一段时间。)

正如菲斯克生性贪财又慷慨,他常常做事鲁莽却又多愁善感、仁慈善良。他起初之所以在国内闻名,就因为他是一个乐善好施的慈善家。1864 年 9 月中旬的一个星期天,菲斯克碰巧在波士顿,电报传来麦克莱伦和李将军前一天交战的消息,这场在安提塔姆河附近的残酷战斗造成了 2.2 万人的伤亡。(这个惊人的数字是整个内战中单日伤亡人数最多的,超过了美国独立战争期间双方的总伤亡人数。)菲斯克告诉乔丹,他们只要稍微做点什么就能帮助那些成百上千急需帮助的"可怜的小恶魔",他开始焦急地筹集物资运送给战场上的士兵,不管是南方军队还是北方军队。

一名曾与菲斯克在乔丹—马什公司共事的员工回忆道,当时在波士顿的特莱蒙庙(Tremont Temple),周围都是箱子、盒子和木桶,"菲斯克就是全场的中心,他超强的组织能力以及充沛的精力给观众留下了深刻的印象,他在那个周日简直就是一个奇迹,他全身心地投入,比 3 个工人干活的速度还要快,何况那天工人干活的速度也很快,他照看一切事物,发号施令、周密检查,所有人都听他指挥,整件事从头到尾都属于他,没有人能抢了他的功劳,他是不是很自豪? 你觉

[1] Robert H. Fuller. *Jubilee Jim*. 62.

得呢?”[1]

直到1864年年底,南方邦联摇摇欲坠,北方联邦军队缩减开支。与此同时,越来越多南方士兵落入北方军队的手中,菲斯克从南部走私棉花到北方工厂的油水生意也开始慢慢减少。在此背景下他关闭了在华盛顿的办事处,退出了公司,并以6.5万美元的天价把自己的股份卖给了朋友乔丹,这或许是因为他想起了战前自己在乔丹—马什公司的表现不尽如人意。此后,菲斯克尝试了几家波士顿其他公司,但都以失败告终,几个月之后,他便收拾行囊,去往其心之所向,这是一个人才辈出的地方,一个毫无章法的地方,一个他称为“伟大”的地方,这就是华尔街,对华尔街而言,菲斯克完全就是一个初出茅庐的新手。

29岁的菲斯克在华盛顿待了不久后便习惯了奢华的生活方式,他的动力不单单来自他一贯的旺盛精力,马什带给他的利润,同时还有一股“初生牛犊不怕虎”的无畏自信。待了仅仅1周后,菲斯克便在宽街(Broad Street)开了一家浮夸的经纪人公司。与此同时,他搬到了奢华的第五大道酒店,地处第五大道和第二十四街交界处,横跨麦迪逊广场,据说是纽约最好的酒店,酒店本身就是股票和债券交易的盘后交易点。因此对菲斯克而言,这不单单方便了他每天的起居生活,也满足了他生活的情趣。[再明确一下,菲斯克没有带上妻子露西出差工作,他的妻子依旧在波士顿,暂时住在特莱蒙酒店式公寓(Tremont House Hotel)里。]

菲斯克在宽街的办公室定期举办开放日,邀请同行经纪人以及投机者前来品酒。但这一次,他招待的不是那些胸无大志的文静职员。相反,他们是丝毫不讲诚信的狼:寻找有利可图的猎物的狼。在菲斯克吸取高昂教训之前,他将在未来几个月里一直是一只不知情的“金融羔羊”,很容易被不值得信任的同事们提出的自私建议所伏击。“他被熊冷漠地拥抱,”一位早期的传记作家写道,“被公牛无礼地顶来顶去,但凭着不屈不挠的意志和对未来可能性的盲目幻想,他坚守着自己的位置,直到华尔街吞噬了他的每一分钱,他破产了。”[2]那年冬天,市场突然转为熊市,毫无戒心的菲斯克发现自己做多了一系列下跌的股票,情况岌岌可危,而且有彻底崩盘的风险。一次在伦敦证券交易所做空邦联证券的成功尝

---

[1] Robert H. Fuller, *Jubilee Jim*. 68.

[2] R. W. McAlpine. *The Life and Times of Col. James Fisk Jr*. 45.

试让他重蹈覆辙，回到华尔街，听从先前的那些玩家，再次一败涂地。菲斯克并不担心，他对一个朋友说，“我将在 20 天内回到华尔街，如果我不把事情弄得一团糟，我就只吃骨头纽扣汤，直到审判日。”[1]

菲斯克的生活中充满了意外，在从纽约灰溜溜地回到波士顿的火车上，他遇到了一位绅士，一个在未来会让他赚得盆满钵满的人。约翰·古尔丁(John Goulding)是一名土生土长的缅因人，在纽约挫败后正打算回家，他希望把父亲发明的纺织机改良版本的专利推广到当地。菲斯克曾在乔丹—马什公司粗略知道一点纺织工艺。古尔丁给菲斯克看了他的图纸，并解释说这个装置在华盛顿正式获得了专利，在新英格兰的许多工厂中已经开始运用。他们要做的就是聘请律师(古尔丁没有这么做)，向纺织品生产商索要使用机器的费用。菲斯克最终把版权费定在 2 万美元，他迅速从乔丹和其他投资者身上筹集到了这笔钱。与此同时，为了获得售后利润，他打造了一支律师团队来处理一系列侵权诉讼，最终看来这笔生意可谓利润丰厚。

然而，古尔丁的这桩交易还是无法缓解菲斯克财务上的燃眉之急，他再一次找到了最坚实的恩人。1865 年年底，菲斯克利用伊本·乔丹提供的资金重回纽约第五大道酒店，在那里他开始接近丹尼尔·德鲁，德鲁经常会参加酒店的盘后交易。当时波士顿的许多投资者(包括乔丹)都想要买下德鲁的“斯托宁顿”(Stonington)蒸汽船航线：包括 9 艘船只，航行于长岛海峡，往来于曼哈顿岛、斯托宁顿岛以及康涅狄格州之间。德鲁一直想把这个亏本生意给抛售掉，菲斯克以 230 万美元的高价卖给了波士顿财团，他不单从中大赚了一笔中间费，也赚足了德鲁的眼球。这两个人手拉手，志同道合。德鲁一直在寻觅一位合得来的经纪人来帮助自己操控伊利和其他股票，就在这短短的几个月内，德鲁就找到了菲斯克，帮助他开展业务。到 1866 年春，菲斯克与威廉·贝尔登(William Belden)(德鲁朋友的儿子)合伙开了菲斯克—贝尔登公司(Fisk & Belden)，全权负责(当然也不全是)丹尼尔叔叔的买卖交易。

整个 1866 年，詹姆斯·菲斯克作为菲斯克—贝尔登的股东之一，兴冲冲地参与到德鲁对伊利股票的操控中，从中赚取了大笔经纪人佣金，同时得益于德鲁的资助，进行了大量内幕投机。菲斯克不再是一只羔羊，而是华尔街能降龙伏虎

---

[1] W. A. Swanberg. *Jim Fisk: The Career of an Improbable Rascal*. New York: Scribner's. 1959. 21.

的一匹狼。经纪人 W. W. 福勒(W. W. Fowler)这样描述菲斯克华丽回归华尔街金融区,“那个金发碧眼、闹哄哄的小詹姆斯 · 菲斯克就像一个耀眼的杂技明星闯入华尔街,他年轻气盛,身上闪着金光,煞有介事,在自娱自乐的同时也逗乐了周围的观众,他身上裹挟的那种戏剧性、经历的起承转合,燃烧着血气方刚的蓝色火焰是‘前无古人,后无来者’的”。[1]

1866 年年底,菲斯克在波士顿豪华的切斯特街一掷千金,为露西和朋友范尼建造了一套价值 7.5 万美元的褐石大楼,同时他将自己的住所升级成第五大道酒店内最豪华的套房,并将其打造成纽约豪华餐厅戴尔莫尼科的后花园,地处比弗街,毗邻金融区。香槟早餐、精致丝绸套装和金色手杖成为他的标配。成群的女演员、女歌手都聚集到菲斯克身旁,令人眼花缭乱,或是出于菲斯克逗趣幽默的机敏和躁动不安的精力,抑或是他乐于慷慨发放一些小礼物。

◇ ◇ ◇

这就是德鲁的同盟,一个穷奢极欲、哗众取宠、感情充沛的人,他在 1867 年秋与阴郁、清教徒式的古尔德一起加入伊利董事会。如果说菲斯克是“蓝色火焰”,古尔德则具备除“蓝色火焰”之外的任何特征。富勒对这两人都了如指掌,他写道:“菲斯克和古尔德完全是两个极端,菲斯克浮华喜欢社交,这个弱点逐渐开始在他身上显现,古尔德节俭朴素;菲斯克喧闹自信,古尔德安静腼腆;菲斯克胆大妄为,古尔德谨小慎微;菲斯克有话直说,古尔德缄默不语;菲斯克肆意挥霍钱财,古尔德克勤克俭;菲斯克慷慨开明,古尔德却与之相反。但两个人对工作都充满干劲,且都有奇才异能,他们俩联手就是珠联璧合,如虎添翼。”[2]

---

[1] W. A. Swanberg. *Jim Fisk: The Career of an Improbable Rascal*. New York: Scribner's. 1959. 26.

[2] Robert H. Fuller. *Jubilee Jim*. 119.

第十五章　被滥用的法律制度

古尔德和菲斯克是在一个充满利益冲突和拜占庭式复杂事务的时间点加入伊利董事会的。随着新团队的组成，伊利铁路主要的西部连接点——大西洋—大西部铁路——也即将交付。在伊利铁路的拯救者内森尼尔·马什去世两年后，伊利铁路仍然是一个巨大的烂摊子。然而这条管理不善、还背负着600万美元高额债务的破烂铁路却即将首次迎来范德比尔特那条整合完毕、财务和实体设施建筑都很完善的铁路的挑战，后者的线路从纽约的大西洋海岸一直延伸到布法罗的五大湖区域。与此同时，范德比尔特认为自己已经掌握了伊利董事会，这给事态带来了更多的不确定性。对任何明眼人来说，范德比尔特的目的非常明确：以他一贯的悠闲姿态最终获得对伊利铁路的完全控制权，从而主导从西部进入纽约州的大多数主要铁路。而伊利的主席约翰·埃尔德里奇则只牢牢抓住一点：波士顿—哈特福德—伊利铁路，菲斯克的老朋友伊本·乔丹恰好是这条铁路的赞助人。至于老德鲁，他唯一能让人信赖的事情，只有随时往他的口袋里塞入美元。《纽约先驱论坛报》说，德鲁仍是那个"无法预知"的人。[1]

埃尔德里奇在董事会招募的几个人提出并通过了一项保证波士顿—哈特福德—伊利铁路债券利息维持在400万美元的措施，此举得到了范德比尔特的外

〔1〕 *New York Herald*. 12 October 1867.

甥沃克的默许，这也是范德比尔特在伊利铁路的主导地位受到挑战的开始。让埃尔德里奇高兴却并不意外的是，伊利给出的条件里，并没有之前伊利铁路的抵押提议中那些警告事项。波士顿—哈特福德—伊利铁路唯一要做的事情，就是在 1870 年 1 月这个最后期限前，让铁路对煤的运载力和仓储力能够达到每年 30 万吨。从那之后，波士顿—哈特福德—伊利铁路还需要为债券所有人的托管者留出从煤炭交易中获得的足够收益，从而能够支付担保债务的利息。在这一交易发生的同时，沃克加入了一个团队，它由几个董事会成员(包括德鲁、古尔德和菲斯克)和几个外人(包括菲斯克的伙伴贝尔登、古尔德的中间人伙伴史密斯和马丁，以及范德比尔特自己)组成，他们联合坐庄以推高伊利股票的价格，而掌控这个联合坐庄的人，自然是公认的股票操控大师：德鲁。

范德比尔特和沃克第一次意识到他们对伊利股票并没有绝对控制权是在当年的 11 月：伊利董事会拒绝了范德比尔特参与另一个联合坐庄的提议。范德比尔特提议将伊利和纽约中央铁路、宾夕法尼亚铁路组合在一起，平分三条铁路驶入纽约东南部的收入，也避开糟糕的运费之战——范德比尔特曾因擅长赢得此种战斗而名声大噪。当他接近伊利铁路的时候，他已经说服宾夕法尼亚铁路加入他的计划，因此他也希望伊利铁路能够自愿加入。(事实上，当时有些报纸推测认为纽约中央铁路—宾夕法尼亚—伊利联合坐庄也许是 10 月新伊利董事会的秘密决定中关键的一部分。)但当这个计划真正摆在伊利董事会面前时，只有弗兰克·沃克投了赞成票，而其他董事会成员都坚称伊利在这块饼中的份额不够大。一个月后，发生了对范德比尔特不利的另一件事，伊利董事会忽略沃克的抗议，和密歇根南部—印第安纳北部铁路(Michigan Southern & Northern Indiana)开始直接谈判，希望让伊利获得一条通往芝加哥的线路，让它能够与纽约中央铁路—密歇根南部枢纽势均力敌。

在谈判推进的同时，德鲁掌控的联合坐庄仍在艰难前进，却收效甚微。伊利股票的价格上涨缓慢，它曾在 1868 年 1 月下旬达到过每股 79 美元，却在 2 月 4 日 1 天内被重挫到每股 71 美元。授权德鲁使用联合坐庄的资金来管理大额交易的范德比尔特等人对此大为困惑，他们丝毫没有意识到德鲁其实在私下里又耍起了他最擅长的把戏——涉及可转换债券、倾销股票、做空等典型的疯狂抛售行为。《纽约先驱论坛报》的一名记者曾在股票大跌那天这样写道：“这位投机大师的经理人们牺牲了自己……来制造恐慌，散布比平时更多的有关股票市场，尤其是有关伊利股票的不实信息。”[1]经纪人威廉·福勒在当晚纽约证券交易所和公开交易所关门后仍在交易股票，据他回忆，“仿佛整个华尔街都涌入了第五大道酒店”。而丹尼尔·德鲁一改平时阴郁焦虑的神色，他站在酒店的楼梯旁，欣赏着他的猎物们的痛苦挣扎。[2]“最终，德鲁通过联合坐庄获得了一笔可观的收入，而这来源于做空股票，而不是靠做多股票。”

讽刺的是，或许也是让德鲁感到高兴的事，唯一在 4 日晚上深夜还在痛苦挣扎的不是别人，而正是弗兰克·沃克，他陷得太深了，他曾经向德鲁借联合坐庄的资金自己进行了一些投机活动，还以为自己将会从伊利股票的稳定增长中获利。而结果是沃克狂怒地发现他买的股票都来自联合坐庄的自己的中间商。亨利和查尔斯·弗朗西斯·亚当斯最终将沃克的困境记录在了他们的书《伊利岁月》(*Chapters of Erie*)中，但并没有在书中提及这个倒霉蛋的身份。在亚当斯兄弟的笔下，无耻的德鲁事实上“从联合坐庄的一名成员手中”借钱，“好让自己能够买下联合坐庄所有的股票，然后静静地让那个成员承受一切，这个操控家不但继续分发利润，甚至平静地发给这个倒霉蛋自己的那部分利润——虽然这只是他原本财富的一小部分”。[3]

闷闷不乐的范德比尔特从中抽身，虽然他本人在德鲁的阴谋中小有斩获，但他意识到让这些难以控制的投机领导人们回到伊利董事会恐怕是个错误，不过他同时也发现，除了沃克之外，董事会里还有几个成员是他可以信赖的。经过一番盘算，范德比尔特终于决定结束几年来按兵不动的策略，想要不惜一切地尽快掌握伊利，获得控制权。他让自己的经理人们开始大量购买他们所能找到的所有伊利股票，同时让沃克从一名极易被收买的坦幕尼协会民主党人——曼哈顿的纽约高级法院法官乔治·G. 巴纳德(George G. Barnard)——得到一纸禁令，禁止德鲁和伊利的其他主管发行、转换或转卖伊利股票或者担保其他铁路的债券。禁令是 2 月 17 日发布的，一直持续到 3 月 3 日，它本该在一个免去德鲁的财务主管职位并强迫他归还 1866 年作为抵押物交给他的 58 000 股股票(28 000 股股票加上可转换为 30 000 股股票的债券)的诉讼存续期间持续生效。范德比尔特这样做的本来目的是保护他和以他的名义购买伊利股票的经理人，保护他

[1] *New York Herald*. 5 February 1868.
[2] William W. Fowler. *Ten Years on Wall Street*. 496.
[3] Charles Francis Adams and Henry Adams. *Chapters of Erie*. 16.

们不受德鲁一贯的诡计的损害。如果德鲁能够为所欲为，仅仅靠操纵可转换的股票，他就可以一声令下，让伊利的流通股票增加或减少 20%。而如果继续保持德鲁的财务主管职位，他还可以随心所欲地发行可转换债券，只要董事会的多数投票仍然让他通过。

当时，伊利发行在外的普通股有 1 750 万美元，优先股 850 万美元，根据范德比尔特的计算，他已有的股份再加上 1 000 多万美元就可以让他拿到伊利的绝对控制权。这个总数只是范德比尔特总财富的一小部分，但也远远超出了他当时的流动资金总量，因为他的大量资本被投入了纽约中央铁路股票。但范德比尔特仍然是华尔街最吸金的投资人之一，加上德鲁和他的高管团队保持中立，范德比尔特的伊利股票囤积还是开始了。同时，他也让他有钱的朋友们和他一起投资，比如伦纳德·杰罗姆。

◇ ◇ ◇

范德比尔特犯了两个错误。

首先，在让巴纳德法官公布禁令这件事上，沃克忽略了一个关键的措辞区别。巴纳德的命令内容是禁止财务主管德鲁和伊利董事会“销售、转让、交割、处理或放弃”伊利债券和股票。[1] 可是古尔德这位高超的阅读者，他非常容易地做出了这样的推测，那就是巴纳德的命令完全没有限制伊利执行委员会的行动，后者是在公司的授权下通过安排好的定期委员会会议来代表伊利执行公司事务。于是在 3 月 4 日这一天的内部会议上，由德鲁掌握的执行委员会、埃尔德里奇、古尔德和菲斯克向范德比尔特接管伊利铁路的企图发起了第一轮攻击。委员会批准发行 500 万美元的可转换债券，并选举德鲁的经纪人威廉·希斯(William Heath)销售债券。没几个小时，这些债券就被转换成了 5 万股股票。希斯将这 5 万股股票和德鲁手上已有的 10 万股股票整合在一起，当晚就将它们全部抛入市场。(在此之前，大约有 251 050 股股票在流通。)范德比尔特的经纪人们急不可耐地将这些新的伊利股票收入囊中，股价大涨。与此同时，德鲁本人则在四处减持伊利的股票，可惜当时的范德比尔特完全没有意识到伊利股票真正的流通数量，或伊利股票的股价相对于其面值的通货膨胀程度。

---

〔1〕 *American Law Review*. October 1868.

其次，范德比尔特还忽略了另一件非常显而易见的事。在这样一个高度腐败的司法体系中，他可以通过贿赂官员来限制德鲁和伊利董事会，对方也可以故伎重演。

虽然名叫纽约“高级”法院，但其事实上只是纽约州最低一级的法院之一，一家基层法院而非最高法院。高级法院的法官们(在这个故事发生的时期，纽约州一共有 8 个司法管辖区，每个区 4 位法官，但曼哈顿有 5 位)每 14 年改选一次，每个地区的所有法官加在一起，组成该地区的一审法庭。在这样的混乱格局下，最高法院的法官们往往都忠于自己的政党，多数情况下它们都支持民主党，法官们会定期审查其当地政治盟友和其他法官做出的决定，而其他法官则可以迅速以同样方式挑战他们的权威。

选举法官制脱胎于民粹主义，而后者——杰克逊主义者对于普罗大众终极智慧的坚定信仰——也催生了 1846 年的新州立宪法。而事实上，正如亚当斯兄弟在《伊利岁月》中急不可耐地指出的一样，选举制的方法只是让法庭上坐满了政治仆从。“通过大众投票选出法官的方式带来的苦果是，那些被选入法院的法官们都是一些无知的水手。”[1]

在裁决商业纠纷时，纽约的法官们所遵守的民事诉讼法在 1846 年宪法生效后不久，由曼哈顿检察官大卫·达德利·菲尔德(David Dudley Field)起草，纽约州立法机构批准。而“菲尔德法典”的核心就在于 26 个州和英国的联邦级别法律。虽然菲尔德法典称得上是一部经典之作，它还是不可避免地包含了一些不足的因素——至少对于腐败的纽约而言是这样的。根据这些法典，虽然高级法院的法官们只是在自己所在的辖区内由选民选举，他们的权力却能够超越州与州的界限。此外，他们还可以介入其他地区高级法院已经在审理的案子，并且他们还拥有无限签发禁令和片面指定接受者的权力——这里的片面指的是当案子双方中只有一方参与的情况。菲尔德法典的这些特点、纽约高级法院诡异的诉讼结构加上任人唯亲的法官们，都在伊利铁路争夺战的后续中发挥了重要作用。

纽约的很多律师长久以来都在抱怨高级法院的种种缺点。曼哈顿大律师乔治·坦普顿·斯特朗(George Templeton Strong)曾在他的日记中这样写道：“法律不保护财产，被滥用的法律制度对于财产所有人来说恐怖至极。每个银行家

---

[1] Charles Francis Adams and Henry Adams. *Chapters of Erie*. 159.

和商人都无时无刻不在担心某天有一个人找上门来，把自己称作是某个他听都没听过的诉讼片面程序第一步的‘接受者’，要求获得他的全部财产或者要求他停止公司的一切运作，或者是在对‘接受者’的命令被撤销一周后，要求他根据另一项法令的强制附件支付 10 万美元的‘津贴’。在这样的法律滥用之下，没有一个城市能保持繁荣昌盛。资本会流向更安全的地界。”[1]

因此，当 3 月 5 日古尔德代表反范德尔比特团体找到一名忠于自己的法官时，范德尔比特不应该太过惊讶。伊利县科特兰(Cortland)镇的兰森·巴尔康(Ranson Balcom)法官高兴地签署了一项禁令：4 月 7 日在伊利县举行听证会之前，巴纳德的曼哈顿法院不得针对伊利采取任何行动。另外，巴尔康也暂停了弗兰克·沃克在伊利董事会的职位。在巴尔康的禁令有效地阻止了巴纳德的法庭对伊利采取任何相关行动，范德比尔特的盟友理查德·谢尔(Richard Schell，较晚成为伊利联合坐庄的成员，曾加入沃克不太成功的投机活动)敦促高级法院法官丹尼尔·P. 英格拉罕(Daniel P. Ingraham，曼哈顿区)在 6 日发布了另一项禁令，禁止伊利董事会在没有弗兰克·沃克出席的情况下进行任何交易。

伊利公司令人不安的种种迹象很快闹得人心惶惶。《纽约先驱论坛报》评论道：“华尔街人人都害怕持有伊利股票，而它背后的团队(范德比尔特及其支持者在 3 月 10 日的早上共持有约 10 万股股票)要承担全部的重担……有传闻说，市场上流通的股票总量远高于应有的数量，因为当时旧债券转换成股票以及发行新的可转换债券的规模完全无法估计。”[2]

由于《纽约先驱论坛报》和其他报纸的种种传闻，伊利股票的价格开始骤降。因范德比尔特用伊利股票作为抵押，几家银行犹豫是否要继续借钱给他。范德比尔特不得不向它们施加压力。他威胁说要把纽约中央铁路股票的价格从 68 美元每股降到 50 美元每股，而大多数纽约银行大量持有纽约中央铁路股票，顺便在此期间摧毁几间金融机构，除非银行能够立刻按伊利股票 50 美元每股的价格贷款给他 50 万美元。银行听到这一消息后纷纷缴械投降，将范德比尔特索要的钱款如数贷出，而后者则立刻用这些钱买了伊利股票，再次推高伊利股票的价格。

---

[1] Allen Nevins and Milton H. Thomas, eds. *The Diary of George Templeton Strong*, Vol. 4. 264.

[2] *New York Herald*. 6 March 1868.

显然,范德比尔特相信在没有敌对法官明确撤销巴纳德原来法令的情况下,德鲁无法继续制造股票。但即便范德比尔特的经理们买光了伊利最新印制的股票,伊利执行委员会又制造了第二轮 500 万美元的债券,将它们转化成股票并投入了市场,同时委员会还设立了一只 50 万美元的法律辩护基金。10 日早上,就在执行委员会完成这一切的同时,菲斯克的经纪人伙伴贝尔登出现在布鲁克林法官吉尔伯特的面前。由亨利·沃德·比彻(Henry Ward Beecher)布鲁克林教堂的主日学校主管、正直的托马斯·G. 谢尔曼(Thomas G. Shearman)代表,贝尔登策划了一个新的禁令,“禁止之前所有诉讼的参与方进行下一步操作”。吉尔伯特还命令除弗兰克·沃克之外每位伊利的高管都需要继续履行自己的职责,在必要情况下将债券转换为股票。[1] 在那个早上,巴纳德宣布除他自己发布的禁令之外所有禁令无效。

古尔德和他的朋友们在眼前的僵局中自得其乐。亨利和查尔斯·弗朗西斯·亚当斯写道:“一位法官禁止他们行动,而另一位法官命令他们不能坐视不理。如果伊利董事会开会进行交易,它就违反了其中一项禁令;可如果它不这么做,它又违反了另一项禁令。”[2]经纪人、银行家兼诗人埃德蒙·克莱伦斯·斯泰德曼(Edmund Charence Stedman)有幸近距离观赏了这第一次伊利铁路争夺战,他认为古尔德、德鲁和菲斯克所面临的僵局其实对他们大有好处:“因为巴纳德禁止他们将债券转换为股票,而他们又被吉尔伯特禁止不这样做,就算再吹毛求疵的人,也不能批评他们说他们为所欲为吧?”[3]

经纪人威廉·福勒 10 日早上在公开交易所里看着范德比尔特的经纪人将伊利股票通通买光。“整个股票市场只剩下了一个词:伊利。当公开交易所副主席乔治·亨瑞克斯(George Henriguos)用他尖厉的声音迅速地喊出一个又一个名字的时候,国债、州政府债券、太平洋邮船公司(Pacific Mail Steamship Company)、纽约中央铁路,然后一个停顿,一道阴影从他脸上闪过,然后用更尖厉的声音喊出那个词:伊利! 整个大厅都为之震颤。接下来的 10 分钟一片混乱,每个交易员和经纪人都突然站起身来,大声吼叫着,手舞足蹈。范德比尔特的经纪人

---

[1] *American Law Review*. October 1868.

[2] Charles Francis Adams and Henry Adams. *Chapters of Erie*. 29.

[3] Edmund Clarence Stedman. *The New York Stock Exchange*. New York: Stock Exchange Historical Press. 1905. 202.

各自站在几个围成圈的人群中央，左右转动着身体，挥舞着手臂，抢夺着人们手中的股票。随着副主席手中的锤子再次落下，他的声音再次如惊雷般响起：‘这就对了，先生们。我准备好喊下一只股票了。’伊利的股价停留在 80 美元，其他的股票还没被叫到名字，人群已经涌入了街道上，那里也只剩下一个词：伊利。范德比尔特的经纪人接到命令买入所有的股票，在巨大的购买量之下，伊利的价格攀升，到中午 12:00 时，伊利的价格已经达到了 83 美元每股。”

那天下午的某个时刻，当范德比尔特清点股票时，他发现詹姆斯·菲斯克签署的股票毫无疑问是崭新的。而就在他的疯狂购入达到顶点时，他才意识到自己可能陷入了麻烦。在这个时候，有传言说数量不明的新伊利股票流入了市场，伊利的价格立刻再次狂跌，在下午 3:00 时只剩下了 71 美元每股。而范德比尔特此时已经将 700 万美元全部投入市场。显然，如果他此时停止购入，股票的价格只会跌得更狠，造成威胁他自己、更威胁到其他很多人的金融崩溃，于是范德比尔特选择继续。“他从未退缩。”福勒充满钦佩地回忆道。[1]

范德比尔特要求他的代表经纪人继续买进伊利股票。到了晚上，他创造出的“需求”让股票价格停在了 76.125 美元。当天的交易结束后，范德比尔特已经拥有或是掌握了公司将近 20 万股的股票，而其中至少有一半的价值令人怀疑，这些刚刚印刷出的股票甚至墨迹未干。这 20 万股股票是不是占伊利财产的绝大多数呢？谁知道呢？反正范德比尔特不知道。（事实上，范德比尔特手上超过半数的股票仅仅 2 天后就被作废，纽约证券交易所和公开交易所的管理层宣布 3 月 7 日之后发行的伊利股票没有效力。）

让范德比尔特头疼的另一件事是利息，他在 10 日下午施加压力所借的大笔资金利率上涨。因为当天早晨德鲁在古尔德的建议之下做了一件老谋深算的事情，他推动提高了贷款的利率。他去了几家市区的银行，取出因出售伊利铁路股票而获得的将近 700 万美元的现钞，将其放入了杜安街(Duane Street)街角伊利办公室的保险箱里。莫里·克莱因形容此举“引起了货币市场的一阵痉挛”，并导致贷款利率短暂骤升。[2] 就这样，以古尔德为首的古尔德、德鲁、菲斯克轴心让范德比尔特陷入了自己的圈套且越陷越深。

11 日清晨，威廉·福勒和上述的三个人一起在伊利办公室里。他写道：“伊

---

〔1〕 William W. Fowler. *Ten Years on Wall Street*. 500—501.

〔2〕 Maury Klein. *The Life and Legend of Jay Gould*. 82.

利董事会的执行委员会在公司办公室里为他们的胜利欢欣鼓舞……德鲁的皱纹因为长期喜笑颜开几乎要凝固在脸上，古尔德为金融而生的双眼闪闪发光、充满笑意，而金发大块头菲斯克则在不停地开玩笑。"很快有消息传来，范德比尔特的律师们正在谋划什么，房间里的节日气氛这才戛然而止。根据福勒的回忆，巴纳德法官发布命令"惩罚违反他禁令的人"，而巴纳德逮捕德鲁、菲斯克和古尔德的命令"很快将被高级警署灵活的官员们所用"。[1]

之后不久，据一名《纽约先驱论坛报》的记者描述，正在杜安街巡逻的一名警察注意到"一群衣着华丽但面色惊恐的人，背着一包包用红色带子扎起来的钞票、账簿和票据，慌乱地从伊利大楼中跑出来。警察自然觉得是有什么不寻常的事情发生了，或者这些人可能正在光天化日之下抢劫，可是他接近这群人之后才发现，他们不过是伊利公司的执行委员会，他们激怒了范德尔比特，正满载着他们最近的战利品逃之夭夭。"[2]

他们当然谁也不想进监狱，进监狱意味着所有的投机、现金、股票都和他们无关了。所以他们决定立刻逃出纽约警署的势力范围。德鲁在恐慌中搭上了最近的一班跨越哈德逊河区泽西市的轮渡，没有忘记带上他的大批重要文件和公司资料。古尔德和菲斯克留在曼哈顿处理最后一些与经纪人和银行家交易的细节，虽然他们将文件交给了德鲁，他们自己却带着伊利储存的 700 万美元。(菲斯克后来告诉他的朋友罗伯特·福勒说："这么一大笔钱，放在我和杰伊这里，比交给德鲁大叔安全多了。"[3])

当晚，古尔德和菲斯克还悠闲地去了菲斯克最喜欢的餐厅戴尔莫尼科吃晚餐，当然，他们安排了保镖在外面留意着警察。晚餐进行到一半的时候，手下告诉他们有法院的人正在接近。他们从餐厅后门逃出，一路跑过小巷，古尔德把 700 万美元的现钞放在一个大背包里带在身边，两个人叫了一辆出租车，仓皇向海边逃去。他们遇到了蒸汽船圣约翰号的两个水手，他们答应让两个人登上蒸汽船的一只救生艇，划着桨向泽西市前行。

菲斯克后来告诉记者，他们的海上出逃可以说惊心动魄。3 月中旬，纽约港口的水仍然寒冷刺骨，在里面待上几分钟人就可能有生命危险。从北向哈德逊

[1] William W. Fowler. *Ten Years on Wall Street*. 501.
[2] *New York Herald*. 14 March 1868.
[3] Robert H. Fuller. *Jubilee Jim*. 145.

河口拍去的海浪也让船的航行更加困难，因为圣约翰号航行的是一条跨越海峡的东西向的直线。再加上那天晚上没有月亮，天色异常黑暗，港口弥漫着浓雾，许多巨大的蒸汽船快速地进出港口，圣约翰号的运行灯黯淡，而船上的舵手也对这一小队桨手毫不知情，令人害怕。突然，一艘巨大的渡船突然出现在小桨船面前，他们费了九牛二虎之力才把船从渡船的行进路线上挪开。这样的事情差点发生第二次的时候，两个人"决定寻求帮助"，他们使劲招呼一艘泽西的渡船，却"没有得到任何回应"。绝望之中，菲斯克紧紧抓住渡船螺旋桨轮的护板，他们"一下被拉到桨轮非常近的地方，桨轮的转动几乎要把他们扔出船外。但他们好歹没有掉到水里，而是爬到了船上，虽然浑身湿透，但不久就安全地到达了泽西市。"〔1〕

〔1〕 *Harper's Weekly*. 17 April 1868.

第十六章　一场惊人的洗劫

古尔德、菲斯克和德鲁，连同埃尔德里奇以及一些不入流的玩家将其总部建立在地处泽西市海滨区的泰勒酒店(Taylor's Hotel)内，这所酒店距离伊利铁路终点站仅一墙之隔，毗邻镇上的长码头。这一伊利帮将酒店内一整层房间占为己有，还把酒店内的女士会客厅作为他们的接待大厅，用来接见那些尾随他们来到异乡泽西市的记者。富勒是菲斯克在佛蒙特州的老友，现在是追随伊利帮前往各地的大批记者之一，他曾回忆说菲斯克赠予自己大量的雪茄、烈酒及美食，菲斯克与记者朋友们拉关系、套近乎，这也是古尔德乐于分配给他的任务，包括范德比尔特在内的大多数人后来才意识到这一点，实际上古尔德早已开始将他替换德鲁成为伊利帮的首席策略师了。

"(菲斯克)比起古尔德可以更好地应付他们(记者)，"富勒写道，"古尔德常常紧张严肃、一丝不苟，只要手头有工作要做，他便会全身心地投入，之所以他比起菲斯克更强悍，是因为他更为冥顽不灵，但也似乎有点不太懂人情世故。"然而菲斯克却是一位技艺高超的营销师和组织者，他曾对记者们说："船长坐拥整个纽约，大到证券交易、华尔街，小到汽船轮渡全都收归麾下。当发现毫无机会去拓展的时候，我们这样一群野心勃勃的年轻人便来到了这里，与这个州共同发展。"当一名记者反对，说德鲁的年纪并非很轻的时候(事实上德鲁和范德比尔特是同龄人)，菲斯克这样回答道："丹尼尔·德鲁叔叔说他感觉就像一个两岁的孩子，他依然决定冒险一试。”

记者问道：伊利帮近期的计划是什么呢？菲斯克回答道，计划是要成为新泽西的一家集团公司，进而为平民百姓夺得伊利，倘若允许范德比尔特垄断连接纽约和西部的全部铁路网，那百姓的权益将得不到保障了。菲斯克说，“除非船长能够拥有全部的铁路，并且可以肆无忌惮地收取货物抵达纽约的运费，不然他是绝不会满足的。他丝毫不关心城市老百姓为鸡蛋和培根花费了多少钱，一点也不屑，只要百姓支付给他钱就可以了。嗯，但他是不会得到伊利的，伊利帮会不断在后甲板巡逻，我们知道如何对付海盗！”[1]菲斯克成为舞台的中心，公众们兴致大发、情绪激昂，《纽约先驱论坛报》注意到相较于这场伊利铁路争夺战，针对正在首都华盛顿进行的安德鲁·约翰逊总统弹劾案进程的报道却显得相形见绌，微不足道。[2]

菲斯克到处演讲时，正是古尔德在背后撰写着一次次的话题，大家称赞他用精湛的平民主义口吻鞭笞着范德比尔特：一次高尚正义对狭隘贪婪的战斗，一场抵制垄断的战役。也正是古尔德想出要伊利的主要负责人快速发布一份报告，深深控诉了糟糕的铁路实体环境，以此来表明近期急切发行债券的需求。(1年前，同样也是这名负责人，为了抚平联邦监管者，授权发布了一份报告，把伊利描述为“在过去的10年中处于历史最好的阶段，设备也最为完善”。[3]但幸运的是，对于古尔德而言，那些为《纽约先驱论坛报》格里利、小詹姆斯·戈登·贝内特以及其他纽约日报记录伊利风云的嗜酒的雇用文人们却没有深挖伊利铁路这些前后不一致的声明。)

为了让他们的反垄断运动看起来更加真实可信，古尔德和菲斯克很快开始了针对纽约中央铁路的价格战，将货运和客运的价格都降到了令伊利立刻开始亏损的地步。同时，他们开始在特伦顿市(Trenton)开始必要的法律活动，将伊利变成一家新泽西公司，这样的法律状态将让伊利董事会能够发行更多的债券和股票，无论哈德逊河的东岸那边还会对他们发出什么禁令。新泽西对伊利公司地位的承认也让伊利事实上在纽约的财产能够得到保护，不被范德比尔特通

---

[1] Robert H. Fuller. *Jubilee Jim*. 147—148.

[2] *New York Herald*. 15 March 1868.

[3] Edward Harold Mott. *Between the Ocean and the Lakes*: *The Story of Erie*. New York: Collins. 1899. 156.

过纽约法院所威胁。

然而受到范德比尔特威胁的不仅仅是伊利的财产。由于地理位置靠近纽约，古尔德和他的盟友们的个人安全成了问题，尤其是古尔德听说范德比尔特悬赏5万美元逮捕伊利帮，将他们归入纽约法院的管辖。这个消息是假的，然而在3月16日这天它成真了，一些武装暴徒乘纽约的芍药渡船来到新泽西，气势汹汹地集结在伊利终点站。但对这种事情，古尔德自己早有准备。一名《纽约先驱论坛报》的记者描述道，“15名从新泽西警方挑选出来的警察在富勒警长的命令下配备着手枪(和警棍)”，组成了现在人们口中的“泰勒堡垒”(Fort Taylor)。而在富勒及其手下的背后还有警察局为伊利铁路特派的专家休・马斯特森(Hugh Masterson)探长。[1] 除了这些战火之外，马斯特森还花了好几个小时说服纽约的那群警察，他们的努力是徒劳的。古尔德、菲斯克和德鲁都绝不可能从守卫森严的酒店中被抓走。[2]

暴徒从纽约来到新泽西的同一天，巴纳德法官宣布，如果他或他的人在纽约发现任何伊利的流窜犯，他们会被立即逮捕。与此同时，德鲁却在新泽西迅速陷入了抑郁。这位投机者和古尔德一样都是非常重视家庭的人，他和古尔德都非常想念自己的妻子和家。另外，神秘的德鲁也并不喜欢和商业伙伴靠得太近。富勒写道：“伊利帮刚刚在泰勒酒店安顿下来，德鲁年轻强壮的伙伴们就发现了他胆怯、犹豫的个性。他一直在被他们强大的意志力裹挟着前进，而现在他感到力不从心了。他想念他舒适的壁炉，他想念在那温暖的火堆边烤着熟过头的羊肉，幻想着什么是不安。”

很早以前古尔德就猜到，德鲁可能会寻求和范德比尔特单独和解。“船长”过去曾多次原谅和接受德鲁，那这次不也一样吗？他们要如何阻止自己的旧盟友和敌人达成和解，而对他们弃之不顾呢？德鲁可是有一长串背信弃义的黑历史。正如古尔德、菲斯克和华尔街的所有人所知，如果是对他有利的事情，德鲁一定会毫不犹豫地去做。

所以，在新泽西几天之后，古尔德和菲斯克并不惊讶但恼火地发现，即便身后跟着古尔德寸步不离的侦探，财务主管德鲁还是采取了措施。他从新泽西银行取出了伊利董事会的700万美元，将它们通过邮差送到纽约的几家银行存了

---

[1] *New York Herald*. 17 March 1868.

[2] William C. Fowler. *Ten Years on Wall Street*. 505.

起来,在那里这些钱会立刻归属范德比尔特所有。一听说这个消息,菲斯克和古尔德立刻扣押了德鲁自己价值不菲的证券(它们仍然在泽西),要求他立刻归还700万美元。德鲁照做了,但还是遭到了另外两个人的怀疑。这件事之后,日益疲惫孤独的老人放弃了财务主管的所有权利。亚当斯兄弟写道,德鲁"在伊利公司不再掌权"。[1]

从此时起,德鲁不再是事件的制造者,而是事件的囚徒——除了两件事例外。《纽约先驱论坛报》曾指出,"这座城市里当前进行的伊利铁路股票诉讼,有望成为任何一个国家的法庭曾有过最复杂、最广泛的案例之一"。[2] 争执双方部署的武器价值高达1.2亿美元。而争夺伊利控制权的人们,都是华尔街最强大的精英。

骚乱过去几天后,巴纳德法官指定律师查尔斯·S. 奥斯古德(Charles S. Osgood,范德比尔特的女婿之一)作为他先前禁止售卖的股票接收人。与此同时,古尔德找到了友好的阿尔斯特县法官 T. W. 克拉克(T. W. Clerke)来应对奥斯古德,当然,巴纳德立刻将克拉克的地位判为无效。这种法律操作可以无限期进行下去,好像一来一回的羽毛球赛,于是奥斯古德要求把自己撤换下来。[这其实毫无意义,因为奥斯古德本要接收的钱在新泽西。而下一位被指定的接收人,博斯·特韦德的坦慕尼协会(Tammany Hall)核心主管彼得·B. 斯维尼(Peter B. Sweeny),他也没有起到多大作用,最后只是给伊利省了15万美元,因为转让还是没能完成。]让事态更复杂的是,布鲁克林的吉尔伯特法官,他宣称自己之前的判决是因为被错误的事实迷惑了,于是他收回了自己之前让伊利债券转换为股票的命令。

◇ ◇ ◇

古尔德和德鲁持续在每个周日去纽约,因为安息日不存在任何警察、诉状、传唤或传票。他们有着精密小心的计划——租一艘小船在凌晨刚过的时候靠岸,24小时后在午夜到来之前离开,这样才能每周短暂地和各自的妻子家人共度一天一夜。从船开到巴特利开始,为防万一,两名武装保镖会陪着他们回到各自的家,他们俩住在同一个街区,都在第十七街上。一名保镖会留在德鲁身边,

---

[1] Charles Francis Adams and Henry Adams. *Chapters of Erie*. 57.
[2] *New York Herald*. 12 March 1868.

既是为了保护他,也是为了监视他的行动,另一名保镖则留在古尔德身边。

另一边,菲斯克则很享受来到泽西。德尔莫尼克厨房的食物、雪茄、烈酒会定期从港口送来,而最重要的,还有他所谓的"爱人"——曾做过妓女的音乐剧演员海伦·约瑟芬·曼斯菲尔德(Helen Josephine Mansfield)。她比菲斯克小 12 岁,曼斯菲尔德出生在波士顿,16 岁时随父母搬到旧金山。一年后,她嫁给了演员弗兰克·罗勒(Frank Lawlor),而在后者买了两个人前往纽约的票之后迅速和他离婚。一到曼哈顿,乔西就在第三十四街上一个由安妮·伍德(Annie Wood)小姐经营的妓院安顿下来——根据《纽约目录》(*New York Dictionary*),安妮·伍德的职业是演员。总之,菲斯克就是在安妮·伍德声名狼藉的风月场所拜倒在了曼斯菲尔德的石榴裙下。他很快在美国俱乐部酒店(American Club Hotel)给她租下了专门的套间,并且开始资助她的舞台演出。

如富勒所说,菲斯克将曼斯菲尔德安顿在了泰勒堡垒,"她舒适的卧室和他的房间共用一间洗手间,并彼此相连"。富勒还记得古尔德第一次在泰勒酒店发现曼斯菲尔德小姐时的反应:"他充满穿透力的黑色眼睛盯着她,仿佛要看透她,他紧紧地捏着自己的胡子,但最终还是未发一言……报纸的记者们也慢慢知道了曼斯菲尔德的存在,但什么也没有说。"[1]而极其虔诚的清教徒德鲁(他只有在生意面前不是这样)则对此大为光火。德鲁本来就强烈反对饮酒,现在他还面对着菲斯克显而易见的婚外情行为。富勒写道:"德鲁钟爱的'美女'只有伊利。他不介意看见曼斯菲尔德小姐或和她共处一室,也不在乎是不是被人看见和她在一起。这位德鲁神学院的创始人对妓女既无耐心也无同情。他当然不可能期待曼斯菲尔德的陪伴,他讨厌她的存在。"[2]

当然,伊利的所有成员都意识到待在新泽西并非长久之计。要真正解决问题只有两条路,要么和范德比尔特达成和解,要么让纽约的法律将伊利近期的所作所为合法化。范德比尔特仍在忙于贿赂巴纳德法官发布禁令,谈判暂时不可能。于是古尔德决定将重心放在从奥尔巴尼获得对他们有利的法律支持。很快,愤世嫉俗的"权威人士"们开始为古尔德的《伊利草案》(Erie Bill)欢呼,这份草案由一名友好的阿尔斯特县的代表提出,作为对纽约最腐败的机构的抗争。《纽约先驱论坛报》是这样描述《伊利草案》的:"它对于饥饿的法官和游说者来说

---

[1] Robert H. Fuller. *Jubilee Jim*. 161.
[2] William C. Fowler. *Ten Years on Wall Street*. 507.

就是天上掉下来的馅饼,他们本来穷困潦倒,甚至他们的妻子和擦鞋匠都开始不安分起来。而现在,随着《伊利草案》誓要斗争到国会大厦,里里外外的政界人士们都欣喜若狂。有些在过去出于失望而离开奥尔巴尼的经验丰富的游说者又摩拳擦掌要回到那里,期望能从中分一杯羹。有流言说范德比尔特决心要击败这个草案,并为此准备大量的金钱。"[1]

早在3月20日,古尔德就让汉密尔顿·哈里斯[有伊利的董事约翰·E. 德弗林(John E. Develin)帮助他]去游说(其实就是贿赂)纽约立法机构里那个庞大而因贪污而臭名昭著的黑马骑士部门(Black Horse Cavalry)。然而范德比尔特在奥尔巴尼的代表,哈尔雷姆的董事约翰·B. 杜切尔(John B. Dutcher),在范德比尔特的另一个女婿霍拉斯·F. 克拉克(Horace F. Clark)的帮助下,在《伊利草案》的投票上战胜了德弗林和哈里斯,3月27日,草案最终被投票从国会的铁路委员会中出局。此后它接连受挫,在国会被以83票反对、32票赞成结束。不过还是有传言说草案可能会被重新考虑。亨利和查尔斯·弗朗西斯·亚当斯写道:"大家都心知肚明,被流放的伊利人必须更关心他们的切身利益"——通过进行更大数额的贿赂的方式。[2] [同时,纽约州议会下一个被迫负责调查伊利帮的金融操控的附属委员会,以3∶2投出了对古尔德不利的结果。两名议会调查员接受了古尔德的贿赂,还有两名接受了范德比尔特的贿赂,而第三位议员A. C. 马图恩(A. C. Matoon)则接受了两边的贿赂,并最终选择了站在范德比尔特那边。]

由于哈里斯和德弗林在国会前败下阵来,古尔德决定亲自去一趟奥尔巴尼——就算他得在一天而非周日时冒险前去。他和巴纳德法官通过信使进行了沟通,答应法官他会在4月4日出现在法庭上,但在那之前他得以保持自己的自由身。在确认自己的人身安全后,杰伊在3月30日带着一大箱钱和备用的伊利支票出发了。德弗林在奥尔巴尼时为投票开出的价格是1 000美元每人,而他失败了,所以这次杰伊准备开出更高的价格,一到达奥尔巴尼,他就立刻投入了和范德比尔特手下的大战。双方都在奥尔巴尼的德拉文宾馆奢华的套间里布好场地、敞开大门,于是那些法官们能够轻松地从一个鸡尾酒晚会漫步到另一个,欣赏着他们得到的价格持续上涨。这回范德比尔特的代理人不是别人,而正是

---

[1] *New York Herald*. 21 March 1868.

[2] Charles Francis Adams and Henry Adams. *Chapters of Erie*. 49.

坦慕尼协会的主席博斯・特韦德，他当时也是一名国会议员。在他有 7 个房间的套间里，特韦德设置了 6 个酒桌，而古德尔那边数量也差不多。从古尔德的套间出来，一名《纽约先驱论坛报》的记者充满挖苦地写道："古尔德的箱子里结结实实地塞满了上千美元的钞票，它们会被用作与法律有关的某些神秘用途。"[1]两边的人都贪心地不断提高着投票的价格，"民主"的市场无疑是出现了牛市。

到了 4 月 4 日，杰伊不得不放下这一切回到曼哈顿，他遵守承诺，出现在了巴纳德法官的法庭上。然而巴纳德法官将庭审推迟到了 4 月 8 日，并且坚持古尔德在此期间将由法庭工作人员关押在此。古尔德随即走出法院，告诉他没脑子的保镖，他需要回到奥尔巴尼，保镖甚至抗议了几句，但古尔德只是简单地告诉他，他可以选择一起走，这样所谓的关押事实上就没有被打破。到了 8 日，古尔德宣称自己生病，派自己的律师去巴纳德法官那里编造了一些借口。亚当斯兄弟是这样写的，古尔德"并不是病得没法在(早春的)暴风雪中来到国会大厦前，他只是一想到要回纽约就头疼"。[2]

《伊利草案》被重新在参议院而非众议院提出，以期能够将表面上用于修复铁路而发行的债券合法化——这个颇具讽刺意味的神来之笔发生在 4 月 15 日，三辆伊利铁路的机车在纽约开下了一段损坏的铁路，撞坏了杰尔维斯港(Port Jervis)的一段路堤，撞死了 26 个人。三天后，开足马力用上千美元进行贿赂的《伊利草案》终于在参议院以 17∶12 获得通过。(这回马图恩的票投给了古尔德。亚当斯兄弟这样写道："不会有比他更彻底、更不要脸的卑劣腐败的小人了，也不会有比他擅长对自己的价格讨价还价的法官了。"[3])

与此同时，越来越多的报纸站在了伊利帮这一边，将反垄断作为其编辑标语。备受尊重的《商业与金融纪事报》(*Commercial and Financial Chronicle*)明确写道："危及我们伟大贸易利益的是这个问题——我们的商业应该被垄断巨头所控制，还是应该受到交通运输公司彼此竞争的刺激，从而蓬勃发展?"[4]《纽约先驱论坛报》的詹姆斯・戈登・贝内特当时也支持这个论调，虽然后来他会发现

---

〔1〕 *New York Herald*. 3 April 1868.

〔2〕 Charles Francis Adams and Henry Adams. *Chapters of Erie*. 51.

〔3〕 Ibid. 50.

〔4〕 *Commercial and Financial Chronicle*. 7 March 1868.

自己并不想待在杰伊·古尔德的队伍里,他当时写道:“显然,让任何一方控制伊利铁路、纽约中央铁路、哈德逊河和哈莱姆,都是和公众的利益相悖的。这样的垄断将让他们能够在法律严格规定之外的所有情况下,对运费费率为所欲为,后果不堪设想。”[1]

随着报纸论调和公众情绪都转向对伊利帮有利的一边,参议院投票结束4天后,范德比尔特突然停止了所有的游说和贿赂,有些人以为这是他的战略撤退。结果仅仅一天之后,在4月20日星期一那天,奥尔巴尼发生了翻天覆地的变化。《纽约先驱论坛报》的记者是这样写的:“10:00之前,古尔德还在德拉文酒店的57号会客厅里滔滔不绝地演说着。而10:00之后,据说投票的价格突然暴跌。那些之前开价5 000美元每票的议员现在只要100美元就谢天谢地了。可是伊利金库的大门已然关上,因为再无必要。”[2]下午晚些时候,众议院在对范德比尔特的狂怒中迅速通过了《伊利草案》,他的突然撤退导致这些人损失了上千美元,投票的结果是101∶5,101人反对范德比尔特。

密切关注这些的人都在好奇,为什么古尔德对这突如其来的轻松胜利一点也不开心。关于古尔德和菲斯克当时是否意识到德鲁(他一方面厌倦新泽西,另一方面也很恼火古尔德的排挤)和埃尔德里奇的波士顿集团(它其实对不会直接影响自己公司财富的事情漠不关心)此前在和范德比尔特秘密磋商,我们没有确切的记录。埃尔德里奇、德鲁和范德比尔特的和解最终在周日下午于曼哈顿俱乐部结束,而这一消息肯定在当天晚间或周一早上传到了古尔德耳朵里。

埃尔德里奇集团、德鲁和范德比尔特达成了三项关键协议。首先,范德比尔特最近买入的大部分股票都会被买回,价格大约和他买入的价格持平;其次,范德比尔特的侄子弗兰克·沃克和其他在德鲁的联合坐庄中惨遭损失的人得到全额补偿;最后,德鲁将从伊利的未来管理中抽身。这最后一项对老人来说并不是什么问题,他已经被古尔德和菲斯克从公司管理中孤立了出来。

而伊利的另外两位关键人物则没有留下什么有关他们面临的麻烦的信息。事实上,纽约法庭当时仍然在试图拘捕他们。他们最终在5月的一个清晨,在众议院通过《伊利草案》大约1周半之后,出乎意料地来到了范德比尔特位于华盛顿广场10号的曼哈顿庄园。1869年,菲斯克在调查伊利铁路争夺战的纽约州

---

〔1〕 *New York Herald*. 21 March 1868.
〔2〕 Ibid. 21 April 1868.

众议院委员会出庭作证时，他回忆说当他们不请自来地出现在范德比尔特家时，古尔德"想等到'船长'起床，但我按响了门铃，门一开我就冲到了他的房间里。'船长'坐在床的一边，一只脚穿上了鞋，一只脚还没有。"（此时，尴尬的古尔德小心地在范德比尔特楼下的会客室里徘徊。）菲斯克在范德比尔特的卧室里来回踱步，要求范德比尔特停止巴纳德法官及其手下的行动，而范德比尔特则要求菲斯克和古尔德加入德鲁和埃尔德里奇，以"体面的方式"赎回他的大量伊利股票。菲斯克回忆说："范德比尔特说我必须面对现实——我就站在那儿，而他的手下们会继续穷追不舍，还说如果他撤回了那些人，而我们还是不把他手上的股票赎走的话，他就是大傻瓜。我说我要是买的话我就是大傻瓜。他说他是自食其果，但除非他得到他要的和解，否则那些诉讼永远也不会被撤销。"面对范德比尔特的威胁，菲斯克不得不对他的大部分条件点了头。"（和解达成之后）我说这是一次全方位的抢劫，我们把自己卖给了魔鬼，古尔德也是同样的感受。"[1]

就这样，菲斯克和古尔德最后从他们的冒险中几乎颗粒无收。然而德鲁、埃尔德里奇和范德比尔特却似乎心照不宣地向这两人各自捅了一刀。6 月初，埃尔德里奇本该和古尔德、菲斯克两人见面，但他最终没有出现，于是这两个人直接去了附近法官爱德华·皮尔庞特（Edward Pierrepont，很快会被格兰特总统指定为美国司法部部长）的家，因为华尔街传闻说伊利董事会和他的秘密会面正在进行。他们闯入皮尔庞特的秘密会客室，发现德鲁、埃尔德里奇、沃克和伊利董事会剩下的所有人正在和范德比尔特完成协议的最后内容，这份协议把蛋糕分得干干净净，没有半点留给这 2 个不速之客。

通过各种或明或暗、或大或小的协商，以及几乎称得上是威胁的一些法律操作，菲斯克和古尔德拼命为自己争取到了最大的利益，虽然不多，但聊胜于无。根据最终的协议，范德比尔特将以 70 或 80 美元不等的价格将手上的 5 万股伊利股票脱手，这些钱将以 250 万美元的现金和 125 万美元面值的波士顿—哈特福德—伊利铁路债券支付。范德比尔特还另外得到了 100 万美元，用于购买另外 5 万股伊利股票的 4 个月看涨期权，以及伊利董事会的两个席位。（在那之后的几个星期里，这 10 万股股票在维持价格的前提下被慢慢放入市场。）已经不再担任财务主管的德鲁从伊利董事会辞职，支付了 54 万美元来平息针对他的所有

[1] Henry Clews. *Fifty Years on Wall Street*. 134.

官司。埃尔德里奇的波士顿集团也从董事会中辞职，付出了 500 万美元面值由伊利铁路承兑的波士顿—哈特福德—伊利铁路债券。弗兰克·沃克和理查德·谢尔各自收到了 464 250 美元，这是他们在德鲁德联合坐庄中所损失的钱。

一切尘埃落定，伊利事实上只剩下了一个空壳。新产生的 900 多万美元债务，流通股票总价值 2 100 万美元，为数不多的有形资产和糟糕的名声，这就是伊利的全部。一名记者这样写道，大战的末等奖最终落在了两个策划这一切事件且似乎没那么聪明的两个年轻人头上。谈判最后，古尔德成为财务主管和董事会主席，代替了埃尔德里奇的职位。他上任做的第一件事就是任命菲斯克为财务主管，并组建了一个由他自己、菲斯克和伊利首席顾问弗雷德里克·雷恩(Frederick Lane)组成的新执行委员会。

再也没有人羡慕古尔德了。伊利看上去已经无药可救。但 32 岁的古尔德对铁路公司的所有权却牢牢保住了。古尔德拥有的伊利股票数额不够让他保住自己的位置，10 月份的新董事会选举都可能让他就此出局。而就算他保住了那个位置，他又到底能管理些什么呢？“说真的，伊利什么也没剩下了。”德鲁告诉范德比尔特。[1]

---

[1] Edward Harold Mott. *Between the Ocean and the Lakes: The Story of Erie*. 161.

第十七章　无耻的流氓

杰伊·古尔德在伊利最有价值的收获是 34 岁的意大利移民和前水手乔瓦尼·帕提纳科斯·莫罗斯尼(Giovanni Pertinax Morosini)。他声称自己出身于威尼斯一个古老杰出的经商家族。1850 年来到美国后,这位身体健壮、聪明机灵的水手莫罗斯尼在一艘帆船上工作了 5 年。随后,他的命运发生了转变。1855 年夏天的一个夜晚,他偶然在纽约南街的海滨发现几个恶棍正在殴打一个西装革履的年轻人,他上前救下了那个年轻人——伊利公司一名管理人员的儿子。作为感谢,他被招进伊利公司做审计员。接下来的 13 年里,莫罗斯尼凭借着自己的智慧和勤奋,一路升到了助理审计官的职位,其间他也结婚组建家庭,在布朗克斯的河谷区建立了自己的房地产事业(埃尔姆赫斯特)。他的业余爱好是收集中世纪盔甲、佩剑和金币。[1] 这就是当古尔德开始掌握伊利公司时莫罗斯尼的情况,古尔德自己白手起家,对其他白手起家的人自然地感到信任,比如莫罗斯尼。古尔德迅速开除了莫罗斯尼长期的上司(德鲁的亲信),让莫罗斯尼成为执行审计官,并在几个月后正式任命。很快,莫罗斯尼成为古尔德的秘密秘书、保镖和兼职经纪人,同时也是古尔德家族忠实的朋友和盟友,甚至杰伊死后都是;当然,他从两人的交往中获得了不少利益。(直到今天,1908 年去世的

[1] 莫罗西尼的一些作品现在被收藏在大都会美术馆中,由他的女儿茱莉亚在 1932 年捐赠。

莫罗斯尼仍然和古尔德很近——他在伍德劳恩陵园的墓地几乎和杰伊的一样精致。)

成为审计官后,莫罗斯尼发现他的审计工作相当复杂。据菲斯克回忆,他和古尔德回到伊利办公室后,首先发现的就是"落满灰尘的金库"。[1] 为了恢复公司的经济,古尔德一整个夏天都在和同伴们紧急印制债券,他们总共创造了2 000 万美元的可转换债券,并将它们立刻变成了股票。《商业与金融纪事报》写道:"这 2 000 万美元的股票和另一家公司(BH&E)的 500 万美元债券没多大区别,这些股票的收益由伊利公司保证,伊利公司会修建新的铁路、对现存的铁路做一些无关紧要的改进和日常维护,这些费用都包含在伊利的日常盈利之中。"[2]最后,虽然古尔德的确重振了伊利的经济,但这种恢复是建立在股票持有者损失基础上的,他们眼睁睁地看着新股票的发行让他们手头的股票价值下跌了超过三分之一。(在新股票发行前,6 月的伊利股票价格在 70 美元左右,而等到 8 月底,伊利股票的价格只勉强停在 44 美元。而在此期间,菲斯克和古尔德都选择了减持自己的伊利股票,大赚了一笔。)

古尔德当时还在悉心准备 10 月的伊利董事会选举。整个 9 月,他用伊利的钱收买了一些代理投票权,还利用职权从 8 月 19 日就关闭了伊利股票的转让登记,而正常来说,在年度选举前一个多月就关闭有些为时过早。而人们也并不惊讶,在 8 月 19 日那天,大多数新印制的股票(数量足以控制选举)都出现在了亲古尔德的经纪人账上。于是在 10 月 13 日这天,伊利选出了实际由古尔德亲自挑选的一届董事会。新成员们包括古尔德的姐夫小丹尼尔·S. 米勒、博斯·特韦德和坦慕尼的财务主管彼得·斯维尼——巴纳德法官最近指定的伊利名义接管人。通过招募范德比尔特的前盟友特韦德并送给他一些股票,古尔德也收获了特韦德的团队,包括曾经讨人厌的巴纳德法官,但他现在已经俯首听命。亚当斯兄弟对此是这样评价的:"巴纳德法官的怒吼渐渐平息下来,变成一只温柔的咕咕叫的鸽子,最后彻底陷入了沉默。"[3][此后不久,古尔德和菲斯克甚至将伊利由著名艺术家哈斯佩尔·弗朗西斯·克罗波西装饰的最新的火车命名为乔治·C. 巴纳德。]

---

〔1〕 George Crouch. *Erie Under Gould and Fisk*. New York: Privately printed. 1870.

〔2〕 *Commercial and Financial Chronicle*. 31 October 1868.

〔3〕 Charles Francis Adams and Henry Adams. *Chapters of Erie*. 41.

按照预想,新董事会将古尔德、菲斯克和雷恩选入了执行委员会,古尔德为主席,菲斯克是财务主管和首席运营官,雷恩做顾问。董事会还通过了古尔德提出的一项有关伊利规章制度的关键改变。从那之后,伊利的股东必须出席每届年度董事会选举,才可以参与投票。代理投票不再可行的这项新举措实际上让身在国外的一些伊利大股东失去了在董事会中的权利,这也意味着古尔德今后不必花太多力气,就可以保证选举在自己的意愿下顺利进行。10 月 13 日晚上,古尔德兴高采烈地回到了他位于第十七街的家中,而菲斯克则兴高采烈地回到了他的情妇身边。菲斯克当天早上曾给他的情妇写过一张纸条:“特韦德和雷尼今晚六点半和我们共进晚餐。一切都进行得非常顺利。我们都安全了。6 点见。”[1]

古尔德此时的确拥有极大的安全感,这也是他一直所习惯的,但他意识到自己此刻的地位可能比他曾寻求的更高、更有权力。他和菲斯克又联系了他们过去的导师德鲁,向他提出了他们的想法。“巨熊”会希望怎样参与这终极的、规模空前惊人的捕熊陷阱呢?多年之后,亨利·克卢斯这样评论道:“如果德鲁带着他热爱的圣经和赞美诗集退休回到普特南郡宁静可爱的一个小地方去,他本可以靠自己剩下的几百万美元在对宗教的信仰中安度晚年。然而,他被某种潜伏的神秘力量所诱惑,成为它强大咒语的牺牲品。”[2]疯狂抛售和卖空行为已经成为他的本能,它们的诱惑力和所带来的肾上腺素让德鲁难以抗拒。除此之外,古尔德大胆的提议的确令人激动。德鲁可能是被这个计划的最终成果强烈吸引,他把它看成能与自己漫长生涯所相称的、奥林匹克式的奖杯。

古尔德计划的一场大戏不仅事关华尔街,也事关伦敦的伦巴第街,还有欧美两大陆所有的现金市场。简单来说,古尔德的计划就是在那个秋天限制美国的现金供应,促使利率上升,从而让股票的价格迅速下跌(包括伊利股票在内)。伊利的金库里存放着 1 000 万美元的现金储备,这是古尔德开始限制美元市场的好开始。秋天本来就是华尔街现金相对缺乏的时段,因为在收获之后,大量的现金被源源不断地取出用于支付给农场主。为了保证这 1 000 万美元的储备,古尔德写了伊利股票的支票并拿去银行验证,确保银行必须将这些现金保存在金库中。为了让现金储备更牢固,杰伊也把这些支票拿去别的银行,作为抵押物来

[1] W. A. Swanberg. *Jim Fisk: The Career of an Improbable Rascal*. 74.
[2] Henry Clews. *Fifty Years on Wall Street*. 141.

从中借得更多的现金，把它们存在金库里。与此同时，这位过去的木偶操纵大师德鲁被要求向一个联合坐庄资金池（由古尔德领导）中投入 400 万美元的现金，其目的就是在不可避免的债券票面利率的上升后，在熊市中做空伊利的股票。

古德尔也丝毫没有要将自己的计划秘密化的意思。当时《商业与金融纪事报》的一名记者这样写道："金融市场上有投机操作正在蠢蠢欲动。这家公司不仅拥有巨额的私有资本，还控制着一条重要铁路数百万美元的资金，它已经从各个银行取出了至少 1 000 万美元的现金储存起来——有些人甚至估计这一数额已经达到了 1 500 万美元。除此之外，这家公司还在秘密进行着许多其他道德观念薄弱的疯狂操作，具体的计划目前还不甚清楚，但它很可能将给股票持有者和公众对公司管理的信心带来超乎想象的威胁。"[1]

股票市场应声下落，伊利的股票价格降到了 38.5 美元。

至于德鲁，他很快意识到自己不能接受让别人来指导——想想看，他教了古尔德那么多诡计，而他正领导着裹挟了自己 400 万美元的联合坐庄，里面还有许多曾被他设计抢劫过的参与者。但不可否认的是，当德鲁在 11 月上旬突然要求收回他的全部资金时，古尔德和菲斯克感觉自己被利用了。然而，当原本的 400 万美元只被退回 300 万美元时，德鲁也觉得自己被利用了，尽管古尔德宣称这 100 万美元是因为市场时机而产生的——在非常规时间提取现金会造成额外费用的确是一个事实。11 月 12 日，希望找回自己那 100 万美元并顺便多捞一笔的德鲁卖空了伊利股票（以 38 美元每股的价格卖出了 7 万股），准备进一步打压股价，他认为古尔德和菲斯克还没有完成收紧美元市场的行为，而伊利股票（以及整个华尔街）在古尔德释放出美元储备之前还有很多价格下跌空间。

德鲁的暗箱操作很快惹恼了古尔德和菲斯克。作为反击，他们决定加快操作，给德鲁来一场现金雨。德鲁卖空自己伊利股票的第二天，伊利股票的价格降到了 35 美元，看起来一切都很顺理成章。然而这一天，古尔德很可能取消了联合坐庄的"空头"，因为之后一天，11 月 11 日星期六，古尔德和菲斯克释放了他们的现金储备。到了第二个周末，交易时间缩短的常规交易所（Regular Board）的全部交易中伊利占了日成交量（8 万股）的一半，而它的价格则稳定地恢复到了将近 52.5 美元。[2]

---

[1] *Commercial and Financial Chronicle*. 14 November 1868.

[2] Edward Harold Mott. *Between the Ocean and the Lakes*. 161.

面对这毁灭性的局面，德鲁必须得重新审视自己的选择。星期六下午，他给自己曾经的伙伴奥古斯特·贝尔蒙特(August Belmont)打了个电话。这位受人尊敬的普鲁士后裔比古尔德大 20 岁，被称为“第五大道之王”，个人拥有 4 000 股伊利股票。更重要的是，贝尔蒙特是很多英国、法国和德国客户(包括罗斯柴尔德家族)的代理商，他们都卖空了自己的伊利股票。贝尔蒙特显然是最近感到被古尔德的所作所为所中伤的人之一。在过去几周，古尔德始终在做市场空头，贝尔蒙特的股票价值缩水了一半。而现在，随着古尔德释放现金并推高伊利股票的价格，贝尔蒙特和他代理的许多欧洲投资者都陷入了走向毁灭的绝望情绪。令他更加沮丧的是，他的远方客户希望用来履行合约的股票凭证实际在一艘开往纽约的慢船上，这艘“俄罗斯”号蒸汽船在 11 月 23 日才会到达曼哈顿。(古尔德特意将很多股票凭证转移到了欧洲，包括特殊制作的 10 股票据，就是为了让那些在他放出现金后会非常需要这些票据的人得不到它们，这样市场价格会进一步上涨，他也可以从囤积伊利股票中斩获大量的利益。)

在德鲁的要求下，贝尔蒙特决定告古尔德和菲斯克违法，并要求法院指定一个人选来接管伊利。德鲁保证对此进行支持，甚至起草签署了一份宣誓书，详细写出了他知道的、伊利最近的所有操作——但他实际上知之甚少。但可以肯定的是，在这件事中德鲁就是一个双面间谍，他唯一的信仰就是他自己的利益。德鲁把他的宣誓书从贝尔蒙特那里拿走，声称自己还需要读几遍、改一改措辞。然而第二天(星期天)，他就直奔西杜安街的伊利办公室，接近菲斯克和古尔德。

根据菲斯克的描述，德鲁哭着寻求保护(他希望得到一份利率仅为 3%的贷款来补偿他做空的股票)，并乞求两个年轻人印制新的可转换债券，让债券市场有些起色。当菲斯克冷酷地告诉德鲁说他“应该是最没有资格抱怨自己在伊利的处境的人”，于是德鲁“开始解释法庭可能会采取的某些措施，宣称自己已经打入了敌人内部”。菲斯克记得，接下来德鲁开始了自己的威胁：“你知道的，过去我们所有的斗争里我从来没有给过任何宣誓书，但我发誓，如果这次你不帮我，我会拼上一切毁了你。”最后，不同于面对老德鲁心软的范德比尔特或者贝尔蒙特，菲斯克和古尔德没有任何动摇。“我被毁了。”德鲁叹息着离开了伊利，但他没有意识到他所说的话也是对菲斯克和古尔德即将面对的一切的警告。[1]

---

[1] *New York Times*. 19 November 1868.

周一，曾经在伊利案中代表范德尔比特的同一批律师，也是贝尔蒙特现在的律师，拿着德鲁德的宣誓书和其他证据来到纽约高级法院德苏瑟兰(Sutherland)法官面前，要求法院指定一个人接管伊利公司。然而在苏瑟兰做出任何裁决之前，他发现在另一个和伊利有关的案子中，杰伊·古尔德已经被指定为伊利的接管人。

那天早些时候，古尔德、菲斯克、雷恩和莫罗斯尼带着查尔斯·麦克因托奇(Charles MacIntosh)拜访了巴纳德法官，这最后一个人是伊利哈德逊轮渡的实际控制人，也是伊利的小股东。一名生气的《纽约时报》记者后来写道："阴谋家的操纵手段反应敏捷、千变万化。查尔斯·麦克因托奇，伊利公司的一个小轮渡代理商，负责在巴纳德法官面前就少数股东权益提起诉讼，他赞扬公司的'管理层'，宣称公众在给已经发行或将要发行的股票找麻烦，毫无理由地扰乱这些政策，还说让股票保持原来的样子最好……说真正的解决办法就是让不公正情况的始作俑者成为接收人，让他的合伙人继续掌握权力，说他们是自己将诉状送到巴纳德法官面前的，说贝尔蒙特和其他所有人都应该被禁止在任何地方上诉；说其他法官都有别的官司在进行，而这位轮渡代理人、杰伊·古尔德先生、小詹姆斯·菲斯克先生和巴纳德法官，加上出谋划策的伊利铁路顾问雷恩先生，他们全程参与了这件官司的事务！如果有什么比麦克因托奇诉讼的大胆宣誓和无耻计划更甚的，那就是巴纳德对此的迅速回复了吧。"[1]

与此同时，德鲁手上的合约都在迅速到期，而伊利股票的价格则继续稳步上升。周三收盘时每股价格接近58美元，到了周四早上已经达到了62美元，虽然那之后它有小幅的下降。这样，德鲁基本会在自己买入的股票上每股损失超过20美元，然而他急需的另外7万股凭证，还在俄罗斯号上，在茫茫大海中。这个时候，仿佛是为了进一步置德鲁于死地，新指定的公司接收人杰伊·古尔德突然宣布怀疑去年夏天由伊利董事长杰伊·古尔德发行的股票合法性。于是周三下午，巴纳德法官授权接收人古尔德以不超过票面价值的价格购买20万股新股。[2] 巴纳德还允许古尔德使用公司资金来完成这桩法院指定的囤积行为。

---

[1] *New York Times*. 23 November 1868.

[2] 对于债券，票面价值是发行人同意在到期日支付的金额，也称为债券的到期价值或票面价值。对于普通股，票面价值是公司章程规定的任意金额。票面价值对证券的实际市场价值几乎没有影响。然而，对于优先股和债券来说，这一点很重要，因为优先股的股息和利息通常是基于每一次发行的票面价值。例如，8%的债券是一种承诺，每年支付债券票面价值的8%。

(虽然纽约州法律禁止铁路公司管理人员使用公司的资金来购买公司的股票，法律对于接收人，也就是法院工作人员的规定则相对模糊。)

古尔德还是下错了一步棋，他忽视了华尔街如星云般难以预测的一群人，那就是小投资者们。虽然很多大股东在欧洲(还有一些在那艘不知猴年马月才能到达的俄罗斯号上)，伊利股票的散户其实在纽约、甚至在整个美国都仍然数量颇丰。考虑到小额伊利股票的存在，当古尔德和菲斯克压低伊利股票的价格被各大报刊一五一十地记录了下来，他们无意中造成了工薪和中产阶级投资者都在伊利股票价格的低谷，即大约 30 多美元时，减持了伊利股票。现在，当古尔德和德鲁进行股票大战时，那些诸如糕点师、卡车司机、银行职员之类的散户，纷纷将手中的股票卖了出去。到了星期四晚些时候，德鲁已经收集了足够抵补其空头头寸的股票，每股价格平均在 57 美元左右，这样他就一共损失了将近 130 万美元。同时，古尔德和菲斯克以相似的价格买下了他们所能买到的所有股票，只为不让德鲁脱险，让他付出越高昂的代价越好。周五，古尔德和德鲁都停止了买入，伊利股票的价格立刻跌到了 42 美元。

这次事件的最终结局，就是古尔德和菲斯克这两个精明的无耻之徒面对一位老人的崛起：他们是唯一的两位曾打败过丹尼尔·德鲁的人，尽管他们也付出了代价。同时，菲斯克和古尔德也得到了华尔街众多小玩家的喜爱：他们可是从中凭空发了财。当时，大多数报纸对古尔德更感兴趣而非蔑视或愤怒。仿佛让德鲁这样的人陷入不幸并不是真正的罪行，尤其是这个陷害德鲁的过程让许多的小投资者获得了利益。到了 1868 年 11 月中，古尔德的名字不仅在金融圈内广为人知，更在媒体上声名赫赫，然而他的名声很快就要走向负面了。

《纽约先驱论坛报》的记者小詹姆斯·戈尔登·贝内特对古尔德的囤积行为既不满又嫉妒：“过去这个月的投机活动规模在华尔街，甚至在别的地方都是前所未见的。上百万的美元就好像几千块钱一样遭人玩弄，而他们不惜一切、胆大包天的操纵资本的手段，更是让公众惊讶得合不拢嘴。”[1]

贝内特还说，伊利帮的操作正是一种金融大师风范的体现。“无论他们的计谋多么的令人质疑，他们的技巧和成功彰显着拿破仑般的天赋。”[2]《商业和金融纪事报》的一名作者则指出，问题不在于那些玩弄资本的人身上，而在于被这

[1] *New York Herald*. 18 November 1868.
[2] Ibid. 19 November 1868.

些人所利用的法律:“公司利益监管方面的法律非常缺乏。”古尔德和菲斯克的所作所为绝对合法。而这种聪明人通过滥用不到位的法律来获得短期利益的行为,在当时“毫不新鲜”。[1]

◇ ◇ ◇

德鲁写道:“胜利者得到了偏爱,但他们也为此付出了高昂的代价,胜利的时刻也把他们推向了毁灭的边缘。他们以‘囤积’价格买下了伊利,他们必须对这个没人要的伊利负责。”[2]的确,整个华尔街都对伊利厌烦不已。大概两个星期前,10 月底的时候,一些华尔街的交易人去办公室拜访古尔德,抱怨伊利股票的不景气。由于在外流通的伊利股票数目不明,发行新伊利股票的可能性同样不明,他们几乎不可能用伊利股票作为抵押去借贷,或者以保证金的方式买入股票。对此,古尔德宣称伊利在外流通的股票价值大约为 3 950 万美元,还说会有更多的债券和股票可能会被兑换,以在必要的时刻保持阵线,不让伊利落入范德比尔特之手。

亚当斯兄弟写道:“相当无耻,可是他们的无耻非常具有迷惑性,甚至让听众和一些媒体相信他们应该对此表示支持。古尔德告诉这些人,他如何在正确的时候发行一定量的股票,让他能够独自掌控大局……最奇怪的是,他的听众们从来没想过,提出这些好笑的诡辩的人只是股票持有者的托管人和保护者,而不是一个做公益的,并且伊利铁路的拥有者们大概也不想花自己的钱,只为保护所谓的竞争。”[3]

---

〔1〕 *Commercial and Financial Chronicle*. 31 October 1868.
〔2〕 Henry Clews. *Fifty Years on Wall Street*. 144.
〔3〕 Charles Francis Adams and Henry Adams. *Chapters of Erie*. 71.

第十八章　全美最聪明的人

11 月底,贝尔蒙特的苏瑟兰法官和古尔德的巴纳德法官以完全相反的命令站在了彼此的对立面,准备好一场战斗。24 日,“俄罗斯”号终于抵达了纽约港口,巴纳德法官指定古尔德为伊利接收人的命令被苏瑟兰法官宣布延续,后者还发布了另一个法令解释为什么此项命令不应该被撤销。仅仅一天之后,他又撤销了巴纳德的命令,将伊利的接收人指定为退休法官亨利・E. 戴维斯(Henry E. Davies)。这项命令发布几个小时之后,戴维斯和另一位前法官诺亚・戴维斯(Noah Davies)以及前伊利顾问 D. B. 伊顿出现在伊利的办公室里。尽管伊利高层已经下达命令不为任何人开门,一名不知情的前门员工却把他们放了进去。戴维斯正好撞见惊恐的古尔德和菲斯克及其律师们在办公室里缩成一团。菲斯克迅速找了个借口离开了房间,但是很快带着汤米・林奇(Tommy Lynch)和 10 个“面相不善的”爱尔兰人回到了办公室,菲斯克告诉戴维斯说他们会很乐意在菲斯克或古尔德的指示下护送他离开。(这些“伊利恶棍”由泽西城伊利终点站附近一家生蚝店的老板林奇带领,他们不久之后成为伊利办公室的常驻人员。[1])

绅士的戴维斯立即对菲斯克戏剧性的语调表示抗议,而古尔德则迅速为他

---

[1] *New York Herald*. 26 November 1868.

的同伴的威胁道歉。这时,古尔德交给戴维斯一纸由高级法院法官阿尔伯特·卡尔多泽(Albert Cardozo)发布的命令,这位法官是纽约城一个有名的西班牙犹太人家族后裔,也是未来的美国最高法院大法官本杰明·卡尔多泽(Benjamin Cardozo)的父亲,他下令撤销苏瑟兰的命令。和苏瑟兰和巴纳德一样,卡尔多泽法官是当时在曼哈顿的五位纽约高级法院大法官之一。但戴维斯很快注意到,卡尔多泽的命令是 11 月 24 日发布的,其实它的发布要早于苏瑟兰法官的命令。当戴维斯对此提出异议时,伊利的顾问雷恩事实上同意他的观点,但在林奇和他的小队的虎视眈眈下,雷恩还是设法说服戴维斯把对伊利的接管推迟到那一周的周五,即 27 日。可到了周五,戴维斯发现整个伊利公司“大大增强了安保,而他在外面来回游荡,始终无法进去”——亚当斯兄弟是这样描述的。[1]

与此同时,古尔德和菲斯克还在担心比贝尔蒙特更棘手的麻烦。伊利铁路争夺战的两个赢家里面,他们和德鲁已经打了个平手,接下来他们要对付的就是另一个人了。12 月初,他们的反范德比尔特运动稍微消停了一会儿,菲斯克(在古尔德的同意下)来到范德比尔特家拜访。和菲斯克同去的还有律师托马斯·谢尔曼,他在布鲁克林比彻教堂兼任主日学校教师,有着无可挑剔的声誉。那天下着暴风雪,这两个人从伊利办公室一路来到范德比尔特位于华盛顿广场 10 号的住处,菲斯克用一个旅行袋带着 5 万股伊利股票。一进屋,他就把旅行袋丢在了范德比尔特的脚下,他后来回忆说:“我当时就告诉‘船长’,我是来卖这 5 万股股票的,还要他还给我们当初付的钱和股票。”[2]简单来说,菲斯克的要求是以 70 美元每股的价格卖掉当时流通价格只有 40 美元每股的伊利股票。而且范德比尔特当时正好是完全不想染指伊利股票的时期。当然了,菲斯克毫不惊讶范德比尔特会这样回答他,而他后来也把这个回答告诉了所有的记者。第二天,也就是 12 月 6 日的早上,新的报道纷纷出现,有些文章详细描述了范德比尔特和伊利的赎回交易,还说他接受了 100 万美元的补偿,放弃了所有法律诉讼。

正如古尔德和菲斯克所预测的那样,范德比尔特对这些报道大为光火,做出了不理智的举动。范德比尔特给《纽约时报》写了一封措辞鲁莽的信,他在信中干巴巴地否认了第一次伊利铁路争夺战中他们达成的协议:“我和伊利铁路公司没有达成任何协议,我也没有卖给他们任何股票或收取他们的补偿。至于麦瑟

---

〔1〕 Charles Francis Adams and Henry Adams. *Chapters of Erie*. 84.
〔2〕 Henry Clews. *Fifty Years on Wall Street*. 140.

斯·谢尔(Messrs Schell)和其他人提起的诉讼,它们和我一点关系都没有,我对这些诉讼的结果也毫不关心。"[1]没过几天,菲斯克快活地给《纽约时报》写了一封信,附上了由范德比尔特签名的支票的复印件。看起来,一个署名为'C. 范德比尔特'的人从伊利公司接受了 100 万美元,可是范德比尔特先生却没有为此多做任何事情,除了放弃了他所谓没有控制权的诉讼。所以,看起来范德比尔特先生有很多东西要解释,不然伊利铁路公司的股东们肯定会觉得他涉嫌巨额诈骗。"[2]

12 月 10 日,范德比尔特再次拒绝了古尔德和菲斯克的购买提议,伊利铁路起诉范德比尔特违约。这个官司的目的并不是真的拿回他们的钱,而只是让范德比尔特难堪,它最终当然也是被搁置了。被惹恼但也不得不对古尔德服气的范德比尔特告诉一名记者,他觉得那个年轻人(古尔德)是"全美国最聪明的人"。[3]

◇ ◇ ◇

在 1868 年 12 月前不久,詹姆斯·菲斯克买下了纳拉甘塞特轮船公司(Narragansett Steamship Company)的大多数股票,这是一家在芒特霍普湾的曼哈顿和马萨诸塞州福尔河镇之间运营蒸汽船"天赋"(Providence)和"布里斯托尔"(Bristol)的小公司。由于这家企业的关系,菲斯克拿到了一件海军上将的制服,他还穿着它得意扬扬地拍了几张照片。那之后没多久,菲斯克又买下了位于第五大道和第二十四街的布拉夫曼剧院(Broughman's Theater),将它改名为第五大道剧院(Fifth Avenue Theater),用于承接克里斯蒂·敏斯特尔(Christy Minstrel)和其他喜剧、滑稽剧的表演。菲斯克还短租了第十四街上的音乐学院,尝试在那里上演歌剧,但是失败了。12 月,他说服古尔德和他合伙买下了派克歌剧院(Pike's Opera Houck)。这座位于第二十三街和第八大道西北角的建筑同年由塞缪尔·N. 派克(Samuel N. Pike)斥资 100 万美元建成。它的位置相对于曼哈顿大众常去的剧院较远,因此对于派克来说利润并不高,于是他将剧院以 82 万美元的价格卖给了菲斯克和古尔德。

---

[1] *New York Times*. 7 December 1868.
[2] Ibid. 11 December 1868.
[3] Richard O'Connor. *Gould's Millions*. 64.

这对伙伴以个人名义买下了那栋建筑，将它改名为大剧院（Grand Opera House），两个人的投资比各占一半。建筑的高层有不少办公空间，古尔德和菲斯克很快把它装修得富丽堂皇，是菲斯克喜欢的巴洛克式宫殿风格。耗时 8 个月，斥资 25 万美元，古尔德和菲斯克将装潢一新的办公区以每年 7.5 万美元的价格租给了伊利铁路公司。[1]《纽约先驱论坛报》的一名记者参观了这座当时被人们称作伊利城堡（Castle Erie）的建筑，他写道："那里的有些地方，你们一看就会知道这是伊利铁路公司的主办公室。"《纽约先驱论坛报》的这名记者对雕刻的木工、精心上色和切割的玻璃、镀金的栏杆、华丽的暖炉和墙壁及天花板上"艺术性的壁画"都大为赞赏。

虽然古尔德的私人办公室看起来要简约得多，菲斯克的办公室则是一张建在讲台上面的桌子，四周围绕着一圈矮椅子。伊利办公室还设置有独立的供员工吃饭的餐厅，同样装潢得富丽堂皇，厨房里聘请了一位专业的法国大厨。《纽约先驱论坛报》的这名记者还着重描述了伊利巨大的保险柜，它的建成花费了 3 万多美元。"保险柜有 7 层楼高，每层互相不通，但是都建立在坚固的花岗岩底座上，直达大剧院的天花板。就算整个剧院被烧成灰烬，我很确定保险柜都会毫发无损地幸存下来。它被建在剧院内，但和剧院完全没有一点联系。"[2]另一位亲眼见证过这座建筑的人是作家米德·米尼格罗德（Mead Miniegerode），在他眼里，新的伊利总部是"最精妙绝伦的公司大楼——镶金的华丽黑色大理石上，银质的铭牌，深红色的帷幔，有壁画装点的天花板，装饰着女神和丘比特像的盥洗池"。[3] 伊利城堡的地下室里装备着印制新债券和股票的印刷装备。同时，在十字路口东南角的对角线位置就是卡瓦纳格餐厅（Cavanagh' s Restaurant），它是伊利的新盟友、现任董事会成员博斯·特威德最喜欢的去处。

剧院本身的功能倒并没有发生变化，它有 6 个舞台包厢，27 个前排包厢，除此之外还有 2 600 个座位（可移动的座椅让剧院随时可以变成一个舞池）。剧院的舞台长 80 英尺，宽 70 英尺，是曼哈顿最大的舞台。整个大厅的音响效果据说也是世界顶级的。在这座金碧辉煌的剧院里，菲斯克很快开始迎接滑稽剧、音乐

---

〔1〕 大剧院建筑直到 1960 年仍然存在，成为一家雷电华电影院。从杰伊·古尔德时代到被拆毁，大剧院见证了不少伟大的演出，例如乔治·M. 科汉和弗雷德·阿斯泰尔的作品。

〔2〕 *New York Herald*. 18 January 1871.

〔3〕 Meade Minnigerode. *Certain Rich Men*. New York: Putnam. 1927. 201.

剧和歌剧的演出，尤其是这些剧的女演员们有些他很喜欢。最著名的当然是他最亲密的情人曼斯菲尔德。菲斯克把她安顿在西二十三街 359 号的一间别墅里，距离第九大道方向上的剧院只有半个街区之遥，他在那里度过了不少良宵。(他自己的房子离伊利城堡更近一点，在西二十三街 313 号。)菲斯克还在继续购买附近的地产，他甚至购买了一座马厩，用来安置他行驶在曼哈顿大街上的华丽四轮马车(“由四名穿大红制服的手下护送”)的马儿，记者们都戏称他为“伊利王子”。[1]

在放荡不羁、高调铺张的同时，菲斯克对他的慈善事业其实投入颇多。伊利城堡投入使用后没多久，他就指示附近警局的警察们把上门去乞讨食物、煤炭或者借钱的穷人们送到剧院来。菲斯克的私人秘书将这部分开支作为日常开支的一部分，钱从菲斯克自己的腰包里出。(菲斯克还给伊利办公室附近一家艰难度日的黑人教堂捐钱，他收到布拉特尔伯勒一家浸礼会教堂请求捐赠葡萄园栅栏的信，立刻捐赠了 500 美元。在寄过去的支票上他留了这样一句话：“但你们为什么需要一个新的栅栏？在里面的人出不去，而在外面的人也不想进去。”[2])不仅是他的种种善举，在很多其他方面也是，菲斯克似乎和他的挚友兼伙伴古尔德彼此迥然不同。威廉・富勒(William Fowler)当时是这样写的：“杰伊・古尔德是小詹姆斯・菲斯克的补充和陪衬。古尔德身材瘦小，蓄着深色胡须，一双眼睛不大但明亮，头脑清醒睿智。他擅长计划部署，如果说他是负责思考的人，那菲斯克就是负责行动的人……古尔德是把手放在引擎操纵杆上的工程师，菲斯克则是四轮的动力，是发动机里冒出的浓烟，是汽车前灯的强光，是火车尖锐的鸣笛。”[3]

古尔德对伊利办公楼大厅里大排长队的乞讨者们并不反感，他也是这样容忍着菲斯克的其他所作所为。莫里・克莱因写道：“古尔德和伊利的其他人……走过剧院的地毯时，他们像在妓院里的僧人一样不安。看到菲斯克在曼斯菲尔德身边，快乐地举办着一个又一个招待特威德、巴纳德和其他政治人物的以香槟和扑克为主角的晚宴，古尔德和其他人畏缩不已。”[4]但是杰伊仍然对菲斯克

〔1〕 Allen Nevins and Milton H. Thomas, eds. *The Diary of George Templeton Strong*, Vol. 4. 340.

〔2〕 W. A. Swanberg. *Jim Fisk*. 117.

〔3〕 William W. Fowler. *Ten Years on Wall Street*. 483.

〔4〕 Maury Klein. *The Life and Legend of Jay Gould*. 92.

非常忠诚,后者完成了两人合作中绝大多数的社会和公共关系工作,古尔德的一切计策都由菲斯克在前台进行公关管理。而即便古尔德绝对需要吸烟室里的那帮人——比如特威德和他的朋友们那帮官员,他对这些人也十分反感,因此很高兴有菲斯克打理那些直到深夜的应酬活动。相比之下,菲斯克也比古尔德更懂得与媒体打交道,他能够和那些媒体人成为酒肉朋友、保持亲密的关系,而杰伊更愿意每晚守在他的火炉边,和家人待在一起。

到 1869 年初,古尔德不仅有了 2 个分别是 5 岁和 3 岁的儿子,即乔治和埃德温,1868 年 6 月,他还有了一个女儿,取了和妈妈一样的名字。为了避免混淆,他们很早就开始把小海伦叫作内莉,这也成为她日后在古尔德家族中的名字。古尔德夫妇和他们日渐壮大的小家庭依然住在联合广场艾莉的父母家中,杰伊把其中的一个小房间作为自己的私人书房和藏书馆。从那时起,一直热爱书籍的杰伊开始收集古籍,而且他和很多收藏家不同,他会真的去阅读这些古籍。他最钟爱的是自然科学类的书籍,收集了很多诸如托马斯·科尔威(Thomas Kelway)翻译的 1593 年在伦敦出版的欧格尔·费里尔(Oger Ferrier)的《天文学话语习得》(*Alearned Astronomical Discourse*)。[1] 他还收集有关植物学的书,并花了很多时间和孩子们在米勒家后院的小花园里一起打理花草。(当姐姐萨拉去看他们的时候,她觉得杰伊对花园的痴迷是有原因的,她记得小的时候,母亲在罗克斯伯里的农场旧屋附近曾有过一大片花园,只是那时杰伊还很小,已经不记得了。)

◇ ◇ ◇

此时,范德比尔特的纽约中央铁路在进出曼哈顿的火车客运上享有绝对的垄断地位,于是古尔德和菲斯克决定给范德比尔特的铁路纽约客运增加一点竞争。1869 年夏天,随着伊利搬进新的总部大楼,伊利铁路也新买了两艘 176 英尺的渡船,一艘取名为小詹姆斯·菲斯克,另一艘取名为杰伊·古尔德,它们是整点轮渡,穿梭在伊利铁路终点站附近、位于泽西城的伊利港口和西二十三街的港口之间,哈德逊河之上。买了伊利股票的人可以免费乘坐这两艘精美绝伦的船。在曼哈顿停靠后,轮渡还负责免费帮乘客把行李送到西二十三街上,经过大

---

〔1〕 这本罕见而具有高度收藏价值的书,连带着杰伊时间不详的藏书票,近期出现在纽约的一场拍卖中。

剧院直到曼迪逊广场的第五大道酒店。同样,这些买了伊利股票的人也可以搭免费的车从酒店直到港口。(乔治·古尔德日后会记得,在20世纪20年代,他父亲会在周日带他去坐往返的伊利轮渡。由于这两艘船的大会客厅里都有一幅真人尺寸的画像,画中的人当然是船的名字的所有人,因此杰伊每次都会特意坐那艘叫"小詹姆斯·菲斯克"的船,以免自己被人认出来。)

此外,古尔德也在尝试各种其他方法来巩固伊利日渐滑坡的地位,让它重具市场竞争力。为此,1869年的夏天,杰伊准备收购奥尔巴尼—苏斯奎汉纳铁路(Albany & Susquehanna Railroad,下称奥苏铁路)。这条小铁路只有143英里长,从奥尔巴尼的哈德逊河穿越卡茨吉尔山脉一直到纽约宾汉姆顿的苏斯奎汉纳河。(和伊利铁路一样,奥苏铁路是一条6英尺的宽轨铁路,它的设计和完工都是在全美推行更小的"标准轨距"之前完成的。因此奥苏铁路也和伊利铁路一样,最终不得不在宽轨中央加设一条轨道线,使其适应换乘时进入的更窄的标准轨距铁路。比如范德比尔特的纽约中央铁路就是标准轨距。)奥苏铁路只有17辆火车(伊利有317辆)和214节车厢(伊利有6 643节)。但是这条线路不值一提的车流量并不是古尔德关注的重点,吸引他注意的是这条线路和伊利铁路连接的潜力,而一旦这成为可能,伊利就能和纽约中央铁路在通往奥尔巴尼、布法罗和更西部的城市的交通上直接竞争。同时,奥苏铁路在奥尔巴尼的哈德逊河铁路桥也对伊利铁路至关重要,它连接着价值连城的宾夕法尼亚煤场枢纽,直到对煤炭需求量极大的新英格兰。

奥苏铁路由约瑟夫·H. 兰姆斯(Joseph H. Kamsey)于1852年建成,规模不大,但利润可观,直到1869年它都基本掌握在兰姆斯手中。但是,奥苏铁路的14位董事中[以副主席沃尔特·S. 丘尔吉(Walter S. Church)为首]突然有整整一半反对兰姆斯的管理,兰姆斯只好宣布下一轮董事会选举后,其中一半的董事必须离开。丘尔吉于是和古尔德达成协议,计划获得奥苏铁路的控制权。为此,古尔德开始买入所有他能买到的交投清谈的奥苏铁路股票。在此期间,古尔德将股票价格从平均20美元左右推高到了将近100美元,从而保证他和丘尔吉阵营的董事们在股票占有量上总体占上风。

经过一番调查,古尔德发现,之所以奥苏铁路在公开市场的股票流通不多,是因为很多股票被奥苏铁路沿线的市政府所控制。在纽约的法律规定下,这些由市政府掌握的股票要被卖出,必须符合非常苛刻的条件:卖出价格必须高于或等于票面价格，买卖必须用现金支付。虽然古尔德很快成功地以票面价格购买了几百股股票，到 7 月底时，他的股票持有量仍然处于少数，这时他做了一件事，将西卡茨基尔山附近村镇的当地官员们作为伊利的客人带到曼哈顿。古尔德和菲斯克将这些人（他们一共掌握着 4 500 股股票）安置在第五大道酒店，让他们吃大餐，参观伊利的新办公室，然后在 8 月 1 日亮出了他们的提议。提议是这样的：如果这些股权人能够在即将举行的奥苏铁路年度会议上把票投给丘尔吉和古尔德，让伊利获得铁路的控制权，伊利将会以票面价格买下他们所有的股票，这对他们各自代表的政府来说都是一笔巨款。这些当地官员显然谁也没想到古尔德的提议其实在法律上并无执行力，所有人都满意地答应了古尔德。[只有来自奥尼昂塔（Oneonta）的代表头脑还算清醒，他要求伊利在奥苏铁路的年度会议之前购买他政府的股票，而非事后购买。他的坚持让古尔德不得不加快步伐，让这笔交易按时完成，因为奥苏铁路的认股簿应该在 8 月 7 日，也就是 9 月 7 日的年度会议之前 1 个月关闭。]

兰姆斯对这秘密反对他职权的勾结也并不是不知情。兰姆斯是范德比尔特的朋友和盟友，因此他对古尔德和菲斯克抱着强烈的反感，他决定采取措施保护自己的铁路。过去的几年里，根据法律规定，发行了 4 万股奥苏铁路股票。但由于奥苏股票需求较小，投机活动也不多，其中的 1.2 万股股票事实上从未发行。现在，在几个伙伴的帮助下，兰姆斯以每股 100 美元的价格认购了 9 500 股新股，占了总股票额的 10%（95 000 美元），而这钱是他以 15 万奥苏铁路债券作为抵押借来的。因此，奥苏铁路的财务主管用尽了一切办法，推迟将奥内昂塔的 700 股奥苏股票转交给伊利。8 月 3 日，在奥威戈（Owego）的一位高级法院法官命令下，财务主管高兴地拒绝了将那笔转让记录在公司的认股簿上。然而 24 小时之后，托马斯·希尔曼突然闯进奥威戈那位法官的办公室，让他突然同意了取消禁令。又过了一天，希尔曼从巴纳德法官那里又获得一纸命令，要求转让奥内昂塔的股票。保险起见，巴纳德还把兰姆斯在奥苏铁路董事会的职务暂停了。

这时，沃尔特·丘尔吉在计划 6 日早上在某处的会议，在兰姆斯缺席的情况下，他将强制投票解雇财务主管，指定一名新的对伊利公司有利的人选。会议正在进行时，几名兰姆斯的律师打断了会议，他们带着奥尔巴尼州高级法院法官鲁福斯·帕克汉姆（Rufus Peckham，一名未来美国高级法院大法官的父亲）的命令，暂停丘尔吉和另外三名亲伊利的董事会成员在奥苏铁路董事会中的职务。

这个禁令事实上让奥苏铁路陷入了“群龙无首”的境地，因为除去所有被暂停职务的董事会成员，剩下的成员还不够做出管理决策的法定人数。希尔曼听说此事后，联想到最近伊利的斗争，立刻意识到了奥苏铁路此刻最需要什么：一名接管人。6 日下午，在波基普西陪伴在临终的母亲床侧的巴纳德法官，收到了这样一封电报，内容是：“今晚到纽约，只许成功，不许失败。回答请发往西二十三街 359 号。”[1]这是曼斯菲尔德的地址。巴纳德立刻启程前往曼哈顿，母亲在弥留之际，他回到纽约只为了做一件事，那就是指定菲斯克和查尔斯·库尔特(Charles Courter，奥苏铁路董事会的亲伊利成员)为奥苏铁路的接管人。

当天晚上晚些时候，菲斯克乘范德比尔特的纽约中央铁路北上，带着巴纳德的命令、几名律师和保镖。他们在德拉万庄园和库尔特汇合并休息了一夜，他们当时还不知道，兰姆斯的法官，奥尔巴尼的帕克汉姆，已经任命罗伯特·H. 普鲁恩(Robert H. Pruyn，一个当地人，是兰姆斯的追随者)为奥苏铁路的接管人。而当菲斯克和库尔特等人在第二天，8 月 7 日星期六的早上，到达奥苏铁路位于奥尔巴尼河边的办公室时，他们发现普鲁恩已经控制了公司，并且被一干面相不善的铁路工人保护在中间，为首的保镖是奥苏铁路的车间主任约翰·W. 范沃尔肯伯格(John W. Van Valkenburg)。是范沃尔肯伯格让库尔特进入办公室，因为库尔特是公司的董事会成员，范沃尔肯伯格无论如何是不能断然拒绝他的。他坚持让菲斯克和亲信们等在前厅里，每当后者企图进入办公室，范沃尔肯伯格都凭借着人数优势轻松挫败他们的计划。后来，伊利铁路的一名技师假扮成阿尔巴尼的侦探，假装要拘留菲斯克。就这样，他护送着菲斯克一路前往火车站，谁也不知道他根本不是什么执法人员。

菲斯克发电报给巴纳德法官要求他发布更多禁令，然后又回到了奥苏铁路的办公室，不知为何，此时办公室里弥漫着和谐的气氛。兰姆斯的一名律师出现在办公室里时，接管者普鲁恩“表示非常荣幸地将他介绍给小詹姆斯·菲斯克”，这是阿尔巴尼晚报一名记者的原话。菲斯克也相应地赞赏了范沃尔肯伯格做事周到大气，保证只要他愿意，伊利里面总会有他的位置。在那个混乱的下午，“律师们聚集在一起，各方都在努力地保持冷静和亲切友好，并且他们在一定程度上也做到了。时间一分一秒地过去，大家谈着生意、开着玩笑，还有一些私下的请

[1] W. A. Swanberg. *Jim Fisk*. 95.

教”。[1] 后来,巴纳德法官新鲜出炉的法令通过电报抵达,由于它既没有华丽的签名也没有火印,房间里的人们谁也没有把它当作一条毫不含糊的法令,而只是一个接下来可以讨论的话题。巴纳德法官的新禁令取消了帕克汉姆法官指定普鲁恩为接管者的命令,同时禁止无论是普鲁恩本人,还是阿尔巴尼县的警长、警察或铁路公司的任何职员阻碍库尔特和菲斯克的行动。为了确保达到目的,巴纳德向警长下发了一纸协助文书,“命令他在整个县组织地方保安队,在有必要的情况下执行命令”。然而巴纳德的命令似乎并没有操作性,屋里的各方对于此时的僵局也没有看到什么出路。于是大家达成一致,“暂时在桌边休息到明天上午 9:00,每个接管方可以在办公室留下一名个人代表”。[2]

菲斯克于是乘晚班火车回到曼哈顿,和古尔德进行协商。星期天晚上,他又乘船自哈德逊河而上,这回他带来了巴纳德法官正式签署的书面命令。可是兰姆斯在阿尔巴尼当地的支持力量太过强大,城里没有几个人相信菲斯克所说的,如果伊利公司掌控奥苏铁路,阿尔巴尼将更加受益,菲斯克做的一切还是无济于事。根据约翰·斯提乐·戈登(John Steele Gordon)的观察,菲斯克和古尔德在奥苏铁路的计划中其实将阿尔巴尼作为一个重要的中心。“伊利的宽轨距是个重大的缺陷,阿尔巴尼和苏斯奎汉纳的部分都有这个缺陷,(伊利)只能在去往新英格兰的路上在阿尔巴尼卸货,而纽约中央铁路则可以,将来也一定会将阿尔巴尼当成一个无需停靠的中途小站。”[3]戈登这样写道。然而这些有关铁路策略的优秀分析却在短时间内很难被媒体传达到公众中去。

8 月 9 日星期一上午 8:00,范沃尔肯伯格从奥苏铁路的办公室派出信使到宾厄姆顿,传话让火车站站长们忽略有利于伊利的所有法令。与此同时,菲斯克也让巴纳德将法令的复印件发往宾厄姆顿。宾厄姆顿的布鲁姆县警长根据巴纳德的法令采取了行动,在下午 2:00 占领了奥苏铁路的终点站,并扣押了 4 个火车机头中的 3 个,最后一个在此之前迅速逃往了阿尔巴尼方向。半小时后,警长加入了 H. D. V. 普拉特(H. D. V. Pratt,菲斯克最新指定的奥苏铁路接管人,他和老扎多克并无关系)和其他二十多个伊利的技师,登上一列伊利往东穿过卡茨吉尔山脉开往阿尔巴尼的火车。他们动作迅速,企图拿下他们经过的每一座火

---

〔1〕 *Albany Evening Journal*. 7 August 1869.

〔2〕 *Albany Argus*. 7 August 1869.

〔3〕 John Steele Gordon. *The Scarlet Woman of Wall Street*. 246.

车站。而在铁路的另一端，范沃尔肯伯格下令原本奥苏铁路按时刻表行驶的列车全部停运，并派出一辆装载了150个全副武装者的火车，在律师亨利·史密斯(Henry Smith)的带领下向东往宾厄姆顿开去。史密斯的特殊列车也在经过的每一站停车，留下一些守卫来保护奥苏铁路的财产不被伊利的人占领。

两辆列车在班布里奇镇相遇了。史密斯的火车先到。当伊利的火车晚上驶入车站时，普拉特和手下们看到奥苏铁路的特别列车已经在另一侧停靠。简短地停下思考了一阵后，普拉特愚蠢地下达了让火车继续前行的命令。如果换一位更敏锐的指挥者，比如古尔德，他一定可以判断出，伊利火车是在驶向毁灭。一个装在火车轨道上的小装置导致伊利火车脱轨，在原地动弹不得，普拉特随即向史密斯投降，后者的人手于是将伊利火车重新搬回轨道，并护送它回到了阿尔巴尼。听说这一转折，待在德拉万庄园的菲斯克派他的人手去宾厄姆顿准备另一辆火车。这辆火车在8月10日星期二下午带着600个没有充足手枪弹药、只有在附近森林里匆忙收集的棍棒的人出发了。傍晚，在纽约州哈珀斯韦尔不远处的火车隧道中，伊利火车遇到了装载450名范沃尔肯伯格追随者的奥苏火车。

看到奥苏火车缓缓爬上隧道东边的一处陡峭地带，伊利火车停了下来，于是两列火车的碰撞也没有引发多少灾难。碰撞导致了两列火车排障器的脱落，奥苏列车从铁路上部分脱轨，全副武装的范沃尔肯伯格队伍倾巢而出，冲散了挥舞着棍棒的伊利防御者们，后者作鸟兽散、纷纷跑回车上进入隧道，列车保护着他们。几分钟后，奥苏铁路的打手们将自家的火车重新搬回轨道上，在隧道的西端追上了伊利的人马，一场激战爆发。《莱斯利画报》是这样报道的："第二阶段的战争更加激烈，占据自己地盘的伊利人完全没有放弃的意思……而充满斗志的阿尔巴尼人则发起猛攻。手枪、石头、棍棒、拳头纷纷上阵。"[1]这血腥的僵局一直持续到州国民警卫队第四十四团赶到制止暴乱，两方的人才都纷纷跑进附近的森林，避免自己被逮捕。夜幕降临时，伊利火车占领了隧道的西段，奥苏火车则占领了东段。尽管有10个人被枪打中，很多人身上有不同程度的淤青，但却奇迹般地没有人死亡。

第二天，8月11日星期三，两方都同意州长指定詹姆斯·麦奎得(James McQuade)将军、州国民警卫队督察长为奥苏铁路临时接管人。此后一个月不

〔1〕 *Leslie's Illustrated Newspaper*. 28 August 1869.

到,在9月7日奥苏董事会的年度选举上,爆发了“在伊利铁路争夺战中没有被通过的大量诉讼、禁令和接管令”,于是僵局继续维持。[1] 随之而来的还有一系列法庭诉讼,在诉讼之间短暂的停歇中,法庭将奥苏铁路的控制交给了兰姆斯和他的同党,兰姆斯听从了 J. P. 摩根的建议,后者推荐将奥苏铁路出租给特拉华—哈德逊运河公司(Delaware & Hudson Canal Company),于是有效地避免了伊利的接管。

在重温奥苏铁路之战时,很多评论人都注意到了杰伊·古尔德在此事中无迹可寻。有些人就此错误地以为这场战斗是菲斯克单枪匹马完成的,这一转变让伊利王子成为铁路无可争议的王者。这就大错特错了。当时,古尔德只是忙于另一个更为重要的项目——一个复杂却最终存在瑕疵的计划,它将使古尔德和菲斯克的强盗名声永远难以被洗刷。

---

〔1〕 *New York Times*. 8 September 1869.

第十九章　化为乌有

1869 年 6 月 15 日下午早些时候，在西二十七街的一栋别墅里，上任仅三个月的尤利西斯・S. 格兰特总统，在他 67 岁的妹夫埃布尔・拉什伯恩・科尔宾(Abel Rathbone Corbin)家第一次见到了杰伊・古尔德。[1] 格兰特和他的妻子茱莉亚(Julia)那天早上一同参加了西点军校的开学典礼，穿过曼哈顿去波士顿参加因为某些原因迟迟才举办的国家和平纪念日庆典活动。觥筹交错了一个多小时之后，格兰特夫妇和科尔宾、古尔德、财政部部长乔治・S. 鲍特韦尔(George S. Boutwell)、大西洋电缆总裁塞勒斯・菲尔德(Cyrus Field，古尔德的律师大卫・杜德利・菲尔德的哥哥)以及一些其他重要人物，在一队军人的护送下来到钱伯斯街的港口。菲斯克的蒸汽船"天赋号"正在那里等候他们，菲斯克和古尔德两人主动向总统提出用这艘船送他出行。菲斯克穿着他海军上将的制服，笑容满面地站在船舷上，曼哈顿最好的多德沃斯乐队(Dodworth's Band)就站在他身后，在总统登船时奏响意气风发的音乐。

格兰特的妹夫科尔宾正是促使古尔德和格兰特相见的关键人物，他是一个鳏夫，在此前不久迎娶了格兰特的妹妹、老姑娘弗吉尼亚・潘恩・格兰特(Virginia Paine Grant)。科尔宾本人则历史复杂、麻烦重重，是一个名声不太好的律

---

[1] 埃布尔・拉什伯恩・科尔宾和约翰・伯尔・古尔德的第三任妻子没有关系，也和罗克斯伯里的任何科尔宾成员没有关系。

师、投机家和游说家。他名义上已经退休,却设法涉足华尔街和房地产投资。他于1869年早些时候在新泽西的一次土地投机中第一次和古尔德打交道。后来,古尔德让科尔宾加入了他有关黄金的一次大胆的投资。

一直到1861年年底,联邦政府在货币供给方面只发行硬币,所有的纸币由州特许银行发行,以银行的存款作为担保。早在内战期间,《国民银行法案》(National Banking Act)和《法定货币法案》(Legal Tender Act)规定了国家特许银行有以政府债券为担保发行货币的权力,同时,美国财政部大量发行不可兑换钞票——大约4亿不由黄金担保的纸币,这让政府得以为战争筹款,但也不可避免地导致了严重的通货膨胀。从1865年年中开始,政府开始慢慢让上述纸币退出流通,这导致黄金每盎司的价格从1865年的大约300美元降到了1869年初的130美元。(当然,除了调整货币流通量,美国财政部也可以通过计算后出售美联储上百万盎司的黄金储备来影响其用纸币表示的价值。)

1862年时,交易者们在纽约证券交易所的隔壁正式设立了"黄金交易所"(Gold Room)。4年后,交易所的几个成员组织成立了清算所——黄金交易银行(Gold Exchange Bank),1869年时,这家银行平均每天可以交易7 000万美元,其中大部分是以保证金方式交易的。古尔德后来向一位国会调查委员会成员解释道:"如果一个人有10万美元的资金,他利用信用就可以做2 000万美元的交易。"巧合的是,2 000万美元这个数量恰好等于纽约市当时所有可用的黄金。[1]

古尔德刚开始还没有那么大胆。1869年4月,他只用了他自己的资本的很小一部分完成了大约700万美元的合约,这些以保证金形式交付的合约中,黄金价格在130到137美元每盎司不等。几周后当他卖出这些黄金的时候,黄金价格涨到了142美元。杰伊意识到牛市来了,黄金价格继续上涨,达到了145美元,这导致财政部部长鲍特韦尔不得不将政府的周黄金出售量加倍,这才迅速将黄金价格打压下去。而此举也让古尔德注意到了财政部在塑造和影响市场方面的实力。他对吉奥瓦尼·莫罗斯尼说,在理想情况下,如果有人可以掌握财政部有关黄金的活动或者至少有些超前的信息,那这个人就有能力囤积居奇,从中获得暴利。

---

[1] *House Report Number* 31. 41st Congress, 2nd Session. 148.

虽然内战之后的美国还在缓慢地回到金本位制的轨道上，但其他国家事实上始终在采用金本位制。因此，做出口生意的美国商人们在将产品销往国外之前，都必须用价值不定的美元购买国内的货物和商品。对于进口商们，这个过程则正好相反，但他们仍然要面对难以预测的美元价格这个困境。莫里·克莱因写道："为了自我保护，商人们会付一笔额外费用来借黄金，把它们卖出去换成交易所需的美元。外国交易所将其票据折现后，商人们会拿着得到的黄金还给当初借贷的人。这就是黄金交易所的理论操作，它为投机活动提供了机会。用这种方式借钱的商人们实际上手头没有黄金，黄金价格下降会让他们蒙受损失，而其上涨则会让他们额外赚上一笔（美元）。在这个过程中，有些人甚至在他们的海外付款兑现之前就破产了。如果投机者能够控制市场上可用的黄金，就可以利用没有黄金而疯狂买入黄金的商人来哄抬黄金的价格。"〔1〕

进入1869年的夏天，古尔德开始真的动手囤积黄金，他做了两手准备。一方面，他希望这招投机能够一击制胜，但他也希望能同时提高长期低迷的商品价格，让其对伊利的农场—货运—搬运生意有利。伊利股票的持有者中，有英国金融家、大西洋—大西部铁路主席詹姆斯·麦克亨利（James McHenry），他让古尔德意识到，美元相对于黄金价值的锐减将刺激美国的农业出口，从小麦、谷物到棉花，这些农产品对于以黄金购买的外国商人来说都会更便宜，而对美国的农场主们（用美元来交易庄稼）来说利润也更高。另一方面，正如古尔德几周前和总统共乘游轮前对科尔宾所说，如果政府做任何提高美元价格的事情（例如政府5月份时增加国库黄金供应的举措），长此以往美国的庄稼将无人收割，农场主都会破产，拖车再无用处，经济衰退将笼罩美国大陆。

为了保证科尔宾对于国家经济事业（也就是抬高金价）的忠诚，古尔德送给他一个有150万美元无利息的黄金账户（登记在他妻子的名下）。从那一刻起，黄金的美元价格每上涨1美元，科尔宾（或者说他妻子）就能获得1.5万美元的纯利润。6月初，这个账户在格兰特妹妹名下建立不久，古尔德就让科尔宾回到华盛顿去游说他的妹夫，让他相信有必要收紧黄金供应。随着"天赋号"在6月15日带着新婚的格兰特夫妇离开曼哈顿，古尔德准备亲自去游说。

在享受过以威士忌和雪茄为结尾的大餐后，古尔德向格兰特以及鲍特韦尔

〔1〕 Maury Klein. *The Life and Legend of Jay Gould*. 101.

提起了国家黄金政策的话题。后来古尔德对国会调查员是这样回忆的:“总统是一位倾听者,其他人则在讨论。有些人赞成鲍特韦尔售卖黄金的意见,有些人则反对。等他们全部都交换(原话)过意见后,有人问总统先生他对此怎么看。”总统先生非常谨慎地表达了他对提升金价的意见,古尔德对此有些失望。格兰特说:“我们祖国的繁荣存在一些不切实际的幻想,而这些泡沫破灭的方式有很多。”后来,古尔德说格兰特总统的这番话对他和他的盟友们来说像是“扫兴的当头一击”。“我的意见是,如果实行这种政策,只会给国家带来更多压力,甚至让国家走向内战,因为它会在很大程度上让工人无工可做,让工厂倒闭……我认为政府应该让黄金价格自由运动,让它找到自己的商业价值;事实上,这样应该可以在秋天时让金价上涨。”然而格兰特在接下来的时间里始终不为所动,古尔德后来说:“那次谈话后,我们都认为总统先生是一位紧缩主义者。”[1]

一贯不达目的不罢休的古尔德继续围攻总统。当格兰特在 6 月 18 日回到纽约时,他在菲斯克的第五大道剧院看了一场雅克·奥芬巴赫(Jacgue Offenbach)的音乐剧表演,格兰特和古尔德、科尔宾同坐在菲斯克的一个舞台包厢里。在音乐剧中场休息期间,杰伊滔滔不绝地谈论着黄金的话题。那个夏天,有几次格兰特在科尔宾家过夜的时候,古尔德都设法提着满满一手提箱的数据前去,企图向总统证明适度通货膨胀的益处。到了 8 月初,恼怒的格兰特告诉科尔宾的管家,如果古尔德再出现就把他赶走,因为这位伊利的主席“总是想从他那里得到些什么”。[2]

但古尔德还是取得了一些进展的。6 月底,当纽约财政部出纳局局长助理的位置出现空缺时,古尔德通过科尔宾成功地说服总统,让他任命丹尼尔·巴特菲尔德(Daniel Butterfield)将军担任了这个职位,这位将军是退休的内战时期指挥官(也是美国运通公司的前东部主管),今天,他因创作了乐曲《熄灯号》(Taps)*而被世人铭记。巴特菲尔德其实是古尔德心目中的第二候选人,第一名本是科尔宾的女婿罗伯特·B. 卡瑟伍德(Robert B. Catherwood),他听说这份工作将带给他的不当职责后,果断退出了竞赛。“我自认为无法胜任那份工作。显然,如果我接受了那份工作,那么古尔德、科尔宾、我和其他人都会被卷入

---

〔1〕 *House Report* 31. 3.

〔2〕 Ibid. 246.

* 《熄灯号》是美国传统军乐,起源于南北战争时期,在军人的葬礼上经常吹奏。——译者注

一系列黄金和股票交易的操作，我们都会成为一条绳上的蚂蚱。”[1]卡瑟伍德是这样告诉后来的古尔德黄金投机案调查委员会主席詹姆斯·A. 加菲尔德(James A. Garfield)的。而巴特菲尔德则没有卡瑟伍德的这份忧虑，他从7月1日正式就任，负责处理纽约市场所有的美国国债交易订单。因此，理论上巴特菲尔德也是紧随鲍特韦尔之后的、最了解美国财政部有关黄金的任何举动的人。没过多久，古尔德给了巴特菲尔德一笔1万美元的“贷款”，当然这笔贷款从来没有被偿还过。古尔德还给巴特菲尔德开设了一个无利息账户，像他当初给科尔宾的那个一样，但是巴特菲尔德事后否认这一账户的存在。

到7月中旬，黄金价格停在136美元，并且继续下降。尽管鲍特韦尔调查到农业部预测丰收即将到来，而港口的谷物出口收入大幅下降，他已经采取措施减少政府黄金供应，从而提高黄金价格，但是黄金价格的下降趋势似乎仍在持续。2周后，8月初(就在菲斯克忙于和奥苏铁路的对抗时)，古尔德购买了纽约第十国民银行的控股权益，其中的很多股份他随后转给了菲斯克和其他伊利和坦慕尼的同事。从此，第十国民银行将为古尔德的黄金投机活动提供大量的无担保贷款，甚至为尚未存入银行的资金签发保付支票。与此同时，古尔德建立了一个新的联合坐庄，其中有不少华尔街经纪人和投资人参与，例如亚瑟·金博尔(Arthur Kimber)、W. S. 伍德沃德(W. S. Woodward)、罗素·A. 希尔斯(Russell A. Hills)、詹姆斯·埃利斯(James Ellis)、H. K. 以挪士(H. K. Enos)、爱德华·K. 威拉德(Edward K. Willard)和查尔斯·昆西(Charles Quincy)。

然而，菲斯克首先选择了退出。菲斯克认为格兰特是一个不会轻易屈服、难以控制的人，尽管他仍然会尽其所能去帮助古尔德，但收回了他所有的钱。他后来坦言：“事态开始变得有点吓人。”[2]有众多难以预测的势力裹挟其中，正常来说，谨慎小心、总是设法掌握一切交易细节的古尔德不会参与其中，但他选择了坚持原计划、囤积黄金。首先，古尔德的联合坐庄实际不是它看上去那么团结，联合坐庄的“成员们”保持相对独立，使得古尔德对他们的投资没有任何更高权限，每个人都可以随时按照自己的意愿买入或卖出。同时，尽管古尔德的“内部人士”科尔宾设法让巴特菲尔德拿到了预想中的职位，但在格兰特和科尔宾的数

---

[1] *House Report* 31. 249.

[2] Maury Klein. *The Life and Legend of Jay Gould*. 103.

次对话之后，看起来他们对经济政策的影响微乎其微。（由于担心科尔宾的价值不如预想，古尔德还尝试过贿赂格兰特的军事部部长和心腹贺瑞斯·波特将军，他准备了一个没有利息的 50 万美元黄金账户，然而后者愤怒地拒绝了他。）

无论如何，在 7 月底尝试将黄金价格推高到 140 美元后，黄金价格又很快地跌到了 135 $\frac{7}{8}$ 美元，古尔德和他的盟友们从 8 月初重又开始认真地买入黄金。25 日，为了推进计划的进行，古尔德安排毫无城府的约翰·比格罗(John Bigelow)——前美国驻法大使、新任《纽约时报》主编（他不会在这个位置上坐很久）——发表了一篇社论，假装这是一篇详细描述格兰特在黄金政策方面的观点的文章。文章声称："关于管理层的金融政策，一直到收获时节，国库的黄金都不会被卖出换成现金存起来……总统先生不会将黄金卖出，换成美元。"[1]第二天，假装对这篇社论不知情的古尔德写信给鲍特韦尔说："如果《纽约时报》正确反映了你们接下来 3～4 个月的金融政策……那我们的祖国很幸运能够拥有您这样一位从宏观角度看待形势的财政部部长……只有让黄金价格保留在高位和稀缺的地位……我们才能和伦敦以及利物浦的市场竞争。"[2]

1 周后，古尔德在科尔宾家里又一次见到了格兰特，正在放假的总统正经过纽约从新港到萨拉托加。谈话间，格兰特提到，西部大丰收的报告让他想到了古尔德的观点。美国的农场主将需要能够将他们多余的农产品销往海外，而政府则应该通过提供适时的通货膨胀来帮助他们。9 月 4 日，古尔德再次写信给鲍特韦尔，严厉地说道"强行打压黄金价格是大家都不想看到的"。[3] 在和格兰特的谈话之后，古尔德立刻指示他的同伴们开始以比以前更快的速度买入黄金。杰伊的大部分个人交易都是通过他的老公司史密斯—古尔德—马丁公司完成的，他让他的同事史密斯通过多个副经纪商交易，防止出现勾结现象。到了 9 月中旬，古尔德的联合坐庄所控制的黄金合约数量已经远远超出了纽约市国库的黄金数量。古尔德一个人就持有 2 500 万美元的黄金合约，而联合坐庄里的其他成员持有的黄金合约超过了 6 500 万美元。

9 月 13 日这天，当总统先生在去宾夕法尼亚州探望一位亲戚，路经曼哈顿

---

〔1〕 *New York Times*. 25 August 1869.

〔2〕 W. A. Swanberg. *Jim Fisk*. 136.

〔3〕 Maury Klein. *The Life and Legend of Jay Gould*. 104.

时，古尔德派了一辆伊利铁路的火车送他去匹兹堡，这也更加强了人们心中他是格兰特总统的亲信的形象。经纪商詹姆斯·B. 霍金斯基(James B. Hodgskin)，也是黄金交易所仲裁委员会的主席，说人们都知道"那伙人……控制黄金市场的那伙人和美国政府差不多所有人都有联系，从格兰特总统到议会的看门人。"[1]尽管古尔德拼命营造这种印象，它却和现实完全不同。事实上，格兰特非常厌烦受到古尔德或其他人的摆弄。在他乘坐伊利铁路的火车的同一周，格兰特写了第二张字条给鲍特韦尔，评论说："现在正在上演一场非常困难的挣扎，每一方都希望得到政府的帮助……我认为，我不会改变，我会继续前进，直到现在的困境结束。"[2]

当时，格兰特所提的挣扎主要是古尔德和他自己的一些联合坐庄的伙伴之间的矛盾。到 9 月 8 日，古尔德和他的伙伴们对黄金的贪婪买入，让金价达到了 138 美元，这时杰伊的小集团开始有了嫌隙。那一天，对于未来的金价颇为紧张的科尔宾要求杰伊返还他买入黄金的利润。金博尔随后也选择了离开，带着他从 1 000 万美元黄金合约中获得的利润卖出了他囤积的黄金，加入了其他急切希望黄金降价的投资者行列。只有在杰伊卖出其拥有的 1 000 万美元中的 600 万美元的合约，伍德沃德才答应继续"做多"。到了 9 月的第二周，空头持续发力，导致金价下滑到 135 美元并在这个价格停留了几天，导致这一情况的不仅有金博尔的举动，当然还有纽约市场受到波士顿、费城和芝加哥的黄金输入的影响。

在这个时候，9 月第二周的开始，媒体开始注意到这一系列操作。《纽约先驱论坛报》的霍拉斯·格里利猛烈谴责了古尔德和其他"黄金大盗"，他揭露了这一他称为"巨大的黄金阴谋"的行动。相应地，他也呼吁美国财政部售卖黄金和买入债券，从而减轻日益增长的货币压力。[3] 这时，其他所有主要报纸的金融写手[最著名的有《纽约时报》的卡勒布·诺维尔(Caleb Norvell)、《纽约太阳报》的福特·巴克戴尔(Ford Barksdale)和《纽约先驱论坛报》的乔治·克劳奇(George Crouch)]才了解到囤积黄金的情况。《纽约时报》的记者诺维尔变得尤为活跃，尽管《纽约时报》在 8 月份被骗，做了古尔德的反通货膨胀宣传，处境尴

[1] *House Report* 31. 35.
[2] W. A. Swanberg. *Jim Fisk*. 137.
[3] *New York Tribune*. 15 September 1869.

尬。与此同时,成千上万的小投机商,或多或少都在急切地进行着他们的高杠杆投资做多或做空。他们还记得1年前古尔德试图垄断伊利时他们是怎么发横财的。

古尔德和他剩下的盟友们仍在继续买入黄金,15日时金价又回到了138美元,华尔街的许多"健全"(不通货膨胀)货币的支持者开始向鲍特韦尔请愿,缩小美元和黄金之间的价差。为了驳回这个请愿,逐渐紧张起来的古尔德做了一件致命的蠢事。古尔德指示科尔宾给他的妹夫又写了一封信,再次强调反对政府干预的立场。他让伊利的一名员工W. O. 查平(W. O. Chapin)亲手把信交给了总统,当时总统正在匹兹堡18英里开外、宾夕法尼亚州的华盛顿的乡下。16日早上,在临时总统居所,查平看着格兰特阅读了信件,却没有任何回复。1小时后,查平告诉古尔德信件已经"递送,没问题"。但事实截然相反。专门派遣一名信使,只为将一封支持黄金价格的信件投送到荒郊野外的他的手中,格兰特终于意识到科尔宾也是古尔德利益集团的一员,渴望黄金和希望影响总统的决断从而保护自己金融地位的一员。同一天,盛怒的格兰特看到妻子正在给妹妹弗吉尼亚写信,他让她向妹妹传达一条非常明确的消息,"告诉你丈夫,"茱莉亚·格兰特写道,"我丈夫对他的投机活动非常恼怒。他必须早日停手!"[1]

茱莉亚写下这些句子的时候,科尔宾夫妇正和詹姆斯·菲斯克谈笑风生,并非常自信地告诉他黄金绝不会失利。对此表示怀疑但却尝试从科尔宾夫妇处寻求安慰的菲斯克,被古尔德请求代替金博尔和削弱持有量的伍德沃德,来对抗逐渐增长的空头。根据菲斯克后来的证词,为了让他入局,他忠诚的朋友古尔德对他说了谎——说格兰特自己和波特将军也是计划的一员。为了证实古尔德的故事,总统的妹妹也告诉菲斯克:"我知道政府不会再卖出黄金,我相当确定。这是我们一生只有一次的机会,你完全不用感到不安。"[2]

有古尔德和科尔宾保证国家的政策已经被他们完全掌控,现在菲斯克全力投入了进来,同意将黄金价格推动到合适的高位,之后同时退出。根据他们的计划,菲斯克将通过他的老伙计贝尔登管理的一个经纪人网络买入黄金,不受古尔德的控制。杰伊后来这样说道:"我们的利益是完全分开的。他的黄金是他的,

---

〔1〕 *House Report* 31. 252.
〔2〕 Ibid. 174.

我的是我的。”[1]除了新的购买力，菲斯克还给古尔德带来了其他一些后者非常需要的东西：个性和声望，这些简单的东西却往往能带来金价的飞涨。“黄金！”菲斯克大声地回答威廉·富勒，后者在街角拦住他问他事情会如何发展，“卖掉黄金，然后邀请我去你的葬礼”。[2]

与此同时，各大报纸的主编们都步格里利的后尘，开始在两边中选择自己的阵营。9 月 16 日星期四的早晨，《纽约世界报》批评了看跌的共和党银行家，暗示他们以牺牲普通人为代价，换取了和政府的亲密关系。“为什么即使是一个淘金者也会指望政府帮助他赚钱……在他的黄金赌博业务中，一个重税、辛勤工作、不赌博的人也可能会问。”[3]而《纽约先驱论坛报》一方面要求鲍德韦尔不该过分被游说所影响，一方面却选择在古尔德的通货膨胀计划上犯错：“在这个时候，唯一希望金价便宜的人，是那些做空黄金的少数商人。而希望黄金价格更高的人则是那些，希望将产品出口到欧洲并换取更多的美元的棉花商人。”[4]换句话说，根据《纽约先驱论坛报》的分析，在当前的情况下，只有投机者会从“健全”货币中受益，而劳动者则会从相反的情形中受益。[5]

到了第二个周一，20 日，有关黄金市场的消息已经从社论和财经版面跳到了头版，《纽约太阳报》甚至紧张地宣布“华尔街最强大、最有影响力的公司的结盟，包括臭名昭著的伊利投机者，他们的想法是独占市场上所有的黄金。”[6]两天后，《纽约时报》采取了古尔德的观点，认为更高的黄金价格对农产品价格有利。卡勒布·诺维尔指出黄金价格的不确定性如何造成了外汇和生产市场的混乱，以及商品价格的下跌。“大量的面粉、谷物、食品、石油等的出口订单都被暂停，因为汇率的协商无法达成一致。”这些问题将会持续到“黄金的阴谋结束”。从欧洲的进口可能打破这一局面，美国财政部的行动也可以。但短期内需要采

---

[1] Maury Klein. *The Life and Legend of Jay Gould*. 105.

[2] William W. Fowler. *Twenty Years of Inside Life in Wall Street*. New York: Orange Judd Company. 1880. 528.

[3] *New York World*. 16 September 1869.

[4] *New York Herald*. 16 September 1869.

[5] 金价在 9 月 17 日周五以 136 $\frac{5}{8}$ 的价格收市，尽管有古尔德、菲斯克和其他代理人的大量购入，金价一周只上涨了一个百分点。

[6] *New York Sun*. 20 September 1869.

取措施，来创造“不会被投机封锁或控制的自由黄金供应”。[1]

尽管有这些记者们的报道编排，事实上，到 9 月 22 日星期三这个交易日结束时，菲斯克和古尔德成功地将黄金价格推高到了 141.5 美元。这个价格并没有那么令人吃惊，考虑到此时菲斯克一人持有的合约就价值 5 000 万到 6 000 万美元，而古尔德联合坐庄的其他成员也类似地增加了他们的购买量(亨利·史密斯的黄金合约总量达到了 5 000 万美元)。但是有计划的囤积已经产生了一些意外的影响。随着一些空头的凶猛反击，信用短缺，导致当前的借贷利率迅速上涨，使得现金市场甚至开始同时影响股票和债券市场。(股票通常和黄金市场的走势背道而驰，因此已经开始下跌。在那个他们做出了很多决定的星期三，古尔德和菲斯克还等了很久，来回击他们的宿敌范德比尔特，他的纽约中央铁路遭到空头攻击，股票价格在几个小时间下跌了四分之一。)同时，在黄金交易所，多方每天要付 0.5%的利息来继续他们的合约，有些空方交易员在借出黄金后，又使用得来的利润来借入黄金，然后再次卖出。

“华尔街笼罩在恐慌中。”星期三下午，古尔德在给鲍特韦尔的信中写道，“在熊市的阴谋下，人们取出了大量的现金，以至于普通的生意都很难做。”[2]杰伊恳请鲍特韦尔为了大众利益增加现金供应，但他从未提出对立即可用信用这一能够帮助他的独特计划的个人需求。在把这条信息发给鲍特韦尔之前，古尔德还和慌乱的科尔宾进行了一场不愉快的对话，后者的妻子刚刚收到茱莉亚·格兰特的信。经过漫长的协商，古尔德答应给科尔宾一笔 10 万美元的巨款，只要他对茱莉亚·格兰特的信守口如瓶。古尔德告诉科尔宾：“如果那封信传出去，我就完了。”[3][讽刺的是，《纽约晚邮报》对于古尔德情况的描述恰恰相反，有人好奇是不是杰伊一手制造了假消息：“几个月来，这个集团的操作者们从没对他们现在(星期三)的地位更有信心过。他们对于鲍特韦尔是不是会进入市场都不屑一顾，并且声称如果他们愿意，可以将金价推高到 150 美元。”][4]

第二天早晨在伊利办公室里，古尔德没有告诉菲斯克茱莉亚·格兰特写给科尔宾妻子的信的内容。他只是简单地解释说科尔宾需要钱。随后，仍然自信

[1] *New York Times*. 22 September 1869.
[2] W. A. Swanberg. *Jim Fisk*. 142.
[3] *House Report* 31. 257.
[4] *New York Evening Mail*. 23 September 1869.

满满的菲斯克告诉他的经纪人贝尔登将黄金价格涨到 144 美元。同时,在另一间办公室里,在菲斯克不知情的情况下,杰伊悄悄地指示史密斯停止买入黄金,并开始缓慢地卖出黄金,从而不引起怀疑。由于担心金价过高政府会开始干预,杰伊像火车一样迅速地改道,秘密卖出股票。莫里·克莱因对此评论道:"杰伊唯一的希望就是将他的黄金储备在市场仍在上升时卖掉,而这最好是在菲斯克仍然在推高牛市的时候做。当黄金价格崩溃时,菲斯克和他的经纪人们将蒙受巨额损失,而杰伊则能相对安全。到那时,唯一的任务就是拯救菲斯克,以使其免于破产。"[1]正常来说这也不难完成:只要将法院当作护盾,拒绝履行义务即可。

黄金交易所周四早上开盘的价格是 141 $\frac{5}{8}$ 美元,收盘时是 143 $\frac{1}{4}$ 美元。菲斯克和坐庄的其他成员疯狂地买入黄金,而有些偿还能力较差的空头则在尝试买入黄金抵补其空头头寸时陷入了破产。透过玻璃看到楼下疯狂的交易,卡勒布·诺维尔是这样写的,"战争的吼叫和受害者的尖叫"让一切看上去"仿佛人类在经历比但丁在地狱中所见到的景象更可怕的折磨"。[2] 黄金交易所整天的交易量超过了 2.39 亿美元,相对于交易繁荣的星期三还要增长 66%。贝尔登帮助菲斯克在仅仅 4 小时内锁定了 1 400 万美元的黄金合约,而史密斯则帮一个不太聪明的副经纪人以古尔德的名字购入了 340 万美元的合约,但这只是掩盖古尔德真实计划的障眼法。史密斯的另一个副经纪人卖出了古尔德账户超过 800 万美元的合约,讽刺的是,这其中的大部分都流向了菲斯克的经纪人。在描述星期四的交易时,古尔德后来是这么说的:"我的交易非常谨慎,我不是黄金的净销售者。我购买的量刚好足够让人们相信我还在推动牛市。"[3]

当晚,鲍特韦尔秘书打电话给从宾夕法尼亚回到白宫的总统格兰特。此前,鲍特韦尔一直在遭受商人和银行家的电报轰炸,他们请求他卖出黄金来降低金价。他还收到报告,说第十国民银行在不要求用存款担保的情况下为看涨的黄金投资者提供支票证明。鲍特韦尔告诉格兰特他会派人去第十国民银行查看情况。第二天银行开门的时候,他们会站在门口等候。鲍特韦尔还问了格兰特有

---

[1] Maury Klein. *The Life and Legend of Jay Gould*. 108.
[2] *New York Times*. 24 September 1869.
[3] *House Report* 31. 259.

关黄金的指令,但格兰特没有给出指令。总统只说黄金的价格是一个泡沫,鲍特韦尔可以按照他认为合适的方法操作。

◇ ◇ ◇

9 月 24 日星期五——这一天被称为黑色星期五——这天早上,《纽约时报》的卡勒布·诺维尔撰写了一篇文章,愤怒地描述星期四发生的事情。

(菲斯克)在黄金交易所的出现是因为黄金价格的迅速上升(和)阴谋的其他成员此时正忙着……他们不仅有目的地控制了黄金价格,还大肆谈论着他们从华盛顿得到的消息,那就是政府不会干预。这座大陆的最高官员被认为是他们中的一员,他当然掌握着财政部部长和纽约助理财政官的行动。虽然大家都知道是假的,但是街头巷尾都流传着众多流言和怀疑,让普通人相信或者害怕,政府不会采取任何进一步措施,从国库中进一步卖出黄金。[1]

在这个时候,杰伊很清楚,格兰特和鲍特韦尔要采取不利于自己的行动只是时间问题。而随着《纽约时报》公开挑战他的影响,现在似乎是时候把事情搞清楚了。

星期五一大早,古尔德就在财政部大楼拜访了巴特菲尔德,这位助理财政官告诉他,目前还没有收到任何来自华盛顿的指令。随后,古尔德在伊利办公室和菲斯克待了整整 1 个小时,后者现在弄明白了局势,但同意继续伪装牛市。随后到 8:30 的时候,他们两个人来到了威廉·希斯经纪人位于宽街的办公室,他近来在帮助贝尔登买入黄金。那天剩下的时间里,古尔德和菲斯克都待在希斯的办公室里,由几名伊利铁路的警卫保护着,两个人在两间分开的办公室内做着自己的生意。菲斯克告诉贝尔登金价将在 200 美元收市,并让他去黄金交易所以 145 美元的价格买下他能买的所有黄金。而古尔德则通过史密斯发出了完全不同的指令。"卖,卖,卖!"史密斯对副经纪人爱德华·K. 威拉德耳语道。同时,威拉德不应和帮菲斯克买入的经纪人有任何接触。[2] 那之后不久,当买入的经纪人希斯问古尔德要更多的美元和利润时,古尔德潦草地写了一张纸条,指示第十国民银行保证兑现一些支票和延长一些债务。

10:00 正式开盘前,黄金交易所里已经充斥着买家的喊叫,开盘价格最终定在了 150 美元。贝尔登的副经纪人艾伯特·斯派尔斯(Albert Speyers)带头出

---

〔1〕 *New York Times*. 24 September 1869.
〔2〕 Maury Klein. *The Life and Legend of Jay Gould*. 110.

价,而贝尔登本人则向最绝望的卖空者施压,要求他们要么提高保证金,要么私下和解。得知5美元的涨幅,菲斯克指示斯派尔斯继续以150美元的价格购入。同时,古尔德一直在持续、缓慢地卖出黄金,一直到11:00,他收到了两条关键的消息,于是他骤然加快了卖出的速度。是什么让古尔德决定迅速抽身?第一条消息来自第十国民银行,希斯告诉古尔德,银行无法再为他提供服务,因为国家审计局的有关人员到达了现场。有关失败的消息在街道上流传,而第十国民银行的行长已经在随时准备出逃。紧接着,史密斯向古尔德报告,说财政部出纳局局长助理丹尼尔·巴特菲尔德的经纪人约瑟夫·塞利格曼突然从黄金的多头变成了空头:这预示着巴特菲尔德已经意识到了国家即将出手。(在得到他的好处之后,巴特菲尔德将会立刻辞职。)

经过整个早上,黄金的价格升到了162美元的高位,摧毁了数百名看空的经纪人和商人,他们不得不以非常不利的条款结算保证金账户。(同时,黄金储存量充足的旧金山银行们都收到了众多来自纽约的黄金转账申请。由于旧金山的银行家们担心西海岸也会出现黄金匮乏,没有人理会这些来自纽约的请求。)12:00过后不久,有消息说鲍特韦尔通过布朗兄弟放出了400万美元的政府黄金。到了12:30,金价跌到了135美元。在随后的混乱中,经纪人和商人根据各自的情况,要么拒绝,要么强制执行在高点疯狂时期签订的合约。

黄金交易银行在众多需要清算的交易压力下几乎崩溃(许多交易存在争议)。在宽街和华尔街上,一群闷闷不乐却出奇安静的被毁了的人们聚集在黄金交易所、希斯的办公室外和第十国民银行外(银行里的人的确跑空了)。在东河对岸的布鲁克林,一队民兵准备好随时应对曼哈顿金融区可能爆发的意外情况(实际上没有爆发)。同时,纽约的混乱也吸引了全国金融市场投机者的关注。正派的波士顿人在商人交易所的电话旁挤成一团,眼巴巴地接收着最新消息;费城的投资者们挤在第三街上,当一家主要银行的金价指示仪——它通过电报和纽约的黄金交易所直接连接——突然变成一片空白时,人群一阵骚动。“人们不得不雇跑腿的从电报局跑向一个又一个经纪人的办公室,大声喊出最新的价格,”《费城纪事报》(*Philadelphia Ledger*)第二天报道,“这是巴别塔式的进步。”[1]在当天的交易活动中,将近1 000名个人投资者破产。14家交易所和

[1] *Philadelphia Ledger*. 25 September 1869.

数家银行崩溃。周五晚上，头晕眼花的古尔德和菲斯克终于从后门逃出了希斯的大楼，他们带着随身警卫，随后在伊利城堡躲藏了整整2天。

当科尔宾周日来到伊利城堡的时候，菲斯克告诉他："杰伊非常消沉，他整个人只剩下了一双眼睛、一套衣服。"[1]尽管当天傍晚，他有一笔很少的黄金利润入账，这一周在股票市场上的巨大下滑意味着古尔德在证券追加保证金的要求上欠了一大笔钱。因此，他的黄金囤积计划给他带来的只有纯经济损失(尽管他的损失还不如其他参与者那么多)。同时，古尔德的黄金交易也被积压在了黄金交易银行的后台"炼狱"中。星期一，古尔德收到了不下12条禁令，用于保护他和菲斯克的利益。其中一条命令指定了一名亲古尔德人士成为黄金交易银行的接管人。另一份禁令则禁止黄金交易所清算古尔德或菲斯克的经纪人在黑色星期五那天购买的任何合约。其他的禁令进一步保护了古尔德的人史密斯免受起诉，并禁止黄金交易所通过法庭之外的任何方式对菲斯克或古尔德寻求赔偿。被问到禁令的情况时，黄金交易银行的助理出纳员希拉姆·罗杰斯回应称："我们的确收到了许多禁令……太多了，最后我们都不知道如何是好了。几乎所有的行为都被禁止了。"[2]

当国会要求解释投机获得的利润去向时，菲斯克回答说它们都"化为乌有"了。[3] 芳香的忍冬也被称为金银花，通常种植在户外，这样它们的气味不会过于刺鼻。古尔德和菲斯克所期待的巨大利润，用比菲斯克更不委婉的方式来说，就是被扔进了茅厕，而且还是最脏乱的那种。按照莫里·克莱因的说法，在与那个黑色星期五有关的上百件诉讼中，杰伊"有的花了几周处理，有的几个月，有的甚至几年，但无论实际情况如何，杰伊都会尽量避免进入庭审"。[4] 最晚的一批诉讼一直到1877年才结束。

在短期内，杰伊所计划的黄金囤积给他带来的损失，除了市值的损失，还有各方面的其他损失。在黑色星期五那天倒闭的经纪公司中有洛克伍德公司(Lockwood & Company)，它的主席勒格朗·洛克伍德(Legrand Lockwood)也是穿梭在芝加哥和密歇根以及俄亥俄州的几个城镇之间的湖滨—密歇根南线铁路

---

〔1〕 W. A. Swanberg. *Jim Fisk*. 154.
〔2〕 *House Report* 31. 217.
〔3〕 Ibid. 221.
〔4〕 Maury Klein. *The Life and Legend of Jay Gould*. 115.

(Lake Shore & Michigan Southern Line)的财务主管。而湖滨线也拥有布法罗—伊利铁路,这段铁路在湖滨与伊利铁路和纽约中央铁路连接。公司倒闭后,洛克伍德不得不在经历过黑色星期五浩劫的低迷市场大量抛售其湖滨铁路股票。面临巨大压力和一堆烂摊子的古尔德没能迅速行动。相反,范德比尔特以相当不错的价格购入了 7 万股湖滨铁路的股票,从而控制了这条铁路,保证它在此后成为纽约中央铁路而非伊利铁路的换乘枢纽。

但从长远上,黄金囤积让古尔德损失惨重的,只是他无可挽回的糟糕声誉。

第二十章　恶魔靡菲斯特

"黑色星期五"的大崩溃过后，人们疯狂妖魔化杰·古尔德，言辞尖锐，咄咄逼人。1869 年 9 月末，关于古尔德的负面报道铺天盖地、愈演愈烈，比如每年"历史上的今天"都会在 9 月 24 日的节目中例行诅咒古尔德的灵魂。在古尔德那个时代，即 1869 年，遍地都是破产的人们(这些人无疑都是那些显赫一时的家族落魄后的受害者)，这些人为后来古尔德长期卑鄙小人和背叛者的形象打下了坚实的基础。古斯塔夫斯·麦尔斯是早期研究古尔德的史学家和批评家，他曾经写道："古尔德被打上了阴险的标签，在人们眼中他就是那个时代最冷血的行贿者、强盗和金融海盗……这个形象一直跟着他进了坟墓，公众的讽刺谩骂也一直伴随着他的子孙后代，成了他们萦绕不去的梦魇。在将近半个世纪的时间里，杰伊·古尔德这个名字一直是众矢之的，是所有人谩骂痛恨的对象，是所有贪欲驱使的邪恶行径和卑鄙罪行的代名词。"[1]

对古尔德的妖魔化开始于部分人的"五十步笑百步"。古尔德在黄金市场折戟后，一些记者立刻翻出了丹尼尔·德鲁一年前说过的话并加以修饰加工。在伊利铁路争夺战时，德鲁曾经这样评价古尔德，"碰过古尔德的人都会死"。[2]

---

〔1〕 Gustavus Myers. *History of the Great American Fortunes*. New York: Modern Library. 1936. 542. 此书的第一版分为三卷，于 1909 年问世。

〔2〕 Maury Klein. *The Life and Legend of Jay Gould*. 3.

从那以后，类似恶毒的比喻就像雨后春笋一样冒了出来。《纽约时报》的诺维尔把古尔德称为“华尔街的靡菲斯特”。[1] 漫画里他张开一对蝙蝠翼飞翔，头上的犄角顶破了他的礼帽，他阴沉地瞪着地面上的三一教堂和华尔街。该报当天毫不掩饰自己的反犹太倾向，在报中提及几个典型特征，并仅仅因为古尔德的名字听起来像犹太人就臆测这个贪婪阴险的金融巨鳄是否有可能有犹太背景。《纽约太阳报》就更离谱了，他们给古尔德神乎其技的金融手段加上了浮士德的色彩：他们暗指古尔德与恶魔签下协议，虽然恶魔帮助古尔德在现实世界无往不利，但他最终会毁了古尔德。华尔街操盘手詹姆斯·R. 基恩(James R. Keen)自己不是什么圣人，倒是义正词严地指责古尔德，说他“是基督创世以来最坏的人，是一个背信弃义、虚伪懦弱的蛀虫，天生就学不会大度慷慨”。[2] 同时《纽约先驱论坛报》也大肆斥责古尔德，指责他和菲斯克在黄金市场上和德鲁一样的卑鄙投机行为：“他们利用律师发布禁令，阻止人们诚信还债，有利可图时就遵守黄金交易所的规则，遭受损失了就拒不遵守规则；他们相互背叛，出卖自己的同盟，对伙伴破产熟视无睹。”[3]

整个 10 月里，各家报纸都在重新考察古尔德的早期职业生涯，并加以随意删减，来为这名邪恶金融家的传记添砖加瓦。在他们的笔下，查尔斯·卢普自杀时的偿付能力和精神失常情况被刻意忽视，他的死期也从 1859 年生生提前到 1857 年，这样才能更好地呼应早年的经济危机。接下来的几年里，“黑色星期五”的故事自动修改，加入了这样的情景：一群暴怒的、破产的人浩浩荡荡闯进华尔街追杀古尔德，嘴里还一边列举着古尔德早年的罪行，来回嚷着：“是谁害死了卢普？是古尔德！”但根据同时代的报道，当时并没有出现这样的情景，也没人提及卢普的名字。[4] 同时，对于古尔德和普拉特合作关系的恶意揣测甚嚣尘上，即使这位老人在自己被问及意见时拒绝对自己的前合作伙伴做任何评价。(当时他已年近 79 岁，普拉特可能更愿意把时间花在自己 28 岁的新婚妻子身上。)

《纽约先驱论坛报》的记者们埋头在档案里寻找年轻的古尔德第一次闯荡纽约的故事片段，他们将这些故事重新加工在报上发表。在他们的笔下，原本是莫

[1] *New York Times*. 3 October 1869.

[2] Richard O'Connor. *Gould's Millions*. 169.

[3] *New York Tribune*. 28 September 1869.

[4] 这个虚假传说的最新版本，出现在丹尼斯·T. 林奇(Denis T. Lynch)的《野性七十年代》(*The Wild Seventies*)，普雷格(Praeger)出版社，1971 年。

尔外公发明的老鼠夹摇身一变成了古尔德的作品。老鼠夹也被用来代指所有古尔德式的行为:《纽约先驱论坛报》称老鼠夹这种工具——冰冷无情、老谋深算,还具有致命杀伤力——像极了它的发明者,除了这个老鼠夹,他还设计了很多类似陷阱来猎杀其他更具投机性的"老鼠"。(一些漫画则沿用古尔德的猎鼠者形象,将古尔德描绘成一只凶恶的家猫,残忍地玩弄受伤的猎物,玩腻了再把它吃掉。)为了抢先《纽约先驱论坛报》一步,《纽约太阳报》派出一名特约记者去罗克斯伯里收集古尔德早年的一些故事。这次旅程让他们收获了一则轶闻(这轶闻可信度很高),即古尔德牺牲爱德华·博汉斯做成了一桩土地交易。《纽约太阳报》还引用了古尔德那篇名为《诚实是最好的政策》的文章,因为他们发现这篇文章很适合刊登在那些连篇累牍的尖锐批评旁,以作补充和对照。在这种舆论氛围下,古尔德和范德比尔特最近的几次交手,包括针对伊利铁路和奥苏铁路的争夺战,都蒙上了点阴谋的影子。就连菲斯克从前过分幽默的处事方式都遭到了批评。《纽约先驱论坛报》的格里利严肃地说:"大剧院建在累累白骨之上,这些白骨的主人都是贪婪之神的祭品。"[1]

大众坚信这些贪婪神都在"黑色星期五"中发了笔横财,而且还是笔巨大的横财。尽管古尔德痛苦地明白自己在黄金投机战中损失惨重,但华尔街没人相信他。在大众心中,"黑色星期五"就是邪恶的古尔德一手操纵、精心策划的一场灾难,为的就是从中获利。文化程度不高的大众都倾向于用零和博弈的心态来看待资本交易,即一方获益一定是以另一方亏损为代价的,因此他们认定成百上千破产的投资者亏损的金钱都汇集成一股无比巨大(且丧尽天良)的现金流进了古尔德及其同伙的口袋。各大报社也随波逐流,各种丑闻——只是一些激愤的段落的简单粗暴总结,忽视了其中很多错综复杂的问题——成功拉动了全美各大报纸的销量。当时的市场急需一个扁平式的华尔街恶棍形象来转移危机后的痛苦,杰·古尔德突然成了再合适不过的人选。

同年1月,在向俄亥俄州共和党议员詹姆斯·A. 加菲尔德领导的国会银行委员会提供关于"黑色星期五"的证词时,古尔德闪烁其词,这对他恢复名誉毫无助益。在被问及他是如何知道美国财政部将要出售黄金时,古尔德并未提到巴特菲尔德通过塞利格曼进行的私人交易,相反,他说:"这只是人们有时凭直觉得

---

〔1〕 *New York Tribune*. 9 October 1869.

出的无数结论中的一个，我心里知道这个结论本身没有问题，但你如果让我给这个结论提供一些实在的证据，我就给不出来了。”委员会调查的重点完全集中在格兰特和其他联邦官员的涉事程度上，最终，尽管这个由共和党主导的委员会完全洗清了共和党总统的嫌疑，但他们并没有彻底免除巴特菲尔德的罪名，委员会只说没有确凿证据证明这位财政部出纳局局长助理是古尔德的同谋。委员会还严厉斥责了科尔宾，称他进行了“最恶劣的伪善行为”，在“宗教和爱国主义的掩饰下”利用了一个有权有势的亲戚。[1]

古尔德在这次黄金投机活动中的无数失误以及他和菲斯克的巨大损失本应洗清他阴险狡诈的坏名声。但和媒体一样，国会在最后的事件总结中对真相避而不谈。因此，颇具讽刺意味的是，在“黑色星期五”留下的断壁残垣中，媒体仍然可以随心所欲地抹黑古尔德，把他描绘成一个心肠歹毒、是非不分、无人可挡的金融天才。古尔德本人并不花力气去洗白自己，由此也就达成了他第一个真正的浮士德交易。在不久的将来，他对毫无盈利希望的伊利铁路采取的措施会进一步加强他在大众心中冷血无情、撒谎成性的金融吸血鬼形象，且这个吸血鬼对吸干对手的血情有独钟。后来，在伊利之后，他厚颜无耻、背信弃义的名声将如影随形，陪伴他开启人生中的真正事业：控制联合太平洋铁路和密苏里太平洋铁路，整合美国西南部其他几条主要铁路，最终建立起古尔德的铁路系统，并控制西联电报公司以及曼哈顿高架铁路公司。

正如莫里·克莱因所书，20年来古尔德在“黑色星期五”中得来的骂名“像一团致命的毒雾，在所有古尔德接触过的公司中蔓延”。[2] 到最后，无论古尔德管理上有多成功（无论他经年累月为股东带来了多少来之不易的分红收益），都无法扭转他在人们心中摆布他人、大口吞吃从无知受害者手中榨取来的赃物的金融盗贼的刻板印象，即使这一印象纯属捏造，并无事实依据。人们永远会觉得他有罪，这个罪名将会陪伴他到死。在他的余生，他的所有动机（其实只是赚钱，和其他资本家没什么两样）都会被怀疑成别有用心。人们永远用更高的道德标准去要求他。发展到后来，在媒体和公众心里，一些其他投机者惯用的投机小技巧小策略到了古尔德这里就成了他欺诈和垄断的工具。这一方面是因为他背信弃义的坏名声，另一方面也是因为他把华尔街惯用的伎俩玩出了新花样，从未有

---

〔1〕 *House Report* 31. 272.

〔2〕 Maury Klein. *The Life and Legend of Jay Gould*. 4.

人这样巧妙地将盈利手段完美地结合在一起,这使那些旁观者又是沮丧,又是嫉妒。

“黑色星期五”过去 15 年后,古尔德早已证明自己是一个靠得住的首席执行官,能和一群忠心耿耿的长期伙伴共进退,一起维系几个大公司的运转并进行扩张。即便如此,伦敦《铁路时报》(*Railroad Times*)仍发表社论称“古尔德先生的上帝就是他的钱袋子,只要能装满自己的钱袋子,他不惜出卖自己身上的任何品质,和旧社会的以实玛利人一样,他反对所有人,所有人也反对他。那些有胆量把他看作朋友的人无一例外早晚会发现,他们不过是引狼入室,自寻死路。但刻画杰·古尔德的真实形象的努力是徒劳的,没有任何语言能描绘出他的真实轮廓。世上再找不到一个像他这样冷心冷情、无情无义的恶人了,他残酷地欺骗自己口中的‘朋友’,以致他现在再也无人可骗。”[1]

---

[1] *Railroad Times* (London). 12 July 1884.

第二十一章　一个特殊的恶臭弹

在金融投机市场吃了大亏后，古尔德迅速转移阵地，将注意力集中到充实自己和伙伴的钱包上。一如既往地，他将目光投向了一些附带交易，因为他可以借自己在伊利集团的位置来影响这些交易。在与纽约中央铁路展开价格战抢夺从布法罗向东运往纽约的牲畜运输流量的过程中，古尔德把运费从范德比尔特最初定的每车厢 125 美元高价降到每车厢 75 美元。后来范德比尔特又把中央铁路的运费降到每车厢 50 美元，古尔德随即继续降价到 25 美元，结果范德比尔特竟然直接自杀性地把价格降到 1 美元每车厢，每头猪和羊再另加 1 美分。一开始，范德比尔特听说自家中央铁路的火车都是满载而对手伊利铁路的火车都是空车运行的时候还很高兴，结果后来他才得知原来古尔德和菲斯克已经将布法罗市面上所有的牲畜都买了下来，然后通过中央铁路将这些牲畜运到纽约大赚了一笔。“当这位老船长发现自己居然花了大价钱帮忙把对手的牲畜送到了纽约，还让对方发了一笔横财的时候，他几乎气疯了。”莫罗西尼回忆说，“我听说当时范德比尔特那里的气氛非常压抑。”[1]

古尔德也经常投资其他公司的股票，比如从事包裹和信件投递业务的美国邮政公司，该公司的业务开展对伊利铁路的依赖性很强。作为伊利集团的总裁，

---

〔1〕 Giovanni P. Morosini. “Memoir of Jay Gould.” HGS.

古尔德总是毫不犹豫地对这类业务有依赖性的公司下手，放出要和这些公司断绝合作关系或者提高价格的风声，然后卖空其股票，在股价下跌的时候低价买入几十万股这些公司的股票。然后，他又会放出这家公司利多的消息，拯救其于水火之中，公司股价自然随之上涨，这时他再把手里囤积的股票高价卖出，大赚一笔。莫里·克莱因和朱利叶斯·格罗丁斯基都指出，这种诡计在古尔德时期很常见。“虽然这种行为为那些道德高尚的商人所不齿，”克莱因这样写道，“那些不怎么高尚的家伙们厚脸皮地爬上公司高位，为的就是互相交换内部信息发财。古尔德可能比他们中的大多数人有创意，但他绝不是第一个这样做的人。”[1]

除了进行这种暴利的幕后交易，古尔德同时也采取措施来加强伊利公司在奥尔巴尼和其他地方的政治背景。“那些获得提名的人通常会到我这里来寻求捐助，这已经成了一个固定习惯，”古尔德在 1873 年这样对美国参议院调查员说，“我给他们提供赞助，也相信他们之后会给公司带来巨大收益；在共和党选区，我就是坚定的共和党人，在民主党选区，我就是坚定的民主党人，在立场模糊的选区，我的立场也就存疑；在政治上，我永远只代表伊利铁路的利益。”这种交易太多了，以致古尔德自己都数不过来。“这种交易数量太多，范围太广，所以我并没有跟进每个细节；如果我经手一个交易，敲定之后这个交易对我来说就算结束了，我就会去做其他的事情。你可能回来问我某天有几节货运车厢，火车是准时还是晚点，但我的脑子里不会装这种细节性问题，我只能告诉你基本规则，或者说我做事的基本原则。”[2]就伊利铁路内部的政治来说，古尔德采取了几个关键措施来巩固自己的地位。1869 年 5 月时古尔德就已经从纽约州政府立法机关求得《分类法案》(Classification Act)庇护，该法案阻止伊利董事 5 年内再次选举。因此，在 1869 年 10 月的年度选举后，古尔德、菲斯克、雷恩和特威德直到 1874 年都稳居高位。古尔德在菲斯克纳拉甘赛特汽船公司(Narragansett Steamboat Company)担任采购经理的兄弟亚伯兰也加入了执行委员会，虽然他从没参与过会议，但把自己的代表权交给了古尔德。

伊利铁路在 1870 年 1 月发布了上一财政年度(截止到 1869 年 9 月)的年度报告，列举了古尔德领导的头 12 个月公司的突出成绩：总营业额达到

---

〔1〕 Maury Klein. *The Life and Legend of Jay Gould*. 96.

〔2〕 *Report of the Committee of the Senate upon the Relations Between Labor and Capital*, *Senate Hearings*. 42nd Congress, Vol. 26. 962—964.

16 721 500 美元，上升了 16.3%，而运营成本也下降了 4.4%。然而，支付了债券利息后，伊利集团就没钱给剩下 78 万流通股分红利了。报告也没有提到长期以来（大部分也难以补救）一直困扰设备陈旧的伊利铁路的基础设施困境。正如古尔德在一个秘密备忘录里提到的，伊利铁路要面对的远远不止轨距太宽这一个问题。木制桥梁维护成本高昂（更不用说陈旧落后的铁轨），要换成铁质桥梁。铁路线也需要耐用的枕木，还要斥巨资改进提升好几个档次。伊利铁路陈旧的设备已经造成了很多次事故，其中好几次都导致乘客身亡。除此之外，伊利铁路沿途的路线都是单程铁轨铺就，而范德比尔特的纽约中央铁路则坐拥 4 条往返线，宾夕法尼亚也最少有 2 条，火车可以在这些铁路上来回畅行无阻。

具有战略思维的古尔德对这些问题一清二楚。即使伊利铁路的基础设施状况已经如此糟糕，古尔德也只是把它当作一个投机的工具：在他眼里这只是个披着财务外壳的幌子、一个巧立名目的好借口。打着升级线路的名号发行证券得来的收入明面儿上是用在铁路上了，但实际上几乎所有钱最后都充实了古尔德和他同伴们的腰包。举个例子，古尔德和菲斯克以私人名义花 85 万美元买下歌剧院的时候，他们付的 30 万美元定金就是直接从伊利铁路的账户拨的款，明目是将来高价租金的预付款。通过这种方式，古尔德和菲斯克没花自己一分钱就获得了纽约一个主要建筑的控制权。同样，当伊利铁路总裁古尔德决定扩张伊利铁路在新泽西的土地时，土地投机商人古尔德最终就买下了河边码头的地皮。[1] 从发行债券中获得的无数受益就是这样被用掉的。当伊利的证券逐步缩水而债务逐渐累积时，股东们——尤其是占有绝大部分股份（45 万股）的英国投资者们，察觉到了古尔德推卸信托责任的行为并为此气愤不已——越来越不安了。

1870 年早些时候，英国股东的代表约瑟夫·L. 伯特（Joseph L. Burt）来到奥尔巴尼要求废除《分类法案》。特威德确信他非常不满意。与此同时，在曼哈顿，巴纳德法官驳回了伯特想要将大笔以“街道名方式”登记的英国股份撤出，并将这些股份记在纽约证券交易所里两个精心安排的英国持有者罗伯特·A. 希斯（Robert A. Heath）和亨利·L. 拉斐尔（Henry L. Raphael）名下的要求。如果这一要求被批准，那海尔斯和拉斐尔就有权在下一届伊利集团高层选举时投

[1] *Heath et al. v. Erie Railway Co. et al.*, Circuit Court S. D., N. Y., 27 April 1871. Bill of Complaint.

票并由此操纵选举。巴纳德反过来把英国股份放在了一个接管人手里,从而阻止伯特再试图登记这些股份。只要古尔德能控制法庭并通过坦慕尼协会控制立法机构,伊利堡垒看起来似乎就是坚不可摧的。但它坚不可摧的时日不多了。

同年 4 月,伯特已经对纽约司法机关不抱希望,他转而向联邦政府寻求救济。一开始,古尔德和菲斯克似乎并未意识到联邦诉讼会带来多大的威胁。“出乎意料的是”,一家报纸描述说“伯特债权持有人发起(联邦)诉讼的传票没花什么力气就到了伊利高层手中。知道传票已经就位后,菲斯克派了一名法律顾问前往美国联邦法院执行官办公室,要求护送代理人到伊利总部。菲斯克和古尔德极尽礼貌而幽默地接待了这名代理人,在热情招待过后,菲斯克还与这名代理人一起共进午餐。”那天晚些时候,菲斯克对记者们说:“既然英国人更愿意用铁路收益付诉讼费而不是转成红利,那我也无能为力了。”[1]

在这次采访中,菲斯克还为自己最近的小项目做了个招募宣传:为纽约民兵第九团招募民兵。菲斯克作为第九团军服的出资人,最近已被任命为第九团陆军上校。谈及那个 5 月,一名《纽约先驱论坛报》的记者评论说,当菲斯克穿着布鲁克斯兄弟为他量身打造的价值 2 000 美元的军装时,他“看起来活像一个刚放学的高兴的学生在扮演士兵”。[2] 从那以后,他坚持让包括曼斯菲尔德在内的所有人叫他“上校”。他也为第九团所有士兵买了新军服,给那些愿意参军的伊利员工提供现金福利。5 月末,第九团民兵在第五大道盛装游行,之后他们右转穿过第二十三街,最后走到第八大道。在第八大道伊利堡垒里的大歌剧院里,士兵们观看了菲斯克最近耗资 75 000 美元制作的盛大戏剧《十二诱惑》(The Twelve Temptations)。

据一名观众回忆,《十二诱惑》剧如其名,由 12 名合唱团女孩演出,她们装扮大胆,“穿衣风格是主流社会的保守人士难以接受的”。该戏剧布景繁复华丽,还加入了瀑布和一些危险的用硫和镁填充的“火球”。[3] 当这些火球在舞者手中抛接时,它们会抛洒危险的灰烬和火花雨(不止一个半裸演员在表演时被烫伤)。同时,表演队伍每晚都会在一队金发女孩和另一队褐发女孩中轮换。《十二诱惑》演出大获成功。过去没被可怜的派克先生吸引来西区大剧院观看高雅戏剧

---

[1] *New York Herald*. 12 May 1870.
[2] Ibid. 14 May 1870.
[3] Ibid. 28 May 1870.

和莎士比亚的人们如今倒是成群结队来看《十二诱惑》和类似的剧目了。“众所周知，老年人就喜欢华丽的东西”，纽约讽刺性周刊《丑角》(*Punchinello*)的编辑曾这样写道，“这也许就是那些白发苍苍的老绅士们会这么喜欢《十二诱惑》以至于都挤在剧院前排抢占最佳视角的原因……虽然剧本烂透了，但是舞台上一排排白花花的大腿已经足够闪耀，所有观众都为之沉迷。”[1]

古尔德一次都没看过《十二诱惑》或者其他菲斯克制作的华丽戏剧。1870年春天他就和岳父母们搬出了联合广场附近的老米勒公寓，住进了繁华的第五大道上的一个大房子。这个房子位于第五大道578号，就在西四十七街和西四十八街的第五个路口中间。[2]尽管古尔德在一楼为自己精心准备了个书房，但需要熬夜工作时，他还是会去地下室一个小角落办公。他还在楼顶上给自己弄了个简易温室来养花。温室里有玫瑰、风信子，最多的还是他的新宠——兰花。木匠在温室边上给他建了个小盆栽棚，棚里除了园艺工具，还放着一个老式行李箱(是罗克斯伯里老家留下的老物件)，堆了不少园艺参考书。古尔德对这些布置非常满意。“我有个缺点，”他当时对一名记者说，“我不擅社交，华尔街的人喜欢呼朋引伴，喜欢运动。如果一个人在华尔街赚了10万美元，他转头就会去买皮划艇，去骑快马，去做各种运动。我的喜好和他们完全不同。工作结束后我会下班回家，在家里和妻子孩子以及书房里的书度过这一天剩下的时光。每个人天生就有自己的偏好，我偏爱待在家里。这种习惯没法让我在华尔街受欢迎，但我没办法。”[3]

事实上，对一个在上流社会并不太受欢迎的人来说，不善交际倒未必是个坏事。古尔德从“黑色星期五”就落下的坏名声一直没有扭转，他使诡计牺牲国外股东利益、操纵伊利股票害得他们蒙受损失的“事迹”也一直广为流传，这两点使得他在众人眼中就是个社会渣子。既然已经成为全体美国人最瞧不起的人之一，古尔德很明智地只在家庭范围内找乐子，这碰巧也正是他喜欢的生活方式。然而，就连古尔德顾家的特点都被拿来做负面报告。各大报纸引用了许多粗暴无礼的投机者共有的观点，称古尔德就是只会在你有利可图时才会接近你的势利小人。那些经常下班后出入华尔街各个欢场的记者们也持同样的观点。不止

---

[1] *Punchinello*, Vol. 1, No. 6. 7 May 1870.

[2] The Millers lived a block away at 518 Fifth Avenue.

[3] Edwin P. Hoyt. *The Goulds*: *A Social History*. 65.

一名记者拿菲斯克和古尔德做对比：一个是无礼孤僻的古尔德，众人心中的狡诈恶棍；一个是慷慨仁慈、备受欢迎的菲斯克，大家心里迷人又顽劣的坏男孩。到最后，古尔德顾家的天性很大程度上让大家坚信他没有朋友，除了亲人外，他对任何人都没有忠诚可言。古尔德最像夜生活的行为就是他有时会在晚饭后在第五大道漫步，在那里观察夜间交易，有条不紊地和经常出现在饭店大厅和酒吧的经纪人聊天。他聊天的话题几乎只和金融相关，也没有什么玩笑话，他的问题都主题鲜明，在经纪人中周旋时，他的触角会敏锐地侦查到任何一点有用的信息。

熟人渐渐习惯看他在酒店待不到 1 个小时就走，这点时间已经足够他把握市场脉搏。所以，即使 1870 年夏天艾丽带孩子们去新泽西的朗布兰奇(Long Branch)海边待了足足 8 周，也没人看出沉默寡言的古尔德有什么变化。在这段漫长的独居生活期间，古尔德仍然保持了早睡的习惯。他照旧拒绝和菲斯克到市中心过声色犬马的夜生活，每到周末就径直奔向朗布兰奇。据船员们回忆，每周五下午和周日晚上都能看到古尔德紧紧夹着自己的公文包，在他和菲斯克共有的往返于曼哈顿和泽西海岸之间的“普利茅斯岩石号”轮船的甲板上踱步。

8 月 19 日周五，这一天当古尔德登上甲板时，他发现周围环绕着 600 个菲斯克民兵团的士兵，他们都是乘这艘船去朗布兰奇参加一年一度的夏季露营的。几十年以后，乔治 · 古尔德都会回想起这一天，想起他和他不是军人的父亲一起参观第九团“杰伊 · 古尔德营”的情景。6 岁的乔治获准在那里对着海浪射击。“他们在酒店吃饭，”一名观察菲斯克用度奢侈的士兵的《纽约先驱论坛报》记者称，“所以随身也没带干粮，他们都背着背包，背包里塞满了白裤子、白手套，以及其他一些半吊子士兵度假用的装饰品。”[1]虔诚的艾丽对菲斯克周日给士兵放假的行为大加赞赏，然而《纽约先驱论坛报》记者评论称那是菲斯克 9 年里第一次听布告，“他被这种不同寻常的情感深深触动，甚至流下了眼泪，对他来说，这场布告要比戏剧更精彩”。[2]

菲斯克之所以突然要参加夏季露营，部分是因为他在曼哈顿的感情生活破裂了。就在启程前往朗布兰奇前不久，他在曼斯菲尔德那儿受了冷遇。当菲斯克在朗布兰奇“训练”的时候，曼斯菲尔德正和新欢逍遥自在。这个新欢就是 39 岁的爱德华 · S. 斯托克(Edward S. Stock)，人称奈德(Ned)。他是个英俊潇洒

---

〔1〕 *New York Herald*. 20 August 1870.

〔2〕 Ibid. 22 August 1870.

的已婚男人,名气很大,是布鲁克林炼油公司(Brooklyn Oil Refinery Company)的总经理,这家公司属于他孀居的母亲。据当时熟悉他的人说,斯托克“有个很大的缺陷……他太急躁了,还有点神经质,性格残暴,只要他觉得自己被压迫或被激怒,就会随时随地爆发。他总是对侮辱极其敏感,会立刻让对方付出血的代价。”[1]一年以前,由于斯托克自身“易燃易爆”,极不理智的性格和挪用公司资金的行为,布鲁克林炼油公司开始有了衰败的迹象。斯托克曾经劝诱那时还是他朋友的菲斯克加入自家董事会,还让他投了大笔资金。之后,菲斯克还给布鲁克林公司往返宾夕法尼亚和纽约运输石油提供了优惠,让斯托克成为伊利所有大宗石油、柴油采购的实际独家供货商。作为回报,斯托克撬走了菲斯克的女人。“曼斯菲尔德小姐,”菲斯克传记作家R·W. 迈克阿尔平(R. W. McAlpine)写道,“对菲斯克没有真爱和激情,她只是为了菲斯克的钱和他在一起。但她确实爱着斯托克,虽然对这样一个老成练达、富有心机的女人来说爱这个字眼可能太过了,但她对斯托克确实怀有热烈的激情。”[2]

菲斯克一如既往地和一群女演员和舞者厮混在一起,但在他的感情生活中,这些人来来去去,曼斯菲尔德却永远是他心里的常客。当然,全纽约都知道菲斯克和曼斯菲尔德之间不清不楚的关系,所以当菲斯克突然被曼斯菲尔德从他买的房子里赶出来时,他感到非常尴尬。曼斯菲尔德自己似乎并不理解,如果一个男人包养一个女人,那么他通常也希望这个女人“礼尚往来”,把他当作自己的唯一。“他总是给我很多丝绸,很多红酒,给我所有我想要的东西,”她后来说,“但是他就是不给我一丁点儿自由。”[3]当菲斯克9月初回到曼哈顿时,他去见了曼斯菲尔德,拒绝了她离谱的要求——作为供养她的回报,她愿意在和斯托克在一起的同时偶尔和他幽会。据说菲斯克是这么回答的:“行不通的,曼斯菲尔德,你不可能让两辆方向相反的火车同时在一个轨道上运行。”[4]

◇ ◇ ◇

1870年10月,英国人的股份仍然处于冻结状态,又有3个古德尔派的伊利

---

[1] *New York Herald*. 18 January 1871.
[2] R. W. McAlpine. *The Life and Times of Col. James Fisk Jr*. 329.
[3] *New York Herald*. 18 January 1872.
[4] W. A. Swanberg. *Jim Fisk*. 209.

董事(其中就有古尔德的姐夫小丹尼尔·米勒)以多数票再次当选。也是在这次会议上,伊利董事会投票批准实行1869年8月以来制定的所有行动计划、规章制度以及项目规划。不久之后,随着英国股东的诉讼流程在联邦法庭缓慢推进,古尔德试图通过发行统一债券代替公司之前乱七八糟的债务的方式来改善公司糟糕的财务状况。但是这一次,这个华尔街臭名昭著的"荡妇"已经年老色衰,面容憔悴,扑再多脂粉也掩盖不住,已经无力招揽客人了。古尔德自己一个人就以60美元的价格买了300万美元债券。到了1871年,伊利铁路仍在泥淖中苦苦挣扎。伊利向来不是一条好铁路,但现在它即使作为投机工具也越来越没有利用价值了。

在伊利铁路江河日下的同时,古尔德还发现自己卷入了和老盟友詹姆斯·麦克亨利的危险对峙中。古尔德曾在1869年和麦克亨利结成同盟,帮他拯救问题重重的大西洋—大西部铁路——包含三条小宽距铁路,通过克利夫兰的一个小枢纽串联起纽约的詹姆斯敦、宾夕法尼亚的米德维尔以及俄亥俄州的富兰克林米尔斯。通过把这条铁路租给伊利集团,古尔德和麦克亨利开发了一条利润丰厚的交叉路线,在克利夫兰和东海岸之间运输石油。但是古尔德和麦克亨利一直意见不合,这导致后来古尔德单方面(也是严重违法地)修改了租赁条款,使条款对伊利更有利。在随后的法庭之战中,古尔德——那是在1870年2月——成功修改条款,得以掌握大西洋—大西部铁路的控制权,而麦克亨利则只能拼命重组公司,推迟丧失抵押品赎回权的时间。直到1871年10月,麦克亨利才最终赢回了公司的控制权。

然而麦克亨利最后拿回的不过是一条缺了伊利铁路就没什么价值的铁路,而且只要古尔德还控制着伊利铁路,他就永远无法拿到优惠的租赁条件。因此,1871年年底,麦克亨利试图和伊利的英国股东合作,共同将古尔德踢出董事会。麦克亨利同时还和1871年10月刚上任的纽约革新共和党司法部部长弗朗西斯·钱宁·巴罗(Francis Channing Barlow)结成同盟。这位37岁的司法部部长虽然是个土生土长的纽约人,但他吹嘘自己和波士顿的几个显赫家族有血亲。巴罗同时也是个战斗英雄,他在安提坦之战和钱斯勒斯维尔战役中表现出色,之后在葛底斯堡战役中为了保卫一座小山(后来命名为巴罗山)时中弹,暂时瘫痪了。[1] 巴罗曾担任过纽约南区的法警,在他加入麦克亨利的同盟之前就已经在帮助伯特对古尔德发起联邦诉讼。上任司法部部长后,他仍然和萨缪尔·蒂尔顿(Samuel Tilden)合作处理特威德的贪污案。

借助巴罗的渠道,麦克亨利的"伊利保护委员会"(Erie Protective Committee)还获得了另一名葛底斯堡退伍军人丹尼尔·E. 西克尔斯(Daniel E. Sickles)将军的帮助。1819 年出生的西克尔斯资质平庸,他毕业于纽约大学法学院,在战前担任过一段时间的纽约市坦慕尼外围公司顾问,做过美国驻伦敦使馆秘书,还当过纽约州参议员,做过纽约州民主党代表。他在国会两个任期的职业生涯终结于 1859 年的丑闻——枪杀了自己妻子的情人菲利普·巴顿·凯(Philip Barton Key),美国国歌《星条旗》的作曲家弗朗西斯·斯科特·凯(Francis Scott Key)的儿子。西克尔斯后来被无罪释放,这成了美国历史上第一次以暂时性精神失常胜诉的案例,这个案子由辩护律师埃德温·M. 斯坦顿(Edwin M. Stanton)一手策划,他后来成了司法部部长,还在南北战争时担任林肯手下的战争部长。南北战争期间,西克尔斯参与过半岛行动、夏普斯堡战役和昌塞洛斯维尔战役,之后他随部队转移到葛底斯堡,葛底斯堡战役中因为他的一意孤行,几乎导致联邦第三军团全军覆没。然而,在与南方军队作战中被炮弹炸掉了一条腿后,西克尔斯最后获得了荣誉勋章。1869 年退役后,西克尔斯与坦慕尼断绝关系,摇身一变成了共和党,最后还接受格兰特任命成为美国驻西班牙大使。在马德里,酗酒无度、风流成性的西克尔斯很快因为他和西班牙风情万种的前皇后伊莎贝拉二世(Isabella Ⅱ)的暧昧关系得了个诨名——"西班牙的美国佬皇帝"。

1871 年 11 月上旬,在接受了麦克亨利 10 万美元的贿赂后,西克尔斯从西班牙的外交事务中抽空回纽约,意图和他的同伴联手将古尔德赶下台。一个月后,西克尔斯针对伊利铁路发起了伯特之后的第二起诉讼,并抨击奥尔巴尼,意图推翻《分类法案》。与此同时,麦克亨利的委员会发表声明,告知所有伊利股东他们"决心摧毁整个伊利链,即使个人为此付出代价也在所不惜"。[2] 在读到声明后,古尔德认识到了自己对立的强大力量,也完全明白了自己处在多么危险的境地。他正面临着内忧外患:不仅有伊利的股东在公开抗议,古尔德自己的阵营

---

〔1〕 在战争中,巴罗的军衔从二等兵一路升到将军,他因此也被称为"将军大兵"。

〔2〕 Erie Protective Committee broadside dated December 1871. New—York Historical Society.

也军心不稳。仅仅几周前，共和党在曼哈顿和其他地区的改革运动大受欢迎，取得了好几次对坦慕尼的决定性胜利并最终赢得了州立法机构的掌控权。不久后，特威德——他最近频频受《纽约时报》抨击，还成了《哈珀周刊》(*Harper's Weekly*)讽刺漫画的常驻丑角——将因欺诈罪被逮捕，从伊利董事会辞职，并就此失去身为坦慕尼协会大领袖的权威地位。至于菲斯克，他与曼斯菲尔德和斯托克那见不得人的三角关系成了纽约各大报纸津津乐道的对象。这些负面形象进一步威胁了古尔德对伊利铁路的控制权。

◇ ◇ ◇

整个 1871 年，这个被乔治·坦普顿·斯特朗称为"特殊的恶臭弹"的菲斯克—曼斯菲尔德—斯托克的三角关系剧情稳步发展着。[1] 1871 年新年刚过，菲斯克仍沉浸在被抛弃的痛苦中，他那时还是布鲁克林炼油公司的董事之一，借着这个身份，菲斯克成功收集了证明总经理斯托克私吞公款 25 万余美元的文件证据，在宣誓对其贪污罪指控属实后，菲斯克给斯托克戴上了手铐。然而斯托克极具技巧性地逃脱了判决，他转手就控告菲斯克诬告，要求其赔偿 20 万美元。这一诉讼经过庭外调解，最后以菲斯克同意买下斯托克在布鲁克林炼油公司的股权而告终。(这笔钱虽然让挥霍无度的斯托克发了笔横财，却切断了他从布鲁克林公司挪用公款的财路。)这时，斯托克才露出了他真正的嘴脸：和菲斯克达成了和解不久，他竟然出尔反尔又提起了诉讼，其行径之无耻简直令人震惊。1871 年春天，两人决定将他们的争端交给公正的第三方——克莱伦斯·A. 苏华德(Clarence A. Seward)律师——裁决。苏华德最后给出的判决是，菲斯克再额外付给斯托克 1 万美元作为陷害他坐了一晚上牢的补偿，除此之外，斯托克不得再向菲斯克索要任何东西，此时的斯托克为了供养曼斯菲尔德奢侈的生活挥霍无度，已经将之前的赔偿花得所剩无几了。

到了 9 月，斯托克已经挥霍完了最后的 1 万美元，这时候他又开始打菲斯克钱包的主意了。这一次斯托克使的把戏是控告菲斯克偷取布鲁克林炼油公司和伊利铁路的股份，据他称，偷窃证据就藏在菲斯克以前还没和曼斯菲尔德分手前给她写的信中。斯托克打的主意就是菲斯克出钱买下这些信。实际上，这些充

---

〔1〕 George Templeton Strong. Diary. 12 November 1871.

当证据的信件一点都没有涉及菲斯克的生意，但信中确实说到了一些更私密的话题，有些话题可能还有些尴尬。因此，当菲斯克的朋友劝他就让这些信件曝光，彻底了结这些事情的时候，他拒绝了。[1] “你也许觉得我很可笑，”菲斯克在10月27日写道，“但这份纯真的感情确实曾深深打动过我，我不愿把它公开……他们可能因为这个片段诅咒我，或是因为那件事指责我，还可能因为别的事取笑我——但是，老天，你想让我剖开的是我自己的心啊，我不愿光天化日之下剖开自己的真心，任人观赏。”[2]不久之后，斯托克就提出将这些信以15 000美元打包卖给菲斯克，菲斯克再一次“愿者上钩”了。没想到付钱之后斯托克再次食言，这次菲斯克直接以敲诈罪逮捕了他。

菲斯克与斯托克之间漫长的拉锯战只在秋天中止过一次，在那期间菲斯克负责组织众人为大火灾后的芝加哥筹措和运输救灾物资。他表现得几乎和10年前在安特蒂姆为士兵募捐时一样精力充沛，10月10日晚上自己架着辆4轮马车在纽约各个街道游走，车的侧面还喷上了标语：“此处收集为芝加哥募捐的物资。”他挨家挨户地拜访，看到有人挥手就停车收集物资。同时，为响应古尔德在各大日报发布的倡议，许多批发商和慈善机构将大批实物、衣服、毯子和医药用品送到大剧院。当天晚些时候，菲斯克就在剧院大厅指挥100多名志愿者，组织他们将物资转运到伊利铁路在泽西市的终点站，并最终将物资送上西去的伊利火车，各大报纸也对这一活动大力报道。

◇ ◇ ◇

在解救完芝加哥人民后，菲斯克转头处理自己的事务。11月26日，曼斯菲尔德为斯托克的欺诈罪行出庭作证。在此过程中，经过威廉·A. 比奇(William A. Beach)老练的盘问，曼斯菲尔德终于露出了自己的真面目：她就是一个精于世故、贪财拜金的“狐狸精”。几周之后，也就是在1872年1月6日，B. H. 比克斯贝(B. H. Bixbey)驳回了斯托克的所有上诉。当天早上，大陪审团宣布菲斯克控告斯托克及曼斯菲尔德敲诈罪名成立，并发布了逮捕令。听说了裁决结果后，狂怒的斯托克先去了曼斯菲尔德位于西二十三街的家里，然后去了伊利堡

---

〔1〕 39封信每一封都被完整地刊登在1872年1月14日的《纽约先驱论坛报》上，此时菲斯克刚刚去世一周。

〔2〕 E. H. Mott. *Between the Ocean and the Lakes*. 421.

垒,要求面见菲斯克。然而菲斯克当时并不在那儿。一名多嘴的守卫告诉斯托克菲斯克正在镇子另一边参加一个午宴,之后他会到格林尼治的中央大饭店赴约。[1]

斯托克叫了辆出租车,在下午 4:00 左右到达中央大饭店,比菲斯克稍早一点。理查德·汪德尔(Richard Wandle)是个对斯托克很熟悉的赌鬼。斯托克当天到的时候他正好在中央大饭店门前闲逛,看到斯托克跳出出租车冲向(据他描述斯托克并没有跑起来,只是疾步行走)女士入口,那里离正门大约 20 码远。[2]一进饭店,斯托克立刻走女士台阶登上二楼大厅,那里的服务员注意到他来回急躁不安地踱步。几分钟之后,汪德尔看见菲斯克款款地从私人马车上下来,和斯托克一样走了女士入口。然后汪德尔就听见了枪声:两声巨响,中间略有停顿。

"我看见爱德华·斯托克站在楼梯尽头,"不久后就会丧命的菲斯克在口述临终遗言的时候会对验尸官这么说,"我刚见到他就发现他手里拿着东西。"[3]菲斯克刚在女士楼梯走了一半,子弹就射中了他的腹部,他滚下了楼梯。当他站起来的时候,斯托克射了第二枪,子弹打中了菲斯克的左手臂。这时,还站在楼梯顶端的斯托克逃离了作案现场。他匆匆穿过二楼大厅,把手里 4 个枪膛的柯尔特左轮手枪扔在一个沙发底下,然后从主楼梯下楼说有人中枪了。"对,"一名目睹全过程的服务员在他身后大嚷,"你就是那个开枪的人!"[4]斯托克坐下等着,嘴里还自言自语地嘟囔着,而那个告发他的侍者则跑去最近的莫瑟街警察局叫警察。

一开始菲斯克的状况看起来还好,还能扶着酒店医生的胳膊自己走上楼梯,穿过一个小过道去私人会客室。那里等着的托马斯·H. 崔普勒医生(Thomas H. Tripler)让他在沙发上躺下。医生略过了胳膊上的轻伤,直接剪开菲斯克的衬衫来检查他的腹部伤口。医生的探针伸进去 4 英尺,都没有碰到子弹:子弹已经深深埋入菲斯克的肠子找不到了。菲斯克流出的血已经成了黑色。当得知他

---

[1] 由于和菲斯克有着千丝万缕的联系,前中央大酒店(后来先后改名为南方酒店、百老汇中央酒店,避免和范德比尔特的中央大车站名称产生混淆)的很大一部分在 20 世纪时成为美世艺术中心,包含大大小小的艺术空间。(建筑也有一部分不幸地沦落为一家招待所。)1973 年 8 月,整座建筑突然崩塌,造成四人死亡,另有多人受伤。建筑位于百老汇的第三大道。

[2] W. A. Swanberg. *Jim Fisk*. 271.

[3] R. W. McAlpine. *The Life and Times of Col. James Fisk, Jr.* 356.

[4] Ibid. 336.

的伤势太重可能无法活命时，菲斯克要求叫托马斯·谢尔曼律师和大卫·达德利·菲尔德(David Dudly Field)律师来记录他的口述遗言。他也要求叫他的妻子露西从波士顿赶来。[1] 纽约警察局的托马斯·贝恩斯(Thomas Byrnes)队长后来回忆说，当他押送斯托克进房间时，菲斯克“镇定地躺在那儿，似乎完全感受不到疼痛”。同时斯托克“严严实实地守着自己的自尊，脸上表情纹丝不改，强制压抑着内心激烈的情感”。当贝恩斯请菲斯克指认凶手时，菲斯克点点头说：“没错，您押着的就是枪击我的人，就是奈德·斯托克。”[2]

菲斯克濒临死亡。在此期间，古尔德花了100万美元将被告特威德保释了出来，特威德同谢尔曼、费尔德和古尔德一起守护着菲斯克。一开始，古尔德依旧面色镇定，表情捉摸不透，但最终顶着巨大压力，还是崩溃了。“所有人，”一名观察者写道，“突然惊讶地看到古尔德用手托着额头，声泪俱下。”[3]此时，一名伊利信使前来对着古尔德窃窃私语，随后古尔德便打断贝恩斯，让他对关押斯托克的城市监狱“坟墓”加紧防御。有传言纽约第九团准备游行并劫走斯托克，要把他悬挂在伊利堡垒的顶部。纽约警察总警监约翰·科尔索(John Kelso)为了预防暴动，在监狱周围分配了250名警力。

1月7日早上6:20，露西从波士顿赶到了纽约，那时菲斯克正在吗啡的作用下昏睡，10:45，菲斯克去世了。根据《纽约太阳报》的记者说，就在菲斯克去世的几分钟后，一名穿着寒酸的妇人带着孩子敲响了会客室的门。她坚持要为菲斯克送行，尽管她从未见过菲斯克，但是菲斯克曾自己出资捐助他们，保证了他们6个月的基本温饱。[4] 当时一位社论作者曾这样评价：街上挤满了听到消息赶来的人，他们不是曾经接受过菲斯克的资助，就是对他的善举多有耳闻。“他们那个时候突然想起来，菲斯克曾经也是个一贫如洗、努力工作的小伙子，拼尽全力才挣出了一份家业，他后来的人生虽然多有风流虚荣之举，但这些都无法掩盖他性格中无法忽视的自由和慷慨，这些好的品质闪闪发光，完全掩盖了他天性中

[1] 菲斯克和菲尔德、谢尔曼共同设计的遗愿是，指定伊本·乔丹为执行人，将菲斯克的全部财产(预留3 000美元的年金每年支付给他的父亲、继母、同父异母的姐姐和其他一些受赡养人)留给露西。

[2] W. A. Swanberg. *Jim Fisk*. 274.

[3] *New York Herald*. 8 January 1872.

[4] *New York Sun*. 10 January 1872.

的瑕疵。”[1]与此同时，曼斯菲尔德正安然端坐在菲斯克给他买的宅子里由重重警察守卫着，当接受记者采访时，她的回答完全符合她永远只在乎自己的个性：“我希望大家搞清楚一些事情，”她说，“我和这起凶案一丁点关系都没有，我可是个体面人。”[2]

菲斯克咽气几个小时后，古尔德在伊利堡垒接受了记者的采访，其间他向记者表达了自己深深的悲痛。“我没法用语言表达这件事给我带来的打击，菲斯克和我一起共事五六年，我们之间从来没有过一点不愉快。他总是平易近人、和蔼可亲，所有和他做生意的人都深深地爱戴他。”至于菲斯克对美酒美人的狂热爱好，古尔德这样评价：“自从他断了和曼斯菲尔德小姐之间不清不楚的关系后，他就完全变了个人。他逐渐舍弃了过去那些饱受诟病的癖好，渐渐向所有爱他的人期待的方向转变。他和过去那些老情人都逐渐断了联系，如果他能有机会多活几年，大家一定能看到他的脱胎换骨，当然，我绝对不是说他以前的一些不当行为像大家从前说的那样十恶不赦。”[3]

次日(1 月 8 日)，詹姆斯·菲斯克的遗体被穿上制服停放在大剧院供人瞻仰。截至大剧院下午 2:00 关门前，2 万纽约居民到场哀悼。不久之后，第九军团的士兵们护送菲斯克的遗体走过他回老家布拉特尔伯勒的第一程。《纽约先驱论坛报》报道称：“第二十三街上，放眼望去人行道上全是黑压压的人群，还有街边的住户，以及很多受邀而来的朋友密密麻麻地挤在窗户边上……”[4]只有曼斯菲尔德的房子大门紧闭。一队马车跟着灵车，古尔德、艾丽以及露西坐在第一辆马车上。到了老纽黑文火车站(位于第四大道和第二十六街，很快就会翻新建成第一个麦迪逊广场公园)，菲斯克的士兵们把灵柩安置在车厢里，车厢和火车头都覆上了绉纱。9 个小时后，这列载着菲斯克遗体的火车缓缓驶入他的故乡，5 000 名乡亲都深夜走出房门去迎接菲斯克。他的遗体在他父亲的里维尔大厦停到 9 日正午，然后他的亲人们将他的灵柩抬到展望山墓地安葬，这块墓地还是菲斯克几年前半开玩笑地买下来的。

奈德·斯托克家里花大价钱请了用钱能请到的最好的刑事律师为他辩护。

---

[1] *New York Herald*. 8 January 1872.
[2] *New York Sun*. 9 January 1872.
[3] *New York Herald*. 8 January 1872.
[4] Ibid. 9 January 1872.

一审因为陪审团被收买而中止,二审判决斯托克一等谋杀罪,处以死刑。这些判决在被斯托克方律师以强硬法律手腕推翻了,三审最终判决斯托克过失杀人罪,在纽约州州立监狱服刑 4 年。出狱之后,尽管斯托克遭到所有纽约体面圈子的唾弃,但他至少留在了纽约,并在 1901 年他 60 岁时死在了纽约。至于曼斯菲尔德,她在谋杀案之后不久飞去了欧洲,在那里待了 25 年。其间她时而是个女演员,时而是个妓女,还曾经嫁给一个财大气粗、酗酒成性的美籍侨民罗伯特·利文斯顿·里德(Robert Livingston Reade),做了一阵子豪门怨妇。1899 年,有人发现年老色衰、孤身一人的曼斯菲尔德正靠着她达科他州沃特顿的兄弟接济过日子。她的兄弟 10 年后去世了,这时曼斯菲尔德回了欧洲——确切地说是回了巴黎,在那里又过了 22 年一贫如洗的日子,于 1931 年去世,享年 83 岁。

菲斯克的遗产只有不到 100 万美元,远没有许多人猜测的那么多,但是也足够了。和许多报道相反,菲斯克把露西的生活安排得很好。露西后来和范妮·哈罗德一起在波士顿生活,定期向古尔德讨教理财方面的建议。1881 年露西还写文章反驳报纸称古尔德对她疏于照顾的言论,她在文中这样形容古尔德,"他是菲斯克无数朋友中唯一一个在菲斯克离开后照看我,满足我的实际需要的人"。[1] 露西于 1912 年去世,享年 76 岁,如今她的遗体和菲斯克以及其他菲斯克家族的人共同长眠在展望山,山上矗立着雕塑家拉金·米德耗资 2.5 万美元为菲斯克雕刻的精美墓碑,"墓碑一侧雕刻着菲斯克的小像,其上面容栩栩如生,"菲斯克的老朋友富勒 1927 年写道,"纪念碑的大基座四角立着 4 个大理石女孩像,第一个女孩头上戴着花环,环上刻着火车头,所以她代表的是铁路。第二个女孩用水代表生意往来流通,第三个代表舞台,第四个代表广义上的所有贸易。数以千计的人去瞻仰这个佛蒙特州之子的纪念碑,他们其中很多人都会敲碎纪念碑边角顺走几片大理石当作纪念。这些人阴差阳错地让这个纪念碑更契合菲斯克的职业生涯——方方面面都引人注目,但也有自身的瑕疵。"[2]

在菲斯克遇刺身亡后,各家媒体都对他展现了最大的善意。为了写出这个引人入胜的、事关大众利益的故事,作家们笔耕不辍,尽力丰满菲斯克的形象,将他描绘成一个乐善好施的浪子,一个慷慨大方的盗贼,心怀善意的骗子。在此过程中,作者们一如既往地把菲斯克和他更阴暗的合作伙伴做对比,后者的名声就

---

[1] Maury Klein. *The Life and Legend of Jay Gould*. 122.
[2] Robert H. Fuller. *Jubilee Jim*. 564.

变得更臭了。不止一名社论作者口出恶言，竟然说这个组合中该死的是另一个。媒体也都随声附和。“我们不该对詹姆斯·菲斯克太苛刻，”J. G. 达德利(J. G. Dudley)上校曾在一封刊登在《纽约先驱论坛报》上的信中写道，“他不过是时代的产物——职业生涯中的公共和私人道德孕育了他。他不过是顺势而为：立法者贪婪，他就贿赂他们，法官们唯利是图，他就收买他们，社会大众都喜欢露骨庸俗的表演，喜欢粗俗又华丽的东西，他就迎合这一部分人的喜好……但是他最后的死亡已经为先前的任意妄为赎清罪孽。”但虽然作者可以因为菲斯克受时代和环境影响宽恕他，他对古尔德可没有这么仁慈。“愿菲斯克生前所行善事洗清(他的)罪孽，愿菲斯克的伙伴(古尔德)在再次祸国殃民之前长久地沉浸在这些罪孽之中吧。”[1]

后来，一些记者甚至声称是菲斯克的人格魅力保住了伊利公司不四分五裂，古尔德不过是个跟在后面讨厌的辅助罢了。“董事会大多数人，”《纽约太阳报》这样描述，“都是古尔德的敌人，他们都想把古尔德踢下董事长的位置。但他们几乎都是菲斯克上校亲切的朋友，出于对菲斯克的尊重，才容忍死对头盘踞董事长宝座直到菲斯克去世。斯托克的子弹不仅杀了菲斯克上校，也同时粉碎了古尔德的控制权。”[2]

事实上，事情远没有那么简单。

---

〔1〕 *New York Herald*. 21 January 1872.

〔2〕 *New York Sun*. 12 March 1872.

第二十二章　该死的恶棍

在他遇害几周之前，菲斯克就辞去了伊利副董事长的职位，交出了自己的掌控权。尽管他仍然保留伊利公司董事的席位，但他很清楚一场剧变正在公司内部悄然酝酿：他很快就会出局。面对麦克亨利和英国股东的挑衅，古尔德为保住铁路控制权进行了最后一搏：1871 年 12 月 11 日，古尔德写信给华尔街最受尊敬的两个人，提议重组伊利董事会。在给利瓦伊·P. 莫顿(Levi P. Morton，未来纽约州州长、美国副总统)和威廉·巴特勒·邓肯[William Butler Duncan，华尔街著名的邓肯—谢尔曼公司(Duncan & Shearman)合伙人]的信中，古尔德提议成立一个由“全国最优秀的铁路和金融人才”组成的董事会。他相信这样的一个董事会能帮助伊利公司在世界金融市场重获信任。古尔德属意的董事会人选包括莫顿、邓肯、他自己、奥古斯特·贝尔蒙特、J. P. 摩根；伊拉斯塔斯·康宁(Erastus Corning，代表范德比尔特的纽约中央铁路)、詹姆斯·F. 乔伊(James F. Joy，代表密歇根中央铁路)、范德比尔特的女婿霍拉斯·F. 克拉克(代表范德比尔特的湖岸—密歇根东南部铁路)、约翰·雅各布·阿斯特(John Jacob Astor)以及其他杰出人才。这些人在董事会都会拥有话语权，当然古尔德仍然处于控制地位，“公司的这个永久性组织成员将由威廉·巴特勒·邓肯、利瓦伊·

P. 莫顿和我本人遴选”。[1] 值得注意的是，古尔德的名单中划掉了菲斯克、莱恩和特威德的名字。古尔德的姐夫米勒和他的弟弟亚伯兰也不在其中。

菲斯克去世的时候，邓肯正在去往英格兰的路上，身上带着古尔德的备忘录和古尔德控制的 28 万股伊利股份的他此行的任务是争取大批英国股东的支持。与此同时，同样在英国的麦克亨利也在做同样的尝试，他的胜率明显要大得多。麦克亨利这次行动还带了个助手——前伊利公司公关员乔治·克劳奇。他最近刚刚跳下了伊利这艘沉没的大船，远渡重洋到了英格兰，整日向英国股东灌输伊利公司内部见不得人的交易：欺诈、盗窃，还有一个醉心权力、贪得无厌的董事会。

2 月上旬，克劳奇离开麦克亨利回到纽约。他遵守麦克亨利的指示，在纽约和西克尔斯一起花重金在伊利董事会内部掀起了一场政变。此时英国股东的联邦诉讼程序正在稳步推进，《分类法案》的废除只是时间问题，一些过去对古尔德忠心耿耿的股东察觉到他在位的日子所剩无几，便纷纷转向麦克亨利，打算投降之前先捞点好处。克劳奇出价 67 500 美元招揽了弗雷德里克·莱恩，又分别花 67 500 美元和 25 000 美元收买了古尔德派的两个董事亨利·汤普森(Henry Thompson)和约翰·希尔顿(John Hilton)。菲斯克从前提拔的后辈 M. R. 西蒙斯(M. R. Simons)在 40 000 美元的诱惑下也投靠了克劳奇；新任命的副总裁 O. H. P. 阿切尔(O. H. P. Archer)也收了 40 000 美元，伊利的董事长秘书 H. N. 奥蒂斯(H. N. Otis)收了 25 000 美元，贾斯丁·怀特(Justin White)也收了这么多。查尔斯·西森(Charles Sisson)、乔治·霍尔(George Hall)以及荷马·拉姆斯戴尔(Homer Ramsdell，伊利前董事长，现董事，一直对古尔德多有不满)则无条件参与了这次复仇行动。与此同时，米勒和亚伯兰并未被收买，也没有参与这次阴谋。2 月 27 日，克劳奇发电报给身处伦敦的麦克亨利，电报是这么说的：“我们已经掌控了大部分伊利董事，古尔德已经被架空了，一切准备就绪，很快古尔德下台的消息就会人尽皆知。”[2]

克劳奇心里很清楚，麦克亨利和自己一样买入了大量低价伊利股票，只等古尔德下台伊利股价回弹，届时便可大赚一笔，克劳奇第二天又发了封电报：“您买到所有您想要的了吗……我们已经分成了三个战队，第一个战队由西克尔斯领

[1] E. H. Mott. *Between the Ocean and the Lakes*. 180.
[2] Ibid. 191.

导，负责将古尔德的注意力引到立法机构；第二队由司法部部长主导，通过他在法庭向古尔德发起侧面攻击；第三队实际上是由您领导……不断削弱伊利堡垒的力量。为了掩饰我的暗中操作，我一直在通过媒体炮轰伊利公司。"[1]的确，克劳奇通过媒体狂轰滥炸的战术——主要通过他工作过的《纽约先驱论坛报》，声势确实非常骇人。"这里没有欺诈罪的容身之所，"该报 3 月 1 日叫嚣道，"无论伊利堡垒防守如何严密，城防如何坚固，最终都会败在独立而强大的媒体持续不断、导向正确的报道之下……以前的坦慕尼协会不过是溃疡，现在的伊利公司简直就是毒瘤。我们一定要根除它，而且是立刻根除，并且坚决防止他再次危害政治肌体。"[2]

3 月 8 日，9 名伊利董事共同要求古尔德 3 月 11 日（星期一）召开股东大会，商讨应对"社会大众对（伊利）管理层日益增长的不信任问题"的措施。[3] 尽管并未明言，但他们的打算是在这次会议上将先前特威德和菲斯克的两个位置交给两个麦克亨利派的人。在那之后，参与了政变的股东们会挨个儿请辞，把位置让给麦克亨利的盟友。然而，几周前莱恩自己就把这次阴谋的核心透露给了古尔德，时间甚至在伊利董事们真正加入这场阴谋之前。（"他们都指望着我，"莱恩对古尔德说，"但是我对你永远忠诚，他们那点钱根本无法动摇我的忠心。"对这个保证，古尔德说，他"只信了八分，因为他太了解莱恩是个什么样的人了"。[4]）因此古尔德直接拒绝按照股东的要求在 11 日早上召开会议，副总裁阿切尔就自己揽下了这个差事。

尽管古尔德迅速弄到强制令禁止召开股东大会，这帮合谋者及其坚定的盟友还是在中午聚集到会议室，开始了他们的复仇大计。简单来说，一系列精心策划的任命、辞职和选举都按照原计划进行，会议最后古尔德"被"开除，任命了新的总裁约翰·A. 迪克斯（John A. Dix），著名的前上将，美国财政部部长，纽约州参议员。古尔德在大概 12：30 到达现场，下令将这些反叛者反锁在会议室，房间门口由汤米·林奇的几个人把守。之后，当古尔德听说麦克亨利正和美国警察往这边来，意图强制任命新伊利董事会时，他和谢尔曼、莫罗西尼以及林奇手

---

[1] Ibid. 192.
[2] *New York Herald*. 1 March 1872.
[3] John Steele Gordon. *The Scarlet Woman of Wall Street*. 348.
[4] E. H. Mott. *Between the Ocean and the Lakes*. 186—187.

下几个士兵一起躲进了自己的办公室。

下午1:00左右,西克尔斯带着警察到达现场,他们开始撞古尔德办公室的门。因为古尔德拒绝开门,警察们就用撬棍强行撬开房门冲了进去。古尔德从他们的围攻中逃出来,闪身又躲进了另一间办公室——这间办公室半小时前还属于莱恩。和他在一起的还有莫罗西尼、被打伤的谢尔曼,还有几个林奇手下的小伙子。他们在那儿待了整整一晚,直到星期二凌晨才和敌人达成新的和解。西克尔斯承诺伊利公司任何可能的债务都与古尔德和菲斯克的私人财产无关,也答应古尔德欠公司的债一笔勾销,并偿还古尔德为伊利公司借的所有贷款(价值约200万美元)。作为回报,古尔德承诺,只要由自己以董事长的身份重新召开一场会议来代替他口中那场昨天召开的"不合法"董事会,他就马上辞职。

当古尔德最终走出他的办公室,他(根据在场一名《纽约太阳报》记者描述)"脸色苍白,几乎无力走路"。古尔德直接走进办公室和新老董事一起秩序井然地开会。昨天的流程重来一遍,麦克亨利开始任命的两个人被提名取代菲斯克和特威德的位置。然后老董事再次挨个儿辞职,之后再按照精心策划的选举流程将麦克亨利的人一个个推上董事席位。当这个漫长的流程结束后,古尔德宣布:"各位先生,我辞去伊利公司董事长的职位。"新董事们立刻投票通过古尔德的辞职。然后,他们采取了一个很好的措施:发布声明,支持立刻废除由纽约州众议院和参议院发布的《分类法案》。

在会议结束后,古尔德送迪克斯走到总裁办公室。"这里有点儿乱,"古尔德道歉说,对着一屋狼藉的办公室摆摆手。接着,古尔德找来汤米·林奇,让他把自己的人带走。[1] 最后,他自己也永远离开了伊利堡垒。随之而来的报道在描写伊利内部的人事更迭时,着重强调古尔德是从代表正义和秩序的人中狼狈地逃出来的。漫画家和专家们把古尔德画成黄鼠狼一般的懦夫——一个被逼急跳崖的霸凌者,而且非常高兴地听说古尔德真的是字面意思上的被"困住了"。

◇ ◇ ◇

接下来的一段时间里,古尔德就坐在家里看着自己的财富暴涨。他仍然是伊利最大的股东。在他辞职的第二天,伊利的股票就因为伦敦那边的大量购入

---

[1] *New York Sun*. 12 March 1872.

而从 30 美元涨到 40 美元；3 天后，股价涨到了 47.5 美元；2 周后，股价上升到 67 美元；到了 5 月，股价已经飙升到 75.875 美元。古尔德忍了一时之辱，换来了数百万美元。

他缓慢而稳定地在每个最高点抛出股票，因为他对股价不抱有任何幻想。他很清楚不久后市场就会发现伊利公司财务状况仍然存在很大问题。不久之后，新董事检查账本时发现了 500 万美元的流动债务，债务持有人大多数是古尔德派的，他们现在要求伊利公司立刻偿还债务。同时"新伊利"内部各个党派之间也产生了细微的矛盾与分歧。代表英国股东利益的伯特并不信任麦克亨利，他猜麦克亨利的主要目的就是操纵伊利股份并使大西洋—大西部铁路崛起。也许正因为如此，3 月 16 日正式废除《分类法案》的文件中包含了禁止任何大西洋—大西部铁路公司高层成为伊利公司董事。废除文件还要求在 7 月重新选举伊利董事。重新选举后，迪克斯上将(他一直不过是个过渡的工具)发现自己被创建了南方开发公司(Southern Improvement Company)的著名律师彼得·H. 沃森(Peter H. Watson)取代。在废除《分类法案》和再选举中间的几个月里，麦克亨利一直在讨好拉拢英国股东，和他们保持了来之不易的和平关系。因此，到了夏天，新总裁沃森和剩下的伊利董事大多数都是麦克亨利的人。实际上，就在选举沃森就任总裁的当天，新董事会就同意由公司向麦克亨利支付 75 万美元，以补偿他在扳倒古尔德过程中的各种花费。

◇ ◇ ◇

2 个月前，老熊德鲁(现在是市场边缘的一个不起眼的小投机商人)根据伊利糟糕的资产负债表判断伊利股票价格将下跌，于是在 12 月底以 55 美元的价格卖空了 5 万股伊利股票。沃森升任总裁后，伊利公司全体搬出了伊利堡垒(此时伊利堡垒仍是古尔德和菲斯克名下的资产)，回到了公司的原址杜安西街，那里的租金要便宜很多。在连续几晚挑灯研究后，沃森宣称伊利公司过去 6 年的账簿全部是伪造的。然后他向古尔德提起诉讼，要求他赔偿 1 000 万美元，声称这笔钱被前总裁私吞了。与此同时，沃森开始着手收回他所谓的古尔德以欺诈手段发行的 65 万股股票，这两个行为已经违背了西克尔斯 4 个月前对古尔德的承诺。此时的伊利已经官司满天飞了，范德比尔特还给这种氛围添了把火：他以自己的名义起诉伊利，要求其支付波士顿—哈特福德—伊利债券的担保利息，他在1868年拿到该债券，波士顿—哈特福德—伊利铁路刚刚违约。

以上所有信息导致伊利股票的价格一落千丈。8月时价格已经降到了四十几美元。德鲁抓住这个时间点购入5万股伊利股票抵补之前的卖空头寸，迅速净赚75万美元。9月，德鲁又将这笔横财连本带利投了进去，做多伊利股票并短暂囤积股票。德鲁设下的这个陷阱恰好就圈住了杰伊·古尔德。古尔德和他的老经纪商伙伴亨利·史密斯最近正在卖空伊利股票和太平洋邮船公司(西海岸的一家汽船公司)的股票，两人分别勉强拿出40万美元来对冲伊利的卖空。对于古尔德来说，损失40万美元虽然令人心疼，但绝不至于对现在的他造成致命冲击，对史密斯可就没这么轻松了——1870年8月，史密斯—古尔德—马丁公司解体后，他的发展并没有古尔德那么好。在古尔德拒绝补偿史密斯的损失后，史密斯断绝了与古尔德的关系，据说还撂了句狠话"不到1年时间，我就会和你一样有钱"。[1]

◇ ◇ ◇

在共和党改革派清理门户的时候，古尔德在立法机关的两个盟友卡多佐和巴纳德都不幸中枪。卡多佐在遭弹劾之前就于7月提交了辞呈，直到他1885年去世，他的余生都会继续从事法律事业，并且非常成功。巴纳德拒不辞职。然而，他在最高法院联合纽约州参议员和上诉法庭弹劾过程中的一个短暂审讯之中自己招供了。8月底在萨拉托加斯普林斯，最高法院一致同意解除巴纳德的法官职位，他6年后去世了。至于特威德，他的贪污罪一审陪审团未达成一致意见，11月二审结束时，特威德被判处12年有期徒刑，后来最高法院又对其予以减刑，最终判决特威德1年有期徒刑。在刑满释放后，纽约州法院立即对特威德提起诉讼，要求他赔偿600万美元，并将其关进债务人监狱，只有拿出至少300万美元才能释放他。1875年12月，在特威德短暂探亲假释过程中，他逃到了西班牙。特威德在西班牙当了1年普通渔民，讽刺的是，1年后他因为面貌酷似纳斯特(Nast)漫画中的人物被人认了出来。被遣返回美国后，特威德于1878年4月12日死于纽约勒德洛街上。在特威德的葬礼上，数千人聚集在特威德女儿位于西七十七街的住所前吊唁。特威德葬在了布鲁克林的绿树公墓的家族墓地

---

〔1〕 *New York Herald*. 27 September 1872.

里，当时在场的记者们提到，出席葬礼的近 1 500 名吊唁者大多是纽约的穷人，他们可能都曾经受过坦慕尼的恩惠。特威德最后的告别仪式上，没有任何政界显要现身，古尔德也没有出席。

◇ ◇ ◇

在结束和亨利·史密斯一起进行的代价高昂的卖空行为后，杰伊·古尔德在其短暂的一生剩下的日子里和不同经纪公司做交易，交易对象几乎涵盖他在华尔街的所有生意。这一做法使他得以有机会根据自己的意愿匿名交易，也可以通过不同经纪商同时双向投机。最终，古尔德得以在整个华尔街洒下一张巨大的业务网，几乎成为幽灵一般的存在：有时出现，大多数时候隐身，永远高深莫测。

在他 9 月底和史密斯断了关系后，后者似乎打定主意坚持卖空太平洋邮船公司的股票，尽管该公司管理层已经设法在奥尔巴尼得到许可将股本减半。古尔德则对局势客观冷静得多，他发现随着该公司逐渐购回股票，股价会不可避免地大涨而不是大跌。因此，他果断止损平仓退出。然而，让仍然持有空头的史密斯大为光火的是，古尔德竟然立即开始在市场上收购太平洋邮船公司的股票，和该公司董事会一起刺激股票价格回弹。整个 10 月，太平洋邮船公司的股价从 73 美元涨到了 103 美元，这几乎毁了史密斯的事业。史密斯在退出后更痛恨古尔德了，认为他表里不一，心肠歹毒。

不久之后，史密斯可能会更恼火。古尔德很清楚，史密斯秋天的时候在秘密做空芝加哥—西北铁路(下称西北铁路)的股票。(实际上他已经同意以 75 美元的价格卖出 3 万股股票。)古尔德还知道，西北铁路的几个董事和丹尼尔·德鲁也在做同样的事(德鲁以同样 75 美元的价格卖空了 1 万股股票)。当伊利政变后就一直跟着古尔德的莫罗西尼带来了另外一些珍贵信息后，上面的信息就非常有价值了——据莫罗西尼说，奥古斯都·谢林(Augustus Schell)和范德比尔特的女婿霍拉斯·克拉克过去几个月一直在积极买入股票。然而，在他们和古尔德互通消息之前，他们完全不知道西北铁路处于极度卖空状态。现在，他们打算和古尔德一起囤积股票，拉高股价。

他们的抬价计划在 12 月 11 日短暂中止，那时候一场大火席卷了波士顿，导致市场停滞。同时，史密斯继续以 75 美元卖空 1 万股股票，因为他前一年曾在芝加哥大火后靠做空股票赚了一大笔。然而,这一次市场的恢复速度快得惊人。西北铁路的股价在星期三(11 月 20 日)的时候是 95 美元,这时史密斯、德鲁和其他卖空者正满街找股票来对冲自己的卖空头寸。但是显然——这些做空者也很快意识到了这一点,古尔德、克拉克和谢林已经为做空者设计了一个完美的陷阱,而且他们手里的股票足以保证他们不会引火烧身。“在这次对战中,”《纽约先驱论坛报》报道,“他们极其细致巧妙地囤积股票,手段几乎称得上是艺术了,猎物们或者优雅地引颈就戮,要么就出于妥协或复仇,最后绝望反击。”[1]

这时史密斯去拜访古尔德,要求古尔德放出自己需要的股票。古尔德拒绝了他,史密斯于是发出最后通牒:伊利对古尔德提起的 100 万美元诉讼因证据不足被驳回了。史密斯提醒古尔德,那些缺失的证据可就藏在原来史密斯—古尔德—马丁公司的旧账本里呢,账本中的证据足够证实古尔德和菲斯克掌控伊利公司时进行的金融操纵罪行。史密斯威胁古尔德,如果不放出西北铁路的股票,他就会把这些账本交给沃森。“行啊,”据说古尔德这么回答史密斯,“把账本交出去吧,我没意见。”[2]

西北铁路的股票价格在星期四达到了 100 美元,当天史密斯就把账本交给了沃森,后者随即在下午提起诉讼,要求古尔德偿还他私自侵吞的 9 726 541.26 美元,一位法官也发布了逮捕令。因为昨天就已经事先被史密斯威胁过,所以当星期五一位法官出现在古尔德位于宽街 34 号的奥斯伯恩—查平办公室时,古尔德已经做好了充分准备。克拉克和谢林陪着古尔德走进警察局,在那里和古尔德新雇的年轻的私人顾问伊莱休 · 鲁特(Elihu Root)——曾经也是特威德的顾问,也是后来的战争部部长和美国国务卿——碰面。古尔德的逮捕令要求他支付 100 万美元的债券——克拉克和谢林卖空的标的。在古尔德被短暂监禁的半个小时里,西北铁路的股价从 105 美元疯涨到 165 美元,当天下午的最后交易价格是 200 美元,没有人再买进西北铁路的股票了。在第五大道酒店进行的深夜交易中,股价继续涨到 210 美元,甚至有人出价 300 美元。

第二天是星期六,早上西北铁路以 150 美元开盘。一些人错误地以为这次价格下降代表着或许因为古尔德被捕所以停止了囤积股票。实际上,古尔德和他的伙伴们不过是怜悯那些小投机商,给他们一个短暂窗口期以合理的价格退

〔1〕 *New York Herald*. 25 November 1872.

〔2〕 E. H. Mott. *Between the Ocean and the Lakes*. 210.

出。古尔德的善意,据《纽约太阳报》观察,也完全没有亏了自己人。"放过这些小投机者,让他们以付得起的代价退出对经纪公司来说是好事,对古尔德一帮人来说更是好事,因为他避免了这些小投机者的破产,从而避开了可能因为破产而产生的恐慌,这种恐慌可能会导致这些多头们最后无法安然享受自己可口的胜利果实。"[1]然而,像史密斯和德鲁这样的大投机者就只能孤立无援了。德鲁损失了150万美元,而史密斯则发现自己最后不得不接受200美元的价格强行平仓,这导致他自己损失了500万美元。之后他指着古尔德的鼻子大骂道:"总有一天你会不得不靠在街上拉手风琴耍猴戏维生,先生,我一定等着那一天。"[2]对此古尔德是这么回答的:"可能会有那么一天吧,亨利,也许你能等到那天。到时候要是我缺只猴子,亨利,我会去找你的。"在这次囤积中,古尔德和他的伙伴们挣了2 000多万美元。

西北铁路对战结束后,《纽约先驱论坛报》不情不愿地恭喜古尔德,称这次事件是"华尔街历史上最完美、最成功的一个金融策略"。[3] 然而,当《纽约商业广告报》(*New York Commercial Advertiser*)出言称赞古尔德和其他"范德比尔特派"人士时,船长写信撇清了自己和这次投机行为的关系。范德比尔特写给《纽约商业广告报》主编的信于26日见报,信中称:"尊敬的先生:最近囤积西北铁路股票的行为引来了众多媒体关注与评价,我的名字和杰伊·古尔德以及其他当事人联系在了一起,这样对我是不公平的……总是将我的名字和古尔德联系在一起来误导公众,这种行为会损害我的名誉。"[4]

第二天,一名《纽约太阳报》的记者要求范德比尔特详细说明他对古尔德的厌恶,范德比尔特则说他不喜欢的是古尔德的那张脸。"这种面相的人不可能是诚实的人",范德比尔特说,"全能的上帝已经把每个人的性格都刻在了他的脸上,我第一次见古尔德就把他的品性摸得一清二楚……我允许你引用我下面的原话,我认为古尔德就是个该死的恶棍,但你不能再添油加醋。"当被要求对范德比尔特的言论做出回应时,古尔德一脸茫然地说可能是75岁的范德比尔特老眼昏花了吧。(古尔德那时候36岁。)然后古尔德又补充说:"至于他对我面相的批

[1] *New York Sun*. 25 November 1872.
[2] *New York Times*. 13 December 1872.
[3] *New York Herald*. 13 November 1872.
[4] *New York Commercial Advertiser*. 26 November 1872.

评，他也应该虔诚地感谢上帝把他所有性格缺陷也刻在了他的‘好面貌’上。”[1]

杰伊意识到，在有了该死的史密斯—古尔德—马丁公司的账本作证据，又没办法收买法官的情况下，沃森代表伊利公司很有可能会胜诉。但是他也通过一些渠道听说沃森正缺乏资金，无法和他开展自己极其擅长的典型长期法庭拉锯战。将这些情况在脑中仔细过了一遍后，精明的古尔德在 12 月上旬开始频繁和沃森接触，他们都希望最终能够双赢。最后，在 12 月 17 日，古尔德给沃森写了一个包含建议条款的正式备忘录。伊利铁路将撤销所有诉讼，古尔德则要报以各种股票、债权和不动产(包括伊利堡垒)，他声称这些财产的总价值超过了诉讼所要求的赔偿金额。“我之所以这样做，”杰伊写道，“是为了双方达成和平，因为牵扯到这类问题的诉讼带给我的烦恼要大于损失钱财带来的苦恼，而且我有伊利铁路的大笔股票，所以我真诚地希望伊利铁路能够获得成功。”[2]伊利董事会于 29 日投票通过古尔德的提议，这个消息放出去后，伊利的股票价格涨到了 62 美元。

实际上，古尔德目前在伊利占股并不多。他确实有 20 万股伊利股票，每股都是按市场价 50 美元购入的，所以单消息放出去后股价反弹就让古尔德又赚了 240 万美元。同时，古尔德放弃的财产价值远远不到 970 万美元。(很多交出去的财产，包括伊利堡垒的抵押权都并未交割清楚。)但是到了 1874 年清算结束的时候，此时距离最初协议已经过去了 15 个月，伊利在新的管理层领导下运营的比以往任何时候都艰难，而古尔德已经重新变得强大起来：他已经成了不可撼动的金融巨头。而且伊利诉讼最后的希望也在那年早些时候破碎了：莫罗西尼和汤米·林奇突袭了史密斯用作夏日居所的新泽西农场，此时史密斯还远在纽约，这两个古尔德的拥护者逼问保管员得知账本就藏在一个水手储物箱里。莫罗西尼是如何得知史密斯把账本藏在了这个农场我们不得而知，当然，这些记录再也不会现世了。

---

[1] *New York Sun*. 27 November 1872.

[2] E. H. Mott. *Between the Ocean and the Lakes*. 212.

第二十三章　州际铁路

1873 年早些时候，杰伊认识了罗素·塞奇——未来 19 年最亲密的合作伙伴。罗素比古尔德大 20 岁，和杰伊一样来自北部一个贫寒家庭。1816 年，罗素出生于奥奈达(Oneida)附近的一个农场，一开始在特洛伊做杂货商，并开始积极参与政治。1845 年，罗素被选为特洛伊市议员，1853 年到 1856 年在国会以辉格党的身份效力。在此之后，他进军银行业，并在 1863 年移居纽约。在纽约待了 6 年后，罗素在 53 岁时娶了 41 岁的奥莉维亚·斯洛克姆(Olivia Slocum)。奥莉维亚后来成了杰伊妻子艾丽和女儿内莉亲密的好朋友。罗素夫妻住在第五大道 506 号，就在古尔德家南边的一个街区外。

塞奇和古尔德的前伙伴菲斯克性格迥然不同。虽然塞奇早就是个百万富翁了，但他为人非常小气。杰伊的外甥女爱丽丝·诺斯罗普总回忆起塞奇得意扬扬地在她舅舅面前炫耀自己刚刚只花了一美元买回来了一顶毡帽。"一顶帽子，就一美元，不值更多钱了。而且这帽子肯定和你的帽子一样耐用。"爱丽丝也记得舅舅杰伊"礼貌仔细地"翻看塞奇的战利品，"虽然实际上他没有多大兴趣"。[1] 塞奇比古尔德只高 5 英尺 10 英寸，经常穿着二手西装，从不付小费，小气的名声传得众所周知。[然而，在塞奇 1906 年去世后，塞奇的妻子成立了罗

---

〔1〕 Alice Northrop Snow and Henry Nicholas Snow. *The Story of Helen Gould*. 67.

素·塞奇基金会(Russell Sage Foundation),捐出了塞奇几乎一半的财产,改善了他生前吝啬的坏名声。]在华尔街,塞奇创造了很多全新的投机手段,比如买入期权、卖出期权、价差和鞍式期权。作为一名绝对的财务保守主义者,塞奇习惯储存大量现金。塞奇还有一点和菲斯克非常不同:塞奇的商业天赋足以与古尔德媲美。菲斯克满足于跟着古尔德投资,塞奇则总是有自己的想法。在接下来的日子里,塞奇和古尔德会合作无数次,但他们也有无数次是各做各的,甚至少数几次他们背道而驰,但这不影响他们一直做朋友。

尽管古尔德很喜欢塞奇,但他有时也会因为他这情绪化的朋友时常自怨自艾,还总在心情低落的时候大题小做而耐心全无。古尔德曾告诉过纽约中央铁路的昌西·迪皮尤(Chauncey Depew)一个故事:19 世纪 70 年代末有一段时间市场行情很多方面都短期对塞奇不利,这让塞奇背了不少债。这笔债务确实数额不小,令人烦恼,但是根本没有伤及塞奇根本。然而,迪皮尤回忆说,这次损失确让"塞奇病倒在了床上,还声称自己已经破产了"。古尔德和塞勒斯·W. 菲尔德都担心地去看望塞奇,发现塞奇垂头丧气,精神状态非常不佳。古尔德对塞奇说:"塞奇,我来帮你还这些债,还给你几百万美元,但是你要把你存在银行、信托机构和信誉良好的公司里的现金全部给我,你可以保留自己所有的债权和不动产。"正如古尔德预料的那样,他这个傲慢的建议向塞奇证明了他自己手里还留有大笔财富,因此有效地缓解了塞奇的恐慌。后者立马从床上跳起来,大喊:"我不干!"他的病也就立马不治而愈了。[1]

1873 年 4 月 29 日,塞奇正和古尔德在戴尔莫尼科餐厅吃饭,这时约瑟夫·J. 马林(Joseph J. Marrin)——"黑色星期五"时处理过多个针对古尔德诉讼的律师——走到他们两个人的桌边,指责古尔德在处理诉讼过程中背信弃义,还照着古尔德的脸来了一拳。古尔德起诉了马林,马林被罚了 200 美元。与此同时,纽约几乎每家报纸都对这次事件津津乐道。《纽约先驱论坛报》称应该给马林发一个奖牌,《纽约时报》的编辑虽然批评了马林的暴力行为,却表示可以理解马林的动机。(去年 12 月该报开始曝光古尔德和他的一系列商业活动。)《纽约太阳报》《纽约世界报》以及《纽约晚邮报》也都持同样的意见。不仅如此,在所有相关报道中,作者都强调古尔德被攻击时反应并不体面:他并没有像大多数人一样站

---

〔1〕 Chauncey M. Depew. *My Memories of Eighty Years*. 216.

起来回击，反而捂着流血的鼻子退缩了。这一行为又唤起了人们心中他那胆小的懦夫形象，就像一只只敢吃腐肉的秃鹫。尽管被攻击被殴打的受害者是古尔德，最后被抹黑的还是他。

只有一家报纸严厉地谴责了马林的暴力行为。《纽约先驱论坛报》称马林的这种行为实在称不上是君子，甚至还把马林类比成杀了人的斯托克。注意到《纽约先驱论坛报》的报道大意后，《纽约时报》随即引用了这篇报道和社论，并把它当作古尔德对《纽约先驱论坛报》影响日益扩大的证据。正如《纽约时报》的编辑沉痛地指出的那样，在《纽约先驱论坛报》的老编辑霍拉斯·格雷利 1872 年去世之后，他的助手怀特洛·里德成功上位，用古尔德借的资金掌控了《纽约先驱论坛报》，古尔德则收下了部分该报股份以作抵押。从那以后，所有对古尔德的负面报道或是谴责都在《纽约先驱论坛报》上消失了，而且大家都怀疑古尔德在《纽约先驱论坛报》的报道中植入财经新闻来给自己在华尔街上的各种金融操作助力。《纽约太阳报》谴责《纽约先驱论坛报》成了“杰伊·古尔德眼线”操纵下的“股票投机工具”。[1]《纽约先驱论坛报》的财经编辑有一次还在交易所遭到那些不满该报对古尔德友好态度的经纪人的攻击。当《纽约先驱论坛报》打算在市中心的总部新建一座高楼时，《纽约时报》的编辑建议他们建一个很适合他们的雕塑：杰伊·古尔德戴着恶魔靡菲斯特的面具，手里抱着满怀的《纽约先驱论坛报》股份和遍布四个州的受贿法官。[2]

爱丽丝·诺斯罗普有一天辩驳称他的舅舅根本不在乎媒体怎么报道他。“杰伊舅舅对媒体的态度”，她写道，“非常消极：既讨厌鄙夷，又漠然无视。”[3]但爱丽丝在这一点上错了。实际上，古尔德可以称得上是华尔街大亨中对舆论媒体最有悟性的人之一了。他不仅将《纽约先驱论坛报》收为己用，最终还直接拥有《纽约世界报》长达 4 年(1879～1883 年)之久。在他的职业生涯中，他一直都很清楚地知道怎么策略性地利用对自己并不友好的报纸来达到自己的目的。“大众每次之所以能听到古尔德的消息，”一名编辑回忆说，“都只是因为古尔德

---

[1] Bingham Duncan. *Whitelaw Reid: Journalist, Politician, Diplomat*. Athens: University of Georgia Press. 1975. 49.

[2] *New York Times*. 12 May 1873.

[3] Alice Northrop Snow and Henry Nicholas Snow. *The Story of Helen Gould*.

能从这次发言中获利而主动现身,而公众则什么都得不到。"[1]古尔德安排采访时,不管是在《纽约时报》还是其他报社,他永远都有自己的目的。他在这些场合发表的言论虽然都很明显是实话,但这些话永远都在极其巧妙地误导观众。与此同时,古尔德还很注意默默地和全市的记者培养关系,给他们一些关于不同股票未来动向的建议。古尔德在这些场合上提供的不仅仅是新闻,他还会预先建议记者们在新闻发布之前如何提前买卖股票优化自己的股票投资组合。"买一点西联电报股票对你有益无害,"古尔德在 1874 年 1 月这样告诉《纽约时报》的记者威廉·沃德(William Ward),"我觉得它会是下一只大涨的股票……我建议你在报道中好好强调这一点。"[2]通过这种交流方式,古尔德得以和许多关键记者建立了核心的关系,通过这种用智力资源贿赂的方式,古尔德成功将舆论引导到了对自己有利的一方。

古尔德还利用媒体来维持自己自"黑色星期五"以来建立的公众形象——一个暗黑、高深莫测、不辨是非、毫无同情心的金融市场霸主。莫罗西尼回忆说,古尔德多次提到过马基雅维利在《君主论》中的建议,说与其受人爱戴,不如被人又恨又怕,还解释说别人心里邪恶又聪明的神童形象是他最宝贵的财产。"现在华尔街上只有这一个人能让所有人都注视着他",一家报纸这样评价道,"他的名字建立在他人的废墟和骸骨之上,所到之处只会带来毁灭……众人并非麻木地诅咒他,他们诅咒的是一个胜利后仍大肆屠杀的恶棍。"[3]那时还不到 40 岁的杰伊已经声名狼藉,这种恶名让他能只凭一句谣言就在市场上掀起轩然大波。虽然当时大多数人都憎恨他,但他们也都一直注视着他。古尔德做多或做空哪家股票的消息通常会导致这家股票价格随之浮动。经纪商都争先恐后地打听古尔德下一步行动的消息。

古尔德之所以能对华尔街产生巨大的影响,一方面是因为他的技能和悟性有口皆碑,另一方面也是因为在人们的假想中他恶毒无比。这种恶毒名声是古尔德自己以微妙的方式不断巩固和宣传得来的。当记者们要求古尔德回应愤怒的亨利·史密斯指责他是个叛徒,是犹大的言论时,他只是隐晦地笑笑就离开

---

〔1〕 Henry Davenport Northrop. *The Life and Achievements of Jay Gould*. Philadelphia: National Publishing Company. 1892. 316.

〔2〕 Jay Gould to William Ward. 9 January 1874. JGP.

〔3〕 *New York World*. 1 September 1873.

了,并不费心思去否认什么,似乎完全不在乎自己的名声好坏。他这种行为就留给了媒体想象发挥的空间,让媒体认定他就是自己说的那样:不仅仅是个杰出的投机商,还是个喜欢毁了别人还不关心有没有知道的冷血怪物。当又有谣言说古尔德有犹太血统的时候,杰伊安排《纽约先驱论坛报》发表了一篇社论,文中并未提到一句古尔德的血统问题,而是在广泛意义上维护犹太人,反对那些针对犹太人的刻板印象和陈词滥调。在大家都知道《纽约先驱论坛报》深受古尔德影响的情况下,这样的一篇文章无疑会引起更多对古尔德血统的猜疑,古尔德自己对这一点也心知肚明。

据莫罗西尼说,就是为了保持自己恶棍的名声,古尔德做慈善时总是坚持匿名捐赠。杰伊的助理曾回忆说,古尔德从 19 世纪 70 年代到 90 年代初都在进行大量捐赠,却一直坚持不让自己的名字和这些善行联系起来,唯恐破坏了自己在大众心目中冷血无情的印象——他公众形象的重要组成部分。有报道称古尔德在 19 世纪 70 年代中叶非常恼火,因为纽约政客、编辑瑟罗·威德(Thurlow Weed)——和古尔德一样出身于卡茨基尔的一个贫困家庭——向英国记者 W. T. 斯特德(W. T. Stead)透露说自己是古尔德的慈善顾问。“每当一个有价值的慈善项目引起我的注意时,我都会去向古尔德先生说明情况。他在捐多少及什么时候捐款这些事情上总是听从我的意见,唯一的要求是不能有任何媒体知道这些事迹。他经常捐款,非常慷慨大方,但永远不会让其他人知道自己的行为。如果他的慈善记录公开的话,那些款项能写满一整张纸。”[1]莫罗里奇回忆称,得知《纽约时报》和《纽约先驱论坛报》这种大报纸既没有相信这些报道,也不愿意引用这个英国人的报道时,古尔德大大松了口气。为保险起见,古尔德还让《纽约先驱论坛报》无视这个故事,并告诫他的朋友威德以后千万要低调行事。[2]

◇ ◇ ◇

当杰伊·古尔德在 1874 年取得联合太平洋铁路的控制权时,所有编辑,不管是朋友还是敌人,都大吃一惊。

---

[1] W. T. Stead. "Jay Gould." *American Review of Reviews*. January 1893.

[2] Jay Gould to Thurlow Weed. 5 May 1875. Thurlow Weed Papers, University of Rochester.

讽刺的是，到古尔德掌权的时候，联合太平洋铁路之前所经历的几乎和伊利铁路一模一样—— 一样曲折艰难，一样无利可图。在 1862 年和 1864 年发布《联合太平洋铁路法案》(Pacific Railroad Act)时，国会打算推动建设一条连接密苏里河和西海岸的铁路。而联合太平洋铁路的任务就是将美国的铁路线路从密苏里向西延伸，而中太平洋铁路[Central Pacific，由科里斯・P. 亨廷顿(Collis P. Huntington)和利兰・斯坦福(Leland Stanford)领导]则负责从萨克拉门托向东修铁路，两条铁路将在中间的某一点交汇。公司建设速度越快，控制的铁路里程就越长，掌握的土地面积就越大。1862 年和 1864 年发布的法案还提供了既定路线范围内的政府赠地(附加铁路途经地区煤矿和铁矿的开采权)。法案还以铁路每铺设 20 公里就发行补贴债券(代表二级抵押)的方式给承包公司提供资金援助，并授权其他私有公司建立连接联合太平洋铁路的铁路支线，在此授权下建立起来的铁路有堪萨斯太平洋铁路(Kansas Pacific)、丹佛太平洋(Denver Pacific)铁路，以及密苏里太平洋铁路。为了给铁路建设提供资金，国会批准联合太平洋铁路在获得其 20 人董事会(其中 5 位由联邦任命)同意后发行自己的一等抵押债券。

违规行为很早就出现了。有人买了一等抵押债券后将它们转为股份，这样做的人包括托马斯・克拉克・杜兰特(Thomas Clark Durant)、奥克斯・埃姆斯(Oakes Ames)和奥利弗・埃姆斯(Oliver Ames)两兄弟(这两兄弟在淘金热的时候在马萨诸塞州伊斯顿市靠生产十字镐和铲子发了笔小财)，西德尼・迪龙以及其他投资者，他们试图掩盖自己的行为。杜兰特(大家都叫他杜兰特医生，因为他以前曾做过一段时间的医生)从前曾经参与过其他铁路的修建，其中就有穿过艾奥瓦州的密西西比铁路和密苏里铁路。至于联合太平洋铁路建设，他在其中起到的作用是游说林肯总统和国会(其中包括马萨诸塞州议员奥克斯・埃姆斯)通过《联合太平洋铁路法案》。后来，杜兰特在 1864 年买下了大量联合太平洋铁路债券并在董事会获得了一席之地。他在和埃姆斯兄弟争夺董事长之位时败北，最终坐上了副董事长和总经理的位置。

借职位之便，杜兰特确保联合太平洋铁路第一个价格过高的建设合同(每英里造价是正常价格的两至三倍)外包给了一家宾夕法尼亚公司的代理人 H. M. 霍西(H. M. Hoxie)，该公司在一年前就被杜兰特、奥克斯・埃姆斯、迪龙和其他几个投资商控制了，并且他们将公司名字改为美国莫比利亚信用公司(Credit

Mobilier of America)。莫比利亚公司随即又把这项工程以同样丰厚的条款转包给了其他联合太平洋铁路董事所有或控股的几个公司。3 年后(1867 年),莫比利亚公司把一份新的建设合同给了奥克斯·埃姆斯,后者(和他之前的霍西一样)把这份合同转包给了董事会成员名下的公司,建设出了更多铁路。据后来估计,建设利润在 700 万美元和 2 300 万美元之间。这一过程耗尽了国会给联合太平洋铁路的慷慨补贴,使铁路在 1869 年完工时背负了大笔债务。

正如莫里·克莱因所写,1869 年 5 月时——中太平洋铁路和联合太平洋铁路的代表们大张旗鼓地在犹他州海角楔进了一颗黄金道钉以示完工,联合太平洋铁路的发起者们"就已经分裂成好几派,三个建设团队大吵大嚷、互不相让、相互拆台,将事情弄得一团糟,直到毫无希望地卷入官司"。[1] 在这种复杂的局势下,杜兰特在黄金道钉遗失后就辞去了自己董事的席位和带薪的铁路公司职位,离开了公司。在他离开后,工作认真但不够聪明的奥利弗·埃姆斯接替了他的位置,做了 3 年副董事长。尽管奥利弗此前并无铁路管理经验,但他现在却不得不处理公司巨额的流动债务(1 300 万美元),不得不面对濒临破产的谣言、急剧下降的股价,以及因为偿付能力明显低下而导致的资金成本不断上涨(1869 年的一笔债券利率高达 17.5%)等问题。1871 年早些时候,联合太平洋铁路已经处于财务崩溃边缘,埃姆斯辞去了自己董事长的职务,但保留了自己公司董事的席位。奥利弗是不是在那个时候就预感到不久之后他的兄弟会丑闻缠身就不得而知了。

早在 1869 年,小查尔斯·弗朗西斯·亚当斯就曾公开指责莫比利亚公司和他称作"铁路太平洋团伙"的长期欺诈行为。从 1867 年末到 1868 年初,奥克斯·埃姆斯(那时仍是马萨诸塞州议员)在联邦调查委员会调查这些勾当之前先发制人,贿赂了他在众议院和参议员的同僚们。埃姆斯将大笔莫比利亚公司股票按原价卖给了他特别甄选的同僚,尽管那时这些股票的价格已经是原价的 2 倍了。美国众议院议长斯凯勒·科尔法克斯(Schuyler Colfax)被收买了,同样被收买的还有马萨诸塞州参议员亨利·威尔逊(Henry Wilson);俄亥俄州的众议员詹姆斯·A. 加菲尔德(曾参与过"黑色星期五"调查);新罕布什尔州参议员詹姆斯·W. 帕特森(James W. Patterson);马萨诸塞州众议员亨利·劳伦斯·

[1] Maury Klein. *The Life and Legend of Jay Gould*. 138.

道(Henry Laurens Dawe);俄亥俄州众议员约翰·宾厄姆(John Bingham);伊利诺伊州的众议员洛根;艾奥瓦州众议员威廉·B. 阿里森(William B. Allison)和詹姆斯·W. 威尔逊(James W. Wilson)。埃姆斯还拉拢了两个宾夕法尼亚州议员:威廉·D. "生铁"凯利以及 G. W. 斯科菲尔德(G. W. Scofield)。大多数接受莫比利亚公司贿赂的都和埃姆斯一样是共和党人。这场阴谋中唯一的民主党人是纽约的詹姆斯·布鲁克斯(James Brooks),他的身份是联合太平洋铁路公司的政府董事,按法律规定不能购买公司股票,但这不成问题:他可以用自己儿子的名义购买。

这群人中最后临阵退缩的只有阿里森和两个威尔逊。他们在 1869 年归还了持有的公司股票,埃姆斯以原价加利息的价格购回了这些股票。埃姆斯接触的其他几个国会议员,例如缅因州的詹姆斯·G. 布莱恩(James G. Blain)就拒绝牵涉其中。埃姆斯将所有交易记录都记在了一个黑色账本里。他在写给自己的助手亨利·S. 麦康姆(Henry S. Mcomb)的信中说他已经把股票放在了"会让他们受益最大的地方"。[1] 后来埃姆斯还转交给麦康姆一份名单,名单上记录着已经受贿和将要贿赂的议员名单。在麦康姆和埃姆斯发生冲突后,麦康姆在 1872 年总统大选期间在查尔斯·A. 达纳(Charles A. Dana)的《纽约太阳报》上公布了这份名单。随之而来的两次国会调查大大败坏了斯凯勒·科尔法克斯(当时的总统)和其他大部分参与者的政治名声,奥克斯·埃姆斯和詹姆斯·布鲁克斯则饱受责难。布鲁克斯于 1873 年 4 月死于中风,仅仅 1 个月后,饱受折磨、颜面尽失的埃姆斯也同样去世了。

奥利弗·埃姆斯辞职后,宾夕法尼亚铁路的汤姆·斯科特(Tom Scott)短暂地担任了一段时间董事长,之后科尼利厄斯·范德比尔特就接过了联合太平洋铁路的控制权,他看好这条铁路的盈利潜力,打算把它作为自己湖岸—南密歇根铁路的支线。到 1872 年的时候范德比尔特已经持有足够的联合太平洋铁路公司股票,他此时的地位已经足以将霍尔斯·克拉克推上董事长的位置,克拉克第二年再次被选为该公司的董事长。1873 年春天的时候,克拉克——他显然并不在乎自己船长岳父的看法——拉古尔德入伙。

当古尔德很多年后在国会提供证词的时候,杰伊解释说克拉克和谢林——

[1] *House of Representatives Reports*. 42nd Congress, 3rd Session. Nos. 77 and 78.

后者担任着湖岸—南密歇根铁路的财务主管一职——将联合太平洋铁路作为一只好股票推荐给了他。1873 年 5 月的某一天，古尔德和他囤积西北公司股票的合作伙伴在芝加哥的一间餐厅共进晚餐。克拉克和谢林刚刚乘坐火车考察完联合太平洋铁路。“他们对这条铁路的评价实在太高，引得我忍不住给纽约传消息命令他们购入联合太平洋铁路的股票……刚开始股价是 35 美元，我让他们以小于等于 35 美元的价格购入该公司的股票。”也就是说古尔德授权他的经纪商买入联合太平洋铁路公司几乎任何股价小于等于 35 美元的股票。然后他就带着自己的家人进白山(White Mountains)休了几个星期的假。

至于接下来发生的事情，下面是古尔德向国会调查员提供的证词，古尔德还在山里的时候克拉克就突然病了。据古尔德的证词称，克拉克行将就木的消息刚刚明朗，联合太平洋铁路股票的需求几乎立即萎缩。与此同时，因为预感到克拉克即将去世，他的经纪商决定处理掉他的所有大额股票。这两个因素——股票缺少需求和克拉克股票的大量抛售——结合起来共同导致了联合太平洋铁路股价急剧下滑，股价刚好掉到了“我所要求的价格区间”。克拉克于 6 月底去世了。古尔德从新罕布什尔州度假回来的时候，他发现自己居然拥有了联合太平洋铁路 36.7 万股股票中的 10 万股股票。“我回来之后股价一直在持续下跌，我开始警惕，并着手调查这些资产的情况。”〔1〕

古尔德是在装傻。克拉克突然在 1873 年 6 月没有任何预兆去世是事实，古尔德发布买入指令并且在克拉克患病之前就已经进山度假也是事实，但是要说古尔德这么一个精明狡猾、注重细节的人对联合太平洋铁路公司的股价骤降和自己突然拥有公司这么多股票毫无察觉、毫无准备，就不太可信了，就好像说古尔德在发现自己拥有那么多股票后才临时开始熟悉公司事务也并不可信一样。一开始，记录显示克拉克的经纪商并没有在预感到克拉克时日无多后就抛售股票，不仅如此，有证据显示克拉克患病和去世根本就没有导致股价下跌。正如格罗丁斯基指出的那样：“克拉克去世后一个星期，股价在短暂地从 26.125 美元跌到 24.5 美元后又回升到 26.125 美元。两周后股价涨到 29 美元。股价下跌一方面是因为大盘走势，另一方面是因为政府威胁对公司采取法律行动。在(古尔德)买入股票期间，司法部部长针对联合太平洋铁路公司及其建造公司，以及许

〔1〕 United States Pacific Railway Commission, Testimony, Executive Document No. 51. Senate, 50th Congress, 1st Session. 1887. 446.

多个人提出了一项草案,建议法庭判决政府赠地债券和收入债券均为违法发行,因此这些债券均为无效债券。"[1]

这一行动——古尔德很有可能提前就得到了消息——除了对联合太平洋铁路公司的股价有影响之外,就再没有别的影响了。铁路糟糕的财务状况已经众所周知。只需要读读报纸,古尔德就能在购入那 10 万股股票之前,充分了解该公司的流动债务情况和其他存在的问题。

一开始,由于古尔德的坏名声,联合太平洋铁路公司的董事都对他非常不信任。奥利弗·埃姆斯和西德尼·迪龙那帮人——尽管他们已经和莫比利亚信用公司以及奥克斯·埃姆斯和杜兰特进行过广泛的交易——把古尔德看作异己,看作伊利公司的强盗。尽管一开始受到了冷遇,古尔德还是设法和董事会的大多数人长期保持了良好的关系。没过多久古尔德就把埃姆斯拉拢到了自己这边,不仅如此,他还招揽了埃姆斯的儿子弗雷德里克以及其他董事会成员,比如伊里沙·阿特金斯(Elisha Atikins)、伊斯拉·贝克(Ezra Baker)、F. 戈登·德克斯特(F. Gordon Dexter)和迪龙。(后者出生于 1812 年蒙哥马利县农村地区的一个农场,和塞奇一样,他在未来 19 年里和古尔德成了关系紧密的盟友和挚友,且他们俩都于 1892 年去世。)一名与古尔德和大卫·B. 西克尔斯(David B. Sickles)都有过业务往来的银行家曾在 19 世纪末 20 世纪初写下过一篇文章,文中回忆说 1873 年底的冬天,他曾"在市面上所有股票全部卖空后,通过与迪龙和阿特金斯私下合作"代表杰伊拿下了这条铁路的绝对控制权。[2] (古尔德最终手握联合太平洋铁路 20 万股股票。)几乎在同一时间,古尔德对联合太平洋铁路首席建造工程师格伦威尔·M. 道奇(Grenville M. Dodge)将军保证说,他一定会在公司长久待下去,并且将公司"做强做大"。[3]

古尔德从 1873 年 11 月到 1874 年 2 月完成了对联合太平洋铁路公司股票最后一阶段的买入,当时美国正处于几个月前从欧洲传来的金融恐慌之中。伦敦和巴黎的混乱最终跨越大西洋来到美国,导致了美国著名的费城投资公司杰伊·库克公司(Jay Cookeand Company)的破产。杰伊·库克是北太平洋铁路

---

[1] Julius Grodinsky. *Jay Gould: His Business Career*, 1867—1892. 118.

[2] Maury Klein. *The Life and Legend of Jay Gould*. 140.

[3] Grenville M. Dodge to Nate Dodge. 27 March 1874. Grenville M. Dodge Papers, Western Historical Collection, Denver Public Library.

(Northern Pacific Railroad)建设的主要发起人,位于苏必利尔湖和普吉特海湾之间的北太平洋铁路尚处在建设前期阶段。杰伊·库克也负责处理大部分战时贷款业务。因此,该公司的倒闭直接在金融市场上触发了多米诺骨牌效应。纽约证券交易所关闭了10天,信用丧失殆尽,抵押品赎回权取消已经不再是什么新鲜事了。银行和投资银行家纷纷破产[其中也包括著名的菲斯克—海奇公司(Fisk-Hatch)],工厂纷纷关门,成千上万的工人失业。从1873年秋到1875年秋这两年里,接近18 000家企业倒闭。与此同时,美国总共364条铁路中有89条破产,到了1876年失业率上升到了骇人听闻的14%。分析人士后来说,美国铁路的过度建设早就为美国的金融恐慌埋下了伏笔,也为后来的大萧条埋下了祸根。直到1878年美国经济才完全恢复,在此背景下,当西克尔斯为古尔德买下最后一笔股票,把所有事情都安排妥当时,他花的钱只是铁路实际价格的九牛一毛。

1874年3月,杰伊和其他4个经纪人加入了联合太平洋董事会。手握26 000股股票的西德尼·迪龙也在这场会议上被选为董事长,并在这个位置上干了10年。阿特金斯则做了副董事长。接下来的12个月里,在古尔德的保护下,联合太平洋铁路躲过了像其他铁路一样倒闭的命运,但是这在短期内花了古尔德大量的钱。据莫罗西尼回忆,这场金融恐慌让古尔德"相对变穷了……我认为古尔德先生应该是这场金融恐慌中损失最大的人"。[1] 获得联合太平洋铁路控制权后,古尔德的第一步行动就是将该年8月即将到期的流动债务用发行长期债券。他还策划将公司1 000万美元的收益债券用新发行的低利率偿债基金债券偿还。(大部分发行者的长期债券都会根据严格的时间表被赎回。)与此同时,古尔德对联邦政府提起诉讼,因为从1873年3月开始,联邦政府就拒付政府货物在联合太平洋铁路上运输的运费了——以此补偿一部分政府为资助铁路建设发行的债券利息。除此之外,古尔德还退出了另一个他从1872年就开始投资的小型未完工铁路——新泽西南部铁路(New Jersey Southern),他将自己手中这条铁路的股票全部抛出,为此还损失了100万美元。显然他是考虑到自己无法在大萧条背景下兼顾两条铁路,而且他在联合太平洋铁路还有大事要干。

从新泽西南部铁路抽身后,杰伊立即转向控制并从而压制太平洋邮船公司

---

[1] Giovanni P. Morosini. "Memoir of Jay Gould." HGS.

和中太平洋铁路—联合太平洋铁路交叉铁路的竞争。太平洋邮船公司掌管西海岸码头和巴拿马海峡之间的运输,是唯一能替代联合太平洋铁路和太平洋中心铁路穿越大陆运输货物的线路。(这一线路中最重要的是来自东方的进口商到达西海岸港口换船到东方市场,以及东方制成品从港口运往加利福尼亚和东方各国。)1873 年 12 月,一向自行其是的罗素·塞奇之前和古尔德一起操纵太平洋邮船公司的股票,加入了该公司的董事会——坐上了太平洋邮船公司董事长的位置。一旦入驻该公司,塞奇就延续之前的管理策略与铁路大打价格战,尽管他的好友古尔德彼时已经控制了联合太平洋铁路公司。1874 年夏秋两季,塞奇吸引的业务总量已经大得吓人了。

12 月早些时候,塞奇因被证实卖空太平洋邮船的股票而被迫辞职,大家都觉得古尔德就是那个告发者。接下来的报道却发现参与卖空股票的大头不仅有塞奇,还有其他几个股东,也包括古尔德自己。相应地,1875 年初太平洋邮船的股票也剧降到之前金融恐慌时的水平。在这几个月里,被外界默认为卖空者的古尔德则在通过不止 12 个经纪人偷偷低价买进太平洋邮船的股票,直到他手中的股份已经足够控制该公司。1875 年 3 月 3 日,古尔德和他的两个同盟埃姆斯和迪龙一同入主太平洋邮船董事会。已经是联合太平洋铁路公司总裁的迪龙在太平洋邮船公司也坐上了同样的位置,价格战随即偃旗息鼓。“如今联合太平洋铁路已经控制了太平洋邮船公司,可以随心所欲地提高运输价格而不用担心面对来自水路的竞争,”格罗丁斯基评价说,“鉴于巨大的运输量和逐渐走向垄断的价格,联合太平洋公司的盈利前景一片光明。”[1]尽管大萧条仍在继续,联合太平洋铁路公司的股价还是从 1873 年 11 月的 15 美元一路飙升到了 1875 年 6 月的 78 美元。

得知太平洋邮船公司被控制,联合太平洋公司前景一片大好之后,中太平洋铁路的主导者,54 岁的科里斯·P. 亨廷顿不安起来。在控制太平洋邮船公司前不久,古尔德曾公开与亨廷顿合作建立了一条由铁路控制的汽船线路,创建了东西汽船公司(Occidental & Oriental Steamship Company)。回想起来,亨廷顿才明白仅仅是自己正和古尔德建立一个新汽船公司的这条消息就能帮古尔德大幅压低太平洋邮船公司的价格,轻易控制太平洋邮船公司。等尘埃落定、一切明

---

〔1〕 Julius Grodinsky. *Jay Gould*: *His Business Career*, 1867—1892. 127.

朗之后,虽然并没有任何证据证明亨廷顿是被“摆了一道”,他还是觉得自己被古尔德当作棋子利用了。古尔德、迪龙和埃姆斯分别拥有亨廷顿东西部汽船公司250万美元、200万美元和50万美元的股份。除此之外,古尔德还向亨廷顿保证这两条线路,包括两条洲际铁路的共同终点都会联合起来形成垄断。尽管如此,亨廷顿还是对古尔德的高深莫测和拜占庭式决战的行事风格有所警惕。因此当古尔德为了表达诚意向亨廷顿提供太平洋邮船公司的董事席位时,后者拒绝了。亨廷顿一直坚持相信(后来证明是错误的),古尔德只是把联合太平洋公司及其关联公司当作投机工具而已,就像他之前在伊利公司的所作所为一样。亨廷顿预测古尔德将来一定会哄抬联合太平洋公司的股价,抛售股票之后再做空。基于这个设想,亨廷顿为对付古尔德设计了一个短期战略:“避免和古尔德冲突,静静观察,只等时机成熟就抢过联合太平洋铁路的控制权。”然而,亨廷顿以及整个华尔街又被古尔德上了一课。[1]

〔1〕 Maury Klein. *The Life and Legend of Jay Gould*. 144.

第二十四章　联　合

从 1874 年春天开始，古尔德的主要关注点就不再是股票投机了——当然他仍然在从事一些投机活动，毕竟这对他来说永远轻而易举，他的注意力转到了管理联合太平洋铁路上。他是联合太平洋铁路的实际最高统治者，尽管他更倾向于匿名管理，除了董事会和执行委员会的席位外再无其他任何官方职位。通过指示西德尼·迪龙的行动，古尔德不仅优化了公司的财务结构，还在联合太平洋铁路的激烈竞争和政治斗争中担任战略总指挥。仅仅几年时间里，他重组了联合太平洋铁路公司的管理层，重新调整运费以形成最大竞争优势，还着手开发利用联合太平洋铁路沿途的财产和资源。在完成这些工作的时候，杰伊不可避免地沉浸于公司运行的细节之中，渐渐深入了解了联合太平洋铁路公司的所有铁路、所有资源及其所有的优缺点，就和 10 年前管理老拉特兰—华盛顿铁路一样事无巨细。

古尔德一年中会在迪龙、弗雷德·埃姆斯、莫罗西尼以及其他人的陪同下乘火车走遍联合太平洋铁路公司的线路（也会经过其他竞争对手的铁路）。他的私人专车护航号载着古尔德行驶在火车头、供煤车厢和行李车厢之后。古尔德坚持火车的速度要达到每小时 55 英里（在当时这个速度已经是很快了），即使经过地势颠簸的路段也不许减速。“在这样的一次旅程中，”《纽约时报》的一名记者写道，“据说（古尔德）经常换位置——从车厢这头换到那头——并非他自愿，但他表情如常。"[1]古尔德乘火车的时候身边坐着一名速记员，不断记录这位金融大亨源源不断的想法，比如铁路维护方案，可能的缩减成本方案，以及改进建议。这些方法最终会由塞拉斯·H. H. 克拉克(Silas H. H. Clark)实行，他是古尔德继迪龙之后的第二个首席运营助手。(此人1874年曾管理西部铁路，只比古尔德小几个月。他在新泽西的一个农场长大，一生都在从事铁路建设。他对华尔街的事情一窍不通，但对火车头和铁路运输却了如指掌。他和古尔德有两个地方非常相像：两人都是工作狂，都热爱读书。他将在古尔德手下变成一名富翁。)到了夜间，火车就停在岔道上让机器和驾驶员休息。这个时候古尔德就会在西部偏僻的镇子里散步，和遇到的人聊上几句，询问当地铁路员工们关于如何让公司在本地区发展更好的意见。"我们基层的员工掌握着我们需要的信息，他们就是我们的代理人，如果不了解他们的想法，我们的处境会很危险。"古尔德在写给迪龙的信中这样说。[2]

古尔德这一年两次的旅行让他和很多联合太平洋铁路公司的顾客都成了朋友。比如，内布拉斯加州基思—巴顿农场(Keith & Barton Ranch)的农场主就和古尔德关系熟稔。"这个家庭农场总部设在迪克斯特，就在经过现在萨瑟兰镇的侧线附近，"《林肯州报》(*Lincoln State Journal*)的一名编辑回忆说，"纽约的杰伊·古尔德、西德尼·迪龙和波士顿的弗雷德·埃姆斯每年在视察整个联合太平洋铁路的途中到这里拜访……巴顿先生知道他们要来就吩咐自己的工头定期放牧，备好马配好鞍。他自己在北普拉特坐上古尔德的火车参与他们的聚会，陪他们到迪克斯特，那里已经为迎接客人做好了一切准备。配有加利福尼亚马鞍的温顺马匹立在他们面前，他们跨上马穿过牛群，穿过高山和峡谷，谈论着颜色、年纪和阉牛，看着小牛在母亲周围嬉戏打闹，忘掉了华尔街和股票的一切，然后他们登上火车，为放牛者自由自在的生活高兴。一连好几英里，两边车窗都能看见大批牛群。"[3]

杰伊通常还会在视察途中停下去看望他的弟弟亚伯兰。从1876年开始，曾在圣弗朗西斯科的太平洋邮船公司工作的亚伯兰就在盐湖城克拉克手下担任联合太平洋铁路公司的煤炭部门经理。一年以前，即1875年9月，杰伊还在塞勒

[1] *New York Times*. 27 October 1877.

[2] Jay Gould to Sidney Dillon. 12 September 1875. JGP.

[3] "Memories of the Old West. "*Lincoln State Journal*. 2 March 1930.

姆给亚伯兰和德裔女孩索菲亚·凯格勒(Sophia Kegler)的婚礼担任伴郎，索菲亚是拉特兰—华盛顿铁路总工程师弗雷德·凯格勒(Fred Kegler)的妹妹。不幸的是，索菲亚于 1878 年去世，给亚伯兰留下了个儿子由他自己抚养，男孩的名字叫杰伊·弗雷德·古尔德(Jay Fred Gould，家里人就叫他弗雷德。)

◇ ◇ ◇

在古尔德跨越联合太平洋铁路的整个旅程中，以及他待在纽约联合太平洋铁路公司办公室的所有日子里，他关注的永远是公司的核心基础运营问题。一个又一个备忘录强调的都是公司财务的关键基本问题。营业额绝对不能降低，但是价格也不能高到损害顾客长期利益的地步，即使联合太平洋铁路已经处于垄断地位。因为只有客户保持偿付能力，他们才会继续做公司的客户。杰伊的总体战略是在公司垄断的领域尽可能抬高价格，在存在竞争的领域使价格稍稍低于对手，在新的商业领域则在必要的时候大幅降价以促进该领域的业务拓展。为了配合这一政策，公司必须长期严密监控支出——特别是煤炭、劳动力和资本开支。

在迪龙和克拉克的帮助下，古尔德设计了一套适合联合太平洋铁路的高效运营方案。在董事会里的波士顿董事们，尤其是奥利弗和弗雷德·埃姆斯的帮助下，古尔德细化了公司的财务管理。古尔德在 1878 年就是与弗雷德·埃姆斯(此时奥利弗已经去世 1 年了)一起发现了《瑟曼法案》(Thurman Act)的漏洞：联邦立法要求联合太平洋铁路公司留出净利润的 25%用于偿还政府借款。多亏了古尔德和埃姆斯当年的游说，法案中才加入了条款允许联合太平洋铁路公司在剩下 75%的利润不足以偿还公司债券利息时动用这笔偿债资金。由此，联合太平洋铁路公司才能在一边称自己无力偿还各项政府贷款的同时一边继续扩张。[1]

安排亚伯兰掌控联合太平洋铁路公司煤炭部门这一行为显示了杰伊对他的充分信任。煤炭不仅仅是联合太平洋铁路的一项商品，更是支持铁路运行的生命线。在古尔德控制联合太平洋铁路之前，前任腐败管理层曾在 1868 年将联合

---

〔1〕 古尔德在给塞拉斯·克拉克的大量信件中记录了他运营联合太平洋铁路细节的全部关注。杰伊的曾孙小金顿·古尔德(Kingdon Gould，Jr.)在纽约州阿克维尔的避暑别墅里收藏着这些物品。在《杰伊·古尔德的人生与传奇》一书中，克莱因详细描述了古尔德与克拉克的来往。

太平洋铁路在怀俄明州的煤矿租给了两名密苏里商人——塞勒斯·O. 戈弗雷(Cyrus O. Godfrey)和托马斯·沃德威尔(Thomas Wardell)。之后联合太平洋铁路管理层还同意在未来 15 年内以 1 吨 3～6 美元的浮动价格从这两名商人手中购买煤炭，并且为他们其他货物的运输提供 25%的折扣。戈弗雷和沃德威尔一直在秘密担任几名太平洋联合铁路管理层的代理人，一年之后他们把这份合同交给了位于内布拉斯加州的怀俄明煤炭开采公司(Wyorning Coal and Mining)，这家公司 90%的股份也掌握在同一批管理层手里，这就造成了联合太平洋铁路公司用高得离谱的价格购买自家地皮上开采的煤矿的局面。杰伊在宾夕法尼亚州的布洛斯堡有一些烟煤矿，这些煤矿的生产成本是每吨 1.25 美元，所以古尔德很清楚公司煤炭一项的开支有大幅削减的空间。掌权之后不久，古尔德就杀伐果断地结束了这个荒诞的局面。他大手一挥直接废除了最初和戈弗雷及沃德威尔签订的合同，重新拿回怀俄明州的 7 个煤矿并把怀俄明煤矿开采公司的管理层送上法庭，这场官司艰难地打了 6 年，最后以失败告终。

古尔德在 1874 年开始管理的煤矿分布在怀俄明州的洛克斯普林斯、卡本和阿尔米，这些煤矿开采效率低下，劳工关系紧张。矿工们大多数是 1871 年被带到怀俄明州取代上一代正在组织工会运动劳工的斯堪的纳维亚人。然而到了 1874 年，嚷嚷着团结联合的又成了这些斯堪的纳维亚人。和同时代的其他资本家一样，古尔德对他们口中的联合没有丝毫共鸣。当这些人——古尔德已经觉得每个月 52 美元的工资给高了——那年秋天处于罢工的边缘时，古尔德以每月 32.5 美元的价格雇用了一批中国矿工来堵住这些白人矿工的嘴。罢工潮最后还是在 11 月爆发了，杰伊指示克拉克去雇佣更多中国矿工，与此同时发布命令购买新的现代机器，以最大化提高效率。1876 年后这些项目会在亚伯兰手下继续跟进。从 1875 年到 1880 年，联合太平洋铁路公司名下的煤矿产量翻了一番不止，而单位生产成本则削减到每吨 1.35 美元，低了 65 美分，这一变化为联合太平洋公司扩张奠定了坚实的基础。(亚伯兰上任一年后就将中国矿工的工资大幅削减到每人每月 27 美元，这样古尔德还觉得高了 2 美元。)

事实证明，削减煤矿以外的非亚裔工人的工资要困难多了。1877 年春天，杰伊和其他铁路领头人短暂联合起来(其中就有在 1 月老船长去世后掌握中太平洋铁路和湖岸—密歇根南部铁路的威廉·H. 范德比尔特)宣布统一将全国铁路工人工资削减 10%。此言一出，匹兹堡、巴尔的摩、芝加哥、布法罗和圣弗朗西斯科等地纷纷爆发罢工潮,暴乱频发。最后,拉瑟福德·B. 海斯(Rutherford B. Hayes)总统不得不派出联邦部队平息暴乱,以恢复秩序。中太平洋铁路、伊利铁路以及范德比尔特名下的铁路都因为运输停滞和财产破坏而蒙受巨大损失。

7 月下旬,暴乱尚未波及联合太平洋铁路,杰伊自己在心里算了一笔账,随即宣布削减工资的决定并不明智。那些他本来准备减工资的工人们可以创造的价值远超那多付的 10%的工资。7 月 22 日,古尔德发电报给盐湖城的克拉克,让他撤回削减薪资的决定。联合太平洋铁路的工人们第二天早上就召开了一个大型集会,在会上发誓将不惜一切代价保护联合太平洋铁路公司名下的所有火车站、修理厂和火车设备。《纽约先驱论坛报》前一天还在谴责古尔德苛待,背叛自己的工人,今天马上又转了话头谴责古尔德背叛自己的资本家同胞们。当天晚上,古尔德在《纽约世界报》接受了采访,在采访中古尔德严厉谴责了在其他铁路发生的罢工潮,称罢工者"代表着一场大型社会革命",这场社会革命可能会以"美国共和政体倒塌"收场。尽管古尔德传达的信息是严厉而负面的,《纽约世界报》提到,古尔德当晚"心情相当不错,面对即将到来的大灾难相当镇定,似乎已经在与路西法的火柴和石油交易中占据垄断地位"。[1] 事实上,古尔德那个时候正忙于卖空那些受罢工拖累的竞争者们的股票,因此他的前景并不乐观。

另一边,古尔德也忙于沿着联合太平洋铁路建设社区和商业区。1876 年 6 月在怀俄明州的拉勒米(Laramie)——同月卡斯特(Custer)战死在小巨角战役(Battle of the Little Big Horn)中,古尔德充分利用当地的税收减免政策来为一家轧钢厂融资,这家轧钢厂很快成为当地最大的雇主。通过这家轧钢厂,古尔德既给联合太平洋铁路公司找到了廉价的钢轨来源,还拉动了拉勒米萎靡不振的经济,促进了当地的发展。与此同时,注意到比格霍恩山和布拉克山近期出现了金矿之后,古尔德和一位曾受命为联邦政府勘测当地地形的地质学家讨论了两个小时。两天后他写了一份备忘录,预测该地区无论是作为牧场还是黄金产地,都具备很大盈利空间。克拉克对于是否要在卡斯特战役结束后不久向北拓展线路犹豫不决,古尔德直接实行了"一言堂"。古尔德看待世界的方式一如既往的冷酷又清醒:"(小巨角战役屠杀的)最终结果一定是印第安人被消灭,这样比格

---

〔1〕 *New York World*. 23 July 1877.

霍恩山和布拉克山就会开放，会发展，会有人定居，这样我们就能从中受益。”[1]（古尔德没有告诉克拉克的是他自己的姐姐安娜和姐夫就住在该地区，他们住在一个冬天冷得像冰窖、夏天热得像火炉的泥屋里，向勘探者们和印第安传播福音，直到安娜在重压下重病不治。杰伊已经尽他所能在帮助这对夫妇了，但他就算倾家荡产也无法改变前线地区水深火热的生活。）

在考虑开拓铁路支线的同时，古尔德还帮忙给奥马哈的一家冶炼公司融资，帮助他们从西部矿场开采矿石和金银条，而这些产品都会通过联合太平洋铁路运输。他还花了些力气在内布拉斯加州和怀俄明州推销联合太平洋铁路公司的土地。这些位于子午线以西 100°的土地大多不够湿润、不宜耕作。因此古尔德把这些土地租给当地的农场主们，还另外给他们运输牲畜的费用打了很大折扣，来给这笔买卖加筹码。古尔德还针对这同一批顾客在布里杰堡的联合太平洋铁路附近建了运输中心、酒店和码头。在成功把布里杰堡打造成赶牛人和买家的目的地后，他在内部拉斯加州的斯凯勒镇、科尔尼镇和奥加拉拉镇也进行了同样的操作，这一切行动的目的都是为了支持联合太平洋铁路向北拓展。

◇ ◇ ◇

除了西部的铁路之外，古尔德手中还同时在打好几副牌。其中颇为重要的两手牌就是他在电报业的投资和他对西联电报公司死灰复燃的兴趣。

西联电报公司建立于 1851 年，在内战期间就已经初具规模。在那场血腥的大战中，西联电报公司抢占了联邦政府的大部分电报业务，从一众竞争对手中脱颖而出。从 1863 年到科尼利厄斯·范德比尔特掌握控制权的 1869 年，产值注水的西联电报公司看着自己的股票市值一路从 300 万美元涨到 4 100 万美元。当然，西联电报公司一路高歌猛进，很大程度上都是依赖其与铁路的紧密联系。和其他电报公司一样，西联电报公司在全美 12 600 个火车站电报室中占最大头，公司沿着铁路铺设其电缆并和铁路公司签订协议维护其电缆。作为回报，西联电报公司会向合作铁路提供无限信息服务。这些协议都是在排他的基础上签署的。

太平洋铁路（包括联合太平洋铁路、中太平洋铁路等）是少数几个和西联电

---

[1] Maury Klein. *The Life and Legend of Jay Gould*. 157.

报公司没有业务往来的铁路公司。1869 年联合太平洋铁路公司拒绝与西联电报公司合作,转而向规模更小的大西洋—太平洋公司(Atlantic & Pacific)抛出橄榄枝。后者 1 年后和亨廷顿的中太平洋铁路达成协议,该协议规定联合太平洋铁路公司拥有大西洋—太平洋公司 2.4 万股股票,使得联合太平洋铁路成为其最大股东。然而,在众人看来,这些股票似乎没有任何价值。一名行业观察员几年后指出:西联电报公司坐享 154 472 英里的电缆,大西洋—太平洋公司则只有 7 460 英里的电缆,该数据没有包括大西洋—太平洋公司控制的富兰克林电报公司所拥有的那些不值一提的电缆。没人相信大西洋—太平洋公司能有机会在西联电报公司这个庞然大物的魔掌下存活下来。

杰伊·古尔德刚刚入主联合太平洋公司就认识到了大西洋—太平洋公司的巨大潜力:该公司在影响力上将能和西联电报公司抗衡,未来还能和西联电报公司合并。古尔德上位不久就说动利瓦伊·P. 莫顿放出联合太平洋公司新购入的大西洋—太平洋公司股票期权。随后杰伊就在 1874 年 4 月指示迪龙取消与西联电报公司签订的长期非竞争协议。与此同时,他着手改善大西洋—太平洋公司的基础设施,还在 12 月时接触西联电报公司的负责人托马斯·T. 艾克特(Thomas T. Eckert)将军,让他出任大西洋—太平洋公司的总裁。艾克特此前一直被视作接任西联电报公司总裁的最佳人选,但范德比尔特却任命了别人为总裁。因此,被横插一杠夺走职位的艾克特认真地接受了这个建议,并答应会好好考虑。在艾克特还在犹豫不决的时候,杰伊已经利用他拉拢了托马斯·A. 爱迪生。爱迪生是个不怎么精明的商人,当时正受到西联电报公司总裁威廉·奥顿(William Orton)的不公平对待,酬不抵劳。杰伊说服爱迪生将其手中四通路电报(一条线路可同时传输 4 条信息,一个方向 2 条)的专利权卖给联合太平洋铁路公司而非西联电报公司。

爱迪生那时还不是赫赫有名的"门罗帕克的巫师",只是个落魄的年轻发明家,靠着自己的发明勉强糊口,且并未掌握自己大部分发明的专利权。现代人眼中他那些最重要的发明——包括他用打孔纸带加速信息传递的自动电报技术——的专利权都掌握在前外交官乔治·哈灵顿(George Harrington)的手中。此人以个人名义资助了爱迪生的大多数研究,作为交换,从 1871 年开始的 5 年时间里,他享有爱迪生发明的机器收益的三分之二。哈灵顿还和堪萨斯太平洋铁路的财务代理乔西亚·赖夫(Josiah Reiff)控制了规模极小的自动电报公司

(Automatic Telegraph Company)来应用爱因斯坦的自动电报专利。[然而爱迪生后来又同意将西联电报公司的首席电工乔治·普雷斯科特(George Prescott)列为专利共同持有人来借用后者在西联电报公司的实验室做研究,这就把专利权的问题又复杂化了。爱迪生既没有意识到也并不在乎这一举动已经与他之前和哈灵顿的协议相冲突了。]

西联电报公司总裁奥顿并不尊重爱迪生,只把他当成个唯利是图的商人。此时奥顿以为自己已经通过普雷斯科特拿到了一半的专利权,因此整个1874年秋天奥顿都在就剩下的那一半专利权和爱迪生讨价还价,且过程中出尔反尔,极其不守信用。11月10日,奥顿去芝加哥出差,此时他错误地以为爱迪生除了他之外无人可选,因此并未和爱迪生敲定协议。奥顿既不知道爱迪生和哈灵顿的协议,也不知道赖夫最近刚和古尔德达成协议,通过这个协议,古尔德不仅控制了自动电报公司,还(这也是古尔德所坚持的)要求赖夫移交爱迪生的新四通路电报机。

到了12月底,奥顿还没回来,情况变得更复杂了。爱迪生回忆道:

一天艾克特把我叫进他(在西联电报公司)的办公室,询问了一下我的财务状况。我告诉他奥顿先生离开了,走的时候没给我一分钱,我现在已经快破产了。他对我说,我不可能再从这得到一分钱,但是他知道有个人会买我的专利。我告诉他,因为我和普雷斯科特有协议,所以我没法把专利整个卖出去,但是如果这个人给的钱够多,我可以卖给他我手上能拿到的所有专利。他似乎觉得他那边的人会同意这个条件。我自己在纽瓦克沃德街10号和12号的店里有一套四通路电报机,艾克特让我第二天早上带他们去看看这套设备。第二天艾克特就带着杰伊·古尔德来了,并把他介绍给了我,这是我第一次见古尔德。我向他们展示了那套设备,还做了一番解释,然后他们就离开了。第二天艾克特派人去请我,带我去了古尔德位于第五大道温莎酒店附近的家,古尔德在家里的地下室设了一间办公室。那天已经是晚上了,我们是从仆人通道进屋的,因为艾克特可能是怕被人看见。古尔德开门见山地问我要多少钱,我说:“您给我开个价吧。”然后他说:“我给你3万美元。”我回答说:“我会卖掉我手上持有的所有专利份额。”第二天早上古尔德就带我去了他的律师——谢尔曼—斯特林(Sherman & Sterling)律师事务所,我拿到了一张3万美元的支票。古尔德说我拿到的相当于一艘普利茅斯岩石号汽船(菲斯克时期的一个古董),因为古尔德刚刚把它卖了3万美元，拿到的就是我现在手上这张支票。

虽然爱迪生自己没有提到，但是他实际上还获得了大西洋—太平洋公司的3 000股股票和该公司电气师的职位。这个协议于1875年1月4日敲定，赖夫向古尔德保证说普雷斯科特和爱因斯坦的协议根本站不住脚，由此推动了协议的达成。一个星期后，艾克特离开了西联电报公司到大西洋—太平洋公司就任董事长。4个月之后，古尔德付给哈灵顿10.6万美元买下了他另外三分之二的四通路电报机专利权，体弱多病的哈灵顿随即启程去了南欧。但是同时，古尔德拒绝向赖夫支付购买自动电报公司的金额，因为赖夫歪曲了普雷斯科特手中专利权的实际情况。正如古尔德后来在宣誓证词是所指出的那样，西联电报公司在古尔德认为自己拥有四通路电报机独家专利权以后仍在继续使用四通路电报机。在使用四通路电报机的时候，西联电报公司在爱迪生的专利上用的是普雷斯科特的名字——此前赖夫曾向古尔德保证这件事绝对不会有问题。在撤回向老自动电报公司董事会支付的款项之后，古尔德又把自动电报公司的财产划给了大西洋—太平洋公司。诉讼和反诉讼随之而来，直到古尔德去世也没得出一个判决结果。

在接下来的几次接触中，爱迪生发现古尔德"完全没有幽默细胞，好几次我试图讲一个我觉得很有意思的故事，但是古尔德完全体会不到其中的笑点在哪。我特别喜欢搞笑故事，也有很多故事'存货'，我总是能用这些故事让人们捧腹大笑"。[1] 同样，古尔德也反过来尝试和单纯的爱迪生细致地讨论铁路中转和融资的复杂性，他经常挥舞着地图，就自己的一个特定兴趣点大谈特谈几个小时，结果全是"对牛弹琴"。这两位根本不是一个世界的人。爱迪生很快就对古尔德失去了兴趣，也没兴趣再继续完善自动电报和大西洋—太平洋公司下了大本钱的自动电报技术了。

既然没法通过垄断更好的技术和西联电报公司竞争，古尔德便转而使用更可靠的工具。1875年2月，他开始和西联电报公司打价格战。5月，他说服宾夕法尼亚铁路的汤姆·斯科特在其铁路沿线铺设大西洋—太平洋公司的电缆。接下来，古尔德安排联合太平洋铁路公司董事会同意以25美元的价格销售其手中的大西洋—太平洋公司股票，杰伊自己买了1.6万股，剩下的分给了塞奇、埃姆

---

〔1〕 Frank Lewis Dyer and Thomas Commerford Martin. *Edison*: *His Life and Inventions*. New York: Harper Brothers. 1929. 217.

斯和古尔德小团体里的其他人(差不多也是在这个时候古尔德又自己以 15～18 美元的价格额外购入 5 万股大西洋—太平洋公司股票)。7 月,在讨论是将大西洋—太平洋公司卖给还是租给西联电报公司的同时,古尔德又购入大量西联电报公司的股票,并鼓励他的盟友们也这样做。“我认为西联电报公司与大西洋—太平洋公司联合指日可待”,古尔德对埃姆斯说,“我们要实现这两家公司的合并,让西联电报公司成为大西洋—太平洋公司的有力盟友。”[1]

然而谈判在 9 月破裂了,接着古尔德自己也在 12 月病倒了,因为伤寒这个老毛病缠绵病榻一月之久。当他在 1876 年 1 月像凤凰一样浴火重生的时候,他又重启了价格战,这一行为使得西联电报公司难得地在 4 月没有拿到分红。接下来古尔德拉拢巴尔的摩—俄亥俄铁路的所有者约翰 · W. 加勒特(John W. Garret)——那时他正和纽约中央铁路就艾奥瓦州大量铁路艰难地进行价格战——来取消巴尔的摩—俄亥俄铁路和西联电报公司的协议转而与大西洋—太平洋铁路合作。1877 年 1 月老船长就是在这样的局势下去世了,留下了威廉 · H. 范德比尔特(他更容易妥协)来管理家族生意。

1877 年上半年,古尔德继续对西联电报公司施压,成功让其在犹他州的几条铁路铩羽而归,那里的摩门教精英们也掌握了法庭。同时,古尔德向媒体透露,他正以大西洋—太平洋公司代表的身份和伊利铁路、西北铁路和罗克艾兰铁路的代表们谈判。为了给范德比尔特的状况火上浇油,古尔德对西联电报公司的股票进行了一系列大幅抛售。正如杰伊所预料的一样,西联电报公司的股价和收益恰好双双大幅下滑,而此时范德比尔特的东部干线还因为和加勒特的价格战而面临着盈利能力严重受损问题。

当古尔德进入西北铁路和罗克艾兰铁路董事会的消息传出后,范德比尔特的利益进一步受损。不久之后,古尔德又控制了密歇根中央铁路。该铁路从芝加哥到底特律之间的路段与范德比尔特的湖岸—南密歇根铁路并驾齐驱,如果管理得当,前者就会给后者带来很大威胁,而古尔德一向擅长管理铁路。然而,古尔德却推迟了接手密歇根中央铁路的时间,磨磨蹭蹭地错过了最好时机,没人明白他到底为什么这么做。接着,8 月,西联电报公司宣布收购大西洋—太平洋公司的 72 502 股股票,绝大多数是从古尔德手里购入,没几个观察员能看明白

[1] Jay Gould to Oliver Ames. 24 and 25 July 1875. Union Pacific Railroad Archives.

到底华尔街发生了什么事。不到 1 年,古尔德让范德比尔特控制了密歇根中央铁路的董事选举,还让他成了该公司的董事长。

最后的结果是,虽然古尔德赚了不少,还解决了意识到无法将大西洋—太平洋公司发展成为西联电报公司的有力竞争对手后该如何处理这个公司的问题,但古尔德终究是没有完成一直以来的目标:在电报业占据重要地位。在公司整合之后不久,威廉·范德比尔特坚决拒绝了古尔德出任西联电报公司董事的要求。

◇ ◇ ◇

在与西联电报公司苦苦斗争的同时,古尔德也继续在西部地区扩张自己的铁路网。一开始,他在联合太平洋铁路之后第一个瞄准的是堪萨斯太平洋铁路。联合太平洋铁路是从奥马哈出发向西穿过夏延(Cheyenne)到达俄勒冈(中太平洋铁路的中转站),堪萨斯太平洋铁路则在联合太平洋铁路的南部,从堪萨斯出发穿过富饶的土地到达丹佛,然后通过丹佛太平洋铁路(它占股 75%)的支线到达夏延。在夏延,堪萨斯铁路再并入联合太平洋铁路,从而有了通往东西部城市的出口。当古尔德在 1874 年底注意到堪萨斯太平洋铁路的时候,其财务状况堪忧。堪萨斯太平洋铁路在 1873 年金融恐慌的第一阶段就已经无力支付债务利息。1874 年年初,该铁路通过发行长期债券来偿还债务,但这只是饮鸩止渴。古尔德在 1875 年 4 月向堪萨斯太平洋铁路思想开明的董事长罗伯特·E. 卡尔(Robert E. Carr,一位来自圣路易斯的银行家)可以将资本过剩、负债累累的堪萨斯太平洋铁路与丹佛铁路以及另一条从丹佛到朗蒙特、毫无盈利能力的科罗拉多中央铁路(Colorado Central)合并,三者重组成一个新公司。这个新公司会由如今盈利能力较强的联合太平洋铁路公司管理,后者则会拥有前者一半的股份。然而,不久之后,这个计划就因为科罗拉多中央铁路董事长威廉·A. H. 洛弗兰德(William A. H. Loveland)要价过高而流产。几个月之后,堪萨斯太平洋铁路在 1876 年 11 月进入破产管理程序。一年之后,古尔德与洛弗兰德和解,将科罗拉多中央铁路从朗蒙特延长到联合太平洋铁路在夏延的终点并重启和堪萨斯太平洋铁路的谈判。卡尔仍然倾向于接受古尔德的建议,但他手上没有实权。他被要求遵守法庭指定的破产接管人的命令。接管人有两个,一个是卡洛斯·H. 格里利(Carlos H. Greely),一名来自圣路易斯的成功杂货商,他被派来照看手握该铁路大量初级附属债券的少数圣路易斯投资者的利益;另一个接管者是亨利·威拉德(Henry Willard),他代表的是大部分持有一等抵押债券的投资者们,他们中大多数是德国人。亨利·维拉德非常优秀,在接下来的日子里将和古尔德进行多笔交易。

威拉德出生于巴伐利亚州,比古尔德年长1岁。1853年他移民到美国,在那里和威廉·劳埃德·加里森(William Lloyd Garrison)的女儿结婚后,他开始做记者。在古尔德遇到他之前,他就已经以个人投资者和德国银行家代理商的双重身份进入了铁路和汽船公司。1875年,他帮助重组俄勒冈—加利福尼亚铁路以及俄勒冈汽船公司(Oregon Steamship Company)。一年之后,他成为这两家公司的董事长,同时也负责堪萨斯太平洋铁路的破产接管工作。

铁路投资人有三个等级:股东,以格里利为代表的附属债券持有者,以及以威拉德为代表的一等抵押债券持有者——堪萨斯太平洋铁路目前为止占比最大、最重要的投资人。因此,古尔德想要真正控制堪萨斯太平洋铁路,就必须和威拉德做交易。在理想状况下,古尔德希望能让威拉德大幅降低一等抵押债券的面值和利率,这样才能重建堪萨斯太平洋铁路的偿付能力。但是威拉德并不买账。

这两人私下很投缘。古尔德开始定期到威拉德位于曼哈顿拿索大道的办公室和他长时间交谈,但是谈话并不涉及公事。“他们谈论,”威拉德的曾孙女亚力山德拉·维拉德·德·博什格拉夫(Alexandra Villard de Borchgrave)写道,“德国和歌德,谈论内战,谈论语言习得以及美国经济,还互相评价对方的优缺点。”(她还补充说:“威拉德很敬佩古尔德的勇气、本领和他丰富的私人生活。”[1])当然,他们也会谈到生意。“我和我的朋友古尔德经常见面,”威拉德1877年写道,“他经常前一天还心平气和,后一天就威胁我,但是我并不怕他。”[2]也就是说,威拉德是个不畏强权的硬骨头。

1877年秋季,古尔德和艾奥瓦集团(一家通过收入分配协议将独立铁路合并在一起的联合公司)签了合同来开辟不经过堪萨斯太平洋铁路从奥马哈走的

---

[1] Alexandra Villard de Borchgrave and John Cullen. *Villard*: *The Life and Times of an American Titan*. New York: Doubleday. 2001. 301.

[2] Henry Villard to William J. Endicott. 6 April 1877. Letterbook 16, Private Correspondence. Villard Papers, Baker Library, Harvard Business School.

运输路线。那之后不久，古尔德有一次在拿索大道拜访的时候无意说出自己打算将科罗拉多中央铁路的大部分运输通过艾奇逊—托皮卡—圣达菲铁路(Atchison, Topeka & Santa Fe)移到联合太平洋铁路在堪萨斯以东的路段。同时，他还和堪萨斯太平洋铁路展开了价格战，并从其他地方找出路。当他听说荷兰投资者手中握有大量丹佛太平洋铁路的债券时，古尔德立即租了一艘船花了两个星期急奔到阿姆斯特丹，在那里买到了他需要的债券。就像他后来说的那样，为了"以 74 美分的价格买到丹佛太平洋铁路价值 200 万美元的债券，我动身赶过去在早上到达阿姆斯特丹，洗漱完毕吃过早餐后，我在 11:00 见到了他们(债券持有者)。在 12:00 买下债券，然后下午就启程回来了"。[1]

与此同时，古尔德说服资金紧缺的堪萨斯太平洋铁路董事会重组公司的流动债务，发行由他自己、埃姆斯和联合太平洋铁路公司担保的抵押债券，抵押品包括堪萨斯太平洋公司手中的丹佛太平洋铁路股票。这样一来，任何违约行为都会使古尔德和他的盟友们成为该铁路的实际掌权人。古尔德个人还以协议价购买了大量堪萨斯太平洋铁路的收益债券，并从自己的现金储备中拿出 85 000 美元借给堪萨斯太平洋铁路公司。最终，在 1878 年 4 月——尽管威拉德眼睛一眨不眨地在继续维护自己客户的权利，坚持为他们争取更有利的条款，古尔德将堪萨斯太平洋初级债券的持有者(其中包括大部分以格里利为代表的圣路易斯债券持有人)组织到一起成为一个联营体，作为这群人中最大债券持有人，他自己立刻取得了这个群体的领导地位。古尔德还以承担他们在公司的流动债务份额的条件成功让以卡尔为首的堪萨斯太平洋公司董事会将自己手中的债券存入这个联营体。通过这个联营体，古尔德实现了对堪萨斯太平洋公司的股权控制。5 月 2 日，古尔德、迪龙以及弗雷德·埃姆斯进入堪萨斯太平洋公司董事会。仅仅靠这一个行动，古尔德不仅成功将自己送入了董事会，还孤立了威拉德。后来古尔德情理之中却又意料之外地给威拉德提供了一个重组协议，协议中的条款非常丰厚，即使机敏狡猾如威拉德也无法拒绝。

这场持久战终于快要结束，威拉德明显松了口气，把自己在堪萨斯太平洋的权利移交给迪龙。但是就在当天晚些时候——威拉德刚准备和家人一起开启推迟许久的欧洲旅行，有消息称堪萨斯太平洋的董事会在堪萨斯(Lawrence)的劳

---

〔1〕 United States Pacific Railway Commission, Testimony, Executive Document No. 51. Senate, 50th Congress, 1st Session. 1887. 450.

伦斯召开会议,决定修改与德国债券持有人签订的协议中的条款,修改后的条款远没有最开始的协议那么有吸引力。威拉德取消了这场旅行,对他的妻子解释说:“无赖的古尔德和卑鄙的圣路易斯人……本性难移,在西部合起伙来背信弃义,想要撕毁合同欺骗债券持有人。”[1]

最后,在威拉德明确表示他一定不会让步之后,古尔德谋划了一场政变,将威拉德从接管人的位置上踢了下去。然而,在德国债券持有人的直接要求下,威拉德仍然控制着他们的债券。即使古尔德提出丰厚的条件,用威拉德的话来说即“让我在为堪萨斯太平洋重组建立的企业联合组织中占有一席之地并许给我丰厚报酬”[2],威拉德也拒绝就此和解。这个僵局维持了一年半的时间。然后,在 1879 年早些时候(此时华尔街正处于 1873 年金融恐慌后的第一个繁荣局面),古尔德终于认识到威拉德是决计不会屈服的。“古尔德出现在威拉德的办公室,”德·博什格拉夫写道,“说自己已经厌倦了这种争斗,同意了威拉德的债券持有人们要求的所有让步和条件。这次古尔德没有再食言。”[3]

一如既往地,古尔德即使投降了,也没让自己吃亏,他不仅大赚了一笔,还整体提高了自己的战略地位。古尔德和威拉德和解的消息传出后,堪萨斯太平洋的股价立刻飙升,古尔德个人购买的股票收益很快就达到将近 1 000 万美元。古尔德拿出这笔钱的一部分于 1879 年秋天收购了一条小铁路支线——中央支线(Central Branch),同年晚些时候,古尔德未来铁路王国中的中转站密苏里太平洋铁路从圣路易斯到堪萨斯全线通车。(这条铁路的支线包括堪萨斯中央铁路和另一条更小的堪萨斯铁路。)差不多也是在这个时候,古尔德还收购了沃巴什—堪萨斯市铁路(Wabash and the Kansas City)。当然,维拉德也从这个堪萨斯太平洋铁路的交易中获益良多,并且和古尔德一样,他也注定会获得更多成功。接下来的几年里,威拉德会同时拥有《国家》杂志和《纽约晚邮报》。(两者都在 1881 年得到。)威拉德还会控制北太平洋铁路(Northern Pacific Railroad)并成功让其延伸通过极具挑战的北落基山脉地区,威拉德曾于 1883 年失去了北太平洋铁路的控制权,又于 1889 年重回主导地位。除此之外,威拉德还在 1889 年将

---

〔1〕 Henry Villard to Fanny Villard. 25 June 1878. Villard.

〔2〕 Richard O'Connor. *Gould's Millions*. 109.

〔3〕 Alexandra Villard de Borchgrave and John Cullen. *Villard: The Life and Times of an American Titan*. 302.

两个小公司合并成立了爱迪生通用电气公司。

◇ ◇ ◇

古尔德名下的支线铁路中没有一个——包括密苏里铁路、堪萨斯铁路、丹佛铁路或者其他任何更小的铁路——是作为联合太平洋铁路的附属公司收购的。古尔德和他最亲密的盟友们(比如迪龙、弗雷德·埃姆斯、塞奇、塞勒斯·菲尔德)都是以个人投资者的名义而不是联合太平洋铁路公司职员的名义来控制这些铁路的。就像古尔德从前利用自己在太平洋邮船公司的主导地位创造对联合太平洋铁路有利的条件一样,古尔德也是在利用自己在堪萨斯太平洋铁路、丹佛太平洋铁路、密苏里太平洋铁路以及其他一些小支线铁路的主导地位来辅助太平洋联合铁路的运行。然而,与此同时古尔德手中不属于太平洋联合铁路的股票也额外赋予了它一个权力基础:他可以随时挑起竞争来威胁任何在关键事务上不听他领导的联合太平洋公司董事。(董事会里确实有少数几个这样的人。)古尔德和他亲密的盟友们反过来也控制着许多在建支线铁路,这些铁路分布在科罗拉多州、犹他州以及其他一些地方。他们独立控制这些在建铁路的原因与其说是投机,倒不如说是有其必要性。联邦宪章严令禁止联合太平洋铁路收购仍然在建的铁路支线,但是允许它在其建成后收购。

古尔德谨慎的竞争铁路整合计划在1879年年底迎来了它的关键时刻,当时古尔德向联合太平洋公司董事会提议将他的堪萨斯太平洋—丹佛太平洋联合公司与太平洋联合公司合并。古尔德的提议意味着要将两家公司的股票按原价(每股1美元)互换,尽管事实上堪萨斯太平洋公司的股票(每股售价13美元)并无增值空间,而联合太平洋公司的股票(每股售价60美元)增值空间很大,且每年支付6%的股息率。古尔德先给了个“甜枣”——承诺投入丹佛太平洋铁路的所有资产;然后又给了“一巴掌”——威胁说如果董事会不通过他的提案,就将堪萨斯太平洋铁路的线路延长到奥格登,在那里和中太平洋铁路接轨,独立连接西海岸。在几周的考虑之后(其间大部分董事都尽可能地囤积了大量堪萨斯太平洋铁路的股票),董事会通过了古尔德的提案。他们在1880年1月签订了合同。古尔德此时掌握了堪萨斯太平洋铁路的近半股票,他后来估计,通过这个交易,他的净收益在一段时间后达到了4 000万美元,这时的古尔德还不到44岁。正如格罗丁斯基指出的那样,“在这些谈判中,古尔德重新扮演了之前在伊利经常扮演的贸易角色:他既是买家,也是卖家”。[1]

古尔德仍然独立控制着密苏里太平洋铁路,以及类似堪萨斯中央铁路、中央支线铁路这样的支线铁路。他告诉自己人说自己计划用这些线路作基础,建立一个全新的大型铁路联合体。他的密苏里太平洋铁路不像联合太平洋铁路那样受政府限制,也不像堪萨斯太平洋铁路一样因为维拉德精于盘算而仍然债务缠身。杰伊会继续执行这个使命,到他 1892 年去世的那天,密苏里铁路仍然是古尔德铁路的那颗宝石,永远熠熠生辉。

◇ ◇ ◇

尽管古尔德对联合太平洋铁路与其他投资的铁路都进行着坚定又细心的管理,媒体和观众仍然觉得他仅仅是个虽然极其有天赋但骨子里永远卑鄙无耻的公司强盗。杰伊并没有为自己做任何辩白。如果人们相信他就是一门心思在操纵华尔街,在设熊市陷阱,在欺骗寡妇和孤儿,那他们就偏离了古尔德的真正议程。

不仅仅是古尔德那个时代的报纸认为古尔德对自己投资的公司毫无事业心,好几代的学者(根据当时的报纸描述做研究)也都是这么认为的。“这个人插手的公司几乎无一例外都走向了破产,他不是个建设者,而是个破坏者。”亚历山大 · D. 诺伊斯(Alexander D. Noyes,1909)在其《美国金融 40 年》(*Forty Years of American Finance*)中写道。[2] 罗伯特 · 里格尔(Robert Reigel,1926)在其《西部铁路故事》一书中的评论也是同一个论调:“古尔德就是那种永远无法从发展公司中得到满足感,永远没有耐心等着分红的人。他想要的是更多的行动和更大的回报。”里格尔补充说,古尔德“总是在东部远程控制他在西部的资产,因为他不常去西部,所以他可能从来没有亲眼见过自己在西部的财产……古尔德赚了很多钱,但是因为他对管理铁路缺乏常识,也没有兴趣去好好经营,所以他手里的那些铁路就从来没好好运行过”。[3] 铁路史学家理查德 · C. 奥弗顿(Richard C. Overton)在他 1965 年的书《伯灵顿铁路》(*Burlington Route*)中坚持说:“古尔德从头到尾一直是个彻头彻尾的投机者,他投机的天赋让他无法抑制

---

[1] Julius Grodinsky. *Jay Gould: His Business Career*, 1867 - 1892. 179.

[2] Alexander D. Noyes. *Forty Years of American Finance*. 127.

[3] Robert Riegel. *The Story of the Western Railroads*. 223.

自己的冲动，只会寻找机会控制铁路……他关于联合太平洋铁路的无数交易都具有传奇色彩，但他几乎毁了这条铁路。”[1]奥弗顿还在其他地方解释说：“古尔德是个投机者，(他)并不关心铁路作为交通工具的质量，更不会有心思建设铁路沿途地区，他永远只在乎怎么迅速赚钱。”[2]

在杰伊去世之后，只有少数几个人——包括莫罗西尼和埃姆斯——会记得那些穿越沙漠和群山的漫长旅程中，古尔德要求视察每一条小支线；只有他们会回忆起杰伊办公桌上堆成小山的地图——就连爱迪生都觉得这些地图很无聊，古尔德亲手在这些地图上批注矿藏、坡度、人口聚居地等详细数据；只有他们会记住古尔德曾经清楚地表明过的志向：他创造的古尔德铁路系统会成为他一生中最重要的事业，成为他的纪念碑，成为他对这个世界的贡献；也只有他们会认可古尔德在 1887 年筋疲力尽地突然对《纽约世界报》一名记者说了很简单的一句话：“我还是个小男孩的时候就很喜欢铁路。我到现在也觉得火车是世界上最伟大的发明之一。我喜欢看着那些巨大的轮子呼啸而过。”[3]

---

〔1〕 Richard Cleghorn Overton. *Burlington Route: A History of the Burlington Lines*. New York: Knopf. 1965. 131.

〔2〕 Richard Cleghorn Overton. *Gulf to Rockies*. Houston: University of Texas Press. 1956. 220.

〔3〕 *New York World*. 2 July 1887.

第二十五章　只差一个好名声

1879年至1880年冬，43岁的古尔德已经开始显出衰老的迹象了。他身材矮小，全身瘦得皮包骨头。那时古尔德的头已经秃了，胡子也变得花白。在他1875年卧床休息的那一个月里，他羸弱的身体随时随地都在出岔子。除了1875年的痛风外，古尔德还饱受其他病痛折磨，例如失眠，以及面部和眼睛神经痛。曾经很长一段时间古尔德给人们的总体印象就是一个高度集中的大脑勉强带动着一副只能维持基本需求的躯体。("你能很快注意到他的精神永远是高度集中的，"古尔德的外甥女爱丽丝·诺斯罗普回忆道，"当他集中注意力讲话时，他会完全忽略身边的所有事物。当他认真听别人说话时，他的眼睛永远紧盯着讲话的人，一刻也不离开。")杰伊总是将自己瘦骨嶙峋的身躯包裹在最简单的基本款衬衣里，这些衣服都剪裁普通、颜色单调，通常不是黑色就是灰色。春秋冬三季，古尔德出门会戴一顶老式毡帽。到了夏天，他有时会悠闲地戴一顶白色巴拿马草帽。"他从来不戴任何珠宝，"爱丽丝回忆说，"除了低调的手表和手链。当你看着他的时候，你会觉得他是个身材瘦小、皮肤黝黑，但是非常有力量的人。和许多身材瘦小的名人不同，古尔德既没兴趣也没必要去炫耀。"[1]

在古尔德去世后，最爱他的人们怀念他时最常想起的还是他长期筋疲力尽

〔1〕 Alice Northrop Snow and Henry Nicholas Snow. *The Story of Helen Gould*.

的状态:这是古尔德过度操劳后的常见状态,他的妻子艾丽已经身经百战,非常擅长处理这种情况。经过在华尔街苦战一天后,古尔德总是在晚上 5:00 准时回家,他回到的是艾丽为他精心打造的清净舒适的空间。爱丽丝曾写道:“舅母治家娴熟,手腕颇为强硬。杰伊舅舅疲惫地到回家时,他需要的是一个可以安静休憩的空间,因此舅母的职责就是确保家里永远能满足他的需要。仆人们做完分内的活儿就会从秘密暗门悄悄离开。通常情况下,餐桌上的杰伊舅舅因为太过疲惫或是全神贯注在自己的世界里而不怎么说话。有时候整顿饭他都一言不发……我过去常常怀疑他都不清楚自己送入口的是什么东西。这种时候舅母总是以眼神强迫我们集体保持绝对安静。”[1]

但是经过一顿沉默的晚饭的功夫,杰伊总是能缓过来,重新充满活力,开始投入自己的家庭生活。爱丽丝回忆说,杰伊一直是“一个甘于奉献的父亲,一个体贴周到的丈夫”。事实上杰伊非常喜欢花时间和自己的孩子们待在一起,那时候他已经有 6 个孩子了。除了之前的乔治、埃德温和内莉,这个家里又新加入了 1871 年出生的霍华德、1875 年出生的安娜,以及 1877 年出生的弗兰克。乔治·古尔德晚年的时候总是会回忆起他的父亲大声读书的情景(其中包括他的老朋友约翰·伯勒斯写的日益畅销的自然小品文),回忆起父亲给他们讲家族故事,回忆起他指导每一个对花园有兴趣的人怎么栽花。古尔德总是以最温柔的方式做这些事情,是一个擅长安慰人的公正家长。“杰伊舅舅,”爱丽丝写道,“是个很安静的人,他的话很少,每句话字斟句酌。他也总是淡定自若,我从没见过他失控发怒。应该说,超强的自制力是他最突出的优点之一。在家务事上,他总是公平又体贴……所以,家里的每个人都为能够照顾他而感到光荣,都恳切地希望能够让他开心……大家总是说古尔德舅舅的生活没什么乐趣,说他事业上的巨大成功剥夺了他生活上的快乐……但事实是他能从很多事情中获得无限快乐和满足,他的幸福是深刻而有品位的。”[2]

和同阶层的大部分女性不同,艾丽不愿意将自己孩子们的抚养假手于人。古尔德的家里只请了一名厨师和几个男仆及女仆,但是没有请保姆。关于古尔德夫人和她的孩子们,莫里·克莱因这样写道:“毫无疑问,她在孩子们的成长过程中起着主导作用,尽管杰伊是个慈爱有加甚至有些溺爱的父亲,但他的事业使

---

[1] Alice Northrop Snow and Henry Nicholas Snow. *The Story of Helen Gould*. 119.
[2] Ibid. 118.

他不能常常陪伴孩子。孩子们很早就知道要立刻遵守他的指令,除非被邀请,否则不能去打扰他,但是这并不意味着古尔德是严肃的维多利亚式的家长。古尔德饱受磨难的童年给他灌输了强烈的家庭责任感,为家庭付出是他真正的信仰,也是他唯一的信仰,他从不假装自己还另有信仰。”[1]

因此,古尔德并不是宴会的常客。每周日艾丽都会把孩子们送去第五大道的卫理公会教堂参与祷告。每周日的早晨,当他的妻子虔诚祷告上帝感化自己的丈夫时,古尔德总是在侍弄花草或者读书。人们很好奇这个男人,或者为自己丈夫祈祷的艾丽有没有注意到《纽约时报》的报道,这个报纸几乎从不赞扬古尔德,却在谈论宗教问题时称赞了古尔德的诚实。“我们都不喜欢古尔德,”该报编辑写道,“我们觉得他为害一方,但在信仰问题上他倒是并不伪善,非常诚实。”[2]

周日下午,古尔德一家招待客人。家里的常客有罗素·塞奇一家、艾丽的父母,以及其他古尔德圈子里的核心人物,比如西德尼·迪龙、杰西·塞里格曼、塞勒斯和大卫·达德利·菲尔德。妻子们和艾丽闲话家长里短,男人们则大多谈谈金融,这是他们之间最大的纽带。然而杰伊和莫罗西尼的关系似乎更亲近些,他们两个都喜欢收集古书,这也成了他们除金融之外聊得最多的话题。古尔德职业生涯中的另外一个至交好友是塞拉斯·克拉克,他们虽然不常见面,但感情深厚,克拉克患有慢性忧郁症,古尔德非常担心他的健康问题。除了家人和平常见面不多但是感情很好的卡茨基尔的老朋友们以外,古尔德在这个圈子最放松、最自在,最能找到安宁。(应该说波士顿的弗雷德·埃姆斯除了跟随古尔德外出视察外,和古尔德的私下交往并不多。)

除了圈子里的那些人,杰伊和艾丽与外人交往不多。媒体对古尔德的批评几乎已经成了例行公事,那些在投机活动中落败的人们更是经常诋毁他,这让古尔德成了一个被社交圈子遗弃的人。古尔德本人对此似乎并不感到困扰,相反他被上流社会排斥恰好迎合了他对独处生活和安静的家庭氛围的喜好。在极少几次杰伊和艾丽受到晚宴、舞会,或者其他“逃不掉的”(古尔德的原话)活动邀请时,古尔德会坚持迟到早退。另一方面,艾丽倒是很向往社交生活,很期待少有的几个“逃不掉的应酬”,不喜欢被排除在外的感觉。在和完全由谁参与谁不参

---

[1] Maury Klein. *The Life and Legend of Jay Gould*. 214.

[2] *New York Times*. 8 August 1883.

与来定义的阶层断绝关系之后，艾丽强烈地感觉到了古尔德的卑微出身带来的深刻孤立，这一点是来自卡茨基尔的农场小子从来没有察觉，也永远无法感觉到的。“杰伊对宴会或者所谓的上流生活没什么大兴趣，他不抽烟、不喝酒，也不喜欢划船、打排球。他的兴趣只在赚钱、读书、散步和享受大自然上。”[1]

然而，为了让自己的妻子不那么压抑，古尔德还是尽力做了改变。19 世纪 80 年代初，古尔德和威廉 · K. 范德比尔特(William K. Vanderbilt，船长的孙子，威廉 · H. 范德比尔特的儿子)以及其他非纽约百万富翁们一起出资建造了大都会歌剧院。古尔德家、范德比尔特家、高利茨家(Goelets)、惠特尼家、德雷塞尔家、洛克菲勒家、摩根家以及亨廷顿家此前一直被拒绝进入欧文音乐学院的高级包厢，因为那里是阿斯特、利文斯顿、斯凯勒、比克曼等老牌家族的天下。如今这些新贵则占据了新歌剧院钻石俱乐部的贵宾包厢。“所有的新贵们都到场了，”《戏剧镜报》(*Dramatic Mirror*)的记者在报道 1883 年 10 月剧院开张时写道，“古尔德和范德比尔特之流的出现让现场的空气都充满了金钱的味道，剧场里的一排排包厢看起来就像垄断家们关猎物的观赏笼子。如果有人评价说剧院金光闪闪得就像崭新的钞票一样，那他就找到了这群人的合适定位。对一个挑剔的人来说，这所豪华房子里的装饰品位实在令人不敢恭维。”[2]因此，艾丽终于在上流社会赢得了本该属于她的一席之地。然而就在同一年，当范德比尔特被阿斯特妇人著名的“四百人集会”拒之门外时，他怒而宣布自己的舞会会邀请纽约的精英们参加“一千二百人集会”，古尔德一家不在邀请之列，艾丽最终还是被排除在外了。

◇ ◇ ◇

古尔德从内心深处喜爱散步、骑马和种花，这些喜好使他坚持每年夏天都在乡下待几天。古尔德在朗布兰奇待过一段时间，也在其他一些他更喜欢的地方旅居过，比如白山。最终他找到了自己非常喜欢，想要长期居住的乡村。1877 年夏天，古尔德租下了一套四面筑墙、占地 400 英亩的庄园。这个庄园俯瞰欧文顿的哈德逊河(临近塔里敦)，离塞勒斯和大卫 · 达德利 · 菲尔德的庄园不远。这个庄园的前主人是乔治 · 梅里特(George Merritt)，他曾是一个非常富有的纽

[1] Edwin P. Hoyt. *The Goulds*: *A Social History*. 72.
[2] *Dramatic Mirror*. 23 October 1883.

约商人，于1873年去世，古尔德从梅里特的遗孀手中租来了这座庄园。庄园因其中有大量椴树生长而得名林德赫斯特[Lyndhurst，原名林登赫斯特(Lyndenhurst)，意为长满椴树的小山坡]。这座庄园是哥特复兴建筑的经典代表作。这座建筑最初是在1883年由著名的建筑师安德鲁·杰克逊·戴维斯(Anderson Jackson Davis)为庄园的原主人前纽约市市长威廉·保尔丁(William Paulding)构思建造的，最开始的设计是一座不对称建筑，其中设有许多异想天开的角楼、顶端饰、扶壁和三叶草装饰，保尔丁将这座庄园亲切地称为"小山丘"。26年后，戴维斯重回庄园，应梅里特的要求将庄园扩建成原来的两倍，加入了新的侧翼和塔楼。从那以后，这座庄园的外观无限接近一个黑暗精美的哥特式古堡——非常适合古尔德这样一个金融"吸血鬼"居住。[20世纪60年代，超自然连续剧《黑暗阴影》(Dark Shadows)就在这里拍摄。]但古堡只有外形阴暗，庄园内部敞亮温馨，阳光透过巧妙设置的窗子透进来洒满了房间。古尔德一家都很喜欢这个地方。

然而对于古尔德来说，他最喜欢的还是这座庄园的草地。宽阔的草地上种满了古老的椴树、榆树、榉树、桦树以及松树，草地从庄园沿斜坡向下一直延伸到河边。草地随着河岸一直延伸到纽约中央铁路的铁轨旁，这条铁路在这里有通行权。房前的视野非常辽阔，从窗户望出去，视线可以穿过哈德逊河，向南望是河边陡峭险峻的岩壁，向北望则是塔本西(Tappan Zee)。古尔德会在草地上和孩子们玩棒球，也会在黎明的微光里漫步，或者拿一本书坐在河岸边静静阅读。林德赫斯特同样也有许多马厩和大批跑马场，这让杰伊和孩子们可以尽情骑马。但杰伊最喜欢的还是庄园北边坐落的全美最大温室：380英尺长，37英尺宽，温室两头还分别设有60英尺的耳房和100英尺高的穹顶。天晴的时候，顺着楼梯登到穹顶顶端的一个平台向北眺望，你能看到哈德逊高地，还能看到远处古尔德的蓝色故乡卡茨基尔，古尔德曾在这里把卡茨基尔指给自己的孩子们看，告诉他们那里是"家"。(古尔德经常怀旧地谈起自己从前在卡茨基尔的日子和他的老朋友们，他偶尔还会自己回去看看。)

在林德赫斯特度过的三个夏天让古尔德彻底迷上了这个地方，因此古尔德在1880年花25万美元从梅里特夫人手中买下了这座庄园。在成交后不久，古尔德就把二楼的一个大台球室改造成了一个画廊，收藏他收集的越来越多的巴比桑派(Barbizon School)画作。与此同时，古尔德还把主楼层的两个房间打通，建了一个带有玻璃柜的私人书房。至于从梅里特去世后就空置的温室，杰伊雇来了德国景观设计师兼园艺家弗迪南德·曼戈尔德(Ferdinand Mangold)——1864年由梅里特请来的——在温室中种满稀有的玫瑰、兰花以及其他名贵花草。那个夏天的每个夜晚，在乘坐纽约中央铁路回家和家人享用过晚餐后，喜欢安静的古尔德都会穿着西装，趿拉着软拖鞋来到温室，在那里和正分类栽种的曼戈尔德一起开心地工作。等到秋天杰伊和家里人一起返回第五大道的家里时，古尔德已经在各种花草上花了不止4万美元。整个秋天古尔德都会时不时在周末回到林德赫斯特，摆弄他的树根和球茎。

因此，人们也就能理解当12月11日一场大火(据说是纵火犯放的火)毁掉了这个温室和温室里的所有花草时，杰伊为什么会崩溃了。然而，杰伊的反应让人们想起了多年前他的书《特拉华县历史和纽约州的边境之战》在大火中付之一炬的反应。几周以内杰伊就和一位独立建筑师以及著名温室建造师罗德(Lord)和伯恩汉(Burnham)一起最终确定了同等规模的替换方案，这个方案最终在1882年年初完工，成品成为美国第一个全钢结构温室。新伊甸园的西侧建了一个葡萄园和一个安置杜鹃花、山茶花、风信子和其他球茎的冷室。东边的耳房则设置了单独的花房来种植康乃馨、玫瑰、兰花、映山红和其他花卉。杰伊最爱的就是兰花房，花房里种植了150种共计8 000株珍贵兰花，是全北美最珍贵的兰花收藏地。温室的半圆形中央部分还布置了一个喷泉，喷泉周围种植着从国外引进的棕榈树。除了温室之外，古尔德还将自己的领地扩大到500英亩，大部分地皮都成了林地，也有小部分转化成了农田。具有讽刺意味的是，这个从前痛恨牧场生活的人如今竟开始醉心于挤牛奶。古尔德养了50头牛和3头优质公牛。通过以曼戈尔德为首的20名员工的努力，林德赫斯特每年能够生产250吨草料和充足的牛奶。

除了它的舒适和奢华之外，四面围墙的林德赫斯特还给古尔德一家提供了别处找不到的安全感和一定程度的自由。事实上，古尔德一家每时每刻都要提防源源不断的疯子、骗子和潜在刺客的骚扰。前文曾提到古尔德有一次在戴尔莫尼科饭店被袭击，除此之外古尔德还被袭击过一次：1877年当古尔德有一次走在交易所和新街的交界处时，强壮的华尔街人A. A. 塞里弗(A. A. Selover)盯上了他。塞里弗朝古尔德的脸上揍了几拳，抓住他的裤腰带，把他拖下几个台阶，关进了一个地下理发店里。(据说由于古尔德长期声名狼藉，塞里弗的重孙在接受电话采访时还表达了自己对曾祖父“壮举”的自豪之情。)在那之后,古尔德在任何公共场合都带着健壮的莫罗西尼或一名机警的私人保镖,他的亲人们也都做了同样的措施。爱丽丝·诺斯罗普曾经写道:“所有人做事都低调而警惕,家里人已经把这当成了日常生活中不可避免的一部分。”[1]周围处处都隐藏着暗杀、绑架和勒索的威胁,有些威胁来自激进工人运动中的极端主义者,有些则来自妄图发笔横财的投机主义者,更多的是来自那些幻想替天行道、将臭名昭著的古尔德就地正法的头脑简单的疯子。

爱丽丝还记得1881年初夏的一天,她和舅舅坐在林德赫斯特白桦林的树荫下,突然有个仆人给古尔德带来了一封电报。“爱丽丝,”读完电报后古尔德低语道,“加菲尔德被枪击了,加菲尔德总统被枪击了。”杰伊的脸色“变得非常苍白,他将头后仰着休息,重新聚拢自己钢铁般的意志”。[2] 作为国会代表,加菲尔德曾就“黑色星期五”事件调查过古尔德。然而随着古尔德对加菲尔德了解的深入,他逐渐喜欢上了这个人。事实上,古尔德曾经支持加菲尔德——虽然是匿名的,古尔德唯恐公众把对自己的憎恨转移到加菲尔德身上去——成为共和党的总统候选人。加菲尔德苟延残喘数月以后,最终于9月19日撒手人寰,他去世后不久,沉思的古尔德对莫罗西尼说:“没人能在穷凶极恶的盗贼面前幸免于难。”同年秋天,当爱丽丝和内莉有一天走进林德赫斯特时,发现她的舅舅舅母“面如死灰”,“可以感觉到舅舅在颤抖”。一名持枪的陌生人设法越过围墙潜入了庄园,家里所有人都被要求待在室内,直到爱丽丝口中的林德赫斯特“全副武装的雇佣兵”找到这个闯入者。很快杰伊的警探就找到了藏在一片灌木林中的闯入者。一小会儿之后,惊魂未定的古尔德回到全家人藏身的书房,“那个疯子和他手里的武器,”他告诉家人,“已经被严密控制起来了。”[3]

◇ ◇ ◇

在建造新温室同年,即1882年,古尔德将自己在曼哈顿的家从第五大道578号搬到了对面的579号,新房子位于第四十七街和第五大道的东北拐角处,面积比老房子更大。他的邻居是采矿业和银行业巨头达瑞斯·奥格登·米尔斯

[1] Alice Northrop Snow and Henry Nicholas Snow. *The Story of Helen Gould*.
[2] Ibid. 282.
[3] Giovanni P. Morosini. “Memoir of Jay Gould.” HGS.

(Darius Ogden Mills)。和他的邻居一样，古尔德也聘请了著名的赫特兄弟(Herter Brother)重新进行室内装修。从当时的照片来看，这个房子大得像座宫殿，有4层楼、3个隔间，大门设在房子正中央。古尔德一家占据了二楼和三楼的7个房间，四楼和地下室则留给佣人们居住。杰伊和艾丽的房间在二楼，两个房间相连，正对着第五大道。古尔德的书房也设在二楼，这个书房布置精美，还设有壁炉，书房里有大量林德赫斯特的书房装不下的藏书。[1]

不管是在579号还是林德赫斯特，杰伊的兄弟姐妹和他们的家人都是受欢迎的常客。鳏居的亚伯兰·古尔德每年夏天都把小弗雷德送到林德赫斯特和他的堂兄妹们度过这漫长的夏日。同样，贝蒂·古尔德和吉尔伯特·帕伦的孩子们——安娜、鲁弗斯，还有小吉尔伯特(1870年出生，未来会成为一位著名的医生)——也会从他们位于宾夕法尼亚州日耳曼敦舒适的家里(距他们父亲和舅舅的皮革厂大约60英里)去往林德赫斯特拜访。(帕伦的另一个儿子沃尔特·古尔德·帕伦于1877年突然死亡，去世的时候年仅两岁。)最重要的是，杰伊和艾丽还打开大门，欢迎杰伊的姐姐萨拉·诺斯罗普和她的一大群孩子。

乔治·诺斯罗普在生命的最后几年过得颇为失意。最终他的皮革厂倒闭了，杰伊后来又在宾夕法尼亚离帕伦家不远的一个村子给他建了一个百货商店让他经营。但是古尔德慷慨的善举最终还是没能帮上诺斯罗普。年过六旬的诺斯罗普因为生意失败而伤心失意，身体状况每况愈下，这个骄傲的男人最终决定了断自己的生命。"萨拉，别担心，"在听说这个悲剧之后古尔德立刻发电报给萨拉，"我会帮你的。"[2]在那之后不久，萨拉就收到了一封由杰伊手写的长信，信中详细地指导她应该怎样关闭百货商店。杰伊还在信中说他会还清乔治留下的所有债务。在此之后，萨拉每季度还会收到大额支票来支持她和孩子们的生活。

此时，乔治·诺斯罗普和前妻卡洛琳·帕伦所生的5个孩子已经全部长大成人离开了家，但是萨拉还有自己的9个孩子要抚养。(她最小的第10个孩子安娜于1880年死亡，去世时年仅10岁。)对于这些孩子，古尔德强调说他们每一个人都要继续上学，每个孩子的成绩单都要送到他手上检查。从一开始杰伊就

[1] 对于第五大道579号(现在已不存在)的建筑和装饰细节描述最详尽的，是内莉·古尔德去世几年后为出售房子家具编写的一本销售手册。*The Entire Contents of 579 Fifth Avenue [The Jay Gould House]. Superb Paintings Including Masters of the Barbizon School*. New York: Kendel Galleries at Gimbel Brothers. 1942.

[2] Sarah Gould Northrop. "Reminiscences." HGS.

清楚地表明,他不仅会负担萨拉及其家庭的生活开支,还会代乔治尽一个父亲的义务。“杰伊舅舅,”爱丽丝·诺斯罗普深情地回忆道,“对于我和我的兄弟姐妹而言绝不仅仅是舅舅,他在我们家最困难的时候把我们凝聚在了一起,他慷慨地资助我们直到我们一个一个成年独立。他的帮助从来都是不求回报的。在他的余生中,他在很多方面都填补了父亲的空白。”〔1〕

在从瓦萨学院毕业后,萨拉的长女艾达有意办一所预科学校。杰伊知道后帮助萨拉举家搬到新泽西州的卡姆登——乔治·诺斯罗普的故乡,并且出资建立了一所预科学校。这所学校里还建了 12 个房间以供萨拉和她尚未独立的其他孩子们居住。后来,诺斯罗普的儿子之一里德·诺斯罗普(Reid Northrop)在美国冷藏运输公司(密苏里太平洋铁路公司旗下子公司之一)工作。爱丽丝在韦尔斯利遭遇意外导致腿部残疾,只能被迫退学。古尔德就给她讲自己年轻时受过的苦难以及自己是怎么克服这些困难的,用自己的经历来安慰她。然后古尔德就把爱丽丝送到法国疗伤修养了 15 个月,在这之后爱丽丝就完全康复了,重新回到美国在艾达的学校教授法语。

在乔治·诺斯罗普去世后第一个圣诞节,杰伊和艾丽怕诺斯罗普家触景生情,坚持邀请他们全家来 579 号过圣诞节。一开始,萨拉告诫孩子们不要期待过高,毕竟杰伊舅舅非常慷慨了。然而到了圣诞节那一天,孩子们面前的椅子上都堆满了为他们包好的礼物。爱丽丝的第一份礼物是舅母送的一块刻字金色瑞士手表,收到礼物的时候爱丽丝惊喜地大叫:“啊! 这个圣诞节让我太满足了!”〔2〕爱丽丝还收到了她表兄埃德温送的一枚珍珠点缀的星形胸针以及其他各种礼物,最后一份礼物是来自杰伊舅舅的一张大额支票。在礼物都打开后,全家人共同享用了一顿丰盛的晚餐。从林德赫斯特带来的鲜红的一品红在花瓶中盛放,点缀着长长的餐桌,桌上的菜肴十分丰盛,包括水龟、牡蛎、火鸡、马铃薯、蔓越莓和各式蔬菜,饭后甜点是葡萄干布丁。(厨房里忙碌的仆人们也享用了同样丰盛的食物,每个仆人和厨师也都收到了古尔德先生赠予的大额支票,林德赫斯特的仆人们也不例外。)当夜晚降临,孩子们在书房的圣诞树前吟唱耶诞颂歌。每个孩子在上床睡觉前还会另外收到一盒糖果和一份礼物。(在另一个圣诞节,爱丽

〔1〕 爱丽丝在书中只提到了她父亲的死亡,但并没有承认他死于自杀。但是,对于诺斯洛普的自杀来自多方消息的确认,其中包括古尔德的姐妹们萨拉和贝蒂的回忆录。

〔2〕 Ibid. 37.

丝被带到了大都会歌剧院的家族包厢里。在表演过程中她发现,很多观剧镜并没有对准舞台,反而纷纷转向了古尔德一家。她猜想其中的原因可能是因为她舅母戴着今年收到的圣诞礼物:曾属于拿破仑皇后约瑟芬的珍珠吊坠。)

◇ ◇ ◇

杰伊和艾丽自己的孩子们则每一个都很独特,他们彼此大相径庭,甚至性格完全相反。古尔德的长子乔治从小傲慢专横、严苛挑剔。乔治自身充满了优越感,常常因苛待仆人而被父母责罚。这些特征如果放到华尔街的富二代、富三代们身上,古尔德只会觉得他们鲁莽愚蠢、令人反感,毫不留情地把他们耍得团团转。但是对着有同样毛病的乔治,这位溺爱的父亲就变得盲目了。他不仅对乔治身上不劳而获、无所事事的贵族风气熟视无睹,还对他的自我放纵、缺乏自律以及在先天智商上的一系列短处视而不见。杰伊·古尔德在评估大多数人和事时惯有的不容置疑的冷静和不近人情的实用主义却在他长子面前烟消云散,他坚持认为——尽管所有的证据都指向相反的结论,自己的长子有一天会具备足够的才能和献身精神来接手古尔德名下的众多产业。

另一方面,乔治的弟弟不仅比哥哥聪明亲切得多,也比哥哥更有积极性。次子埃德温继承了父亲的安静、勤奋和自律。同时,他也和父亲一样热爱户外活动和大自然。埃德温非常热爱划独木舟,童年时就精力充沛地划着独木舟探索林德赫斯特附近的哈德逊河,长大后更是凭借独自一人环游斯塔顿岛这些事迹在当地小有名气。他在童年时期和林德赫斯特管理员儿子结下的友谊维持了一生。(从这件事和之后会提到的很多事情来看,埃德温同样继承了自己父亲毫不势利的性格。)古尔德的第三个儿子则和自己的二哥一样天生比乔治开朗活泼。但是他不像埃德温那样锐意进取:他就像三文鱼一样,有逆流而上的能力,却没有逆水行舟的心思。至于四儿子弗兰克,他从父亲那继承了在高等数学、机械和工程方面的敏捷思维。在他还只有 7 岁的时候,他挖出了自己父亲用过的旧测量装备,并缠着父亲教自己怎么使用这些工具。

在两个女儿中,内莉很早就显示出了清教徒的倾向,这可能是继承自母亲的信仰。和父母一起观看歌剧时,内莉总是会在看歌剧前的一小段芭蕾舞表演时把眼睛转向别处。杰伊问女儿为什么会这么做,内莉回答说她不喜欢这些有伤风化的表演,觉得这些芭蕾舞伤风败俗。青年时代的内莉总是把自己从头到脚裹得严严实实的，花大量的时间通过基督教传教会做善事。内莉总是怀着极大的热忱为无家可归之人缝毯子、为醉汉买《圣经》，尽自己所能参与各种形式的道德改革。她厌恶他人的炫耀行为，在显示父亲巨大财力的场合总是肉眼可见地尴尬。她几乎对那些殷勤追求自己的同龄男子没有任何兴趣。（她告诉爱丽丝·诺斯罗普说这些男子和自己的父亲相比相形见绌。）与此相反，内莉的妹妹安娜却喜欢第五大道和林德赫斯特的浮华世界，和乔治一样透露出一种优越感。在林德赫斯特的时候，安娜会住在高塔的卧室里，一言一行都像个养尊处优的公主。安娜和乔治一样被娇宠过度、目中无人，对在家里服侍的仆人们态度恶劣，也同样因此常常被父母训斥。安娜同样也对自己诺斯罗普家的表亲们不屑一顾，觉得他们不过是仰人鼻息过生活，所以对他们的态度也比对仆人们好不到哪里去。

“我愿意为你们付出一切，”杰伊在 19 世纪 80 年代早期的一次西部视察途中写信给内莉这样说，“我希望把整个世界都拱手送到你们面前，希望所有的快乐与幸福都属于你们。”[1]无论是杰伊的儿子、女儿还是外甥、外甥女——包括那些了解杰伊的密友们——都从不怀疑这一点：古尔德最重要的财产、最珍贵的财富，就是他的家庭。因此，随着时间的推移，古尔德也会自然而然地担心自己的坏名声会给家庭带来什么影响。“我很害怕，”古尔德对莫罗西尼说，“害怕我什么都能给他们，唯独不能留给他们一个好名声。”[2]

---

〔1〕 Jay Gould to Helen “Nellie” Gould. 21 March 1882. HGS.
〔2〕 Giovanni P. Morosini. “Memoir of Jay Gould.” HGS.

第二十六章　电报与高架铁路

古尔德在 1880 年不仅买下了林德赫斯特，还完成了堪萨斯太平洋、丹佛太平洋和联合太平洋铁路的合并，并且仍然保持着对密苏里太平洋铁路的独立控制，同时通过收购沃巴什铁路、铁山铁路和其他穿过大陆，向西到奥马哈，向东到托莱多和底特律，向北到达五大湖和芝加哥的小型铁路来扩张密苏里太平洋铁路。除此之外，古尔德租下堪萨斯—得克萨斯铁路[Kansas & Texas，昵称凯蒂铁路(Katy)]，并在 1881 年 4 月从宾夕法尼亚铁路的汤姆·斯科特手中买下得克萨斯太平洋铁路，同时买下的还有该铁路的子公司《纽约世界报》。其他一些小铁路也逐渐加入古尔德日益扩张的产业网。新扩张的联合太平洋铁路、密苏里铁路和其他一些古尔德铁路网中的小铁路的里程达到 15 854 英里左右，大致相当于全美铁路总里程的九分之一。

在获得这些重要位置的同时，古尔德也开始涉足东部强大的铁路市场，主要是和波士顿德高望重的约翰·默里·福布斯(John Maury Forbes)打交道。后者在密歇根中央铁路、伯灵顿铁路和汉尼拔—圣约瑟夫(Hannibal & St. Joseph)铁路都占据核心位置。福布斯和古尔德在几个市场竞争货运，当他知道古尔德竟然在 1880 年 1 月从侧翼包抄成功抢占凯蒂铁路的租赁权时，据说他大吃一惊、目瞪口呆。从那以后，这位社会精英大声告诉所有听他说话的人古尔德绝对不是什么绅士。(福布斯对他们的共同盟友弗雷德·埃姆斯说：“我当然拿古尔德一点儿办法也没有……上次我们的会面带来的只是伤害。我知道他不喜欢我,我当然也不喜欢他。”[1])

尽管如此,福布斯和其他人还是心怀敬畏地旁观着古尔德的行动。“他的行动都掩盖在秘密的浓雾下,他就像一个非洲巫师那么神秘,”《纽约时报》评价道,“当他屈尊说话时,所有人就像听着那眺望埃及杳无人烟的沙漠的斯芬克斯说话一样。”[2]《纽约股东》(*New York Stockholder*)的一名记者在描述古尔德的种种计谋、反计谋和计中计时,生动地提现了他宏观战略的复杂性:“他的脑子划分成了一系列棋盘,棋盘上画着曲线、抛物线,以及方块和角。每个棋盘上的棋局相互独立,又相互重合。棋盘上的兵、马、车敏捷地穿行,棋局瞬息万变。这些棋局都由唯一一双眼睛控制,确保它们有序地根据计划运行。”[3]

然而,有些描述古尔德暗黑又深不可测特征的言论——说他聪明的联合计划,说他喜欢误导他人,经常出人意料——有些言过其实了。古尔德批评家中最理智的一群人很快就注意到了这些荒谬的极端言论:这些言论一方面无端诽谤古尔德,一方面又无脑吹捧古尔德的天赋。早在 1875 年,《纽约时报》就指出,地球上发生的事情就没有“我们不立刻确信一定是‘杰伊 · 古尔德’在背后操纵的,因为据说世上所有进行中的事情都是他在幕后主使。我们强烈怀疑他总有一天会被发现……他和严寒的冬天、冻住的水管,以及水管工过高的要价有什么关系。他肯定是在去年夏天和某个水管工私下合谋,然后古尔德就施法造成了现在的严寒天气,方便水管工们漫天要价。”[4]虽然福布斯觉得《纽约时报》的讽刺很有意思,但他还是坚持认为古尔德在大众心中的拜占庭式的阴谋家形象绝不是空穴来风。

福布斯从来不愿对古尔德做任何让步,但是除他之外的许多金融家都和古尔德保持着良好的关系,因为他们都喜欢实用的、有战略意义和有利可图的折中方案。1881 年,科利斯 · P. 亨廷顿进军得克萨斯市场,在那里把他南太平洋铁路的铁轨延伸到厄尔巴索,同时收购了一条路易斯安那小干线。这些动作对古尔德的凯蒂铁路和得克萨斯太平洋构成了很大的竞争压力。亨廷顿的铁路通车

---

〔1〕 John Murray Forbes to Fred Ames. 8 September 1880. Burlington Railroad Archives, Newberry Library, Chicago.

〔2〕 *New York Times*. 3 December 1879.

〔3〕 *New York Stockholder*. 20 August 1878.

〔4〕 *New York Times*. 19 February 1875.

后将给圣弗朗西斯科和新奥尔良之间货物运输(迄今为止由古尔德垄断,货物通过古尔德的铁路通向联合太平洋铁路再转到亨廷顿的中太平洋铁路)提供了另一个颇具吸引力的替代路线。而且亨廷顿最后势必会将铁路向北延展到达堪萨斯城或者圣路易斯。

当古尔德发现亨廷顿已经无意间在国会授权给得克萨斯—太平洋铁路(Texas & Pacific)的土地上修了一小段自己的新铁路时,两人的战役打响了。律师们在法庭上唇枪舌剑,古尔德的得克萨斯太平洋铁路的建筑工人们则疯狂赶工,向西沿着在建的南太平洋铁路方向修了一条新铁路,如果这条新铁路的走向不变,那么它最后会和南太平洋铁路平行排列。与此同时,精于算计的古尔德和亨廷顿开始重新考虑。在建铁路的沿线地区是绵延 90 英里的沙漠,商业很难在当地发展起来,所以只靠这片沙漠是无法支撑一条铁路运行的开支的,更别说两条了。在这种考虑下,古尔德和亨廷顿于 1881 年的感恩节在古尔德第五大道的家里坐下谈判。两人就着一小杯白兰地达成了协议。(古尔德没怎么喝酒,只是拿在手里看了看,又闻了闻。)

接下来的几周里,两人手下的施工队稍微改变了行进方向,互相向对方靠拢,直到有一天连接。在那之后,古尔德、亨廷顿和他们的受托人共同拥有这条麻烦多多的 90 英里铁路,同时也平分通过加利福尼亚运输的收益。与此同时,亨廷顿还收回了他要向北向东修建铁路与古尔德竞争的威胁。1881 年协议几乎执行了 46 年,协议签署 11 年后,此时古尔德已经撒手人寰,亨廷顿评价他说:“我知道有很多人不喜欢古尔德,但我还是得说,我发现古尔德总是严格遵守自己的承诺。”[1]事实上,最后违约的不是古尔德,反倒是亨廷顿,后者修了一条到新奥尔良的直通线,违反了他和古尔德的停战协议。

◇ ◇ ◇

古尔德买下林德赫斯特的那一年还同时涉足了美国无线电业务。时间倒回到 1877 年 8 月,在西联电报公司和太平洋—大西洋公司合并后,威廉·H. 范德比尔特粗暴生硬地拒绝了古尔德加入西联电报公司董事会。近两年之后,古尔德作为回应成立了美国联合公司(American Union)来抵消当年的屈辱并通过该

〔1〕 Maury Klein. *The Life and Legend of Jay Gould*. 490.

公司收购西联电报公司。[1] 托马斯·艾克特将军是西联电报公司的前任总经理，后被古尔德拉拢到大西洋—太平洋公司担任董事长，如今又坐上了美国联合公司董事长的位置。莫罗西尼则担任该公司的财务总监。曾和古尔德合谋过的巴尔的摩—俄亥俄铁路所有者约翰·W. 加勒特也加入了美国联合公司董事会。美国联合公司的初始资本为 1 000 万美元，然后通过古尔德组建的中央建筑公司(Central Construction Company)运作，美国联合公司的身价开始飞涨。古尔德在接受报纸采访时反复强调美国联合公司对民主政体的必要性，并且大谈特谈为什么美国电报业绝对不能被一家垄断。然而，大多数社论作者对他的言论持怀疑态度。《纽约先驱论坛报》说："电报业的垄断和其他任何行业的垄断一样，都不是好事，在这一点上我们同意古尔德先生的观点。但是我们非常怀疑自己就是大垄断家的古尔德先生是否真能像骑士一样拔剑和各种联合企业斗争呢。不管古尔德的最终计划是什么，这个计划的最大受益者都只会是古尔德自己而非普罗大众。古尔德扮演了很多角色，但他怎么也不可能是个爱国主义者。"[2]

古尔德对这些基于现行标准的批评泰然处之，一心只专注发展自己的新公司。他不仅自己在全国范围内铺设新电缆，还租下了加拿大多米明电报公司(Dominion Telegraph)的电缆，并且和联合太平洋公司以及堪萨斯太平洋公司(古尔德刚刚就其所有权问题与维拉德达成一致)达成一系列协议。然而，古尔德无法把西联电报公司与密苏里太平洋公司解绑——范德比尔特求助法庭保有特许经营权并维持密苏里铁路先前达成的交易条款。尽管如此，古尔德还是设法让西联电报公司失去了包括沃巴什在内的许多其他财产。经过 1 年的运营，美国联合公司已经建立了连接 2 000 多个电报室的 50 000 英里电缆。同年，西联电报公司的总营业额下降了 200 万美元。和以往的思路一样，古尔德一方面与西联电报公司激烈竞争，另一方面又联合其他投资者(包括塞奇和狄龙)大幅抛售西联电报公司股票，将这只从前的蓝筹股打入它闻所未闻的深渊。1880 年年底，西联电报公司的股票已经跌破 90 美元，为创建以来最低值。1881 年年初，当股票价格跌到 78 美元且古尔德手里掌握 90 200 股股票(价值超过 700 万

---

[1] The date of incorporation was 15 May 1879.
[2] *New York Herald*. 2 September 1879.

美元)时,威廉·H. 范德比尔特举手投降了。美国联合公司成立一年半后,西联电报公司已经损失了25%的价值,损失市值超过1 000万美元(至少账面上是这样。)

1881年2月15日,西联电报公司董事会批准了包含重组和整合细节的备忘录。美国联合公司和大西洋—太平洋公司(后者一直作为西联电报公司的子公司在运行)联合组成一个总公司。西联电报公司发行价值1 500万美元的股票来交换美国联合公司的股票,据观察员计算,这次交换价值至少是美国联合公司初始资本的两倍。西联电报公司还要另外发行价值840万美元的股票,以每股60美元的价格来代替大西洋—太平洋公司发行的股票,还要给合并前的股东们发放价值1 550万美元的红利(古尔德几乎是股东之首)。在该交易的消息泄露不久,西联电报公司的股价迅速上涨,突破116美元,美国联合公司的股价也超过了94美元。最终,这次重组后西联电报公司价值为8 000万美元。至于古尔德,他个人轻轻松松地靠手里合并前的股份赚了3 000万美元,同时还获得了该公司的掌控权。短短两年不到的时间里,杰伊创建了一个相当于现在苹果公司规模的企业,还用这个企业迫使相当于现代IBM的另一家公司与他合并。古尔德如今已经是美国工业中两大关键先进产业(交通和通信)的关键人物了。

“美国人民一觉醒来发现自己已经处于电报垄断的控制之下。”《纽约先驱论坛报》在1881年2月16日哀叹道。[1] 就连一直对古尔德持友好态度的《纽约先驱论坛报》也表达了担忧,认为西联电报公司重组这个步子跨得太大,很有可能会招来联邦政府的大肆报复。《纽约先驱论坛报》发文称西联电报公司对电报业的大范围完全垄断可能会演变成“政府对电报业的垄断,就像政府之前完全垄断邮政业一样”。[2] 在其他领域,比如纽约贸易协会(即纽约期货交易所)就发布声明反对这次合并;反垄断联盟则组织了一个抗议会;纽约州众议院则通过了一项草案防止合并成功。(古尔德在奥尔巴尼的老朋友汉密尔顿·哈里斯确保这项草案无法递交给参议院。)当一群西联电报公司的股东们打算通过起诉来阻止这次合并时,古尔德在面对这些股东的律师[臭名昭著的不可知论者罗伯特·G. 英格索尔(Robert G. Ingersoll)]的诘问时丝毫没有让步,关于合并的本质他说的都是实话,但他故意说得晦涩难懂、含糊其词,彻底将英格索尔给绕晕了。

---

〔1〕 *New York Herald*. 16 February 1881.

〔2〕 *New York Tribune*. 10 March 1881.

英格索尔后来说:“我不相信地球上还能有人比杰伊·古尔德更厚颜无耻。”[1]

古尔德、塞奇和迪龙加入了西联电报公司董事会。3 月的第一周,古尔德搬进了西联电报公司位于百老汇 159 号那座漂亮的新办公大楼的顶层办公室。这里会成为他余生在曼哈顿的主要办公地点。诺文·格林(Norvin Green)在奥顿 1878 年 4 月去世后取代了他的位置,并因为在古尔德收购战中担任威廉·H. 范德比尔特的首席运营官时的表现受到了古尔德的尊敬,因此成为西联电报公司董事长。至于艾克特,除了加入董事会以外,他还兼任西联电报公司的副董事长和总经理一职。同时,古尔德则负责总揽全局,并且开始(据某些人猜测)利用西联电报公司的电报网窃听对手铁路和经纪公司的信息,因为几乎所有公司现在都被迫只能使用西联电报公司的电报网发送机密信息。与此同时,古尔德的盟友,纽约司法部部长汉密尔顿·沃德(Hamilton Ward)则宣布他无权阻止这次合并。

最快感受到这次合并带来的影响的是跨大西洋电缆的运营商们。在此之前,美国联合公司、大西洋—太平洋公司以及西联电报公司分别与三个不同的大西洋电报公司签订协议,通过后者与欧洲连接。(第一批跨越大西洋的电缆于 1858 年和 1866 年在管理经验丰富的古尔德前伙伴塞勒斯·菲尔德的监督下完工。)与美国联合公司签协议的是法国电缆公司,大西洋—太平洋公司用的是直接电缆(Direct Cable),西联电报公司则是盎格鲁—美国电缆(Anglo-American Cable)。古尔德合并上位之后就立即解除了大西洋—太平洋公司和美国联合公司与电缆公司的合作关系。然后在 9 月的时候,古尔德自己的跨洋电缆实验——由受古尔德控制的美国电报—电缆公司(American Telegraph & Cable Company)搭建,古尔德振聋发聩地对媒体称美国商业绝不能再受外国电缆公司掣肘——起先失败了。但是这条电缆一直到 1882 年都能正常运转,让古尔德得以迫使其他三家公司同意联合起来,统一价格和收益分配。

◇ ◇ ◇

古尔德是在西联电报公司的办公室里第一次认识那个有思想、头脑聪明且训练有素的速记员的,古尔德任命他为自己的私人秘书,并对他悉心教导。1 年

---

[1] Richard O'Connor. *Gould's Millions*. 132.

之后，当19岁的埃德温·博克(Edwin Bok)——命中注定会在杂志和图书出版业长期地干一番大事业——向古尔德提交了自己的辞呈。古尔德提出给博克加薪，想要把他留在公司。博克回答说，虽然工资很重要，但是他更想在自己热爱的另一个行业干出个名堂来。“那你喜欢的是什么行业呢?”古尔德问道。“图书出版业。”年轻的博克这样回答道。很多年之后，博克在自己赢得普利策奖的回忆录《爱德华·博克的美国化》(*The Americanization of Edward Bok*)中写到了这段对话。“那你就大错特错了，”古尔德回答说，“书籍是一种奢侈品。老百姓都把大部分钱花在那些必需品上，花在生活中不可或缺的东西上。老百姓必须发电报，但不一定要读书。而且他们还可以在图书馆里读书。像你这样有前途的年轻人在为未来做决定时一定要选择一条正确的道路，而不是错误的方向。”尽管如此，博克仍然坚持辞职，古尔德只能祝他好运，甚至还给了他一大笔钱作为临别礼物。

7年后，命运让博克与古尔德重逢。1889年的一个午后，博克正在哈德逊河上帮忙驾驶快艇，古尔德的林德赫斯特的美景突然“唤起了船上女士们观赏古尔德著名温室里珍藏的兰花的欲望”。博克听到女士们的想法后，告诉她们自己曾与这位金融家有过一段渊源，自请去拜访古尔德得到他的准许进入温室参观。很快，这群人里的一个年轻小伙子(不是博克)划到岸边，带着一张给古尔德的便条，敲响了庄园的大门。很快就有消息传来，古尔德欢迎他们参观温室。杰伊亲自接待了这群人。然后，在把其余众人交给自己的首席园丁曼戈尔德接待后，古尔德把博克带到一旁和他单独说话。

在闲杂人等全部离开后，这位金融家说：“我在报纸上看到你似乎已经在出版业干出点名堂了。”当博克对于古尔德一直关注他的事业动向表示惊讶时，古尔德回答说：“我之所以持续关注你，是因为我总觉得你注定会成功，但不是在出版业成功。你生来就适合华尔街，你本可以在华尔街大有作为的，这也是我当初为你规划的道路。你在出版业也就只能走到如今这么远了，但是在华尔街，你可以想走多远就走多远。华尔街有你大显身手的空间，但出版业没有。你现在回心转意还不算晚。”[1]博克再次拒绝了古尔德的提议。他总是对自己在文学世界的职业生涯非常满意，但他也因为古尔德对自己的真心欣赏和看好而对他永

---

〔1〕 Edward Bok. *The Americanization of Edward Bok*. New York: Scribner's. 1921. 67—68.

远心怀感激。

另一个受过古尔德帮助的有前途的年轻人是未来的国会议员 W. 伯克・考南(W. Bourke Cockran)。1878 年,时年 24 岁的考南已经在曼哈顿有了自己的办公室,他们共同认识的人告诉古尔德考南既聪明又努力。他有一天接到通知要求他第二天早上去古尔德的办公室。第二天,这位爱尔兰移民就和那个身材瘦小、沉默寡言又一针见血的商界绅士面对面了。"年轻人,"古尔德说,"我希望由你来处理未来一年我生意上出现的任何官司,你愿意接受这笔预付金吗?"[1]在考南肯定地点头后,古尔德写了一张支票,等墨迹晾干后将支票对折,隔着桌子递给了考南。尽管考南很想知道自己刚刚拿了多少钱,但他面上仍然保持淡定,继续和古尔德谈了 1 个小时,给出一些法律习惯和执行法律的建议。直到考南离开办公室走到大街上,他才打开了支票,发现自己刚刚得到了 5 000 美元。在那之后,尽管古尔德在那一年的确需要处理很多法律事务(和以往那些年一样),他也从没找过考南一次。事实上那张支票并不是什么预付金,而是古尔德为积极主动的创业年轻人提供的一臂之力,帮助他们在事业上起步。只有这种年轻人,古尔德才最愿意和他们建立联系。

◇ ◇ ◇

继全美铁路网和西联电报公司之后,古尔德开始建立自己帝国的第三个也是最后一个支柱:纽约高架铁路。这三个事业都是前景光明的胚胎,人们认为它们组成了镀金时代的新经济。三者的历史都很短暂且困难重重,困难体现在效率低下、欺骗横行以及实现宏伟目标的失败这几个方面。

早期两次在曼哈顿建造高架铁路的尝试都因为 1873 年金融恐慌后的经济萧条碰壁了,只留下了没完工的铁路由个人私企经营:分别是纽约高架铁路公司和大都会高架铁路公司[前身是吉尔伯特]。纽约高架铁路管理着从西格林尼治村到第三十街第九大道的铁路,而大都会公司管理的范围包括从纽约金融区的教区到第六大道的路段,以及从第六大道到中央公园的路段。金融恐慌两年后,即 1875 年,纽约州立法机构成立了高速交通委员会(Rapid Transit Commission),授权其整合和改善这些现有铁路,并建造新的铁路,计划建造一个整体高

---

[1] James McGurrin. *Bourke Cockran: A Free Lance in Politics*. New York: Scribner's. 1948. 39—40.

架铁路网。经过研究,委员会授权纽约高架铁路公司将其中断的线路一直修到哈莱姆,向南延伸到南渡口,再到第三大道。委员会也同时授权大都会高架铁路公司在第六大道和第二大道路段修建一条与纽约高架铁路公司平行的铁路。为了监督施工,委员会还授权一个新成立的第三方公司(即曼哈顿高架铁路公司)修建纽约高架铁路公司或者大都会高架铁路公司在规定日期内没有完成的铁路。

纽约高架铁路公司的发起人[其中包括纽约州州长塞缪尔·J. 提尔登(Samuel Johnson Tilden)]——说服了古尔德的朋友塞勒斯·菲尔德在 1887 年 5 月买入纽约高架铁路公司的股份,之后菲尔德成为该公司的董事长。两年之内,纽约高架铁路公司名下的高架铁路里程会从 6 英里延长到 31 英里。大都会高架铁路公司——由古尔德的熟人们,包括加里森准将,加里森儿子威廉,乔治·M. 普尔曼(George M. Pullman),霍尔斯·波特(Horace Porter,和古尔德在黄金垄断中认识的)以及一名叫西班牙投资者荷西·德·纳瓦若(Jose de Narvarro)共同控制——与铁路计划经过地区的土地持有者发生了冲突。尽管如此,大都会高架铁路公司还是在 1878 年 6 月之前开始修建通往第六大道的铁路。

大都会高架铁路公司和纽约高架铁路公司的建设资金都来自纽约贷款和开发公司(New York Loan and Improvement Company)。该公司由两家公司的董事和主要投资人共同创办,运营方式让人莫名联想起之前的莫比利亚信用公司——两者都是通过和自己签合同来获得双倍盈利。(举个例子,大都会高架铁路公司的铁路造价为 970 万美元,但是收取的费用达到了 2 150 万美元。)之后,因为两家公司都根据曼哈顿高架铁路公司章程中设置的时点按部就班修建铁路,后者发现自己无事可做。

到了一定的时候,大都会高架铁路公司和纽约高架铁路公司高架铁路建设背后的巨额利润使有人开始觉得联合——虽然纽约州宪章严令禁止——可能是个好主意。当时(1878 年年底),曼哈顿高架铁路公司的出现正好成为绕开宪章限制的便利工具。两家高架铁路公司分别将自己的铁路以 999 年为期租赁给曼哈顿高架铁路公司,并为其提供 900 万美元的资金帮助其完成工程的最后阶段(该工程将于 1880 年完工)。作为回报,曼哈顿高架铁路公司要分别给两家公司提供自己价值 650 万美元的股票,同意支付每个公司未清偿的债券利息,保证每个公司得到股份10%的红利。这个怪异的条款意味着曼哈顿高架铁路公司是一家只有两项资产的持股企业:从两个公司租借来的铁路。该公司不持有自己“控制”的两家公司的任何证券,还欠了这两家公司一大笔钱。曼哈顿高架铁路公司名义上是垄断了纽约所有高架铁路,但是租约中内含的结构使其基本不可能从自己的股份中得到任何分红。

更麻烦的事还在后面。铁路修建完毕后,菲尔德和支持者们立刻开始蠢蠢欲动。事实很快证明纽约高架铁路公司比大都会高架铁路公司的盈利能力强得多。但是因为两家公司共享收益,所以菲尔德和他的伙伴们开始觉得大都会高架铁路公司在拖他们的后腿。在大都会高架铁路公司卖空自己手中所有曼哈顿高架铁路公司的股票后,两家公司之间的关系进一步恶化了。作为回应,菲尔德清算了自己名下曼哈顿高架铁路公司的13 000股股票,并从董事会辞职,在这之后提尔登也结束了自己在曼哈顿的投资以及在纽约高架铁路公司的长期投资。

与此同时,1881年春一项在奥尔巴尼提出的授权政府对高架铁路收费的草案差点通过。在这次威胁被消除后,曼哈顿的董事们还没来得及松一口气,法庭就判决高架铁路沿线地区的土地持有者有权就高速交通带来的诸如烟尘、恶臭、煤渣等其他副作用提起诉讼。此后不久,上诉法庭就宣布高架铁路应该像其他房地产一样被征税,这个决定成了压垮曼哈顿高架铁路公司的最后一根稻草。古尔德静观事态发展,从中察觉到了自己最喜欢的一类机遇正在出现:一个潜力无限的残破资产正等着他用低价将其收购。

4月底——此时距离古尔德收购斯科特的得克萨斯—太平洋铁路及其子公司《纽约世界报》刚刚过去了几个星期,《纽约世界报》开始刊出一系列报道批评曼哈顿的运营结构、管理方式以及资本状况:这些说辞都是为了打压该公司的股票价格。尽管曼哈顿的管理层抗议说报纸对自己及公司的描述并不客观公正,到了5月初时曼哈顿高架铁路公司——1880年的股价曾经高达57美元——的价格已经触底跌至21美元。(曼哈顿高架铁路公司的真实情况到底如何根本没人在意,《纽约世界报》对其的频繁斥责已经代表了古尔德对这个公司的兴趣——也许是长期兴趣,也许是短期兴趣,大多数人相信是后者,这已经足以将买者吓走从而影响股价了。)两周以后,纽约州司法部部长汉密尔顿·沃德向纽约最高法院寻求并获得其批准可以废除对曼哈顿高架铁路公司的授权。但是沃德并没有真的取消授权,因为古尔德之所以让沃德取得这个许可,只是为了打击曼哈顿投资者的信心,从而进一步压低股价。

此时,罗素·塞奇——华尔街上的人都已经知道他是古尔德的亲密盟友,并且常常参与古尔德的行动——自告奋勇以低价收购大量曼哈顿高架铁路公司股票,并公开表明自己将保证曼哈顿公司会在接下来的24个月里严格履行租约。与此同时,古尔德及其盟友继续私下悄悄收购更多的曼哈顿公司股票并同时大量抛售纽约高架铁路公司和大都会高架铁路公司。6月,市场上关于古尔德操作的流言开始传播,古尔德才不情不愿地停止了投机行为。“这些流言,”《纽约世界报》“华尔街小道传闻”专栏于6月15日发文称,“说古尔德先生和他的盟友对曼哈顿高架铁路公司和大都会高架铁路公司很有兴趣。他们之所以这样说,只是想给这些公司出售股票创造市场。”[1]《纽约世界报》对古尔德行为的否认只是让很多人更确信古尔德确实参与其中。古尔德本人并不在乎。人们对他行动和目标的疑惑刚好满足了他目前最紧迫的目的:让人们不断猜测,举棋不定。同时,其他各大报纸,包括《纽约时报》和《纽约先驱论坛报》这些完全不想帮助古尔德的日报,都在冷静分析曼哈顿公司财务状况时无意间帮助了古尔德。大多数人都同意曼哈顿的状况确实很糟糕:其一半业务没有盈利能力,新开征的基础设施税负担沉重,公司组织建设不健全(一个对名下财产无掌控权的控股公司)。《费城北美报》(*Philadelphia North American*)的财经专栏作者坚决断言曼哈顿高架铁路公司的股价很快会“和收废品的人收购废报纸的价格一样,不会再高了”。[2] 曼哈顿高架铁路公司必须要找出一个解决方法了——古尔德、塞奇,还有很快加入的塞勒斯·菲尔德则非常乐意提供这个方法。

7月初,司法部部长沃德向纽约州最高法院申请接管曼哈顿高架铁路公司。在奥尔巴尼的法官西奥多·R. 威斯布鲁克(Theodore R. Westbrook,古尔德前律师)不顾曼哈顿公司董事会的任何辩解,直接同意了这一申请。威斯布鲁克任命A. L. 霍普金斯(A. L. Hopkins)和约翰·F. 迪龙(John F. Dillon)为接管人。霍普金斯是古尔德名下沃巴什铁路的行政人员,约翰·F. 迪龙与西德尼·迪龙并无亲缘关系,曾是古尔德的众多律师之一。在霍普金斯和狄龙受命接管的同时,古尔德加入了大都会高架铁路公司董事会,继续以16～20美元的价格

---

〔1〕 *New York World*. 15 June 1881.

〔2〕 *Philadelphia North American*. 30 June 1881.

买入深受打击的曼哈顿高架铁路公司的股票,并且继续着手增强自身对纽约高架铁路公司董事会的影响力。

同时,古尔德、塞奇和菲尔德站在了统一战线。这一消息很快就在古尔德能够影响或者不能影响的各大报纸中传开,曼哈顿高架铁路公司是必须清理掉的腐败空壳。《纽约世界报》于 9 月 23 日发表社论称:"据可靠信息来源,本日下午纽约高架铁路公司和大都会高架铁路公司决定联合起来共同对抗曼哈顿高架铁路公司。如果他们成功了——我们看不到他们任何不成功的理由,曼哈顿公司就会被抹去,成为过去时。"[1]两家公司都起诉要求摆脱曼哈顿高架铁路公司的控制。接着在 9 月,继古尔德的常任法官(威斯布鲁克)批准了古尔德的常任接管人(霍普金斯及迪龙)发行证券来筹集资金支付曼哈顿公司的部分债务后——所有这些都得经过古尔德本人同意,古尔德在一次广泛发行的宣誓书中严厉斥责证券发行。"曼哈顿高架铁路公司,"他作为大都会高架铁路公司的董事发言时说,"根本毫无希望,完全没有偿付能力,通过接管人借钱的行为只是最绝望时的权宜之计,最多只能暂时缓和现状,并不能避免目前致命的窘境。"[2]

古尔德说话的时候,他针对曼哈顿公司的大幅抛售仍在继续。10 月 8 日这一天曼哈顿的过户账簿封账,30 天后将会召开年度董事会,古尔德已经持有曼哈顿高架铁路公司一共发行的 128 000 股中的 48 000 股。加上古尔德盟友手中的股票,古尔德在公司占据了主导地位。在一个月后的选举中,古尔德、西德尼·迪龙、塞奇和菲尔德都加入了董事会,古尔德担任董事长一职。(这并不符合菲尔德一开始的目的,他更想将纽约高架铁路公司和曼哈顿高架铁路公司解绑。古尔德为了安抚他不仅向他提供了董事会的席位,还许诺将来西联电报公司股价上涨时立刻给他一些好处。尽管如此,菲尔德在 12 月联合少数股东公开反对将曼哈顿高架铁路的运费从 5 美分涨到 10 美分,驳回了这个决定,也因此成功惹毛了古尔德。从长远来看,菲尔德和古尔德在曼哈顿高架铁路公司的合作不会得到什么好结果。)

曼哈顿高架铁路公司几周以前已经被古尔德断言会遭受"致命的窘境"判了死刑,它的前途似乎因为古尔德和其盟友的加入而突然变光明了。威斯布鲁克法官中断了曼哈顿高架铁路公司的破产接管程序,并驳回了纽约高架铁路公司

---

〔1〕 *New York World*. 23 September 1881.

〔2〕 Richard O'Connor. *Gould's Millions*. 141.

收回自己铁路的要求。[在未来几周,年轻众议员西奥多·罗斯福(Theodore Roosevelt)试图曝光古尔德的盟友们与威斯布鲁克和司法部部长沃德之间的关系,但是失败了。古尔德成功游说了纽约州议会司法委员会进行了一次正式问询,但很快就成了掩盖真相的工具。]在新董事会重组一周后,曼哈顿高架铁路公司的股价回弹到 55 美元。很快,杰伊就控制大都会高架铁路公司和纽约高架铁路公司的大部分位置。11 月底,曼哈顿高架铁路公司董事会授权发行了价值 2 600 万美元的新股票。其中,价值 1 100 万的股票到了曼哈顿高架铁路公司股东手中,780 万美元给了纽约高架铁路公司的股东,720 万美元给了大都会高架铁路公司的股东。接着,在给曼哈顿高架铁路公司股票注水快速获得现金以后,古尔德采取了几个关键措施来改善其未来的经营状况:他安排了一个法律折中方案来减轻两家公司的税务负担,之后和纽约高架铁路公司以及大都会高架铁路公司重新谈判修改了曼哈顿租约中的条款,这些修改后的条款都给曼哈顿高架铁路公司带来了深远的好处。

古尔德收购之后,《纽约时报》紧接着发表了一则揭露其行为的报道,标题为:

背叛公众信任

高架铁路的股票投机丑闻

古尔德集团如何获得现在的控制权

《纽约时报》忽略了自己对曼哈顿及其现状的准确批判,怒吼说古尔德掌控的“日报自命不凡,企图用自己的新闻影响市场”,被“用来打压曼哈顿高架铁路公司,藐视整个高架铁路行业的价值。”《纽约时报》继续说:“在股票交易历史上,任何篇章的内容都没有记录杰伊·古尔德、罗素·塞奇、塞勒斯·菲尔德及其盟友们控制纽约高架铁路系统的章节来得可耻……古尔德和他的同伙利用股票投机这一工具不择手段地威胁或逼迫财产所有者投降来获得他们的财产,我们对这种行为已经司空见惯。我们从没指望过古尔德那群人会在有机会把数百万美元装进自己荷包时还去关心其他人的权利和公众的利益……但令人震惊又可耻的是,他们竟然成功利用了司法部部长和州最高法院来达成他们的目的。”[1]

---

〔1〕 *New York Times*. 27 December 1881.

在这些喋喋不休的指责和批评之中，古尔德可以休息一下，观赏自己历久弥坚的伟大财富帝国中的三根支柱，即西部地区铁路、西联电报公司以及曼哈顿高架铁路公司一一落成。这个“金三角”将会在他余下的短暂11年中将他的权力和财富紧紧联系在一起。然而，那些久远的、阴暗的、永远无法遗忘的饥饿岁月留下来的印记仍然历久弥新。古尔德的坏名声现在再也没必要，也不可能被洗白了，这个名声将会如影随形地纠缠着他，其一根筋的执着程度只有死神可以比拟。

第二十七章　壮志已酬

整个 19 世纪 80 年代，古尔德都身心俱疲：一开始只是疲倦，后来就积劳成疾了。“我有时候想，”他在 1882 年初对一名《商业与金融纪事报》的记者说，“我是不是应该完全放弃生意。经营规模巨大的生意耗费了我太多心神，时常让我焦虑不已。而且做这一行你的动机常常会受到非难，人格也会受到攻击，这一点也让我很不舒服。”[1]另一名记者评价说古尔德看起来“有些忧心忡忡，似乎已经筋疲力尽了”。[2] 同年春，面对一些毫无根据的称他即将破产的谣言，古尔德将塞奇、菲尔德、弗兰克·沃克及其他相关利益方召集到自己的办公室。他让莫罗西尼在自己的办公桌上放了一大堆证券——其中包括密苏里太平洋铁路、西联电报公司、曼哈顿高架铁路以及其他小规模财产的股票。这一堆股票的总面值达到 5 300 万美元，其实际市场价值则远远超过这个数字。所有的债券都没有签名，这意味着他们从来没有被转让或者出借过。古尔德直截了当地说还要再拿出 300 万美元的债券，在场的人纷纷谢绝了。

一年以后，当古尔德把《纽约世界报》卖给约瑟夫·普利策(后者立即指挥《纽约世界报》把矛头对准了古尔德)时，他再次说起了让自己退休的想法。与此同时，古尔德还委托人给自己建了一艘巨大的蒸汽游艇，并计划在 1883 年 6 月

---

[1] *Commercial and Financial Chronicle*. 25 March 1882.

[2] *New York Tribune*. 7 May 1882.

下海。[古尔德是一个宿命论者,永远觉得自己应该加快脚步追赶时间。他把自己的新游艇命名为"阿塔兰特"(Atalanta),来源于希腊神话里那个行动迅捷,善于捕猎的女神的名字。]"我要开始尝试一些娱乐活动了,"当游艇在宾夕法尼亚州的干船坞中逐渐成形时,古尔德这样对记者说,"我年轻的时候没有这个机会,到了现在这个年纪我必须尝试一下了,如果我喜欢这种生活方式,我就会继续保持这种状态。"[1]

"阿塔兰特"长 233 英尺,于 1883 年 4 月 7 日从克莱姆造船厂下海。在这个庞然大物下水的时候,还不到 15 岁的小内莉在船尾开了一瓶香槟以示庆祝。25 日,古尔德找了一名经验丰富的老海员约翰 · W. 沙克富德(John W. Shackford)来检查船只装备,确保"阿塔兰特"能在海上乘风破浪。沙克富德后来成了一支 52 人的船队的船长。《纽约时报》在报道新船下海时评论说:"杰伊 · 古尔德先生坚称……自己会离开这个世界(也就是华尔街)不会再祸害任何一段铁路,操纵任何一个市场或是收购任何一家报纸……这个诡计多端的小个子男人有很多手段,这次忏悔游戏就是其中之一。"[2]不管是在《纽约时报》还是其他地方,都没人相信古尔德关于退休的坦白言论。"我已经持续工作很多年了,现在我想休息了,"古尔德这样对《奥马哈先驱报》(*Omaha Herald*)的乔治 · 米勒(George Miller)说,"我早就已经实现了自己的抱负,现在只想进入安静的退休生活,希望不久之后我能有这个机会。"[3]

古尔德还说自己想环游世界,部分是为了逃避媒体对他长期的含沙射影和无端臆测。然而他的事业使他无法成行,这样他反复提到即将离开的美好愿望就成了《纽约时报》和其他报纸的取笑对象。短期来看,"阿塔兰特"——虽然能够在世界任何海域航行——最远只去过新港、罗德港,以及弗吉尼亚海岸。古尔德按季节每天乘着自己的游艇往返于曼哈顿中城和林德赫斯特之间。古尔德还有一搭没一搭地参与了游艇俱乐部的活动。当他因为自己卑微的出身和坏名声被著名的纽约游艇俱乐部(New York Yacht Club)拒之门外后,古尔德干脆建立了自己的俱乐部。1887 年以前,古尔德创立的美国游艇俱乐部(American Yacht Club)一直在曼哈顿中城里的一家会所活动,之后古尔德和他的几个伙伴在纽约

---

[1] *New York Sun*. 3 October 1882.
[2] *New York Times*. 8 April 1883.
[3] *Omaha Herald*. 3 February 1884.

拉伊市长岛海峡的弥尔顿角海滨区买下了 12 英亩地皮,俱乐部直到今天还开在那里。

古尔德之所以考虑退休,是不是因为他相信退休生活可以让他实现期待已久的淡出人们视线的愿望?他与家人和朋友们的谈话似乎暗含着这个意思。但是退休对古尔德来说仍然遥不可及。1884 年初,古尔德公开支持共和党总统候选人詹姆斯·布莱恩,但这一行动由于之后支持布莱恩的财阀一次过于张扬的集会而适得其反。尽管古尔德再三强调自己很快会永远离开华尔街,也没几个人相信他。专家们指出,古尔德仍保持着和华盛顿康纳公司[这是一家由古尔德的老朋友沃什·康纳领导的经纪行,沃什曾经是老威廉—贝尔登公司(William Belden & Company)的一员,如今负责照管大部分古尔德的家族生意]的紧密联系;莫罗西尼也是另外一个特殊的合作伙伴;杰伊的长子也于 1833 年 1 月开始在公司工作。古尔德和康纳的协议原定在 1884 年年底到期,但正如记者们所提到的,古尔德后来和康纳续约了。事实上,无论古尔德结束了多少合作关系或打算结束多少合作关系,他也无法真的离开华尔街。他之前建立的帝国过于庞大,涉及的事务过于庞杂,使他无法从其中脱身。总是有地方需要他捍卫,总是有资金需要他筹集,总是有赌注需要他来下决定。这个帝国是古尔德自己给自己建的一座牢笼。他手中控制的那部分美国经济太过庞大、无法忽视,也无法交给其他人代理——尽管古尔德会尝试着交给其他人。在 1885 年乔治的 21 岁生日上,古尔德交给了他一份委托书,让这个初出茅庐的 21 岁年轻人保管自己所有私人保险箱和保险库的钥匙。2 年后埃德温从哥伦比亚大学退学管理家族生意,古尔德也交给了他同样的东西,但是这次有一个附加条件:乔治永远是老板。不久之后,古尔德的儿子们都相继进入古尔德名下不同公司的董事会。

◇ ◇ ◇

到 1881 年,古尔德——过去一直忙于进攻、打击、夺取以及操纵公司——如今已经进入了事业的平稳期,剩下的任务就是打好防御战。尽管他仍然时不时地找机会扩展自己的版图,尤其是扩展西南地区的铁路线,古尔德之后的主要精力还是像以前的范德比尔特一样花在防御那些新生力量对自己经营权的挑战上。古尔德最大的一次财务紧缩发生在 1884 年那场由于熊市引来的市场大萧条中。也是在这个时候,联合太平洋铁路公司的政府代表查尔斯·弗朗西斯·

亚当斯成功破坏了古尔德在该公司的统治地位并取代西德尼·迪龙成为公司总裁。现在亚伯兰·古尔德和迪龙、塞拉斯·克拉克一起离开了联合太平洋铁路公司,亚伯兰加入密苏里太平洋铁路公司担任采购部经理,并在这个职位上度过了余生。他同时也在古尔德几个西部铁路公司的董事会任职。克拉克最终也加入了密苏里太平洋铁路,迪龙则参与处理了许多不同业务,这些事务有些与古尔德有关,有些无关。

在1884年的市场停滞期,古尔德暂时失去了另外两条铁路的控制权:沃巴什铁路和得克萨斯—太平洋铁路。然而,不像资金紧缺、受规则束缚的联合太平洋铁路,这是古尔德急切运作、希望能把它们划入自己铁路网的两条铁路。且这两条铁路仍然是密苏里太平洋铁路的重要支线。与此同时,在电报业方面,古尔德正面对着一批潜在竞争对手,例如共同联合公司(Mutual Union)、银行家—商人公司(Bankers & Merchants)、美国高速公司(American Rapid),以及邮政公司。有些公司古尔德可以像拍蚊子一样轻易拍死,另外一些古尔德则采用了租赁或者收购的方式处理。但是慢慢地,古尔德的统治地位受到了越来越多的挑战。即使是在纽约,在高架铁路每天都在自己的眼皮底下运行的情况下,古尔德仍然需要时时防备。

1886年年中,塞勒斯·菲尔德和他的儿子爱德华在没有向古尔德知会一声的情况下,购入了大量曼哈顿高架铁路公司的股票,明显是想抢夺该公司的控制权,这引起了古尔德的注意。到了10月,菲尔德大量买入的行为使曼哈顿高架铁路公司的股价涨到了175美元。尽管涨幅可观,菲尔德却并未考虑到被逗乐的古尔德是否已经设下了圈套,菲尔德和儿子继续大量购买股票,直到1887年6月古尔德将自己的几万股股票潮水一般地投向市场,导致股价急剧跌到125美元。菲尔德的债权人要求他追加保证金,这迫使他卖掉了自己的大部分库存,这使得曼哈顿高架铁路公司的股票市场愈加低迷,这又使得更多债权人要求追加更多保证金。最后,古尔德以120美元每股的价格买下了菲尔德手中大约75 000股股票,而菲尔德买进这些股票的平均价格为120美元。

在这之后,有些人指责古尔德是在故意恶毒地摧毁塞勒斯·菲尔德,其他人则认为菲尔德的行为根本就是在自寻死路。爱丽丝·诺斯罗普回忆起那天她在林德赫斯特看到的菲尔德来祈求古尔德帮助的景象。菲尔德看起来“身体很虚弱……像是一个濒临淹死的人拼命抓住岸边的一根绳子……又卑微又绝望”。

爱丽丝的母亲后来告诉她："菲尔德先生的破产会导致好几家证券交易所和一家国民银行的倒闭，涉及华尔街的巨大损失，可能会导致金融恐慌，你舅舅就是因为知道这一点才决定帮助菲尔德。别人都认为菲尔德是被你舅舅害了，可你舅舅还得息事宁人救出菲尔德，这对他来说是一种巨大的屈辱，也让他很失望。"[1]

当然，古尔德在这次事件中的角色绝对没有这个崇拜他的姐姐以为的那么仁慈。古尔德绝不会允许愚蠢的菲尔德掌控曼哈顿高架铁路，也不能让华尔街的人以为他是那种放任别人公然挑战他，还不对这个愚蠢又鲁莽的挑战者施以惩罚的人。不过，古尔德对老开创者和公司元老仍然保持一如既往的忠诚。在这件事结束后，菲尔德自己对媒体说古尔德"在整个交易过程中都非常直截了当"，而且"最友好的感情"仍然存在于他和古尔德之间。[2] 就连《纽约时报》都力挺古尔德处理这一次事件的方式。"事实就是，"《纽约时报》评论道，"菲尔德先生这次对曼哈顿高架铁路公司的投机行为太过火了，他的失败几乎是不可避免的。即使菲尔德的同伴们已经在抗议，菲尔德先生仍然一意孤行，直到最后意料之中的毁灭来临。而古尔德先生，虽然是他戳破的这个泡沫，但他行事非常小心……这样菲尔德先生才得以留下点东西。如果他当初真的走向了毁灭，那他现在就会身无分文。"[3]

除了要防备潜在的公司内部的掠夺者以外，古尔德发现自己还要对抗有组织的劳工。在由电报者兄弟会(Brotherhood of Telegrapher)针对西联电报公司发起的历时一个月的罢工行动后，古尔德最终在 1883 年取得胜利。在后来面对美国参议院劳动和教育委员会陈述证词时(这次听证并非仅仅针对古尔德，而是与全国劳资关系有关，古尔德作为专家证人出席)，古尔德声称劳工群体中"最穷"的那一批人通常都处于所有罢工行为的最底端。"你们之中最出色的工人根本不关心自己每天工作了多少小时，他们只在乎怎么升职加薪，怎么创立自己的事业。"[4]《克利夫兰领导者》(*Cleveland Leader*)的弗兰克・卡朋特(Cleveland Carpenter)在评价古尔德陈述证词时的行为举止时这样描述："这位身材矮小的

---

[1] Alice Northrop Snow and Henry Nicholas Snow. *The Story of Helen Gould*.
[2] *New York Times*. 9 July 1887.
[3] Ibid. 8 July 1887.
[4] *New York Sun*. 18 August 1883.

百万富翁面带倦容地坐着，回答着向他提出的问题。他回答问题的语调像女性一样轻柔，完全不带一点炫耀或者强势的成分。他的几个保镖坐在他附近，他的律师们则坐在背后以便在必要的时候向他提供建议。但是古尔德都是自己回答问题，在朗读对铁路罢工者的谴责书时脸上看不见一丝惧意。”[1]

这是杰伊生命中第三次，也是最后一次在国会作证。第一次是接受加菲尔德领导的委员会对“黑色星期五”事件的调查。几年后他再次被传讯到国会对他在涉及政府重大金融权益的联合太平洋铁路公司的管理作证。但是在1883年，在面对参议院劳工和教育委员会的参议员们因同情他要对抗工会而变得非常友好的问询时，古尔德讲述了自己早年的经历——他在卡茨基尔的艰苦开端——本书前面章节已经有所引用。古尔德早年经历中内含的一个信息是，如果一个人想要有所成就，他需要的不是工会，而是不断努力和雄心壮志。讽刺的是，那些在过去一提到古尔德与华尔街银行家和经纪商的交易时就斥责他是个不道德的罪犯的无数专家和立法者们这一次选择和古尔德站在同一条战线，一起对抗有组织的劳工行动。至少在这一次的对抗中，古尔德的精英同胞们将他看作一个正直的军人，努力抗争以捍卫他们都非常珍惜的东西：资本。

西联电报公司混乱发生两年之后，即1885年，由于铁路兄弟会和劳工骑士(Knights of Labor)继续在密苏里铁路公司就经济萧条引起的减薪进行罢工抗议，古尔德的生意进展并不顺利。1885年的罢工行动导致密苏里铁路业务停滞，在密苏里和堪萨斯州州长坚持仲裁后，该公司被迫撤回减薪决定。1年以后，古尔德——仍然在为密苏里铁路蒙受的损失耿耿于怀——在面对得克萨斯—太平洋铁路9 000名员工的罢工示威时拒绝在之前裁员的决定上做任何让步。“我仍然是一个自由的美国公民，请允许我说这句话，”古尔德在写给劳工骑士的领头人特伦斯·鲍德利(Terence Powderly)的信中这样说，“我已经年过49岁了。我出身寒门，一路靠着自己的勤奋自制以及对自己事业的高度专注才走到了今天，可能我的成就已经超出了我分内应该得到的。如果真的如你所说，我必须放下自己的男子气概，不然就会被劳工骑士摧毁，那就让他摧毁吧。”[2]由于对他名下的铁路被蓄意破坏，古尔德中止了铁路运输。与此同时，古尔德的公关团队巧妙地把公众因为出行不便造成的不满转移到了劳工骑士身上。到了年

[1] Francis Carpenter, ed. *Carp's Washington*. New York: McGraw Hill. 1960. 72.
[2] Richard O'Connor. *Gould's Millions*. 195.

底，罢工者们——迫于生计无奈就范——最终屈服了。之后，古尔德再也没在自家铁路上遇到过罢工事件，尽管他因为这件事遭到了美国工人阶级的广泛仇视。

和洛克菲勒、卡耐基和其他艰苦卓绝甚至有时通过暴力手段击退激进的工会运动的巨头一样，古尔德也是一个针对许多有价值的事业提供频繁而实际帮助的慈善家，他支持的方式总是直接、精确并且高效的。古尔德的很多捐助对象都涉及古尔德的私人关系。他除了对自家亲戚非常慷慨以外，还把离林德赫斯特不远的一间小屋送给了自己童年时期的牧师以供他颐养天年。同样，从1884年起，他也经常给自己在罗克斯伯里的老朋友赖斯·布顿管理的五点教堂捐钱。古尔德善行的动人一面迄今仍为许多传记作家所忽略。好几次他都为在579号和林德赫斯特工作的人提供奖学金，在这方面，古尔德照顾年纪更轻的雇员，他会用一种新颖的方法筛选出奖学金候选人。在接到邀请之后，这些在空闲时间频繁出入古尔德私人书房阅读学习的雇员依次和自己的雇主谈话，并获得雇主的资助得以继续学业。因此，不止一个曾经在古尔德家里擦地板、照料花园或驾车的人最后都成为老师、律师或是会计。这就出现了一个定式：所有古尔德遇见的毛遂自荐的候选人，古尔德都愿意为他们喝彩并提供自己的帮助。

古尔德捐赠的范围非常广，受惠人远远不止他的佣人、家人和朋友。在1879年孟菲斯黄热病爆发时，古尔德给该市霍华德协会(Howard Association)的代理负责人发电报说："我已经电汇给您5 000美元以帮助霍华德协会展开活动。我相信全国各地大方的人们都会慷慨解囊，来帮助您的城市渡过难关。请您一定要不计代价继续这项伟大的工作，直到我让您停下来，我会支付这期间所有的费用。你们的日常开销是多少？直接告诉我就好。"[1]在得知霍华德协会的每日开销是1 000美元后，古尔德便一直按照这个数目捐助，直到危机结束。还有一次在参观乔治·华盛顿总统在维农山的老宅时，古尔德查看了地图，询问宅子的负责人为什么华盛顿宅子西北部那块凸起的地皮不是宅子的一部分。当听说这座房子和地皮的主人[维农山妇女协会(Mount Vernon Ladies Association)]很想要这块小山坡但是受宪法限制不能直接购买附近的土地时，古尔德立刻主动买下这块地皮并转手捐给了妇女协会，唯一的要求是：不要公布他的名字。

---

〔1〕 "Memphis Under Quarantine Rule." *Frank Leslie's Illustrated Paper*. 20 September 1879.

在古尔德职业生涯的前期，他之所以倾向在捐赠时匿名，是因为他想保持自己的坏名声以持续影响市场。后来，当他真的被囚禁在自己建造的神话中再也无法脱身时，匿名捐赠就因为其他原因而变得更有必要了。事实上，当少数几次媒体捕捉到古尔德捐赠的风声，他通常会因为发现自己的善心善行被媒体嘲讽奚落而倍感屈辱。19 世纪 90 年代初，古尔德听说欧文顿的两座教堂之间的空地将会建一座酒馆，教堂的庄严性将大受威胁。尽管教堂并未向古尔德求助，他还是自己主动买下了这块空地。《纽约时报》听到这件事时，便在头条刊登出这样一则标题："古尔德良心稍安。"[1]差不多也是这个时候，古尔德刚刚捐出了 25 000 美元资助纽约城市大学在布朗克斯购买新校区，这一行为又一次受到了媒体的非难。古尔德对爱丽丝·诺斯罗普说："我觉得我真是受够了，我再也不做慈善了……做慈善给我带来的似乎只有麻烦，无穷无尽的麻烦。我说的每一句话都会被曲解，我做的每一件事都是在有意误导他人。我倒不担心他们对我这个人有什么误解，但是这些言论也同时伤害到了我的家人。"[2]事实上古尔德还是在继续做慈善，只是一如既往地匿名捐赠。

◇ ◇ ◇

1884 年，莫罗西尼的女儿维多利亚和家里刚刚被解雇的马车夫私奔了，这一消息震惊了纽约社交界。不久之后，惊恐的艾丽对爱丽丝·诺斯罗普详细地说，如果古尔德家或者诺斯罗普家的女儿们和一个仆人结婚了，情况会变得有多糟。然后艾丽的儿子乔治就做出了一件比维多利亚更出格的事。维多利亚私奔出走仅仅几周后，乔治就宣布他已经与一名漂亮的女演员伊迪斯·金顿(Edith Kingdon)订婚 2 年了，后者出身于布鲁克林的寒门。据爱丽丝所说，艾丽觉得乔治娶一个下等阶层的女人"令人非常反感，简直是一个糟透了的毁灭性打击。她不太注重家族和社会阶层的差别，只是无法自制而已，这些陈旧的传统观念已经深深地植根在她的大脑中"。[3] 当艾丽激烈反对这一对差异悬殊的年轻人结合时，她肯定满脑子想的都是那个拜金的曼斯菲尔德，但是艾丽的反对被自己的丈夫礼貌而坚决地阻止了。古尔德自己就出身寒门，因此并没有因为出身背景

[1] *New York Times*. 8 July 1890.
[2] Alice Northrop Snow and Henry Nicholas Snow. *The Story of Helen Gould*. 204—205.
[3] Ibid. 354.

而反对某个人的习惯。“她走上舞台去维持自己的生计，同时还供养自己的母亲，”杰伊在乔治 1886 年 9 月 14 日婚礼的后一天对《纽约时报》的记者说，“在这一点上我很认可她，我为她感到自豪。”[1]

婚礼在林德赫斯特低调举行，为的就是不让艾丽在大型的奢华婚礼上感到尴尬。伊迪斯的母亲代表新娘家出席婚礼，乔治的父母兄妹以及家里的仆人们则代表男方出席婚礼。古尔德的一名女管家玛格丽特·特里(Margarter Terry)不久后向诺斯罗普描述了这场婚礼的情景。“你的舅舅让所有人都来到大厅参加婚礼，这让我们都很吃惊，”她回忆道，“你舅舅简洁地宣布，‘乔治就要结婚了’。我到大厅的时候乔治和伊迪斯已经在那里了，你的舅舅舅母和其他兄弟姐妹也在。乔特(Choate)牧师(欧文顿长老会的牧师)主持了这场仪式。他们叫我签下自己的名字以作见证。你的舅母本来就不看好这一对，她站在那里，似乎世界正在走向灭亡。我自己对于乔治竟然找了个演员做妻子感到很遗憾……但是我也确实为伊迪斯感到惋惜。她整场仪式都表现得很好，但是仪式结束后她把头靠在乔治肩上瘫倒了。乔治用胳膊环抱着她，你的舅舅走上去亲吻了伊迪斯一下为她祝福，然后他就站在了乔治旁边。仪式结束后来了两辆马车，一辆载着乔治和伊迪斯，另一辆载着乔特先生和其他人开走了。就是这样。”[2]

这对新婚夫妇搬进了乔治的父母给他提供的一幢大房子里，房子就在 579 号的正后方。一年后，即 1887 年 8 月，伊迪斯给古尔德和艾丽生下了他们的第一个孙子：小男孩金顿(Kington)。然而，那个时候全家人都感觉到艾丽·古尔德的身体状况大不如前。艾丽那时不到 50 岁，却长期精神倦怠、身体虚弱，经常发烧，变得越来越瘦。她的病因还没有完全确诊，但是古尔德在 10 月决定他和艾丽以及 4 个年纪更小的孩子们要彻底出去放松一次。一场欧洲之旅即将成行——终于如他一直放言的那样成行了。

8 月 25 日，“阿塔兰特”启程驶往马赛，古尔德一家几周后会在那里上船。4 天后，古尔德和他的家人们——包括艾丽、内莉、霍华德、安娜、弗兰克以及艾丽的一个姐妹在内——登上了翁布里亚号(Umbria)，开始了他们跨越太平洋的旅行。一名《纽约时报》的记者提到，古尔德即将出发时“和他平常没什么两样，

---

[1] *New York Times*. 15 September 1886.

[2] Alice Northrop Snow and Henry Nicholas Snow. *The Story of Helen Gould*. 354.

穿着有些破旧的衣服"。[1] 人们看见古尔德在甲板上和来送行的人聊着天,其中有塞奇、迪龙、J. P. 摩根,古尔德还委托前两位好好辅佐乔治和埃德温,这两个儿子会在古尔德不在的时候代为管理公司事务。之后,一脸笑容、满怀轻松的古尔德走下过道和聚集在那儿的记者们握手,这使他们大吃一惊。"你们这些小伙子们没了我,该去报道什么呢?"古尔德开玩笑地说。当记者问道古尔德是否随行带了医生,古尔德回答说他只需要带个普通记者在身边就够了。当《纽约先驱论坛报》的一名记者问古尔德对华尔街现状的看法时,古尔德耸耸肩回答说:"有人说只要古尔德不在华尔街就能蒸蒸日上,如他所愿,再见了各位。"[2]然后古尔德就回到了船上。

在古尔德一行为期 5 个月的异国旅行中,他们游览了巴黎和伦敦,然后登上"阿塔兰特"启程把地中海的港口都转了一圈,去了尼斯、圣雷莫、佛罗伦萨、那不勒斯、罗马、西西里和希腊。然后阿塔兰特又在直布罗陀和斯坎里岛稍做停留,之后便又去了西印度洋和佛罗里达,在那里待到曼哈顿 1888 年 3 月的暴风雪过去,之后便返回了曼哈顿。尽管艾丽在温暖的气候中得以放松,但是她的身体状况并未好转,就连古尔德在回来之后看起来似乎更疲惫了,比以前显得更形销骨立、油尽灯枯。虽然还不确定,但可能是在 1888 年春天——旅行结束后不久——古尔德的医生约翰·P. 穆恩(John P. Munn)告诉古尔德他患上了肺结核。(古尔德的父亲和他这边的很多亲戚都死于肺结核。)1888 年 5 月,鉴于自己和妻子的身体状况,52 岁的古尔德让伍德公墓的所有人加快动作,尽快完成他几年前委托他们建造的精美陵墓。

古尔德的诊断(相当于判了死刑)使他开始了职业生涯最复杂的一次伪装。穆恩医生发誓会保守秘密,古尔德坚持不让本身就已经很脆弱的妻子知道实情,也对自己的孩子们保守秘密,最重要的是华尔街的人也不能听到一点风声。从那年春天开始,穆恩开始全职照顾古尔德,几乎不再接待其他病人。每次古尔德出行,穆恩医生都跟着他,唯恐古尔德不在纽约时突发疾病而不得不去找某个守不住秘密的医生。在接下来的 4 年半里,古尔德费尽九牛二虎之力隐藏自己的症状,同时还要承担巨大的工作量。(因为古尔德知道自己必须尽快将自己的事

---

[1] *New York Times*. 30 October 1887.
[2] *New York Herald*. 30 October 1887.

业打理清楚并留给后辈，所以这些工作就变得更复杂、更关键了。）

同年 5 月，古尔德乘坐新买的装潢精美的私人火车前往西部考察，这座豪华的移动宫殿和古尔德的游艇一样以希腊女神阿塔兰特的名字命名。[1] 5 月底，古尔德在堪萨斯城附近病倒了，即使古尔德极力避免，他生病的消息还是上了报纸头条。当记者们询问古尔德的办公室时，办公室把古尔德的病情定义为他肺炎的老毛病又复发了，医生建议古尔德多去山区呼吸一下新鲜空气。因此“阿塔兰特”转道去了科罗拉多州的普韦布洛，那里的人们看到古尔德坐在一辆敞篷马车里四处游玩。几天以后，一名记者在卡龙德莱特的一个火车站撞见了古尔德。在记者看来，当时的古尔德看起来身体虚弱、精神倦怠，脚步摇摆不稳。他“再没有以前那种挺直身子，桀骜不驯的神气了”。当记者走过去询问古尔德的身体状况时，古尔德柔和，甚至带点歉意地解释说：“我们刚刚结束了一场劳累的旅行。”[2]两天之后，古尔德在孟菲斯稍做停留去视察一条新买下的铁路，但是他在 6 月 16 日就回了纽约——他发现纽约人人都在讨论他的病情。媒体都在公开讨论古尔德是否会很快去世，古尔德只得派塞奇去平息舆论。塞奇严厉地警告记者，称古尔德“身体恢复后会立刻给华尔街上这些造谣的人点颜色看看”。[3]

整个初夏，古尔德都和自己的家人和花卉隐居在林德赫斯特。7 月中旬，古尔德在林德赫斯特安排了一次采访以平息恐慌。《费城时报》(*Philadelphia Times*)的一名记者对当时的情景这样描述：杰伊从他著名的温室走出来，手里还捧着两大盆刚长出来的玫瑰花。古尔德戴了一顶草帽，穿着法兰绒套装和一双拖鞋。他看起来很瘦，脸色有些苍白，但是精神不错。“他们把我从这个本来毫无希望的病里拯救了出来，”古尔德笑着说，“其实这病也没有那么糟糕，我的生活可比这病要惨多了。”他复述着事先准备好的关于肺炎和长期失眠的病史，还补充说他发现自己这几天很幸运地两次摆脱了生意。他的儿子们，尤其是他的长子乔治已经在塞奇先生和迪龙先生的帮助下证明了自己有能力做一名出色的金融助理。古尔德现在觉得自己“从前是个园丁，最后也会做一个园丁，几乎一直都是个园丁”。古尔德希望能在这个夏季余下的时光里暂时卸下生意的担

〔1〕 杰伊·古尔德的私人火车“阿塔兰特”如今在得克萨斯州杰斐逊展出。
〔2〕 *New York Times*. 11 June 1888.
〔3〕 *New York Tribune*. 24 July 1888.

子,静静等着自己第二个孙子在 8 月降生。“负责任地说,我并没有完全把自己的思绪从生意中解放出来——一个人不可能把自己的脑子留在办公室,只带一个躯壳回家,但是我正在分散自己的注意力。”[1]

两周以后,杰伊和艾丽,几个孩子,爱丽丝·诺斯罗普以及穆恩医生一起到萨拉托加旅行。古尔德一行人在萨拉托加搬进了美国饭店的两大栋别墅。(莫罗西尼,他的妻子以及他最小的女儿吉莉亚在古尔德一家安顿下来几天后也在该酒店住下。)虽然古尔德拒绝在这个著名的温泉胜地泡温泉,但他还是在这里得到了放松。这位百万富翁在酒店市场的公共场合打盹,在大型公共食堂就餐,每晚和莫罗西尼一起外出散步。当马戏团来到镇上的时候,古尔德巧妙地调整自己椅子的位置,以获得观看表演的绝佳视野。酒店客人中古尔德的熟人们——其中包括弗兰克·沃克和亨利·克卢斯——告诉记者,虽然古尔德在说到与金融无关的话题时很健谈,但是他一直回避谈到自己的老本行。(该酒店的经理同时证实说古尔德拒绝了酒店在他的别墅里装一条私人电缆的提议。)“如果真有人不关心股票和证券市场的波动的话,”在场的一名《纽约时报》的记者指出,“那么古尔德一定是在冒充这个人。”[2]比起记者们,爱丽丝与古尔德更亲近,因此也就看到了一些他们观察不到的现象:他的舅舅“去任何地方之前都必须先卧床休息一会”。[3] 穆恩医生永远待在古尔德左右。与此同时,艾丽的身体也在逐渐衰弱,在度假的时候还轻度中风。

结束在萨拉托加的旅行之后,艾丽返回了林德赫斯特。杰伊却坚持要和内莉、爱丽丝、霍华德、安娜和弗兰克一起顺道游览罗克斯伯里。杰伊去年已经和艾丽回来过一次,在那之前他还曾在 1880 年独自回来给自己父母和姐姐们立碑。现在他则希望能让约翰·伯尔·古尔德的孙辈们看看自己的家乡。杰伊和自己的孩子们在城里待了几天,然后不再坐“阿塔兰特”号火车而是将其停在了罗克斯伯里火车站附近的阿尔斯特—特拉华侧线。从那里开始杰伊——没有带保镖,因为古尔德在罗克斯伯里不会遇到危险——就带着年轻人们步行游览这个村庄。古尔德带孩子们参观了古尔德家以前在市区住的老房子,把那家锡器店指给他们看,还给他们介绍汉密尔顿·博汗斯和“表妹”玛利亚·博汗斯·劳

[1] *New York World*. 17 July 1888.
[2] *New York Times*. 3 August 1888.
[3] Alice Northrop Snow and Henry Nicholas Snow. *The Story of Helen Gould*.

伦这些“大人物”的事迹。之后杰伊还雇了一辆马车带孩子们去黄色礼拜堂附近的墓地悼唁。他们一群人还去了古尔德家以前的老牧场，参观了杰伊和约翰·伯勒斯很久以前曾经摔过跤的学校，爬上了乌萨亚安塔山。另一天，杰伊满怀童心地花时间去阿克维尔的弗洛湖钓鲑鱼，这片湖距离罗克斯伯里不远，景色非常优美。（乔治后来买下了这片湖区，计划给父亲建一座供他享受的山间小屋。）“我从没见过父亲这么高兴，”内莉在写给母亲的信中这样写道，“（他）像换了一个人似的，过去的记忆和老朋友们让他整个人都鲜活了起来。”[1]就在古尔德参观自己的出生地时，恰巧有消息传来说他的第二个孙子出生了：这个孩子将被取名为杰伊·古尔德二世。[乔治和伊迪斯在古尔德还在世的时候还生下了两个女儿，分别取名为马乔里（Marjorie）和薇薇安（Vivien）。]

在杰伊的无数老朋友中，他最想见到的就是彼得·范·安博格。后者在一个雨夜故意拉低帽檐盖住眼睛悄悄登上了“阿塔兰特”号，然而杰伊还是一眼就认出了他。“别费劲伪装了，”古尔德大笑道，“我太熟悉你了。”[2]第二天，古尔德和孩子们去参观了安博格的农场，他们在农场共进晚餐，一起吃了自制的面包、黄油以及蜂蜜。在大快朵颐之后，杰伊和古尔德高高兴兴地在农场里散了一个小时的步，追忆旧时光和老朋友们。然后，当古尔德登上回程的马车时，他邀请彼得随时去林德赫斯特做客。之前古尔德就跟彼得夸耀过自己赢过不少奖的好牛。现在，古尔德引诱彼得说，如果彼得去林德赫斯特做客，他可以在林德赫斯特牧场上任意挑一头牲畜带走。

一向节俭的彼得对这个提议动心了。一个月之后，彼得穿着自己做礼拜时最好的衣服叩响了林德赫斯特的大门。古尔德和彼得一起待了一个早上，古尔德亲自带着他参观庄园和自己的温室。然后，由于古尔德在曼哈顿有些生意要处理，他就把彼得交给了曼戈尔德招待，还吩咐曼戈尔德带彼得去看林德赫斯特的“牧场上养的牲畜”。当古尔德晚上回到林德赫斯特时，他发现范·安博格正在朝他微笑，曼戈尔德则站在他身边。“挑走了我们最珍贵的泽西，”这位管家抱怨说，“这么多头牲畜里偏偏就挑中了最好的那一头。”根据古尔德的外甥女回忆，古尔德自己亲自见证了这次牲畜移交，全程笑得上气不接下气。“彼得，”稍微缓过劲之后，古尔德说，“我一直就说你是个聪明人，现在我觉得曼戈尔德先生

---

〔1〕 Helen [Nellie] Gould to Helen [Ellie] Gould. 2 September 1888. HGS.

〔2〕 Alice Northrop Snow and Henry Nicholas Snow. *The Story of Helen Gould*.

也要同意我的判断了。这头牛归你了。我会把它的纯种系谱证明寄给你,运牛的费用也由我出。"[1]范·安博格当晚剩下的大部分时间都是和失眠的古尔德一起度过的,他们一起说着那些早就逝去的旧日时光,都认为老朋友才是最好的朋友。

刚才提到的事情发生在 10 月。11 月 6 日,艾丽再次中风了,这次中风导致她全身瘫痪,只能说出一个词:是。医生说艾丽已经没有治愈的希望了。古尔德一家人于是从林德赫斯特搬回了 579 号以便对艾丽进行临终看护。穆恩医生一开始预测说艾丽活不过一个星期,但是艾丽在鬼门关徘徊了两个月,身体非常虚弱,几乎和死人没什么两样了。古尔德日夜陪在艾丽床边,只有在自己的身体确实需要休息,或者其他地方的生意需要他出面的时候(这种情况时有发生)才会离开。

◇ ◇ ◇

此时,古尔德工作的当务之急和全国其他铁路所有者一样:控制因 1887 年《州际商业法案》(Interstate Commerce Act)引起的恶性价格竞争。该法案打破了铁路公司之前协调竞争、支持价格、保证盈利的联营体,这引来了一系列激烈的恶性价格战,伤害了每一家大型铁路公司的利益。正如查尔斯·弗朗西斯·亚当斯在自己日记中总结的那样,"我们(铁路公司)需要法律和秩序。我们就像是苏格兰高地的一个宗族,平时每一家都有自己的法度,每一家都想兼并其他家,每一家都互相猜忌,但是如果出现了强迫我们低头的外部强权,我们就会立刻联合起来……换句话说,我们现在需要一个铁路界的俾斯麦"。

12 月 11 日,全美的主要银行家、铁路所有者以及投资者们集中在 J. P. 摩根位于麦迪逊大道上的住所里开始了一场为期两天的会议来解决眼下的问题。在这场会议中,古尔德、亚当斯、布朗兄弟公司的约翰·克罗斯比·布朗(John Crosby Brown)、基德皮博迪公司的乔治·麦根(George Magoun)以及其他商界显要们共同起草了一份文件,文件中各铁路公司同意在价格上进行合作,一致支持全美统一定价。尽管古尔德对此协议持怀疑态度,他最终还是在文件上签下了自己的名字。亚当斯也一样,虽然他批评说这份协议没有执行力,只是在用

[1] Ibid. 165—166.

“用一根绳子”妄图将各铁路公司都捆绑在一起。经过进一步的深思熟虑后，休会之后的第二天一早亚当斯就和自己无法战胜的对手古尔德漫步在麦迪逊大道上，亚当斯后来形容当时的古尔德看起来“极度疲惫、虚弱”。当亚当斯对古尔德表明了自己对协议的不满时，古尔德有气无力地表示了赞同。然而当亚当斯建议让州际商业委员会以监督者的身份参与这份协议来让这个协议真正有效时，古尔德突然恢复了活力。“没错!”古尔德突然充满激情地说，“我们应该现在就联系州际商业委员会，邀请他们过来加入我们，一起合作制定这个计划。”古尔德知道，这样不仅可以迫使大家联合起来，还可以杜绝联盟中出现互相勾结、协议定价乃至垄断的现象。他答应会在第二天的会上提出这个建议。

亚当斯那时候知不知道筋疲力尽的杰伊满头满脑牵挂的都是他那垂死的妻子呢？我们不得而知，或许他没有意识到吧。公众并不知道艾丽的病情，杰伊也不是那种会主动透露自己私事的人。总之，当第二天早上古尔德一反常态地迟到了并且失去了他惯有的力量和专注力时，亚当斯对这种反常现象无动于衷。亚当斯回忆说，古尔德“提出了(让州际商业委员会加入的)建议，但是说的时候语气很弱、模糊不清，因此也就没给别人留下什么大印象”。之后亚当斯再次就这个提议奋力游说大家，最后大部分人都同意了这个做法。会议最后他们决定保持原价格不变两个月，圣诞节之后再聚在摩根的家里敲定最后方案。但是第二轮会议(于1月8日至10日召开)并没有取得什么进展。而在亚当斯看来，此时的古尔德——这是他临终看护自己妻子的最后一周——“精疲力竭、瘦弱、精神紧张，眼里有挥不去的疲惫”。[1]

当伯灵顿的查尔斯·E. 铂金斯发牢骚说如果有州际商业委员会的人在他就不参加会议的时候，古尔德已经无话可说了。在这场劳神费力的会议接近尾声的时候，人们终于同意建立一个州际商业铁路协会(Interstate Commercial Railway Association, ICRA)——加入该协会的各公司总裁们会定期聚到一起，仲裁冲突，保持价格。但是这个协会从一开始就注定失败。没到几个月，亚当斯自己就开始抵制该协会，说该协会印证了他最担心会发生的事情——协议得不到执行就等于没有协议，亚当斯最终违背了协议精神，在1889年年底代表联合太平洋铁路和西北部铁路结成同盟，有效地将两条铁路合二为一，实现了铁路联

〔1〕 Charles Francis Adams. “Memorabilia 1888－1893.” 23 December 1888, 13 January 1889, 24 February 1889. Charles Francis Adams Papers, Massachusetts Historical Society.

运。与此同时,古尔德的密苏里太平洋铁路受到了来自罗克岛铁路低廉价格的冲击。1890 年 1 月,即州际商业铁路协会成立仅 1 年后,古尔德对克拉克说:"我们还有必要去出席协会在芝加哥的会议吗,要不我们直接给协会尸体送束花以示哀悼吧。"[1]

1889 年 1 月摩根家最后的会议结束两天后,艾丽陷入了昏迷。1 月 13 日,艾丽在陷入昏迷一天后去世了。"死亡来临的时候,"《纽约世界报》一反常态地带着同情的口吻说,"古尔德就站在床边握着自己妻子的手。艾丽并没有恢复意识,在平静的昏迷中安详地离开了。在艾丽患病的整个过程中,古尔德不是陪伴在侧就是随传随到,除非确实有极其重要的事情需要他离开。"[2]葬礼结束后的几个月里,是生来就有处女情结的内莉独挑家里的大梁,她成了家里的女主人和家务事的总管人,对自己的弟弟妹妹们具有极大的权威。至于杰伊,他花了好几个星期才从悲伤中稍微缓和,阴郁地回去工作。

2 月的时候发生了一个小危机:杰伊的重要合作伙伴 A. L. 霍普金斯突然辞职了。霍普金斯在杰伊 12 年前控制沃巴什铁路的时候加入,从那以后就成了继塞奇以后古尔德的又一得力心腹。《纽约世界报》评论称,"古尔德先生官方给出的合理解释……大意是霍普金斯之所以要退休,是因为他想休息了。这个理由实在可笑。消息灵通的人们近两年已经搞清楚了年轻的古尔德先生的行事方式……乔治和他父亲当年一样雄心勃勃,相信自己可以管理所有不同种类的大企业……而且认为自己不需要任何有能力且值得信任的助手的帮助也可以进行所有投机活动……大家都知道,古尔德先生为了取悦自己的儿子牺牲了 J. P. 莫罗西尼。莫罗西尼很敏锐地感觉到了这一点,但是他什么反对的话都没说。"[3]《纽约世界报》对莫罗西尼的离开有些过分解读了。古尔德在 1886 年年底就解除了和莫罗西尼以及康纳的特殊伙伴关系,乔治在此之前就已经离开了公司。尽管如此,华盛顿康纳公司仍然与古尔德家族有大量生意往来,甚至在西联电报公司大楼还设有办公室。同样,莫罗西尼和霍普金斯也继续在古尔德手下好几个公司的董事会任职。但很清楚的是,因为所剩时日不多,古尔德正在清理自己的门户,加紧培养乔治以及埃德温(后者地位次之)成为自己商业帝国

[1] Maury Klein. *The Life and Legend of Jay Gould*. 440.
[2] *New York World*. 14 January 1889.
[3] Ibid. 10 and 11 February 1889.

的领导者。

与此同时,在市场环境低迷和全美客货运价格战持续进行的背景下,古尔德一心一意地专注于削减密苏里太平洋铁路以及相关线路的日常开销。古尔德就这个问题给克拉克写了很多信(他们把这种信称为“蓝色杰伊”,因为杰伊用来手写的私人信纸抬头是蓝色的),信中详细描述了应该如何裁员、降薪,以及怎么在棉花带、沃巴什铁路以及所有其他看起来有油水可捞的产业上经济节约地盈利。无数漫漫长夜里古尔德都在辛勤工作,钻研工资单和其他关键数据,任何微观管理行为都逃不过这双长期失眠、谨慎认真的眼睛。除了克拉克以外,古尔德也根据实际情况对其他管理人员或赏或罚。当杰伊的外甥里德·诺斯罗普——最近刚成为密苏里太平洋铁路子公司美国冷冻运输公司(American Refrigerator Transit)总裁——在没有咨询克拉克的情况下擅自在圣路易斯做了轻微改组之后,写着古尔德谴责之词的“蓝色杰伊”立刻飞到了他面前。这个年轻人必须在克拉克的指导下管理公司,“我希望你能和他多多协商,把他的指导当作法律去执行”。[1]

◇ ◇ ◇

随着时间的推移,古尔德逐渐减少了需要消耗大量体力的活动,但是他的思维却比以往任何时候都更活跃。一般的旁观者根本看不透这个身体虚弱、时常心慌气短的人日夜工作所付出的艰苦卓绝的努力。同样,也没几个人能想到这个瘦弱的金融巨头脑子里正在下一盘更大的棋,他突如其来的下一步棋声势更加浩大。

1890 年夏,股市大跌,联合太平洋铁路因为大笔流动债务陷入困境,在亚当斯的领导下已经显出破产的征兆了。1890 年秋,银行收回票据,引发了 1884 年 5 月以来华尔街最严重的一次恐慌。在这种背景下,古尔德于 11 月暂时重回市场,为的就是拯救——或者按一些人的说法,没收——6 年前他输给亚当斯的铁路。一开始,没几个怀疑古尔德是操纵击垮联合太平洋铁路的大幅抛售的幕后推手。同样,早些时候也没人想到古尔德可能就是一个坊间闲聊的信息来源——这个闲聊内容被无数金融专家重复提起:“铁路圈子里的人普遍觉得联合

[1] Maury Klein. *The Life and Legend of Jay Gould*. 432.

太平洋铁路的领导者是一群哈佛毕业生,他们各个头脑聪明,但实战经验不足。"[1]不久之后,另一个没有根据的传言又出现并广为流传:古尔德神秘的病情奇迹般地痊愈了。以前的那个古尔德又回来了,他再一次站在了游戏的顶端,可以"随心所欲地制定或废除西部铁路价格,随意操纵股票市场"。[2] 11 月 10 日(星期一)发生了一次规模空前的股票抛售行为,所有铁路公司的股价都大幅下跌,联合太平洋铁路公司的股价下跌尤为严重。"有件事是显而易见的,"亚当斯对银行家 R. S. 格兰特(R. S. Grant)说,"那就是古尔德牵头做这所有事情,为的就是铆足了劲把我从这个位置上拉下去。"[3]

这个时候,上帝可能是听了阿塔兰特的劝告,也站在了古尔德这一边。15 日,伦敦传来消息说英国巴林兄弟银行倒闭了。这一消息让笼罩华尔街的恐怖气氛又多维持了几日,短期内压低了所有股票价值,然而亚当斯面对的问题显然更严重:他最近正靠巴林银行的贷款来补救联合太平洋铁路公司干涸的现金流。紧接着,古尔德在 17 日清晨突然宣布自己要入主联合太平洋铁路公司。古尔德的行事方式一如既往:从侧翼包抄,大量买进,拿下控制权,同时哄抬股价。

埃姆斯和摩根在当天下午与古尔德短暂见了一面。明白古尔德的大致计划后,埃姆斯给亚当斯写信称古尔德的志向在于利用联合太平洋铁路公司实行"关于铁路合并的一个巨大但模糊的计划,目的是解决眼下的问题,杜绝恶性竞争,让人人富裕,并一次性消除混乱,重回秩序"。[4] 简单来说,古尔德就是想成为亚当斯过去想象中的铁路界的俾斯麦。20 日,亚当斯来到古尔德的办公室向他投降。亚当斯承诺会在下周三正式交接。到了那天,古尔德、塞奇、公平人寿保险的亨利·B. 海德(Henry B. Hyde)以及银行家亚历山大·E. 奥尔(Alexander E. Orr)被选为董事,迪龙则重回董事长席位。在由助理代为宣读事先准备好的声明中,古尔德承诺会尽一切努力支持这条资金紧缺的铁路。当一名《纽约世界报》的记者问古尔德为什么会重回联合太平洋铁路公司时,古尔德微喘着轻声说:"没什么奇怪的,也没有什么神秘的原因,我从太平洋铁路公司成立之初就

---

[1] *New York Herald*. 7 November 1890.
[2] *New York Herald*. 9 November 1890.
[3] Charles Francis Adams to R. S. Grant. 13 November 1890. UP.
[4] Charles Francis Adams. "Memorabilia 1888—1893." 23 November 1890. CFA.

对她很熟悉，我现在只是找回了我的初恋而已。”[1]

◇ ◇ ◇

这是古尔德人生中最后的一个高潮。从 1890 年末到 1891 年，古尔德的身体状况一直在恶化。1891 年的冬天大部分时候他都待在西部，然后整个夏天他都蛰居在林德赫斯特。在 1891 年 10 月联合太平洋铁路公司的年度会议上，古尔德病倒了。站着回答朋友塞奇提出的批评时，他只说了两三句话，思路就突然中断了，只能坐下来，用手掩住脸。“他整个人都在因为兴奋颤抖。”[2]肺结核后期常常会出现短期的紊乱和兴奋症状，但是《纽约世界报》和其他报纸却说古尔德的问题不在于器官：“问题的根本在于他的神经太过紧张，濒临崩溃，神经紧张还导致他的胃也出了问题。”[3]联合太平洋铁路公司的一名管理人员告诉亚当斯古尔德是怎么“因为高强度工作拖垮身体的”。[4] 古尔德的会议和采访都经过精心安排，他的下属会代替他发大部分言，每一场会议时长都很短。有时他的情况会好一些。

圣诞节前三周，有消息说塞奇差点被谋杀了，古尔德大为震惊。一个叫亨利·诺克洛斯(Henry Norcross)的疯子走进塞奇在西联电报公司大楼的办公室，要求塞奇给他 150 万美元。在塞奇让他滚之后，这个疯子拉响了藏在手提箱里的炸弹。炸弹炸死了这个疯子和塞奇的一个出纳员，却没怎么伤到塞奇，他毫发无损地从一堆废墟之中站了起来。乔治·古尔德当时就坐在隔壁曼哈顿高架铁路公司的办公室里，他听到了爆炸声，头顶的石灰还扑簌簌地落了他一身，楼下的康纳和莫罗西尼也有相似的经历。乔治很快就把爆炸的消息传给了自己父亲，后者立刻走去第五大道塞奇的家里，在那里安慰塞奇的妻子，陪她一直等到塞奇平安回家。塞奇回忆说，古尔德当时不听任何人劝告，执意要留在他房间看着医生给他处理包扎那些小伤口。“那时我觉得非常奇怪，面前的这个人个子瘦小，身体比谁都虚弱，却还是为我做了那么多，还这么坚持。”[5]

---

〔1〕 *New York World*. 27 November 1890.
〔2〕 *New York Times*. 2 October 1891.
〔3〕 *New York World*. 3 October 1891.
〔4〕 Charles Francis Adams. Memorabilia 1888—1893. 13 November 1891. CFA.
〔5〕 *New York World*. 5 December 1891.

1892年2月，古尔德的肺结核又狠狠发作了一次。21日（星期日）的时候他还觉得自己状况很好，在街对面的温莎酒店待了半个小时，和经常出现在那里的经纪商和记者们聊了会儿天。闲聊时古尔德不经意提到自己几天内会去南方一趟。星期二的时候，古尔德同意了内莉请他主持教会扩展社区的会议并给该组织捐助10 000美元的要求。后来，因为一周将尽，古尔德仍然没有出发，华尔街开始流传一些谣言。谣言说古尔德在教堂会议之后立即就病倒了。据不愿意透露姓名的人士（可能是古尔德家里的一个仆人）向《纽约世界报》记者透露，星期二晚上的时候古尔德先生的情况本来已经有所好转，结果到了星期五晚上他又开始咳血。“古尔德先生咳嗽得很凶，他的手帕都浸满了血。”[1]

穆恩医生坚称古尔德只是得了重感冒。同时，古尔德的“阿塔兰特”号成功提速，古尔德在旁人的帮助下坐上她，去往干燥的埃尔帕索。内莉和安娜与古尔德同行，霍华德此时正在哥伦比亚大学读书，不久后也会追上他们。到达西部之后，古尔德的胃口立刻好了起来，也不怎么咳嗽了。5月的时候埃尔帕索的气温已经高得让人难受，古尔德便又转去了普韦布洛附近的山区修养。当坐着“阿塔兰特”号从乡间铁路呼啸而过时，古尔德在报纸上看到了很多老朋友的讣告。莱斯·布顿去年9月就去世了，古尔德如今又看到了约翰·夏普（John Sharp）主教（摩门教首领，和联合太平洋铁路公司保持了多年密切联系）和纽约商人爱德华·贾弗雷（Edward Jaffray）的讣告。6月9日，患病的迪龙——刚升任为联合太平洋铁路公司董事长就要让位给继任者克拉克了——在伍德劳恩长眠了，从迪龙的陵墓望出去还能看到古尔德的墓地和莫罗西尼将来的陵墓。不久之后，塞勒斯·菲尔德也在7月永远阖上了双眼。

古尔德在仲夏时节回到了纽约，他在林德赫斯特待了几周，其间只有家人和亲密的顾问可以见到他。古尔德于9月回到579号，有人好几次看到他深夜借着灯光在屋前走来走去，身边有一个瞌睡的管家陪着。他时不时地会停下咳嗽一阵子，把带着血丝的痰咳在手帕里。每当温莎酒店的服务员走过去向他问好时，古尔德总是会笑着和他们握手，只是仍然一言不发。然后古尔德会走回屋子，屋里实在没有什么东西可以用来打发漫漫长夜，古尔德有时会和内莉打伯齐克牌，也很享受内莉给他读他最爱的作家的作品的时光——他最喜欢的作家包

[1] *New York World*. 27 February 1892.

括狄更斯、萨克雷,以及他的老朋友约翰·伯勒斯。

10 月 11 日,杰伊参加了他在密苏里太平洋铁路董事会的最后一场会议。两周以后,他笑容满面地参加了埃德温和萨拉·坎廷·施雷迪(Sarah Cantine Shrady,一位著名医生的继女)的婚礼。那年感恩节,爱丽丝去 579 号待了几天,那时她发现自己的舅舅已经被折磨得只剩一个空壳了。有一天爱丽丝坐着陪古尔德说话,古尔德靠在椅子上,突然忧郁地对爱丽丝坦白说:"爱丽丝,我不怕死,但是我的孩子们还小,我一想到要离开他们就心里难受。"这番突如其来的肺腑之言让爱丽丝很震惊。两天之后的晚上,爱丽丝正在和内莉聊天,杰伊步履缓慢,摇摇晃晃地走进来,"重重地坐"在他最喜欢的扶手椅上,头往后仰靠在椅背上,他的脸色看起来非常疲惫。他白天和穆恩医生坐马车出去了一趟。"杰伊舅舅,"爱丽丝说,"你看起来好累!""是啊,"古尔德有气无力地小声说,"我确实很累,我在麦迪逊广场停了一小会儿看赛马,有很多好马,很值得一看——但是我好像感冒了。"[1]

当天晚些时候,古尔德咳了好几个小时的血,之后穆恩医生宣布说古尔德已经时日不多了。众人仍然保守着这个秘密。杰伊在床上整整躺了一个星期,之后消息传到了华尔街,12 月 1 日(星期四)的早报报道了古尔德的病情。那一整天记者们都聚集在 579 号门外寒冷的大街上,看着古尔德的孩子和挚友进进出出。在街对面的温莎酒店,古尔德的熟人们——投机者、经纪商和蹩脚的记者们——估算着古尔德咽下最后一口气将会对华尔街带来什么影响,还互相打赌。与此同时,古尔德的家人正在和古尔德告别。古尔德在 12 月 2 日(星期五)凌晨两点最后一次恢复了意识,他对穆恩耳语说自己想和家里的人好好道别。之后他依次和自己的孩子们简短说了几句话,也和家里的佣人们都道了别,然后他合上了眼睛再次陷入昏迷,于早上 9:15 去世。逗留在第五大道等消息的记者们在看到玛格丽特·特里在门上用黑纱打了个结就立刻散开了。几小时后,穆恩公开证实了古尔德的死亡,此时媒体终于得以了解了常年折磨古尔德疾病的细节。

全世界的社论作者都在诅咒这个死去的人。《伦敦标准报》(*London Standard*)"夸赞"古尔德"摧毁产业,使人倾家荡产"。[2]《伦敦新闻报》(*London*

---

〔1〕 Alice Northrop Snow and Henry Nicholas Snow. *The Story of Helen Gould*. 193.
〔2〕 *London Standard*. 3 December 1892.

News)形容古尔德“只不过是个没有人性的赚钱机器”。[1]《纽约时报》提醒读者们说古尔德的所有财富都来自他“半道截取他人所得,让这些钱偏离原来航道,自动转到自己荷包”的天赋。[2]《纽约先驱论坛报》则更加坦白,称古尔德去世消息传来后,华尔街“很多人都在暗自高兴”。[3] 几乎所有报纸都异口同声地发表虚假报道称古尔德临终卧榻旁装了一个股票行情自动收录机。还有毫无根据的流言说当古尔德咽下最后一口气的时候,那个收录机突然响了起来,刚好和这位百万富翁的逝世形成了诡异的对比。即使离开了人世,古尔德还是逃不过大众对他“邪恶”灵魂的无端揣测。

---

〔1〕 *London News*. 3 December 1892.
〔2〕 *New York Times*. 3 December 1892.
〔3〕 *New York Herald*. 5 December 1892.

后记　杰伊·古尔德之后的古尔德家族

杰伊·古尔德的遗嘱很复杂，在一些方面的设计很巧妙。这份遗嘱见证了古尔德家族的衰亡，或者说它至少见证了古尔德一直希望自己死后古尔德家族能世代传承、殷实富足、富有凝聚力的梦想破灭了。

杰伊去世后，其遗产的评估价值达到 7 200 万美元，其中包括价值 200 万美元的房地产。(事实上，这个数字只是为了避税做出的保守估计，其实际价值为 1.25 亿美元。)根据遗嘱的条款，每个孩子得到遗产的六分之一，但他们还需尽一些义务。用这些遗产成立信托基金，孩子们终身都能得到剩余收入。至于信托基金的核心资本，古尔德要求 6 个年长子女共同作为托管人管理运作基金，至于 2 个最小的孩子安娜和弗兰克，他们长到 21 岁就能成为有完全投票权的合伙人。为了保护安娜和内莉不被觊觎财产的人伤害，古尔德明确规定 2 个女儿结婚之后其投票权也不能转让给其丈夫。如果托管人之间出现分歧，则一切以乔治的意见为准。最后，任何一个未婚的继承人必须得到大部分托管人的支持才能结婚，否则他(她)将失去一半遗产。

除此之外，杰伊还进行了几个特殊遗赠。在安娜和弗兰克成年之前，由乔治和内莉担任他们的监护人，且年轻的子女都要和内莉住在一起。顾及实际情况，杰伊赠予内莉 579 号和林德赫斯特的终身使用权，并额外每个月给她 6 000 美元，直到最小的弗兰克长到 21 岁。此外，为了弥补乔治长子的地位和肩上日益增长的责任,杰伊多给了乔治 500 万美元。其他特别的遗赠包括奖励给古尔德第二个孙子杰伊·古尔德二世的 50 万美元,仅仅因为这个孙子继承了爷爷的名字。

同时,古尔德的姐妹和亚伯兰都各获得了 25 000 美元,外加每年领到 2 000 美元。(萨拉很快就去世了,亚伯兰于 1899 年去世,那时他还是密苏里太平洋铁路的采购代理人。[1] 他去世时 56 岁,和自己的哥哥一样大。安娜·霍夫现在已经和自己的丈夫从纽约退休,贝蒂·帕伦则住在日耳曼敦。她们两个寿命更长些,安娜活到了 90 岁。)杰伊把学校、房子和卡姆登的地(杰伊早就用自己的名字买下供萨拉使用)送给了萨拉·诺斯罗普。同时,杰伊还把 579 号的那套房子赠给了埃德温,乔治和伊迪丝曾经想把这房子占为己有,但是埃德温和萨拉最近都住在里面。

遗产一分钱都没有外流,一分钱都没有用来做慈善。杰伊的孩子们可以任意拿自己得到的遗产去拯救世界,但杰伊唯一的愿望似乎就是安全地把自己的财产送给自己最爱的人。

信托基金每六分之一的财产都要完整地传给继承人们的后代。换句话说,杰伊儿子或女儿的孩子、孙子、曾孙子都会从这六分之一的遗产中获益,得到信托基金的剩余收入,不管家族其中一支有多少后代。这个规定的唯一例外是如果家族其中一脉没有后代了,那么核心资产就会被平分为 5 份,随着时间的推移再平分为 4 份,依此类推,幸存的一脉所分到的财产也就随之增多了。

如果乔治能担当起维持现有核心资产并持续扩张的大任,如果杰伊的后代们都能拿出维持其运转的一点能力。那么这些条款都会运行得天衣无缝,非常完美。但乔治的愚蠢和懒惰使得他终身无所作为。乔治不愿在打理生意上下功夫,如非必要也不愿在办公室多待一秒,只想在自己位于新泽西莱克伍德的“乔治宫殿”醉生梦死。[2] 从第五大道上的豪宅到他在卡茨基尔弗洛湖上建的弗洛别墅,乔治和伊迪丝尽情享乐,极尽奢靡。乔治宫殿的舞会还发明了一种新型象棋游戏:棋盘有整个赌场房间那么大,真人扮演的棋子身着华服在身价百万的玩家指示下机械地在棋盘上移动。

---

〔1〕 亚拉兰死于其姐夫弗雷德里克·凯格勒(Fredrick Kegler)在纽约塞勒姆的住所。如今葬在塞勒姆长青公墓(Evergreen Cemetery)其妻子索菲亚的旁边。

〔2〕 该地产现在是佐治亚法学院的校园。

乔治私下里嗜酒如命，放纵无度，虚荣浮夸，而在他为数不多的工作时间里他也总是三心二意又自命不凡。后来，他自不量力地和精明能干又不知疲倦的W. H. 哈里曼(W. H. Harriman)对峙，想要成为美国州际铁路体系的最终缔造者。最后乔治于1911年认输，这次落败不仅导致他不得不将密苏里铁路的董事长一位拱手相让，还损失了古尔德信托基金的好几百万美元。两年后，乔治压制住除顺从的内莉之外的其他亲人，放弃了从杰伊·古尔德时代就扮演奠基石角色的两大财产：西联电报公司与曼哈顿高架铁路公司，使得古尔德信托基金再受重创。

到了1919年，安娜和弗兰克对信托基金核心部分的缩水情况已经非常警觉，起诉控告乔治管理不当。他们要求撤掉乔治首席托管人的职务，将他从信托接管人中除名，还要求乔治个人向弗兰克和安娜支付2 500万美元，以补偿他们两人在乔治当家期间蒙受的损失。这场官司打了8年，等到1927年官司打完的时候，乔治已经去世了，光是这场官司的律师费就花了270万美元。在乔治管理期间，信托基金的价值缩水到5 200万美元，最近因为股市行情见涨又回弹到6 650万美元(但还是比杰伊死时留下的实际价值为1.25亿美元的遗产要少多了)。最终，法庭判决将遗产分成6个单独的部分(每部分的基础价值只有1 100万美元多一点)，由4个不同的信托公司打理。(一个信托公司管理乔治和内莉后代的财产，一个负责埃德温的财产，一个负责霍华德的财产，还有一个打理弗兰克和安娜的财产。)这些公司彼此独立，负责投资本金，并向符合条件的子孙支付收益。

乔治和伊迪丝·金顿·古尔德一共生了7个孩子，但是到了1913年伊迪丝逐渐变胖，失去了之前的好身材。乔治的眼睛开始在曼哈顿各大剧院的妙龄女歌剧演员身上流连忘返。他最后和一个20多岁的爱尔兰女演员桂妮薇儿·辛克莱尔(Guinevere Sinclair)走到了一起。虽然桂妮薇儿只是在音乐剧《电影上的女孩》(The Girl on the Film)里扮演不起眼的角色“快乐女孩”，但她本人的家世其实非常显赫。她的祖父爱德华·辛克莱尔(Edward Sinclair)是都柏林圣三一学院院长。乔治给桂妮薇儿在曼哈顿第七十四街买了一栋大房子，还给她在拉伊的美国游艇俱乐部附近买了个更大的都铎式别墅，以方便自己在那里乘坐阿塔兰特号出游。他们的儿子乔治·辛克莱尔(George Sinclair)于1915年4月15日出生，紧随其后在1917年又有了个女儿简，第二个女儿桂妮薇儿则在1992年初出生。乔治并不避讳谈起他的这段婚外情或是他的私生子们。伊迪丝对乔治的婚外情一清二楚,乔治已经成年的嫡生长子经常阴暗地诅咒"乔治的私生子们"。

随着时间的推移,伊迪丝·古尔德开始减肥,其认真程度令人动容。她疯狂的减肥手段包括按摩、蒸汽浴以及每天和丈夫在"乔治宫殿"打九洞高尔夫球。1921 年 11 月一个温暖的早晨,伊迪丝和乔治一场球打到中途时,她突发心脏病,倒地猝死。后来发现伊迪丝在高尔夫球服下还穿了一件令人窒息的橡胶紧身衣,因为这能让她看起来瘦一点。伊迪丝死后 6 个月,乔治和桂妮薇儿在"乔治宫殿"结为夫妻,之后他们就搬去了苏格兰艾尔金郡一座租来的城堡里。然而在 1923 年冬天,他们结婚还没满 1 年时乔治就在法国蒙通度假时患肺炎去世,享年 59 岁。

由于乔治·古尔德对古尔德家族的资产管理不当,再加上他生前肆意挥霍的行为,他死后给伊迪丝每个孩子留下的财产税后不满 100 万美元,除此之外每人还享有古尔德家族严重缩水的信托基金中乔治六分之一份额的七分之一。他们每个人后来也依次有了自己的子女。未来,几乎乔治所有的后代不是自己工作维持生计,就是靠婚姻养活自己。同时,"乔治的私生子们"一共只得到了 100 万美元。(原本他们想要更多,还想拿到乔治在家族信托基金中剩余的那一份,不过由于伊迪丝的三个子女对乔治遗嘱中承认三个辛克莱尔家孩子的合法性提出了质疑,这个计划就没有成功。)

乔治死后不到一年,桂妮薇儿就嫁给了邓斯福德子爵乔治·圣约翰·布罗德里克(George St. Johns Broderick),后者是子爵九世兼米德乐顿伯爵一世的儿子。婚礼之后,桂妮薇儿买下了肯特郡阿什福德附近的一个名叫伊斯特威尔公园的大宅子。乔治、简和小桂妮薇儿依次被子爵收养,并改了自己的名字。桂妮薇儿在结束和自己 87 岁丈夫 50 年的婚姻一年后去世(1976 年)。(这位子爵十世兼米德尔顿伯爵二世立刻娶了个更年轻的老婆。)辛克莱尔家最后一位去世的"私生子"是乔治,他一生中大部分时候用的名字都是乔治·布罗德里克(George Brodrick)。乔治于 2003 年去世,享年 88 岁,在他漫长而杰出的一生中,他读过伊顿公学,从剑桥大学毕业,做过军人、农民,是一名绅士。他的三个孩子都从未见过自己数量庞大的古尔德堂兄弟姐妹。[1]

◇ ◇ ◇

埃德温·古尔德在工作和生活上都比他的哥哥更出色。世纪之交时埃德温曾经在乔治控制的不同公司担任多个职位。后来，他厌倦了在无能的乔治领导下工作，就自己出来单干。通过利用大部分年剩余收入精准投资，他很快在家族基金之外积累了可观的私人财产。和父亲一样，埃德温的婚姻也很幸福。埃德温的两个儿子[小埃德温和弗兰克·米勒·古尔德(Frank Miller Gould)]和自己的父亲一样热爱大自然，热爱户外运动。埃德温和自己的两个儿子很早就加入了哈德逊奥思宁夏特穆克独木舟俱乐部。后来埃德温还在 1913 年买下了两架飞机并学会了驾驶飞机。埃德温家有两个住处，一个是哈德逊河上阿兹利的"阿格瓦姆"，一个是位于佐治亚哲基尔岛上的"琦丘塔"(Chichota)，埃德温经常和自己的两个儿子在这两个住所附近的村庄打猎钓鱼。

27 岁的小埃德温在 1917 年死于一次反常的狩猎事故。他由此成为古尔德家族中和杰伊与艾丽一起葬在伍德劳恩的巨大陵墓的第一个后代。在小埃德温去世后，埃德温和妻子萨拉几乎再没回过哲基尔岛上的这所房子。这所房子最初于 1897 年围绕一个巨大的游泳池建成，后来埃德温于 1990 年买下这所房子，并加修了一个码头和一个船屋。1904～1907 年期间埃德温还给自己的岳父岳母在街对面修了一栋意大利文艺复兴风格的豪宅"彻罗基木屋"。"彻罗基木屋"保留至今，但"琦丘塔"已经不在了。由于 20 世纪 20 年代和 30 年代疏于管理，"琦丘塔"年久失修，于 1941 年夷为平地。如今只剩两只科林斯狮子雕像标记着这座豪宅的前门所在，附近还留有昔日巨大游泳池的遗迹。[1928 年埃德温的儿子弗兰克·米勒·古尔德在这座岛上又另盖了一栋房子，并以自己女儿的名字维拉·玛丽安娜(Villa Marianna)命名，这栋房子存留至今。]

小埃德温去世后不久，他的父亲——尽管此时已经 51 岁而且拥有万贯家财——在第一次世界大战中主动参军成了部队里的补给士官。埃德温的儿子弗兰克也入伍了，后者从耶鲁大学休学以预备役身份在部队一直干到第二次世界大战结束并最终获得上尉军衔。埃德温本人战后仍然活跃在国民警卫队中。古

---

〔1〕 参见刊登在《伦敦每日电迅报》(*London Daily Telegraph*)2004 年 2 月 7 日关于乔治·布罗德里克的讣告，大约在他死亡(2003 年 12 月 12 日)两个月后登出。

尔德家其他后人也在军队中获得了一席之地:杰伊·古尔德二世主动参军,担任美国海军一等轮机军士长;金顿·古尔德则是第一批在迪克斯堡受训的1 000人之一,之后他一路从下士升到中士、上士、营军士长,但他最后拒绝了进入军官培训学校的机会,理由是他更想和自己的连队待在一起。小乔治·古尔德本来也想参军,但他最后未通过军队考核。同时,埃德温和内莉都是美国志愿救护队的主要资助者,讽刺的是,亨利·维拉德的孙子——他的名字也是亨利·维拉德——和他的朋友欧内斯特·海明威(Ernest Hemingway)恰巧是这个队伍的司机。

第一次世界大战末期时埃德温卖掉了"阿格瓦姆",在长岛牡蛎湾新建了一座豪宅。从那时开始,埃德温开始在曼哈顿的办公室里更努力地工作,专注于自己的各项投资生意(包括火柴公司、纽约房地产以及铁路)。与此同时,埃德温还成了纽约慈善业的中流砥柱,以埃德温·古尔德儿童基金会(这个基金会并非以他自己的名字命名,而是以他死去的儿子的名字命名的)的名义建立了很多房屋和慈善救助组织来帮助贫困儿童。此前,甚至在小埃德温出事前,他的父亲就已经积极进行各种努力来帮助年轻人,其中最主要就是他和内莉合伙组建用以救助儿童的坎普·武迪·克莱斯特机构(Camp Woody Crest)。在这些慈善行动中,埃德温付出的不仅仅是金钱。"最让我动容的一点是,"埃德温·古尔德基金会的现任管理者迈克尔·奥施维茨(Michael Osheowitz)说,"埃德温对自己帮助的孩子们都很关心,这个人有权有势,却真心希望能够帮到这些孩子们,愿意去真正了解和教导他们。"[1]和杰伊对诺斯罗普一家的无私帮助一样,埃德温也亲身参与到基金会的许多活动中,通过基金会给孩子们建造学校和孤儿院,在此过程中他和很多孩子们都熟悉到可以直接叫出他们的名字。

在1933年67岁去世的时候,埃德温·古尔德把自己巨额财产的一半都留给了基金会,这个基金会如今仍在运行。埃德温的另一半财产,加上埃德温在杰伊·古尔德遗产(如今已经严重缩水)中的剩余份额都留给了他唯一在世的儿子

---

〔1〕"Gould Foundation Carries Out Work of Its Founder." *Journals News*, *Rock－land County*. 29 September 2001.

弗兰克·米勒·古尔德,后者自己也有了两个孩子。[1]

◇ ◇ ◇

内莉在慈善事业的投入程度比起埃德温毫不逊色。她多次对英国海外传教会以及世界各地虔诚的教会组织慷慨解囊,同时也慷慨资助了自己父亲生前最喜欢的机构之一:纽约城市大学(该学校在古尔德去世四年后改名为纽约大学)。单就纽约大学来说,内莉委托斯坦福·怀特(Stanford White)来设计建造宏伟的古尔德图书馆以及纽约大学布朗克斯校区的其他建筑(包括美国名人纪念堂),布朗克斯校区即为如今的布朗克斯社区学校。[世纪之交时受雇于布朗克斯校区的应用科学院院长查尔斯·亨利·斯诺(Charles Henry Snow)博士于 1897 年与爱丽丝·诺斯罗普结婚。内莉自己也勉强算得上是纽约大学的毕业生——19 世纪 90 年代她曾资助并参与过纽约大学只招收男生的法律学院为女性开设的几门非正式、无学分的法律研修课。]

就像内莉之所以对纽约大学有兴趣是因为受了自己父亲对其捐助习惯的影响一样,她的其他善行也都是直接受到了杰伊的影响。在杰伊去世前不久,他曾经承诺出资重建被大火烧毁的罗克斯伯里新教教堂。在杰伊去世后,他的孩子们在内莉的带领下继续完成自己父亲生前未竟的承诺。杰伊·古尔德纪念新教教会归正会教堂于 1894 年中叶完工,耗资 10 万美元。两年之后,内莉——此时已经拥有林德赫斯特和 579 号的终身使用权——在教堂旁边买下了一个很小的旧房子,之后把这个房子大规模扩建成为最后能够容纳 22 个房间、14 个浴室、12 个女仆室、6 个书房、1 个大厨房、2 个餐厅和 1 个餐厅走廊的大房子。之后她给自己的房子起名科克赛德(Kirkside,意为教堂之侧。)

后来,当地摩尔教和古尔德家的人不止一次在内莉家旁的空地上举行自己一年一度的聚会。在林德赫斯特的费迪南德·曼戈尔德的帮助下,内莉在这 11 英亩的地皮上建了一座美丽的花园(科克赛德花园),以供镇上的人们游玩欣赏。

[1] 弗兰克·米勒·古尔德的女儿玛丽安娜(Marianne)嫁给了约翰·怀特·麦克多诺(John White McDonough),他继承了得克萨斯的一座钢铁厂。这对夫妻定居在得克萨斯州加尔维斯顿,玛丽安娜于 1947 年在那里诞下一子。玛丽安娜的兄弟埃德温·古尔德三世成立了纽约投资公司埃德温·古尔德公司。和他的父亲和祖父一样,这个埃德温酷爱户外活动(打猎和深海捕鱼),也将职业精力集中在可靠的投资上,并获得了自己的财富。

(如今这片花朵繁盛、树木众多的土地被恢复原貌,还加入了特拉华东部支流的美丽风光,重回昔日明珠风采。内莉的科克赛德则被改建成养老院从而留存至今。)除了给镇里修了座花园以外,内莉——一部分是受如今在罗克斯伯里避暑的杰伊的老朋友约翰·伯勒斯——还出资在榆树街上(如今的维加山路)从前约翰·伯尔·古尔德的家修了一座公共图书馆。然后在1911年,内莉又在图书馆隔壁修了一栋漂亮的希腊复兴式建筑来安置镇上基督教青年会成员。[如今老基督教青年会已经改建成了罗克斯伯里艺术中心,是罗克斯伯里艺术团的活动点。至于约翰·伯尔·古尔德在主要大街上的锡器店,成了如今当地的一个当代艺术品中心:恩德林画廊(Enderlin Gallery)。]

内莉和乔治在卡茨基尔建了避暑别墅后,古尔德的其他后代回归就只是时间问题了。爱丽丝·诺斯罗普和查尔斯·亨利·斯诺的婚礼在新教教会归正会教堂中举行,然后她在那附近买了栋房子供避暑用,这栋房子与教堂和内莉的科克赛德隔主要大街相望。就是在这个地方,爱丽丝和自己的儿子亨利·尼古拉斯·斯诺(Henry Nicolas Snow)合作写下了那本记录20世纪40年代故事的《海伦·古尔德的故事》(*The Story of Helen Gould*)。爱丽丝于1947年去世。13年后,她的女儿海伦·古尔德·斯诺在罗克斯伯里的湖滨街买了套房子。同样,贝蒂和吉尔伯特·帕伦的女儿(也就是杰伊·古尔德的另一个外甥女)安娜·帕伦在1944年去世前在罗克斯伯里住了几十年。她的房子和爱丽丝·诺斯罗普的房子隔得很近,就位于内莉的科克赛德的对面。紧随安娜之后是他的兄弟吉尔伯特·J. 帕伦医生,他是费城的一位著名耳鼻喉专家,曾经拥有罗克斯伯里外的一座农场,于1958年在自己位于主要大街的住所里去世,享年88岁。(他的儿子吉尔伯特·M. 帕伦医生,即杰伊·古尔德的曾外甥,成年之后大部分时候都待在卡茨基尔。这位帕伦医生后来创办了玛格里特维尔医院,之后就在沃顿独自实践直到1986年去世,享年83岁。)与此同时,尽管他并不常在卡茨基尔,弗兰克·杰伊·古尔德还是一直对卡茨基尔颇为关注。他曾经为罗克斯伯里高中的钟楼买了一口大钟,另一次在1948年,他给杰伊·古尔德纪念新教教会归正会教堂买了一个新火炉。

1913年1月,时年44岁的内莉做了一件震惊家人、震惊世界,甚至她自己都惊讶的事情:她嫁人了。她的丈夫芬利·J. 谢巴德(Finley J. Shepard)是密苏里太平洋铁路公司一位英俊帅气、温和儒雅的执行董事。芬利是部长的儿子,他和内莉一样热爱《圣经》,为饱受诟病的维多利亚时代价值观辩护。芬利碰巧还是伯尔的后代,古尔德家的第七代表亲。由于年纪太大,他们没有生养自己的孩子,但收养了三个孩子[芬利·杰伊·谢巴德(Finley Jay Shepard)、海伦·安娜·谢巴德(Helen Anna Shepard)以及奥莉维亚·玛格丽特·谢巴德(Olivia Margaret Shepard),最后一位后来嫁给了约翰·里德·伯尔(John Reed Burr),芬利·J. 谢巴德的近亲。]这对夫妇还是另一名孤儿——路易斯·西顿(Lewis Seton)——的法定监护人。这四个孩子都由内莉和芬利亲自抚养,他们很爱这四个孩子,但是由于他们一贯虔诚禁欲的生活方式而让生活显得有些沉闷无趣。[1] 四个孩子都去了最好的学校,都会和父母在内莉后来在科克赛德公园附近土地上建的私人九洞球场打高尔夫。这个球场包括了一个人工湖和石制俱乐部,至今仍然作为私人设施向公众开放。

内莉于 1938 年年底去世,享年 70 岁,芬利则在 1942 年去世。他们收养的后代中有几位在本书写作之际仍然住在罗克斯伯里附近。

◇ ◇ ◇

霍华德·古尔德——和埃德温以及弗兰克一样,比自己的哥哥机灵敏锐得多——在杰伊去世以后还是在自己的哥哥乔治手下工作了一段时间,其间他和乔治共同拥有"警觉号"(Vigilant)游艇,这艘游艇由贺雷斯霍夫(Herreshoff)设计建造,在 1893 年的美洲杯帆船赛中担任防守。然而,当内莉在乔治的支持下拒绝了霍华德娶一名女演员的请求时,他和内莉以及乔治有了冲突。后来,伊迪丝·金顿·古尔德(作为一名演员,她本应该更理解霍华德的)公开谴责霍华德,称他的行为完全不可接受时,霍华德被激怒了。这一次霍华德进行了反击,他在 1898 年和第二位女性维奥拉·凯瑟琳·克莱蒙斯(Viola Kathrine Clemmons,大家都叫她凯瑟琳)结婚,根本不在乎自己会因此失去一半遗产。与此同时,霍华德和乔治在生意上正式决裂,开始用如今只剩十二分之一的剩余收入的大部分进行投资,开始自己独自闯荡。

霍华德和娇纵暴躁的凯瑟琳的婚姻并不幸福。霍华德给凯瑟琳建了一座豪华精美的古尔德古堡,这座古堡位于现在长岛北岸的沙点保护区。在这座城堡

[1] 海伦·古尔德·谢巴德(Helen Gould Shepard)作为母亲的一幅画作,参见 Celeste Andrews Seton. *Helen Gould Was My Mother in-Law*. New York: Thomas Y. Crowell. 1953。

1904年完工后,凯瑟琳声称这个地方不适合她。为了取悦凯瑟琳,霍华德立即开始把古尔德古堡改造成马厩和仆人房,同时在几百码外开始建造另一栋房子。到了1912年,这个拥有40个房间和80英尺高塔楼的都铎式亨普斯特德豪宅终于竣工时,霍华德和凯瑟琳已经分开4年了。霍华德在1917年把这栋房子卖给了丹尼尔·古根海姆(Daniel Guggenheim),然后他搬去了英格兰的一个乡间别墅。在那里单身20年后,霍华德再婚了,结果10年之后又离婚了。霍华德于1959年去世,享年88岁,他去世前故意没有采取任何措施保护自己的巨额财产。英国政府在霍华德净价值6 700万美元的遗产中拿走了5 200万美元。他有88个(这里不确定)继承人——其中包括他兄弟姐妹的孩子和曾孙,每个最后得到了17万美元财产。这笔钱说不上少,但是霍华德如果稍稍规划,他们可以得到的就会比这多得多。霍华德只是不在乎而已。

◇ ◇ ◇

安娜·古尔德奢侈娇纵,不到20岁的时候就突然和奥利弗·哈里曼(Oliver Harriman)取消了婚约,后者的舅舅是乔治日后的竞争对手E. H. 哈里曼。安娜的新欢是比她大7岁的玛丽·恩斯特·保罗·博尼法斯·德·卡斯特朗(Marie Ernest Paul Boniface de Castellane)伯爵,他是个身无分文、风流成性的冒险者,大家都叫他博尼(Boni)。据博尼所说,他发现安娜"非常害羞……有点孩子气,有点恶毒,但是她很有魅力,而且——这一点大多数男人都喜欢——有追求到的可能性"。博尼补充说:"古尔德小姐的财富是她吸引我的第二个理由。"[1]令人震惊的是,乔治竟然同意了这一对的结合,并且出于必要允许安娜转而皈依罗马天主教,尽管后者的形式大于实际意义。安娜和博尼于1895年3月在乔治位于第五大道的别墅举行婚礼。接下来的10年里,博尼肆意挥霍安娜的财产,其速度之快甚至让挥金如土的乔治瞠目结舌、怒不可遏。最后在1905年,在给博尼生下两子一女后,安娜离开了博尼。后来安娜的律师以35%的利息清偿了博尼欠下的众多债务。

后来,在得到梵蒂冈教廷允许离婚后,安娜嫁给了博尼的一个表亲海立·德·泰利兰德·佩里戈尔德(Hellie de Talleyrand-Périgord)公爵。海立不仅身

---

〔1〕 Marie Ernest Paul Boniface de Castellane. *How I Discovered America*. New York: Scribner's. 1924. 14—15.

份比博尼更尊贵,也比他更忠诚。这个更幸福的婚姻孕育了一男一女两个孩子。安娜的第一任丈夫博尼于 1932 年去世,此时他已经承袭爵位 15 年,成了卡斯特朗的侯爵。泰利兰德的公爵夫人(安娜)在第一次婚姻中生下的 3 个儿女寿命都相对较长,长子小博尼活到了继承侯爵头衔的年龄。小博尼娶了一个有一半美国血统的漂亮女性伊冯·巴德诺(Yvoone Patenotre)。小博尼于 1946 年 4 去世,享年 49 岁,身后留下了女儿伊丽莎白。伊丽莎白嫁给了卡蒙特朗法斯的吉恩伯爵(Jean Comte de Caumont La Force)并与后者孕育了三个孩子:两个男孩一个女孩(安娜的曾孙女),这三个孩子也依次结婚生子。伊丽莎白的继舅舅——安娜在第二段婚姻中生的第三个儿子霍华德——在与一位年长于他的女性恋爱失败后在 1929 年了结了自己的性命。安娜的第二任丈夫于 1937 年去世。安娜第二次婚姻中唯一幸存的孩子(一个女儿)嫁给了博达尔思的约瑟夫伯爵(Count Joseph de Pourtales)并与其生儿育女。因此安娜如今的后代在语言性情以及爱国情怀上都完完全全是法国人。

沉迷香槟、一点都不虔诚的安娜 30 年来都避免和滴酒不沾、虔诚敬神的内莉来往,但是安娜在内莉去世后,立即回到美国想要买下林德赫斯特。第二次世界大战期间,安娜都在林德赫斯特与广场饭店之间两头跑。然后,她于 1945 年回到法国,林德赫斯特成了安娜在哈德逊河的避暑宫殿。每年七八月,安娜都会睡在她孩童时期睡过的塔楼房间。安娜于 1961 年去世,享年 86 岁。在遗嘱里她把林德赫斯特赠送给了全国文物保护信托基金会并设专款用于修缮保养房屋。安娜的法国后代们对遗嘱提出了质疑,之后全国文物保护信托基金会放弃了这笔专款,但保留了林德赫斯特。如今这片土地(面积从杰伊时期的 500 英亩严重缩水到 67 英亩)、这座庄园以及古尔德著名温室的遗迹都仍然对公众开放。

◇ ◇ ◇

1898 年,弗兰克从纽约大学工程系毕业。在那之后他的职业生涯轨迹和哥哥们类似:他先是短暂地为乔治工作了一段时间。不久之后——和他前面的哥哥一样,弗兰克开始对乔治管理生意的方法提出质疑。因此他也开始自己从事投资生意并大获成功,弗兰克和第一任妻子[社交名媛海伦·凯丽(Helen Kelly),杰伊·古尔德早期华尔街盟友的孙女]的婚姻于 1904 年破裂。在那之后,弗兰克获得了自己两个女儿的抚养权,与一名歌舞演员结婚,并在诺曼底面对法国的岸边买了一座城堡。没人清楚弗兰克为什么会在10年后精神失常，但他的行为在整个第一次世界大战期间变得具有破坏性且很古怪。在这期间，弗兰克酒喝得很凶，还成了巴黎妓院的常客，他的第二任妻子在1918年离开了他。4年之后，弗兰克又遇见了一个女人，这个女人成了他的救世主。

弗兰克在1923年与弗洛伦斯·拉·卡兹(Florence La Caze)结婚，后者来自圣弗朗西斯科，是一名意志坚定的前演员。结婚时弗兰克46岁，弗洛伦斯28岁。弗洛伦斯设法使弗兰克成功戒酒，让他重回生意场。弗兰克在昂蒂布·胡安莱潘、尼斯等地投资赌场和酒店，他挥霍无度的姐姐安娜常常光顾这里，他们两个的关系仍然走得很近。虽然后来提到弗兰克大家首先想到的就是赌王，但实际上弗兰克自己的经历都集中在房地产上，把其他诸如赌场、夜店、酒店管理之类的细节都交给了别人打理。(比如，弗兰克在尼斯耗资500万美元建造了“地中海宫殿”，之后他就以每年100万美元的价格授权蒙特卡洛公司经营了30年，这30年里不仅酒店稳步增值，弗兰克每年还能收取高额的租金。)到了1930年，弗兰克单在里维埃拉一地的财产就超过了2 000万美元。与此同时，弗洛伦斯在胡安莱潘成立了一个文学沙龙，她在那里接待诸如弗朗西斯·斯科特·菲茨杰拉德(F. Scott Fitzgerald)和让·谷克多(Jean Cocteau)之类的文化名流。

整个第二次世界大战期间，弗兰克都待在法国。年过花甲的弗兰克身体不好，纳粹并没有把他当作一个外来的敌人，而是当成了慈祥的法国老人。第二次世界大战结束7年后，弗兰克向纽约大学捐赠了150万美元建立一个学生中心。两年后，即1954年，77岁的弗兰克——受他的91岁的姻表姐夫及纽约大学前院长查尔斯·亨利·斯诺鼓励——又给纽约大学捐赠了100万美元，之后弗兰克还把自己多年没去过的哈德逊河边阿兹利的房产在1956年转赠给了纽约大学。

查尔斯·亨利·斯诺于1957年去世，享年94岁。弗兰克·杰伊·古尔德于1958年在胡安莱潘去世，享年81岁。弗兰克的大部分财产留给了自己的最后一任妻子弗洛伦斯、他已婚的两个女儿及其孩子。弗洛伦斯开始资助国际爵士音乐节。这项国际盛事从1960年起每年都会在弗兰克·杰伊·古尔德位于胡安莱潘的松林露天剧场举报。弗洛伦斯(于1983年去世)还创立了弗洛伦斯·古尔德基金会用以支持美国各地的法国文化活动(比如艺术展览以及音乐会)。2003年9月，为纪念基金会创立及其创始人，纽约法国大使馆文化服务部在其位于第五大道927号的总部落成一个全新的弗洛伦斯·古尔德花园。[1]

◇ ◇ ◇

乔治·古尔德与伊迪丝的次子杰伊二世成了网球(这项古老的贵族运动过去只在四面筑墙的宫廷里出现)冠军。在20年的顶级比赛中,杰伊二世只在单打比赛和双打比赛中各输过一次。1906年杰伊二世第一次在美国业余公开赛中夺冠,当时他年仅17岁。除了1918年没有锦标赛,1919年杰伊二世服兵役之外,他到1925年每年都是冠军。古尔德还在1908年奥运会中斩获金牌,在那里网球被官方称为“掌上游戏”。1914年,杰伊二世成为第一个赢得世界冠军的业余选手。之后,他和他的众多同伴一共赢得了14个国家双打冠军。杰伊的寿命相对较短,于1935年就去世了,享年46岁,他的孩子们也都依次有了自己的孩子。

乔治和伊迪丝其他的后代们都过上了各不相同的生活。他们的长子金顿·古尔德就读于哥伦比亚大学,毕业后成了职业经理人,和家里以前的一个佣人有一段幸福的婚姻。乔西和伊迪丝的二女儿薇薇安·古尔德1911年嫁给了一位爱尔兰贵族——迪西斯第五代男爵约翰·格雷厄姆·霍普·德·拉波尔·霍斯利贝雷斯福德(John Graham Hope de La Poer Horseley-Beresford)。薇薇安于1931年去世。[她的儿子,迪西斯男爵六世亚瑟·乔治·马可斯·道格拉斯·拉波尔·霍斯利贝雷斯福德(Arthur George Marcus Douglas de la Poer Beresford)于1992年去世,孙子迪西斯男爵七世马可斯·休·崔斯特瑞姆·拉波尔·霍斯利贝雷斯福德(Marcus Hugh Tristram de la Poer Beresford)出生于1948年,成年后在都柏林做律师。]乔治和伊迪丝的第五个孩子(第三个儿子)小乔治古尔德成为一名证券经纪人,结婚后生了两个儿子:乔治·杰伊·古尔德三世和毛姆·卡特·古尔德(Maugham Carter Gould),这两个儿子的相关信息很少,小乔治和他的妻子在孩子们很小的时候就离婚了。

---

[1] 弗兰克·杰伊·古尔德的女儿多罗茜在1925年初嫁给了瑞士男爵罗兰·格莱芬里德·德·维拉斯(Roland Graffenried de Villars)。两人的婚姻以离婚告终,但留下了两个孩子(罗兰,生于1925年;多罗茜,生于1927年)。在20世纪40年代初,多罗茜在古巴游玩时遇到了她的第二任丈夫——苏格兰裔墨西哥人阿奇巴尔德·伯恩斯(Archild Burns)。她和伯恩斯于1944年结婚,定居墨西哥城,她于1969年在那里去世。多罗茜的女儿1947年嫁给了亚历山大·波吉亚(Alexander Borgia),两人后来和平离婚。关于小罗兰则没有什么史料记载。同样,弗兰克的另一个女儿海伦也没有留下什么信息,只知道她父亲去世时,她嫁入了法国的马拉特(Marat)家族,定居在瑞士洛桑。

乔治和伊迪丝的长女(第三个孩子)马乔里嫁给了出身银行世家的安东尼·德雷克塞尔[Anthony Drexel,就是他给小乔治在德雷克塞尔公司(Drexel & Company)旗下的里格斯公司(Liggett)安排了一个经纪商工作。]至于乔治和伊迪丝的三女儿(第五个孩子)伊迪丝,她的一生奢侈又短暂,肆意挥霍自己继承来的那一点财产。她第一任丈夫是彼德·岱文斯顿(Peter Stuyvesant)的后代卡罗尔·利文斯顿·温赖特(Carroll Livingston Wainwright),伊迪丝与他育有三个孩子。在与彼得后又再婚,36 岁就去世了。(她的儿子史岱文森·温赖特二世在 1953 年到 1961 年期间担任长岛东部地区国会共和党议员。)乔治和伊迪丝最小的女儿格洛丽亚和伊迪丝的命运轨迹大同小异,多年闷闷不乐、酗酒成性,她于 20 世纪 40 年代在凤凰城附近的家中醉酒游泳溺水而死,留下了一个女儿。

◇ ◇ ◇

要说如今古尔德后代中谁最像杰伊古尔德,那一定是曾孙小金顿·古尔德。这位古尔德第二次世界大战期间参军时拿到了两枚紫心勋章、两枚银星勋章。同时,他还是一位耶鲁毕业的律师、华盛顿特区的长期地产商,房地产给小金顿带来了大笔收益。小金顿常常到离罗克斯伯里不远的乔治·古尔德的老弗洛房子里消夏,他周围还有好几栋古尔德家的房子。(其中一栋直到最近还属于他姐姐伊迪丝·古尔德·马丁,后者在 2004 年夏天去世。)

金顿是古尔德长子曾孙。除经商外,金顿还担任过美国驻卢森堡大使(1969~1972 年)及美国驻荷兰大使(1973~1976 年),任职期间表现非常出色。作为约翰·F. 肯尼迪国际曲棍球大赛的前主席及约翰·霍普金斯大学校长法律顾问,小金顿会说五门语言,是一个运动健将,在各个领域都很活跃。小金顿还是个很有家庭责任感的男人,他和妻子玛丽一起创建了闻名遐迩的马里兰州霍华德县的格莱内尔乡村学校,该学校在 2004 年举行了 50 周年校庆活动。他俩生了 9 个孩子,有 28 个孙辈以及很多曾孙。这对夫妇都是业余演员,有时会为了给有价值的事业筹款出演小 A. R. 格尼(A. R. Gurney)的浪漫喜剧《情书》(Love Letter)。2004 年 5 月,这对夫妇在内莉多年前作为礼物为杰伊家乡建造的房子里为罗克斯伯里艺术团又表演了一次。

如果杰伊知道金顿在商业领域的敏锐天分和勤奋刻苦,知道他热爱家庭且对古尔德家在卡茨基尔留下的遗产如此珍视,他会怎么想呢?大概会非常欣慰吧。

致谢

我的朋友兼代理人克里斯·卡尔霍恩(Chris Calhoun)是除了我本人及我妻子克里斯塔(Christa)之外对这个项目抱有最大信心的人。在他之后,我认识时间更久的老朋友,同时也是我的新任编辑比尔·弗卢赫特(Bill Frucht),也对新书表达了强烈的信心。比尔、克里斯及其出色的助手戴安娜·唐豪(Diana Thow)以及比尔同样优秀的同事大卫·舒梅克(David Shoemaker)都在新书出版过程中与我默契合作。同时我也想感谢珀尔修斯集团(Perseus Group)编辑部的总编辑乔·博尼塔(Joe Bonyata),谢谢他给我提供的宝贵支持。

感谢林德赫斯特和纽约历史协会负责的工作人员,同时我也很感激罗德岛大学、纽约大学、波士顿大学(牧格图书馆)、美国国会图书馆、密歇根大学(克莱门茨图书馆)、罗格斯大学(亚历山大图书馆)、摩根图书馆、克莱门森大学、哈佛大学工商管理研究生院(贝克图书馆)、丹佛公共图书馆(西方史馆)以及纽伯利图书馆馆藏人员的鼎力相助。

同时,很多人也为我提供了许多不同形式的帮助。研究古尔德导师及早期生意伙伴扎多克·普拉特生平的世界级权威卡罗琳·贝内特(Carolyn Bennett)阅读了我手稿的重要章节并且给出了很多建设性意见。同样阅读了手稿重要章节的还有研究罗克斯伯里的官方史学家派格·埃尔斯沃思(Peg Ellsworth),他还花时间和我一起探访了杰伊出生的村子。研究纽约塞勒姆的官方史学家威廉·A. 科米尔不仅协助我查到了杰伊·古尔德早年在佛蒙特州与纽约交界处铁路探险的具体行动轨迹，还让我找到了杰伊的弟弟亚伯兰的踪迹。(他后来娶了塞勒姆当地人为妻，死后也葬在了这里。)另一位早年失散的古尔德家的残存血脉——乔治·古尔德的私生子，已逝的乔治·布罗德里克——也热情欢迎我这样一个陌生人去提问，并且主动帮我填补一些有关他父亲乔治·古尔德生命最后岁月的关键性细节空白。黑色穹顶出版社(Dark Dome Press)的黛比·艾伦(Debbie Allen，曾经出版过我给古尔德的发小、自然主义作家约翰·伯勒斯写的自传)和她的灵魂伴侣鲍勃·霍克(Bob Hoch)在我在卡茨基尔期间帮我联络，为我提供住宿，还总是给我鼓励。克里斯·本特尼(Chris Bentley)把我的初稿从头到尾读了一遍，给了很多关键意见。还有其他相关各方——包括约翰·贝瑞·巴罗(John Perry Barlow)、道格·布林克利(Doug Brinkley)、艾琳·夏博诺(Eileen Charbonneau)、本·切弗(Ben Cheever)、约翰·盖比(John Gable)、亚瑟·戈尔德瓦格(Arthur Goldwag)、菲尔·罗斯福(Phil Roosevelt)、阿蒂·梦(Artie Traum)——也为我鼓劲，在需要时为我从旁提供帮助。一如既往地，特威德·罗斯福在我短暂造访波士顿做研究时把他的客房让给我住。

同时我也很感激理查德·斯诺(Richard Snow)，谢谢他给我机会在 2004 年版的《美国遗产》(*American Heritage*)撰写关于杰伊·古尔德这个美国强盗大亨的内容。

谢谢我的妻子克里斯塔和我的两个孩子比尔和凯瑟琳，多谢他们一如既往地容忍我常有的心不在焉，忍受我常常一门心思钻研故纸堆里的故事，而不是专注于当时当刻，忍受我把大量的时间花在研究生上以至于对他们不够关心。我希望他们看到这本书后，能觉得他们的牺牲都是值得的。

小爱德华·J. 瑞尼翰
罗德岛北金斯敦威克福德
2004 年 12 月 9 日